Liebe Leserin, lieber Leser,

wir freuen uns, dass Sie sich für ein Galileo Business-Buch entschieden haben.

Galileo Business zeigt betriebswirtschaftlichen und technischen Experten, Business-Managern, Projektleitern und Beratern, wie Unternehmen durch neue Strategien und Konzepte Kosten senken, Wettbewerbsvorteile gewinnen und neue Geschäftsfelder erschließen.

Jedes unserer Bücher will Sie überzeugen. Damit uns das immer wieder neu gelingt, sind wir auf Ihre Rückmeldung angewiesen. Bitte teilen Sie uns Ihre Meinung zu diesem Buch mit. Ihre kritischen und freundlichen Anregungen, Ihre Wünsche und Ideen werden uns weiterhelfen.

Wir freuen uns auf den Dialog mit Ihnen.

**Ihr Oliver Gorus**

Lektorat Galileo Business

oliver.gorus@galileo-press.de
www.galileobusiness.de

Galileo Press
Gartenstraße 24
53229 Bonn

Galileo Business



Stengl · Sommer · Ematinger

# CRM mit Methode

## Intelligente Kundenbindung in Projekt und Praxis mit iCRM

Die Deutsche Bibliothek – CIP-Einheitsaufnahme
Ein Titeldatensatz für diese Publikation ist bei
Der Deutschen Bibliothek erhältlich

**ISBN 3-89842-117-1**


1. Auflage 2001
1. Nachdruck 2001

Der Name Galileo Press geht auf den italienischen Mathematiker und Philosophen Galileo Galilei (1564–1642) zurück. Er gilt als Gründungsfigur der neuzeitlichen Wissenschaft und wurde berühmt als Verfechter des modernen, heliozentrischen Weltbilds. Legendär ist sein Ausspruch **Eppur se muove** (Und sie bewegt sich doch). Das Emblem von Galileo Press ist der Jupiter, umkreist von den vier Galileischen Monden. Galilei entdeckte die nach ihm benannten Monde 1610.

**Lektorat** Oliver Gorus **Korrektorat** Christel Metke, Köln **Gestaltung des Einbands und der Titelseite** Hommer Design Production, Haar **Fotografien** Gero Gröschel, Stuttgart **Grafiken** Stefan Engenhorst, Frechen **Herstellung** Iris Warkus **Satz** reemers publishing services gmbh – gesetzt aus der Linotype Syntax mit FrameMaker **Druck und Bindung** Media-Print, Paderborn

*Du machst meine Welt wieder bunt, Yvonne. Danke dafür.*
*R. E.*

*Für Helga, meine Mutter, ohne die ich nicht dort wäre, wo ich jetzt bin.*
*R. S.*

*Für meine Kunden.*
*B. S.*

# Inhalt


Vorwort von Prof. Mangold 9

Vorwort von Dr. Bartsch-Spörl 13

Einleitung 15

Teil 1: CRM als Methode 21

1 Definitionen und Thesen: Was bedeutet CRM? 23

1.1 CRM-Marktgeschehen: Trends und Tendenzen 28

1.2 Warum scheitern CRM-Projekte wirklich? 39

1.3 Das ganze Unternehmen verändern: Sind Sie reif für CRM? 46

1.4 CRM im Produktlebenszyklus: Immer an den Kunden denken 50

1.5 Das iCRM-Drei-Phasen-Modell 58

Teil 2: Voraussetzungen für CRM im Unternehmen 63

2 Datawarehouse als kritischer Erfolgsfaktor 65

2.1 Datawarehouse: Daten lagern – und dann? 65

2.2 Datawarehouse und CRM – Wie sieht das in der Praxis aus? 71

2.3 Datawarehouse als Projekt – Was ist zu tun? 80

2.4 Datawarehouse – und einen Schritt weiter 83

3 Produkte im Web: Wenn keiner mehr weiß, wie ich heiß 89

3.1 Was ist eCl@ss? 92

3.2 Was ist UNSPSC? 95

3.3 Sprechen Onlineshop und Produktsupport dieselbe Sprache? 97

3.4 Praxistest: Wo finden Sie Notebooks? 103

3.5 Praxisbeispiel: Wie überarbeiten Sie einen Onlineshop nach UNSPSC? 108

3.6 Klassifizierung für Fortgeschrittene: Sammeln Sie Kundenprofile für aktives CRM 113

Teil 3: CRM an den Schnittstellen zum Kunden 123

4 Marketing und Vertrieb: Kunden packen und halten 125

4.1 meinlieberkunde.com oder die Entdeckung des Wertes der Kundenbeziehung 126

4.2 Wie hätte es Ihr Kunde gern? Erlebnis und individuelle Betreuung statt Massenmarketing 139

4.3 Beschenkte Kunden kommen zurück: Bonus- und Loyalitätsprogramme 172

4.4 Profitieren Sie von der Macht Ihrer Kunden! 187

4.5 Beginnen Sie, von davongelaufenen Kunden zu lernen! 201

4.6 Vertragsabschlüsse im Internet: rechtsfreier Raum? 213

4.7 Versprochen ist versprochen: Verbraucherschutz im Internet 227

5 Kundenservice: Sie werden sofort verbunden 241

5.1 Was Kunden wirklich wollen 242

5.2 Suchen und Finden: Knowledge-Management im Kundenservice 248

5.3 Bei Anruf CRM: moderne Callcenter 259

5.4 Sofortservice für Eilige: Selfhelp aus dem Web 270

5.5 Intelligente Geräte helfen sich selbst: CRM für Web Devices 278

6 Argumente – CRM intelligent kommunizieren 287

A Callcenter-Abkürzungen 293

B Glossar – wichtige CRM-Begriffe mit Erklärung 297

C Die Autoren 301

Index 305

# Vorwort von Prof. Mangold

In der Medienpsychologie ist eine Unterscheidung von Medien zur Individualkommunikation (wie Brief oder Telefon) und Massenkommunikationsmitteln (wie Print oder Fernsehen) üblich. Diese Einteilung beruht auf der Menge der erreichbaren Empfänger (One-to-One vs. One-to-Many) und dem Vorhandensein der Möglichkeit zum wechselseitigen Botschaftsaustausch (interaktive vs. Einwegkommunikation). Eine solche Trennung gibt es beim Internet als Kommunikationsmedium nicht mehr, da aufgrund der besonderen Technologie jeder Teilnehmer durch eine eindeutige Adresse erreichbar ist und der Austausch in jeder Richtung erfolgen kann. Insofern handelt es sich beim Internet um ein einheitliches Medium, bei dem auf einfache Weise die Menge der vom Kommunikator angesprochenen Adressaten »skaliert« werden kann – vom Kontakt zu Einzelpersonen (One-to-One, z. B. per E-Mail) über die Ansprache von Gruppen (One-to-Some; z. B. bei Foren oder Verteilerlisten) bis hin zu Websites (One-to-Many), die weltweit von Millionen von Besuchern aufgerufen werden können. Außerdem ist zwischen der mehr oder weniger umfangreichen Zahl von Kommunikationsteilnehmern eine wechselseitige Kommunikation prinzipiell immer möglich. Und schließlich zeigt sich der hohe Grad der Integration auch daran, dass bei der Internetkommunikation eine Anbindung an andere Softwaresysteme oder Datenbestände (z. B. Datenbanken) mit Datenabruf und -speicherung möglich ist.

Bei einem Buch zum elektronischen Business scheint die beschriebene Differenzierung notwendig, da Unternehmen sowohl die Kommunikation innerhalb der Organisation als auch die Kommunikation mit ihren Kunden weitgehend mithilfe der verfügbaren Medien abwickeln. Etabliert sich eine neue Kommunikationstechnologie, gehen damit gravierende Veränderungen der medienvermittelten Kommunikationsprozesse des Unternehmens einher, da jeweils die besonderen Funktionen der neuen Technologie aufgegriffen und zum gemeinsamen Wohle von Kunde und Unternehmen eingesetzt werden. Dies verdeutlicht eine nähere Betrachtung des Übergangs von der Kommunikation mit »alten« Medien zur Internetkommunikation: Während herkömmliche Medien entweder für die persönliche Ansprache des Kunden (Telefon-Hotline und Callcenter, schriftliche Auftragsbestätigung per Brief oder Fax) oder für die unpersönliche Informationsdistribution (durch Werbeanzeigen in Zeitschriften oder Werbespots im Fernsehen) Verwendung finden, sind per Internettechnologie beliebig große und beliebig definierbare Mengen (Gruppen) von Kommunikationspartnern bei gleichzeitiger Aufrechterhaltung der persönlichen und wechselseitigen Ansprache erreichbar. Zudem kann durch die Anbindung an die IT-Technologie des Unternehmens einschließlich eines Datawarehouses der Kunde mit umfangreichen, detailgenauen und aktuellen Informationen versorgt werden. Darüber hinaus können Informationen über den Kunden gesammelt und gespeichert werden und die Grundlage eines effektiven Dataminings bilden.

Das im Buch behandelte Customer-Relationship-Management (CRM) hängt eng mit der Kommunikation eines Unternehmens mit seinen Kunden zum Zwecke der Kundengewinnung und Kundenpflege zusammen. Dass viele CRM-Projekte scheitern, ist dem Autorenteam zufolge auf eine Reihe möglicher Gründe zurückzuführen; beispielsweise werden die Vernachlässigung einzelner Bereiche wie Marketing, Verkauf oder Service, die Konzentration auf technische Aspekte von CRM, die mangelnde Integration von CRM-Tools in die vorhandene IT-Struktur, die unklare Definition der Schnittstellen zum Kunden oder die übermäßige Reduktion der Kanäle zum Kunden genannt. Es wird deutlich, dass nur eine gute Abstimmung zwischen den Bereichen Marketing, Selling und Service Abhilfe schaffen kann, weil nur hierdurch wichtige Abhängigkeiten entdeckt und (Reibungs-)Verluste vermieden werden können. Nur durch eine fortschrittliche System- und Datenintegration, insbesondere aber durch die Anbindung des CRM an das unternehmensweite IT-System kann ein integriertes und intelligentes CRM betrieben werden. Dies beinhaltet, dass die Technik zur Gestaltung einer effektiven Kundenbindung beiträgt, elektronische Systeme den unmittelbaren Kontakt zum Kunden eröffnen und der Kunde seinerseits sich eigenständig die erforderlichen Informationen beschaffen kann oder an spezialisierte Abteilungen (Callcenter) verwiesen wird. Als Zukunftsvision sind intelligente Endgeräte vorstellbar, die automatisch den Kontakt zum Unternehmen aufnehmen und die erforderlichen Daten austauschen.

Es dürfte deutlich geworden sein, dass die Kombination von Internettechnologie mit ihren Möglichkeiten zur skalierbaren und wechselseitigen Kommunikation zusammen mit dem IT-System des Unternehmens eine starkes Paar abgibt. Es ist nunmehr möglich, sowohl den Kontakt zum einzelnen Kunden (z.B. bei der persönlichen Ansprache per E-Mail bei Service und Support) als auch den Kontakt zu Gruppen (z.B. zu produkt- oder unternehmensbezogenen virtuellen Communities) sowie den Kontakt zu »Massen« (z.B. bei Produktpräsentationen auf der Website) herzustellen und dennoch bei allen Kommunikationsprozessen das Informations- und Datenmanagement bereichsübergreifend in einem System zu bewerkstelligen. Die Vorzüge einer solchen Strategie werden im vorliegenden Buch detailliert herausgearbeitet und deutlich vor Augen geführt.

Zum Abschluss bleibt festzuhalten, dass bei einem integrierten CRM, wie es in diesem Buch vorgestellt wird, der Kunde mit allen seinen Wünschen, Bedürfnissen, Erwartungen und Befürchtungen im Mittelpunkt steht. Dies ist angesichts der Tatsache von Bedeutung, dass im Hinblick auf Webauftritte im E-Commerce-Bereich immer wieder eine Vernachlässigung des Kunden beklagt wird. Auf der anderen Seite sitzt im globalen Netz mit seiner Transparenz und weltweiten Konkurrenz der Kunde am längeren Hebel, und die Qualität der Beziehung des Unternehmens zum Kunden wird rasch zum entscheidenden Erfolgsfaktor.

Mit diesem Buch haben die Autoren ein Werk vorgelegt, das nicht nur die strategische Bedeutung eines umfassenden und intelligenten CRM heraushebt, sondern auch zahlreiche Hinweise zu Vorgehensweisen und zu Werkzeugen für ein IT-gestütztes CRM bietet. In diesem Sinne wird es auf das Interesse aller Leserinnen und Leser stoßen, die sich mit den Möglichkeiten und Vorzügen einer »neuen« Kundenkommunikation und -kontaktpflege bereits befasst haben oder gerade befassen. Für alle, die sich in einem solchen Umdenkungsprozess befinden, dürften die Überlegungen der Autoren von Bedeutung sein, die an der Front der gegenwärtigen technischen Entwicklung und Diskussion anzusiedeln sind.

Mannheim, im April 2001

**Prof. Dr. Roland Mangold**

Professor für Psychologie
gegenwärtig Vertreter des Lehrstuhls Psychologie III
an der Universität Mannheim

# Vorwort von Dr. Bartsch-Spörl

Als Kunde hat man – besonders in Deutschland – in den vergangenen Jahren viele frustrierende Erlebnisse sammeln können: Selten hörte einem jemand wirklich zu bei der Artikulation der eigenen Bedürfnisse, viele Rückrufe wurden versprochen, aber nicht getätigt, Sonderwünsche verursachten nichts als Schwierigkeiten und sobald man ein Produkt gekauft hatte, musste man selber zusehen, wie man es in Betrieb nahm und in Betrieb hielt.

Die Einrichtung von Callcentern schien zunächst Abhilfe zu versprechen, hat aber vielfach die Situation für den Kunden keineswegs verbessert: Wenn ich eine Firma nur mehr über eine zentrale Hotline-Nummer erreichen kann, die tagsüber ständig belegt ist, dann dämpft auch keine noch so beruhigende Wartemusik den Ärger über diese Situation.

Mit **Customer-Relationship-Management (CRM)** soll dies nun nachhaltig verbessert werden: Der Kunde wird in das Zentrum der Geschäftsprozesse gestellt, der Vertrieb liest ihm die Wünsche von den Augen ab, seine Bestellung wird über das Internet in Windeseile in die Produktion weitergeleitet, wo Sonderwünsche unverzüglich in die Tat umgesetzt werden. Das Produkt wird innerhalb weniger Tage geliefert, komplett installiert und zusammen mit einer lebenslangen Garantie für einwandfreies Funktionieren an den Kunden übergeben.

Um dieser Garantie auch gerecht werden zu können, hat der Hersteller das Produkt mit einer Selbstdiagnose-Einrichtung versehen. Falls diese wegen eines unvorhersehbaren Problems zu keinem sinnvollen Ergebnis kommt, kann man sich über das Internet sofort Hilfe holen: entweder einen Servicetechniker, ein Ersatzteil zum Selbstaustausch, eine neue Softwareversion oder einfach nur den richtigen Hinweis, wie man das störrische Gerät dazu bringt, wieder einwandfrei seinen Dienst zu verrichten.

Während der Nutzungsdauer des Geräts reißt der Kontakt zum Hersteller nie ab: Der Kunde wird informiert, was es an Neuerungen und Zusätzen gibt, und gegen Ende der normalen Lebensdauer erhält er sinnvolle Vorschläge für den reibungslosen Umstieg auf ein neues Gerät.

Aus Kundensicht ist dies genau das, wovon man immer schon geträumt hat und dafür, dass man weniger Ärger mit ihren Dienst versagenden Geräten hat, darf das Gesamtpaket auch ein paar Euro mehr kosten.

Aus der Sicht des Herstellers bedeutet dies aber ein fundamentales Umdenken bei den Mitarbeitern, eine komplette Neuausrichtung der Geschäftsprozesse und vielfach auch die Erneuerung wesentlicher Teile der gesamten IT-Infrastruktur. CRM-Projekte sind infolgedessen für jede Firma ein Kraftakt, den man sorgfältig planen, in angemessenen Schritten durchführen und auf seine Zielerreichung hin überprüfen sollte.

Dieses Buch über CRM mit Methode – intelligente Kundenbindung mit iCRM – vermittelt Ihnen eine ganzheitliche Sicht auf das Thema Customer-Relationship-Management. Diese Sicht soll Sie beispielsweise davor bewahren, sich ausschließlich mit der »richtigen CRM-Software« zu beschäftigen, weil Sie verstanden haben, dass die Beantwortung von Fragen wie »Siebel oder SAP« oder »Internet-Callcenter mit oder ohne Callback-Button« nicht entscheidend sind für den Erfolg oder Misserfolg Ihrer CRM-Initiative, sondern dass es primär um die Veränderung in den Köpfen und Verhaltensweisen der Mitarbeiter geht. Testen Sie doch einfach mal die Kundenorientierung Ihres Unternehmens, indem Sie nach Beendigung des normalen Arbeitstages dort anrufen und ein dringendes Problem gelöst haben wollen. Wenn Sie bei einem Anrufbeantworter oder Nachtportier landen, der Sie auf morgen früh ab 7.30 Uhr vertröstet, dann gibt es noch Einiges zu tun ...

Das Besondere an diesem Buch ist die anschauliche Darstellung seines Inhalts im Kontext der Modellfirma Bikes and More – was aber nicht bedeutet, dass diese Konzepte nur für Bikeshops funktionieren.

Deshalb hoffe ich, dass Sie dieses Buch auf Ideen für Ihr eigenes Umfeld bringt, dass Sie es mit Gewinn lesen und auch Ihren Spaß daran haben.

München, im März 2001

**Dr. Brigitte Bartsch-Spörl**

Geschäftsführerin der BSR Consulting GmbH
und Expertin für intelligente Lösungen im Service

# Einleitung

*Eine zufällige Stichprobe im Internet lieferte im März 2001 zum Stichwort »CRM« bei www.amazon.de 13 CRM-Bücher, bei www.altavista.de 34082 Websites und bei www.yahoo.com eine Kategorie und 103 Websites. Eigentlich müsste zum Thema CRM bereits alles gesagt und geschrieben sein.*

## Warum noch ein weiteres Buch über CRM?

Die Beantwortung dieser Frage haben wir uns nicht leicht gemacht, deshalb ist die Antwort auch nicht in einem Satz zu geben.

**Projekterfahrung und Praxistipps**

Das vorliegende Buch ist von Praktikern geschrieben, die Berufserfahrung in bekannten Unternehmen wie SAP, IBM und Hewlett-Packard vorweisen können. Wir haben als Berater, Projektleiter, Projektmitarbeiter, Quality Specialist und Product Management Specialist bereits viele Projekte erlebt, erfolgreiche und gescheiterte. Dieses Buch enthält daher viele Checklisten, Tipps und Warnungen aus der Praxis, die dabei helfen können, ein CRM-Projekt so erfolgreich wie möglich zu machen.

**Umfassende CRM-Definition**

Fast alle CRM-Experten und CRM-Anbieter reduzieren dieses komplexe Thema entweder auf Vertrieb, auf Marketing oder auf Callcenter-Management. Im vorliegenden Buch wird CRM als eine integrierte Methode beschrieben, die alle Unternehmensbereiche umfasst. Ein so genanntes »CRM-Projekt«, dessen Ziel die Einführung einer besseren Vertriebssoftware ist, ist nach unserer Meinung ein Software-Einführungsprojekt, kein CRM-Projekt. CRM setzt voraus, dass sowohl die unternehmensinternen Prozesse als auch die IT-Landschaft des Unternehmens auf mehr Kundenorientierung vorbereitet werden. Daher werden in diesem Buch nicht nur die klassischen CRM-Bereiche Vertrieb, Marketing, Kommunikation, Kundenservice und Support behandelt, sondern auch unternehmensübergreifende Themen wie Datawarehouse, Datamining, Produktklassifikation und kundenorientierter Aufbau einer Website.

**Anbieterübergreifende Beratung**

Dieses Buch kann Ihnen bei der Auswahl des richtigen CRM-Anbieters helfen. Besonders die Checklisten tragen dazu bei, den Istzustand und die Erwartungen an eine CRM-Initiative realistisch zu sehen. Es wird kein bestimmter Anbieter empfohlen, alle Prozesse und Technologiekomponenten sind anbieterübergreifend dargestellt. Doch wenn Sie Ihre Erwartungen präzise formulieren können, gibt Ihnen das die entscheidende Möglichkeit, CRM-Anbieter vor dem Kauf auf Herz und Nieren zu prüfen.

**Zahlreiche Beispiele**

Dies ist kein detailliertes Buch über Softwaretechnologie. Alle für CRM wichtigen Technologien, wie z. B. Datamining, Voice over IP oder Embedded Webserver, werden erläutert und auf ihren betriebswirtschaftlichen Nutzen hin überprüft. Am Beispiel einer Musterfirma zeigen wir, wie welche Technologie in einem CRM-Projekt eingesetzt werden kann. Alle Beispiele in diesem Buch sind auf diese Musterfirma bezogen.

### Wie würden Sie einem Marsmännchen CRM erklären?

**Autor/in:** CRM heißt Kundenorientierung, Kundenbindung, Kundenentwicklung.

**Marsmännchen:** Was ist ein Kunde?

**Autor/in:** Ein Kunde, das ist einer, der bei mir etwas kauft.

**Marsmännchen:** Was ist kaufen?

**Autor/in:** Ich habe etwas, was der Kunde haben will, z. B. einen Ball. Der Kunde bekommt den Ball, wenn er mir etwas anderes dafür gibt, z. B. ein Käsebrot. Weil das so gut geklappt hat, besorge ich viele Bälle und tausche gegen viele Käsebrote. Weil Käsebrote leicht schlecht werden, gehe ich dazu über, Bälle nur noch gegen Geldmünzen abzugeben. Von den Geldmünzen kaufe ich mehr Bälle und bekomme noch mehr Geld von den Kunden.

**Marsmännchen:** Was passiert, wenn alle Kunden Bälle haben?

**Autor/in:** Dann erweitere ich meine Produktpalette und verkaufe auch noch Stofftiere.

**Marsmännchen:** Warum sollen Kunden, die Bälle haben, jetzt Stofftiere kaufen?

**Autor/in:** Damit ich mehr Geldmünzen bekomme, nein, weil diese Kunden anscheinend gerne spielen oder Kinder haben, und wer gerne spielt, mag bestimmt auch Stofftiere.

**Marsmännchen:** Warum sollen die Kunden die Stofftiere bei dir kaufen?

**Autor/in:** Weil ich besonders nett bin, weil ich die Stofftiere auf Wunsch auch entsprechend einfärben kann, weil es nur bei mir zu jedem Stofftier einen kleinen Ball geschenkt gibt, einfach deswegen, weil ich dem Kunden einen Mehrwert biete.

**Marsmännchen:** Wenn ich woanders zu jedem Stofftier einen Ball und eine Tafel Schokolade bekomme, kaufe ich trotzdem nicht bei dir.

**Autor/in:** Ich repariere das Stofftier aber ohne weitere Kosten. Bei mir bekommst du eine Mitgliedskarte im Stofftierclub und eine Eintrittskarte in das Puppentheater.

**Marsmännchen:** Das heißt, ich entscheide mich nicht für das Stofftier, sondern für den Zusatznutzen? Für Schokolade oder Stofftierclub? Für einen großen Ball oder für eine kostenlose Reparatur?

**Autor/in:** So ist es.

**Marsmännchen:** Und was daran ist jetzt CRM?

## Zielgruppe

Für welche Zielgruppe ist dieses Buch geeignet?

- **Für Entscheider im Unternehmen, die CRM einführen wollen**
  Welche Art CRM benötigen Sie eigentlich? Wenn Sie eine CRM-Einführung planen, kann Ihnen dieses Buch dabei helfen, die Bedürfnisse Ihres Unternehmens exakt zu bestimmen und aufgrund dieser Bedürfnisse den richtigen CRM-Anbieter zu finden.
- **Für Projektleiter und Projektmitglieder in neuen CRM-Projekten**
  Die erste Phase eines Projektes ist immer die wichtigste. Wenn Sie ein CRM-Projekt beginnen, kann Ihnen dieses Buch helfen, typische Fallen zu umgehen.
- **Für Projektleiter und Projektmitglieder in laufenden CRM-Projekten**
  Wenn Sie bereits fest im Sattel sitzen, kann dieses Buch Sie dabei unterstützen, die verschiedenen Aspekte einer CRM-Einführung zu verstehen und umzusetzen. Mit Sicherheit finden Sie wichtige Anregungen und zusätzliche Aspekte, um Ihr CRM-Projekt zu optimieren.
- **Für Studierende der Informatik, Wirtschaftsinformatik und BWL**
  Wenn Sie aufgrund Ihres Studiums das technische Wissen haben, CRM-Systeme zu bauen oder einzusetzen, finden Sie in diesem Buch übergreifende und praxisnahe betriebswirtschaftliche Beispiele. Wenn Sie das betriebswirtschaftliche Wissen haben, bietet Ihnen dieses Buch eine Erklärung der technischen Zusammenhänge.
- **Für am Thema CRM Interessierte**
  Sie sind Marketing-Fachmann, Außendienst-Fachfrau oder DV-Leiter und wollen endlich einmal über alle Aspekte von CRM informiert werden? Sie interessieren sich für moderne Technologie und deren

betriebswirtschaftliche Nutzung, wollen aber nicht zehn technische Bücher zum Thema CRM lesen? Dann bietet Ihnen dieses Buch eine All-in-one-Lösung mit präzisen Erklärungen, zahlreichen Beispielen und anschaulichen Prozessen.

## Aufbau

Dieses Buch besteht aus insgesamt drei Teilen und einem Anhang. Im Anhang finden Sie nützliche Dokumente für Ihre praktische Arbeit, darunter ein CRM-Glossar und ein Callcenter-Abkürzungsverzeichnis.

- **Teil 1: CRM als Methode**
  Der erste Teil des Buches beinhaltet die Einleitung sowie die Definitionen und Thesen rund um CRM, mit Analysen, Prognosen, Checklisten und Tipps aus der Projektpraxis (Kapitel 1).
- **Teil 2: Voraussetzungen für CRM im Unternehmen**
  Im zweiten Teil finden Sie grundlegende Voraussetzungen für eine CRM-Einführung in Unternehmen. Diese Voraussetzungen beziehen sich auf das gesamte Unternehmen, nicht nur auf einzelne Fachabteilungen. Dazu gehören Instrumente wie Datawarehouse und Produktklassifikation (Kapitel 2 und 3).
- **Teil 3: CRM an den Schnittstellen zum Kunden**
  Im dritten Teil geht es um CRM in den einzelnen Fachabteilungen, darunter die Abteilungen Marketing und Kommunikation, Vertrieb und Kundenservice. Aus Sicht jeder Abteilung wird beschrieben, was CRM dort für den Kunden bewirken kann (Kapitel 4 und 5).

Am Ende jedes Kapitels finden Sie unter »Kompakt« eine Kapitelzusammenfassung.

**Hinweis für Schnellleser**

Die Kapitel müssen nicht unbedingt in numerischer Reihenfolge gelesen werden. Die Beispiele bauen nur innerhalb eines Kapitels aufeinander auf, daher können Sie die Reihenfolge der Kapitel beliebig kombinieren. Beginnen Sie möglichst mit Kapitel 1, danach steht Ihnen die Reihenfolge frei.

## Modellfirma Bikes and More

Fachbücher leben von Beispielen. Um die Beispiele möglichst einheitlich und durchgängig zu gestalten, haben wir uns dafür entschieden, eine Modellfirma zu verwenden, anhand derer die verschiedenen Aspekte einer CRM-Einführung diskutiert werden. Für die Verwendung einer Modellfirma sprechen die folgenden Kriterien:

- Einheitlichkeit
- Anschaulichkeit
- Wiedererkennungswert
- Unterhaltungswert

Die Modellfirma heißt Bikes and More. Dabei handelt es sich um ein großes mittelständisches Unternehmen mit Firmensitz in Radstadt, das Fahrräder, Roller, Inlineskates und Skateboards produziert sowie Zubehör, Sportkleidung und Accessoires kauft und verkauft. Bikes and More ist vorwiegend über Groß- und Einzelhandel präsent.

Der Geschäftsführer von Bikes and More heißt Paul. Paul hat das Traditionsunternehmen »Radelgut« von seinem Vater übernommen und zunächst einmal umbenannt. Er will mit seiner CRM-Initiative dem Unternehmen ein modernes Gesicht geben, vorhandene Prozesse automatisieren und für mehr Kommunikationskanäle sorgen. Paul steht neuen Technologien und Managementmethoden offen gegenüber und möchte auch Embedded Webserver, Knowledge-Management, Datawarehouse und andere Hypes daraufhin prüfen, ob sie ihm im Rahmen seiner CRM-Strategie helfen können.

Begleiten Sie Paul und seine Mannschaft bei ihrer CRM-Einführung und Sie werden sehen, warum CRM von den Autoren als Methode definiert wird und nicht als IT-Werkzeug. Die Beispiele von Bikes und More erkennen Sie jeweils an dem Fahrrad-Icon in der Marginalspalte.

# Teil 1
# CRM als Methode

# 1 Definitionen und Thesen: Was bedeutet CRM?

*Die Mehrheit aller CRM-Projekte in Unternehmen scheitert. Ist CRM also grundsätzlich zum Scheitern verurteilt? Oder heißt das, dass die meisten Unternehmen einfach nur ein CRM-System gekauft und installiert haben und dachten, dadurch entstünde automatisch bessere Kundenbindung?*

**Milliardenmarkt CRM**

Über CRM zu reden ist schwierig geworden. Das Thema ist überladen mit Prognosen, Gewinnerwartungen und Umsatzversprechungen. CRM ist noch nicht alt genug, um so kühl und gelassen beurteilt zu werden wie beispielsweise Business Reengineering oder die Einführung eines ERP-Systems. Anderseits ist CRM nicht mehr jung genug, um ganz und gar als Vision, als Verheißung und Rettung zu gelten. Die ersten CRM-Projekte sind bereits gescheitert und die ersten konkreten Zahlen rechtfertigen die Prognosen nicht. Was hat es auf sich mit diesem CRM? Was genau ist es? Eine Vision? Ein Prozess? Eine Managementmethode? Eine Softwarelösung?

### Prognosen

**Optimistische Analysten**

Die Prognosen sind noch immer optimistisch. Beispielsweise sieht die Aberdeen Research Group voraus, dass der CRM-Markt 2001 weltweit 14,25 Milliarden Dollar erreicht. Die Hewson Group prognostiziert für 2001 ein Marktwachstum von 100% oder mehr im Bereich CRM. Für die Folgejahre wird sogar noch mehr erwartet. Pierre Audoin Conseil (PAC) sieht beispielsweise den Markt für Dienstleitungen für CRM als eine in ERP-Systeme integrierte Anwendung bis 2004 um 8% wachsen. Der Markt für die Implementierung von CRM-Lösungen in ERP-Systeme wird bis 2004 ebenfalls um 8% wachsen (von 9% im Jahr 2000 auf 17% im Jahr 2004). Die Meta Group sieht für 2001 CRM-Investitionen und ein Marktwachstum auf 7 Milliarden Dollar voraus. Im Jahr 2002 sollen es dann 11 Milliarden Dollar werden, 2003 15 Milliarden Dollar und 2004 20 Milliarden Dollar. International Data Corporation (IDC) prognostiziert ein globales Wachstum des CRM-Marktes von 4 Milliarden Dollar im Jahr 2000 auf Milliarden Dollar im Jahr 2003. Cap Gemini prognostiziert allein für CRM-Consulting-Dienstleistungen einen Markt von 7,1 Milliarden

Dollar im Jahr 2004. Der Markt für CRM-Outsourcing soll 2004 auf 75,1 Milliarden Dollar angewachsen sein, ebenso der Markt für CRM-Schulungen, der 2004 9,1 Milliarden Dollar erreichen soll.

So unterschiedlich die Zahlen sind, so klar ist die Tendenz, die sie zeigen. Der CRM-Markt wird weiter wachsen, mindestens bis in das Jahr 2004. Das bedeutet konkret, wer sich bis jetzt noch nicht mit dem Thema CRM befasst hat, sollte die verbleibende Zeit gut nutzen.

**Fast alle Projekte scheitern**

Auf der anderen Seite gibt es inzwischen aber auch die anderen Zahlen, die, die beunruhigen. Beispielsweise ermittelte die Giga Information Group, dass mehr als 70% der CRM-Projekte an mangelhafter Planung und Zielsetzung scheitern. Pagoda Consulting meldet, dass ungefähr 80% der CRM-Projekte nach dem Abschluss weder die Anforderungen der Vertriebsmitarbeiter noch die des Gesamtunternehmens erfüllen. Laut IT Research scheitern Projekte auch daran, dass sie ausschließlich von den IT-Abteilungen getragen werden. Ohne die Unterstützung der Geschäftsführung sollen nämlich 90% aller CRM-Projekte scheitern. Auch Swallow Information Systems sieht 96% der CRM-Projekte scheitern, da sie die erwarteten Verbesserungen nicht umsetzten konnten.

Einerseits lockt noch immer der Markt, anderseits sind fast alle Projekte mehr oder weniger zum Scheitern verurteilt. Bedeutet das also: Hände weg von CRM-Projekten? Im Gegenteil. Wie dieses Buch zeigen wird, bedeutet es einfach nur, dass bei einem CRM-Projekt noch sorgfältigeres Arbeiten nötig ist als bei anderen Projekten. Grundsätzlich sollten Sie sich die folgenden beiden Fragen stellen:

- **Brauchen Sie wirklich ein umfassendes CRM-Projekt?**
  Manche Probleme lassen sich auch mit weniger Aufwand lösen. Wenn Sie sich für eine CRM-Einführung entscheiden, sollten Sie genau wissen, was auf Sie zukommt. Dabei hilft Ihnen dieses Buch. Wenn Sie sich nach eingehender Prüfung dafür entscheiden, kein CRM-Projekt durchzuführen, sondern vielleicht nur eine kleine Lösung für den mobilen Vertrieb, hat dieses Buch seinen Zweck erfüllt und Ihnen viel Geld gespart.
- **Sind Sie bereit, nicht nur eine CRM-Software einzukaufen, sondern Ihr gesamtes Unternehmen neu auszurichten?**
  Wenn Sie wirklich wollen, finden Sie in diesem Buch viele nützliche Hinweise, Checklisten und Modelle. Je besser Sie sich vorbereiten, desto geringer wird die Wahrscheinlichkeit, dass auch Ihr CRM-Projekt an falschen Zieldefinitionen und überhöhten Erwartungen scheitert.

### Definitionen

Die folgenden Definitionen sollen dazu beitragen, die Bedeutungsvielfalt des Begriffs CRM einzuschränken. Gleichzeitig sollen die Definitionen von bekannten und weniger bekannten Verfassern und Institutionen zu der iCRM-Definition hinführen, die diesem Buch zugrunde liegt. Da es bei Definitionen auf jedes einzelne Wort ankommt, sind die englischsprachigen Definitionen hier sicherheitshalber im Original wiedergegeben und werden im Deutschen kurz paraphrasiert.

Die **Gartner Group** definiert CRM als eine Geschäftsstrategie, die dazu beitragen soll, dass sich der Umsatz erhöht, während sich gleichzeitig der Kundenservice verbessert. Diese Definition berücksichtigt sowohl den Unternehmensnutzen als auch den Vorteil aus Kundensicht:

> *CRM is a business strategy built around the concept of the customer, and designed to enhance revenue and improve service.*[1]

**Gute und schlechte Kunden**

Auch bei **Swallow Information Systems** ist CRM eine Strategie, deren Ziel es ist, die Profit bringenden Kunden zu identifizieren. Für diese Kundengruppe werden dann gezielt Produkte und Dienstleistungen angeboten. Gleichzeitig werden auch die Kunden identifiziert, die wenig Profit bringen. Mit diese Kundengruppe sollen weniger Geschäfte abgeschlossen werden.

> *CRM is a strategy which seeks to improve business performance by identifying the best (i.e. the most profitable) customers and the best prospects and then develops products and services to satisfy them. At the same time, the reverse also applies, in that companies seek to identify the worst customers (i.e. the least profitable) and try to discourage them from doing business.*[2]

**CIO**, ein Siebel-Partner, definiert CRM als ganzheitliches Phänomen, das alle Unternehmensbereiche durchdringt, vor allem aber die Fachbereiche Vertrieb, Marketing und Service & Support:

> *Unter Customer Relationship Management verstehen wir die ganzheitliche Bearbeitung der Beziehung eines Unternehmens zu seinen Kunden. Kommunikations-, Distributions- und Angebotspolitik sind nicht weiterhin losgelöst voneinander zu betrachten, sondern integriert an den Kundenbedürfnissen auszurichten. Hierbei werden die Bereiche Vertrieb, Ser-*

1. Scott Nelson, Gartner Group, http://www.gartner.com/
2. Taking the R out of CRM, Seite 5, http://www.swallow.com/indexcust_man.html

*vice und Marketing eines Unternehmens auf eine einheitliche Datenbasis gestellt, die allen Bereichen eine einheitliche und umfassende Sicht auf den Kunden ermöglicht.*[3]

**König Kunde**

In der CRM-Literatur heißt es oft, CRM sei bekannt, seit es Einzelhandel gibt. Die **Nykamp Consulting Group** greift in ihrer CRM-Definition diesen Gedanken auf und interpretiert ihn als Prinzip, das alle Kommunikationskanäle zum Kunden bestimmen soll:

*CRM is much broader than the age-old principle that »the customer is always right.« Instead, CRM is about how to profitably act on that premise, at all times, across all channels and functions.*[4]

**Data Instincts** geht in seiner CRM-Definition auf die vielfältigen Aspekte von CRM ein und beschreibt CRM zum einen als Methode, zum anderen als Softwarelösung zum Management von Kundenbeziehungen. Auch in dieser Definition gelten hauptsächlich die Fachbereiche Vertrieb, Marketing, Service & Support als betroffen, doch Data Instincts bezieht in seine Definition bereits das Konzept von der einheitlichen Kundendatenbank mit ein:

*Customer Relationship Management is a set of methodologies, software, and usually Internet capabilities that help an enterprise manage customer relationships in an organized way. It includes all business processes in sales, marketing, and service that touch the customer. For example, an enterprise might build a database about its customers that describes relationships in sufficient detail so that management, salespeople, people providing service, and even the customer can access information, match customer needs with product plans and offerings, remind customers of service requirements, know what other products a customer has purchased, and so on. In contrast to customer care, Customer Relationship Management tends to be used to deal more specifically with the integration of all business functions with each other.*[5]

**SFA und CRM**

Während Data Instincts CRM vom Customer-Care-Konzept abgrenzt, macht Dick Lee von **High-Yield Marketing** einen Unterschied zwischen CRM und Sales-Force-Automation (SFA). Sales-Force-Automation soll dabei nicht mit CRM verwechselt werden, da CRM nicht nur eine operative Verbesserung anstrebt, sondern mit einer Vision vom Kunden verbunden wird:

---

3. http://www.cio-online.de/
4. CRM – how to get there from here, Seite 1; http://www.crm.ittoolbox.com/peer/docs/crm_howto.asp
5. http://www.datainstincts.com/

*Saying that SFA grew into CRM is like saying a board grew into a house. No way. SFA, even the warmed-over SFA falsely termed 'CRM' because customer service and marketing automation are added in, is purely tactical. CRM, real CRM, uses tactics such as automating processes and customer information management to help achieve a much larger vision. A customer-centric vision.*[6]

Neben CRM gibt es auch den Begriff des internetfähigen CRM (E-CRM, e-CRM oder eCRM). **Microstrategy** definiert E-CRM beispielsweise als relevante, personalisierte und angemessene Interaktion mit dem Kunden:

*The eCRM business process can be mapped to the following integrated activities:*

- *designing an interaction based on relevant information*
- *personalizing every interaction*
- *reaching the customer at the appropriate place and time*
- *facilitating the interaction and closing the ensuing transaction*[7]

Sehr viele praxisorientierte Definitionen finden sich im Diskussionsforum **CRMGuru.com**. In der offiziellen CRMGuru.com-Definition wird deutlich, dass eine CRM-Strategie eine kundenorientierte Geschäftsphilosophie und Unternehmenskultur voraussetzt. Vor allem heißt es, dass CRM-Anwendungen zwar dabei helfen, CRM einzuführen, aber die richtige Form von Führung, Strategie und Unternehmenskultur voraussetzen:

*Customer Relationship Management is a business strategy to select and manage customers to optimize long-term value. CRM requires a customer-centric business philosophy and culture to support effective marketing, sales and service processes. CRM applications can enable effective Customer Relationship Management, provided that an enterprise has the right leadership, strategy, and culture.*[8]

Dass CRM das gesamte Unternehmen verändert, zeigt auch die folgende Definition von **Larry Tuck**. Hier heißt es, dass in einem CRM-fähigen Unternehmen nicht nur die Vertriebsmitarbeiter verkaufen, sondern dass jeder Mitarbeiter zum Verkaufsprozess beiträgt:

---

6. http://www.ittoolbox.com/peer/CRM1.1.htm
7. A Primer on the five engines of eCRM, Seite 2. http://www.microstrategy.com/ecrmwhitepaper/
8. http://www.crmguru.com/content/answers/whatiscrm.html

*CRM extends the concept of selling from a discrete act performed by a salesperson to a continual process involving every person in the company.*[9]

Eine letzte Definition von **Martin Brendling** besagt, dass CRM-Methoden und CRM-Technologien dazu beitragen, die Lücke zu schließen zwischen dem, was ein Unternehmen jetzt für seine Kunden tut und dem, was es zukünftig für seine Kunden tun kann:

*CRM is about developing and implementing business strategies and supporting technologies that close the gaps between an organisation's current and potential performance in customer acquisition, growth, and retention.*[10]

**Zusammenfassung** Zusammenfassend kann gesagt werden, dass es sich bei CRM nicht um eine Methode oder eine Technologie handelt, sondern um eine Kombination aus beidem. Die Technologie dient immer nur dazu, die Methode umzusetzen. CRM als Methode setzt allerdings auch Einiges voraus, denn das Unternehmen sollte eine Vision haben, bei der der Kunde im Vordergrund steht. Die Definitionen zeigen auch, dass sich CRM nicht nur auf die Abteilungen Vertrieb, Marketing und Service & Support beschränkt, sondern alle Geschäftsprozesse umfasst und das gesamte Unternehmen verändert.

## 1.1 CRM-Marktgeschehen: Trends und Tendenzen

Der Zyklus von Modeerscheinungen in der Informationstechnologie wird immer kürzer. Gestern noch eine unbekannte Abkürzung, heute ein Trend – ein so genannter Hype – und morgen bereits ein Eintrag im Lexikon der Informationstechnologie. Bevor Customer-Relationship-Management in aller Munde war, hieß der Trend Enterprise Resource Planning (ERP). Inzwischen bezeichnen Eingeweihte CRM bereits nicht mehr als Trend, sondern als Lösung oder als Werkzeug, was schon beinahe nach einem Lexikoneintrag klingt. Als neue Trends sind E-Commerce und E-CRM im Umlauf. Warum lohnt es sich, gerade jetzt ein Buch über CRM zu lesen? Wäre es nicht besser, jetzt ein Buch über E-Commerce zu lesen?

Zunächst einmal *ist* dies ein Buch über E-Commerce, denn keine IT-Anwendung im Unternehmen ist heutzutage ohne Anbindung an das Internet denkbar. Darüber hinaus gibt es drei gute Gründe, sich jetzt über CRM zu informieren:

---

9. Larry Tuck, http://www.crmguru.com/content/answers/whatiscrm.html
10. Martin Brendling, http://www.crmguru.com/content/answers/whatiscrm.html

1. CRM ist noch immer ein beherrschender Trend. Eine Stichprobe im Heftarchiv der IT-Fachzeitschrift *Computerwoche*[11] zeigt dies sehr deutlich. Der Begriff CRM erschien 1997 vereinzelt im Text von Artikeln, die erste Erwähnung von CRM in einer Artikelüberschrift erfolgte im April 1998. Seit 1999 nahmen die CRM-Artikel dann sprunghaft zu.
2. Der Markt an CRM-Werkzeugen ist sehr vielseitig. Zwar findet seit 1999 eine Konsolidierung des Marktes statt, aber verglichen mit dem ERP-Markt hat sich noch kein Marktführer herauskristallisiert. Bei den ERP-Systemen teilen wenige große Anbieter den Markt unter sich auf und wenn Sie sich für einen dieser Anbieter entscheiden, können Sie einem großen Namen vertrauen. Im Gegensatz dazu gibt es auf dem CRM-Markt einige aussichtsreiche Kandidaten mit unterschiedlichen Schwerpunkten. Um zu wissen, welcher Anbieter für Ihr Unternehmen geeignet ist, sollten Sie sich über diese Schwerpunkte informieren.
3. CRM-Werkzeuge sind bereits bei zahlreichen Unternehmen in Gebrauch. Sie können daher auf erste Erfahrungsberichte und Anwenderumfragen zurückgreifen, die Ihnen helfen, Ihre CRM-Einführung zu optimieren.

### CRM ist nicht SFA: eine Begriffsabgrenzung

Bevor es CRM als Begriff für Tools und Methoden gab, waren bereits einzelne Anwendungen für Vertrieb und Service auf dem Markt. Dabei handelte es sich ausschließlich um so genannte Frontoffice-Lösungen, d.h. Frontend-Anwendungen für den direkten Kundenkontakt bzw. zur direkten Eingabe von Daten über eine grafische Benutzeroberfläche. Dahinter liegen die so genannten Backoffice-Lösungen, nämlich das ERP-System und die Datenbanken. Backend-Anwendungen regeln das Tagesgeschäft im Unternehmen, wie z.B. Rechnungswesen, Logistik, Personalwirtschaft. Diese Anwendungen stellen die nötigen Daten für Frontoffice-Anwendungen bereit bzw. nehmen die neuen Daten aus den Frontoffice-Anwendungen auf. Im Backoffice kann sich beispielsweise ein ERP-System wie SAP R/3 befinden, im Frontoffice ein anderes System für den mobilen Außendienst.

**Call-Managementsysteme**

Die ersten Anwendungen im heutigen CRM-Bereich waren so genannte SFA-Systeme (Sales-Force-Automation) und Systeme für den Helpdesk oder das Callcenter. In jedem Unternehmen gab es immer schon einen DV-Helpdesk für die eigenen Anwender im Unternehmen. Diese Helpdesk-Systeme wurden ausgebaut, um auch Kundenanfragen und Kun-

11. http://www.computerwoche.de/

denbeschwerden bearbeiten zu können. Separat entwickelten sich die Callcenter für den telefonischen Kundenkontakt. Das Callcenter ist meist die erste Anlaufstelle für einen Kunden, der Informationen benötigt oder der sich beschweren will. Auch hier wurden bald CTI-basierte Systeme (Computer Telephony Integration) entwickelt, mit deren Hilfe der telefonische Kundenkontakt abgewickelt werden konnte. Während Callcenter und Helpdesk-Systeme zunächst getrennt voneinander existierten, kamen bald so genannte Call-Managementsysteme auf den Markt, die beide Anwendungsbereiche zusammenschlossen. Hierbei handelt es sich um ein System, das die Fachabteilung Service & Support dabei unterstützt, Kundenanfragen und Kundenbeschwerden, so genannte Calls, zu bearbeiten. Call-Managementsysteme werden auch als Call-Logging-, Call-Tracking- oder Helpdesk-Managementsysteme bezeichnet.

**Computer-aided-Selling**

Zeitgleich wurden auch die Vertriebsaufgaben automatisiert. Schlagworte wie Technology-enabled-Selling (TES), Computer-aided-Selling (CAS), Sales-Force-Automation (SFA) oder Field-Sales-System (FSS) kennzeichnen meist Systeme, die die Vertriebsmitarbeiter bei der Abwicklung aller vertriebsrelevanten Aufgaben innerhalb des so genannten Sales Cycle unterstützen. Beispielsweise werden Adressinformationen, Preislisten, Produktinformationen, Produkt-Konfigurationsinstrumente sowie Verfügbarkeits- und Lieferdaten aus dem ERP-System angeboten. Einige dieser Systeme unterstützen auch die Anbindung von mobilen Geräten wie z.B. Notebooks.

In der CRM-Literatur werden SFA-Systeme oft fälschlich mit CRM-Systemen gleichgesetzt. Dies ist nicht korrekt, da sich SFA-Systeme auf die Optimierung einer einzigen Fachabteilung beziehen, während CRM das gesamte Unternehmen beeinflusst. Es ist auch nicht korrekt, zu behaupten, dass sich CRM-Systeme aus SFA-Systemen heraus entwickelt haben. Vielmehr wurden verschiedene Detailkonzepte wie SFA, Außendienstanbindung, Call-Management, Database-Marketing, E-Commerce und Datawarehouse eines Tages unter dem Überbegriff CRM zusammengefasst und weiterentwickelt. Daher besteht eine komplette CRM-Lösung, die auch CRM-Suite genannt wird, heute aus mindestens den folgenden Anwendungen:

**Eine CRM-Suite**

- Anwendungen für den Service (Callcenter, Helpdesk, Call-Management, Anbindung mobiler Servicetechniker)
- Anwendungen für den Vertrieb (SFA, Außendienstanbindung)
- Anwendungen für das Marketing (Database-Marketing, Kampagnenmanagement)

- E-Commerce-Anwendungen (Onlineshop, Onlineservice und -support, Selfhelp, B2B)
- ERP-System (Abwicklung von Rechnungswesen, Logistik, Personalwirtschaft)
- Synchronisationselement zum Abgleich der Daten zwischen Frontoffice- und Web-Anwendungen einerseits sowie Datawarehouse und ERP-System anderseits (kann separate Middelware sein, kann auch vom ERP-System übernommen werden)
- Kundendatenbank (Minimum) bzw. Datawarehouse (Ideallösung)

**Wann brauchen Sie SFA?**

Der Unterschied zwischen SFA-Systemen und CRM zeigt sich auch in den Anforderungen. Klassische Anforderungen, die Sie durch ein SFA-System abdecken können, sind beispielsweise:

- Planung und Durchführung von Kundenbesuchen verbessern
- Personaleinsatz optimieren
- Messeeinsatzplanung verbessern
- Informationsaustausch zwischen Innendienst und Außendienst ermöglichen
- Echtzeitverwaltung von Daten, die im Außendienst erfasst wurden
- Bestellungen für nicht vorrätige Produkte reduzieren
- Retouren verringern

**Warum brauchen Sie CRM?**

Im direkten Vergleich folgen nun die Anforderungen, die Sie an ein CRM-Projekt haben können:

- Kundenbeziehungen verbessern
- Kundenloyalität/Kundenbindung steigern
- Abwanderung von Kunden verhindern
- Individuellen bzw. personalisierten Kundenservice anbieten
- Profitabilität der Kunden messen
- Cross-Selling und Up-Selling betreiben
- Inaktive Kunden reaktivieren
- Return on Investment (ROI) maximieren

Der entscheidende Unterschied der Anforderungsprofile liegt darin, dass die CRM-Anforderungen niemals von der Vertriebsabteilung alleine umgesetzt werden können. Ein SFA-Projekt optimiert die Arbeitsweise der Vertriebsabteilung, ein CRM-Projekt krempelt das gesamte Unternehmen um, bezieht alle Abteilungen ein und nutzt jede mögliche Informationsquelle.

### Die Ursprünge von CRM: eine kurze Geschichte vom Trend

Die folgende Geschichte zweier Firmen soll zeigen, wie aus Einzelsystemen plötzlich CRM-Suiten wurden, warum die kleinen Anbieter von den großen geschluckt werden und warum Sie sich nicht darüber wundern dürfen, dass es so wenig komplette CRM-Suiten auf dem Markt gibt.

CRM-Geburtsjahr 1998

Wer heute einen Bericht über die IT-Messe Cebit aus dem Jahr 1998 liest, hat eine erheiternde Begegnung mit der Kurzlebigkeit von Firmen, Marken und Trends. Das Jahr 1998 kann als Jahr des CRM-Durchbruchs bezeichnet werden. Einen Durchbruch erkennen Sie grundsätzlich daran, dass ein Analystenbericht eine positive Marktentwicklung und eine garantierte Umsatzsteigerung prognostiziert. 1998 waren es die Analysten der Aberdeen Group aus Boston, die bei den Frontoffice-Tools, wie z. B. bei Vertriebs- und Marketingwerkzeugen, eine positive Entwicklung versprachen. 1998 stellte SAP auf der Cebit erstmals Systeme zur Außendienstanbindung vor, so genannte Field-Service-Systeme, mit denen Außendienstmitarbeiter wichtige Daten auf ihren Laptops präsent haben können. Auch Anbieter wie Clarify, Siebel und Oracle, die heute zu den wichtigen CRM-Anbietern gehören, stellten ihre Systeme erstmals einer breiten Öffentlichkeit vor. Ein weiteres wichtiges Kennzeichen eines Trend-Durchbruchs ist die Tatsache, dass kleine, innovative Anbieter auf den Markt drängen, die wenig später von großen Firmen geschluckt werden. Fast nostalgische Gefühle kommen auf, wenn man liest, dass Vantive damals noch nicht zu Peoplesoft gehörte und Clarify noch nicht zu Nortel. Andere kleine Anbieter gehören heute selbst zu den Großen und müssen auf Messen nicht mehr Schutz suchen an den Messeständen der Weltfirmen. 1998 waren die Firmen Remedy und Peregrine noch am Stand von IBM. Remedy gehört heute zu den Marktführern im Bereich der Helpdesk-Systeme.

Am Beispiel von zwei Unternehmen, die CRM-Werkzeuge herstellen, lässt sich gut erklären, welchen Wandel das Konzept CRM in den letzten Jahren durchgemacht hat. Als Beispiele haben wir die Unternehmen Kiefer & Veittinger in Deutschland und Clarify in den USA ausgewählt.

Unternehmensgeschichten

Die Unternehmensberatung Kiefer & Veittinger (K&V) wurde 1986 gegründet und spezialisierte sich früh auf »Softwaresysteme für Vertrieb, Service und Marketing"[12], wie man damals den Bereich CRM noch nannte. K&V wurde bald Entwicklungs- und Implementierungspartner der SAP AG. Markt- und Trendführer SAP war vor allem an den Systemen zur Anbindung von Vertriebs- und Servicemitarbeitern im Außendienst

12. http://www.k-v.de/company/overview/

interessiert und beteiligte sich daher im Dezember 1997 mit 50% an K&V. Im CRM-Durchbruchsjahr 1998 erhöhte SAP die Beteiligung auf 80%, im Januar 1999 dann auf 100%. Aus K&V wurde SAP Labs Mannheim, aus den beiden Systemen Field Sales und Field Service wurde das System SAP CRM. Dem generellen Trend entsprechend sollte neben die Systeme für Vertriebsmitarbeiter und Servicetechniker noch ein drittes für Marketingmitarbeiter treten. SAP selbst entwickelte in diesen Jahren ein System zur Callcenter-Unterstützung, das ebenfalls in die CRM-Suite integriert werden sollte. Die Phase der umfassenden CRM-Suiten hatte nun auch in Deutschland begonnen. Im September 1999 wurde SAP Labs Mannheim in SAP CRM Consulting umbenannt und fungiert seitdem als CRM-Entwicklungs-, Beratungs- und Implementierungseinheit von SAP. Es ist hier wichtig zu wissen, dass selbst die vollständigen CRM-Suiten nicht aus einem Guss sind, sondern vormals selbstständige Einzelsysteme zusammenfassen.

Das zweite Beispiel ist die Entwicklung des amerikanischen Unternehmens Clarify. Die CRM-Entwicklung in den USA hat den deutschen Markt wesentlich beeinflusst. Clarify wurde bereits 1990 von David A. Stamm gegründet.[13] Das erste Produkt für den Helpdesk, ClearSupport, kam 1992 auf den Markt, 1995 und 1996 folgten neue Produkte für Kunden wie Microsoft, Hewlett-Packard, Xerox und die Telekommunikationsindustrie. Wenn kleine Anbieter mit interessanten Produkten auf den Markt kommen, bleibt meist das Interesse der Branchenriesen nicht aus. 1997 wurde Clarify Partner von Nortel Networks. Genau wie bei K&V und SAP wurde aus einer anfänglichen Partnerschaft recht schnell eine Fusion. In den Jahren 1997 und 1998 erhielt Clarify zahlreiche Preise für seine Systeme, darunter den »Product of the Year Award« anerkannter Fachzeitschriften der IT-Branche. Dem weltweiten Trend zur CRM-Suite folgend, bündelte auch Clarify seine verschiedenen Systeme 1998 in einer CRM-Suite namens Clarify FrontOffice 98. Das Unternehmen selbst bezeichnet diese CRM-Suite als erste integrierte Lösung für Vertrieb, Marketing, Kundenservice, Außendienst, Kundenvertragsmanagement, Callcenter, Qualitätssicherung und Helpdesk. Das mag auf den ersten Blick recht imposant und umfassend klingen, doch zu einer Integration gehört immer auch die Anbindung an die zentrale EDV eines Unternehmens. 1999 erfolgte dann die Fusion mit Nortel, wobei der Name Clarify erhalten blieb. Einem weiteren Trend folgend, wurde die CRM-Suite von Clarify internetfähig und erhielt den Namen Clarify eFrontOffice. Im Jahr 2000 erwiesen dann die ganz Großen Clarify ihre Referenz. Aufgrund

13. http://www.clarify.com/

einer Allianz zwischen Clarify und IBM Global Services entstand eine eigene IBM-Beratungseinheit für CRM.[14] Auch SAP und Clarify wurden Partner mit dem Ziel, die Callcenter-Software von Clarify in die CRM-Suite von SAP zu integrieren.[15]

**Zusammenfassung**

Zusammenfassend lässt sich sagen, dass man vor 1998 unter CRM im Wesentlichen die Unterstützung einzelner Fachabteilungen verstand. Beispielsweise sollte der Vertrieb durch automatische Vertriebssteuerung, so genannte Sales-Force-Automation, unterstützt werden. Andere Systeme, die Field-Service- und Support-Systeme (FSS), sollten Außendienstmitarbeiter an die heimische Datenverarbeitung im Unternehmen anbinden. Separate Systeme sollten die Abteilung Kundenservice und Support unterstützen. Meistens handelt es sich dabei um Systeme für den Helpdesk. In den Jahren 1998 und 1999 wurden die CRM-Anbieter durch den Druck ihrer Kunden gezwungen, ihre verschiedenen Systeme zu integrieren. Die Kunden hatten erkannt, dass es nicht viel nützte, wenn z. B. der Vertrieb mit einem Sales-Force-Automation-System arbeitet, der Kundenservice mit einem Helpdesk-System und die zentrale Datenverarbeitung mit SAP R/3. Die CRM-Anbieter fassten ihre unterschiedlichen Systeme also in so genannten CRM-Suiten zusammen. Viele Unternehmen glaubten, dass allein der Erwerb und die Installation einer solchen Suite schon ein erfolgreiches CRM-Projekt ausmacht. Nachdem nach Monaten alle Systeme installiert und Unmengen von Geld ausgegeben waren, meldete der Vertrieb trotz aller Anstrengung keine gestiegenen Umsatzzahlen. Im Jahr 2000 – kaum war der Jahrtausendwechsel in der EDV-Abteilung überstanden – setzten die Unternehmen daher ihre Hoffnungen auf E-Commerce und Internetanbindung. Die CRM-Anbieter folgten diesem Trend und machten ihre CRM-Suiten internetfähig. Unternehmen wie IBM und SAP setzen verstärkt auf CRM-Beratung und bauen eigene Beratungseinheiten auf.

Nach unserer Meinung sollte das Jahr 2001 eine Trendwende bringen, von der reinen Orientierung an CRM-Systemen und CRM-Anbietern hin zu umfassender Reorganisation aller Prozesse im Unternehmen zum Wohle des Kunden. Weg von der reinen Systemwelt und hin zu umfassender Kundenorientierung, das macht intelligentes CRM (iCRM) aus und nur dieser Ansatz macht CRM-Projekte in Unternehmen wirklich erfolgreich.

---

14. Computerwoche Nr. 25 vom 23.06.00
15. Computerwoche Nr. 19 vom 12.05.00

### Wie Sie den richtigen CRM-Anbieter finden

Dies soll kein Marktspiegel werden und auch keine Beurteilung verschiedener Anbieter, denn in diesem Bereich können Fachzeitschriften und Websites der Anbieter aktuellere Informationen liefern als ein Buch. In diesem Abschnitt finden Sie allerdings Checklisten, die Ihnen dabei helfen können herauszufinden, wie umfangreich Ihre CRM-Lösung sein soll und wo Ihre Schwerpunkte liegen.

**Ihre CRM-Strategie**

Eine der ersten Fragen, die Sie sich stellen sollten, ist die nach Ihren strategischen Zielen. Dazu finden Sie weitere Hinweise in den folgenden Kapiteln. Sobald Ihre CRM-Strategie feststeht, müssen weitere Grundsatzfragen geklärt werden:

- **Welche Prozesse soll Ihr CRM-System verbessern?**
  Wollen Sie zunächst die Prozesse im eigenen Unternehmen optimieren (Zielgruppe Mitarbeiter)? Geht es Ihnen um die Prozesse zwischen Ihnen und Ihren Partnern (Zielgruppe Lieferanten, Zielgruppe Großhändler)? Wollen Sie die Kommunikationskanäle zum Endkunden verbessern (Zielgruppe Kunde)?
- **Welche Kommunikationskanäle benötigen Sie?**
  Wie soll die Kommunikation technisch realisiert werden? Haben Sie bereits ein Callcenter, das Sie anbinden wollen, oder bauen Sie eines auf? Benötigen Sie eine neue Telefonanlage und CTI? Wollen Sie eine Website aufbauen? Was soll dort angeboten werden? Benötigen Sie dazu Hochleistungsserver, Infrastrukturerweiterungen, Schnittstellen?
- **Haben Sie bereits ein produktives ERP-System?**
  Hat Ihr ERP-System Standardschnittstellen zu anderen Frontoffice-Systemen? Nimmt Ihr ERP-System bereits CRM-Aufgaben wahr? Können Sie in Ihrem ERP-System Komponenten für Vertrieb, Marketing und Service freischalten oder benötigen Sie für alle diese Bereiche Frontoffice-Systeme? Müssen Sie zunächst ein ERP-System einführen? Mit welchen Systemen laufen Ihre Prozesse in den Bereichen Rechnungswesen, Logistik, Personalwirtschaft? Können Sie Ihre Altsysteme beibehalten und anbinden? Lohnt sich für Sie eine Migration? Benötigen Sie Supply-Chain-Management? Müssen Ihre Logistikprozesse B2B-fähig werden? Mit welchen Partnern tauschen Sie Daten aus? Verwenden Ihre Partner Standardformate? Wäre die Zusammenarbeit leichter, wenn Sie ein kompatibles ERP-System verwenden?
- **Ist Skalierbarkeit für Sie ein Vorteil?**
  Haben Sie weniger als 100 CRM-Anwender? Wie viele mobile Anwender müssen angebunden werden? Wie hoch ist Ihr Synchronisations-

aufwand, d.h., wie aktuell müssen Ihre Daten in der Kundendatenbank sein? Rechnen Sie damit, in den nächsten Jahren mehr als 1000 CRM-Anwender unter NT und UNIX einzubinden?

- **Ist Anpassbarkeit von Systemeinstellungen wichtig?**
  Muss Ihr System nur einmal angepasst und eingerichtet werden oder verändern sich Ihre Systemanforderungen mit der Zeit? Wollen Sie für Anpassungsleistungen Beratungsunternehmen in Anspruch nehmen oder wollen Sie Ihren eigenen Support aufbauen?
- **Ist Outsourcing für Sie eine Option?**
  Was genau wollen Sie outsourcen? Dienstleistungen, Training, Support? Benötigen Sie einen Application-Service-Provicer (ASP) für Ihre CRM-Anwendungen, einen Full-Service-Provider für Backoffice und Frontoffice oder einen Internet-Service-Provider (ISP) für Ihren Onlineshop?
- **Welchen der folgenden Schwerpunkte soll Ihr CRM-Anbieter haben? Welches Know-how ist für Sie am wichtigsten?**
  - ERP-Systeme mit CRM-Modulen
  - Datawarehouse
  - Datenbanken mit CRM-Frontoffice
  - Call-Management, Callcenter, CTI-Integration
  - Branchenspezifische CRM-Lösungen
  - Anbindung mobiler Geräte
  - Internetanbindung (B2B-Marktplätze, Onlineshops, Onlinemarketing)
  - Vertriebsautomatisierung (SFA)
  - Marketingautomatisierung (Database-Marketing)
  - Architektur, Infrastruktur

Beachten Sie bitte, dass Sie keinen Anbieter finden werden, dessen Stärke in all diesen Bereichen gleichzeitig liegt. Versuchen Sie daher, gemäß Ihrer Priorität den Best-of-Breed-Ansatz zu verfolgen. Beispielsweise wird ein Servicedienstleister seinen Schwerpunkt bei der Callcenter-Integration sehen oder ein großes Handelsunternehmen seinen Schwerpunkt bei der Vertriebsautomatisierung. Das folgende Beispiel zeigt, wie der richtige CRM-Anbieter aufgrund einer Analyse der Voraussetzungen gefunden werden kann.

Das Sportgeräte-Produktions- und Handelsunternehmen Bikes and More GmbH aus Radstadt will CRM einführen. Das Unternehmen produziert Fahrräder aller Art (Citybikes für die ganze Familie, Mountainbikes, Trekkingbikes) sowie Roller, Inlineskates und Skateboards. Zusätzlich kauft und verkauft Bikes and More als Handelsware Zubehör, Sportkleidung und Accessoires. Bikes and More besitzt zwar in großen Städten eigene Bikes-and-More-Läden, ist aber vorwiegend über Groß- und Einzelhandel präsent. Der Geschäftsführer Paul will mit seiner CRM-Initiative dem Unternehmen ein modernes Gesicht geben, vorhandene Prozesse automatisieren und für mehr Kommunikationskanäle sorgen. Den vorhandenen Kunden soll besserer Service und mehr Produktvielfalt geboten werden; zusätzlich will Paul eine neue Käuferschicht erschließen.

- **Welche Prozesse soll Pauls CRM-System verbessern?**
  Die folgenden Prozesse bestimmen Bikes and More: Teile herstellen und Räder/Roller montieren (Produktion), Rohmaterial und Teile zukaufen, Handelsware zukaufen (Einkauf), Markenbewusstsein schaffen (Marketing & Kommunikation), Produkte an Groß- und Einzelhandel oder in den eigenen Vertriebsstellen verkaufen (Vertrieb), Retouren reparieren, Ersatzteile versenden, Bedienungshinweise geben (Service), Administration (HR und Finanzwesen). Für die Zielgruppe Kunde will Paul die folgenden Prozesse verbessern:
  - durch Marketingkampagnen Markenbewusstsein schaffen und neue Produkte bekannt machen,
  - Direktvertrieb über einen Onlineshop ermöglichen und den Direktvertrieb in den eigenen Läden fördern,
  - Kundenservice optimieren, Callcenter aufbauen, Hilfe zur Selbsthilfe im Web zur Verfügung stellen.
- **Welche Kommunikationskanäle benötigt Paul?**
  Den direkten Kontakt zwischen Vertriebsmitarbeitern und Kunden will Paul beibehalten. Neben den Läden möchte er den Onlineshop als Vertriebskanal nutzen. Die Abteilung Marketing & Kommunikation soll ebenfalls verstärkt das Internet zur Kommunikation mit dem Kunden einsetzen. Die Servicemitarbeiter, die bisher im Rotationsverfahren das Kundentelefon besetzt haben, sollen durch ein Callcenter entlastet werden. Eine moderne Telefonanlage ist vorhanden, ein Netzwerk ebenfalls.
- **Hat Paul bereits ein produktives ERP-System?**
  Vorhanden ist ein ERP-System, das bisher aber nur für kaufmännische Zwecke genutzt wurde. Produktiv sind die Kundenstammdaten, die Bestellabwicklung, die Rechnungsstellung sowie Rechnungswesen insgesamt und Personalwirtschaft. Im Moment geben die Außendienstmitarbeiter jeden Freitag im Büro die Bestellungen ein, doch ein

Modul zur Außendienstanbindung über mobile Geräte kann freigeschaltet werden. Der Datenaustausch mit Partnern verläuft problemlos, da Paul ein gängiges ERP-System einsetzt.

- **Ist Skalierbarkeit für Paul ein Vorteil?**
  Insgesamt hat Paul weniger als 500 Mitarbeiter, die mit NT arbeiten, möchte aber eine Systemerweiterung nicht völlig ausschließen. UNIX spielt für ihn keine Rolle.
- **Ist Anpassbarkeit von Systemeinstellungen wichtig?**
  Die Implementierung soll von einem Dienstleistungsunternehmen durchgeführt werden. Für Paul ist es wichtig, kleinere Anpassungen im eigenen Haus vornehmen zu können, daher will er in seiner DV-Abteilung Supportkompetenz aufbauen.
- **Ist Outsourcing für Paul eine Option?**
  Paul hat vor, die kompletten Internetanwendungen einem Internet-Service-Provider zu übergeben. Alle anderen CRM-Anwendungen einschließlich Datawarehouse behält seine DV-Abteilung.
- **Welche Schwerpunkte soll Pauls CRM-Anbieter haben? Welches Know-how ist für ihn am wichtigsten?**
  Da Paul ein ERP-System hat, benötigt er keinen ERP-Anbieter mehr, muss aber auf Schnittstellen und Integration Rücksicht nehmen. Grundsätzlich sollte er kein Frontoffice-System, keinen CRM-Anbieter und keinen Datawarehouse-Anbieter wählen, der keine Kompetenz im Bereich seines ERP-Systems hat. Da er ein Datawarehouse aufbauen will, wäre ein CRM-Anbieter mit eigenem Datawarehouse in der CRM-Suite von Vorteil. Spezielle Branchenkompetenz oder Erfahrung in einer Vertriebs- oder Marketingnische erwartet Paul nicht von einem Anbieter, da er alle Unternehmensbereiche gleichzeitig in das CRM-Projekt einbinden will und einen Generalisten bevorzugt.

**Zusammenfassung**

Paul wird sich für einen CRM-Anbieter entscheiden, der eine CRM-Suite mit Datawarehouse-Anbindung bietet. Allerdings muss es möglich sein, diese Suite in seine vorhandene Struktur zu integrieren (ERP-System). Die Frontoffice-Anwendungen der Suite sollten grundsätzlich internetfähig und anpassbar sein. Abbildung 1.1 zeigt eine schematische Darstellung der von Paul geplanten Systemlandschaft.

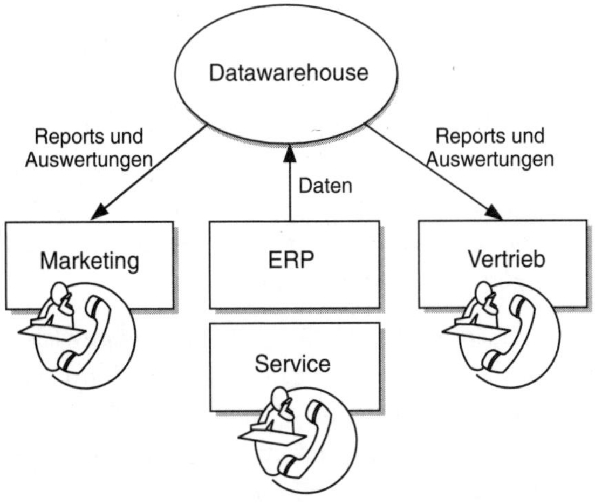


**Abbildung 1.1** Geplante Systemlandschaft bei Bikes and More

## 1.2 Warum scheitern CRM-Projekte wirklich?

Ein gescheitertes CRM-Projekt ist teuer. Eine Untersuchung von Cap Gemini über den CRM-Markt 1999 zeigte, dass die durchschnittlichen Investitionen in ein CRM-Projekt insgesamt 3,1 Millionen Dollar betrugen, Hardware, Software und Dienstleistungen inklusive.[16] Diese Investitionen sollten sich nach durchschnittlich 28 Monaten amortisiert haben. Im ersten Jahr wurde eine Umsatzsteigerung von 8%, im zweiten Jahr von 16% erwartet. Allerdings zeigte diese Studie auch, dass nur in 45% der befragten 300 Unternehmen das CRM-Projekt auf Geschäftsführungs- bzw. CEO-Ebene initiiert und überwacht wurde.

**13 typische Fallen**

Die folgenden 13 Falschannahmen und ihre Kurzanalyse sollen Ihnen dabei helfen, typische Projektfallen rechtzeitig zu erkennen und zu vermeiden.

#### Falschannahme Nummer 1:

Das Unternehmen konzentriert sich auf nur einen Bereich, wie z. B. Vertriebsoptimierung, und geht davon aus, dass sich die anderen Bereiche nachziehen lassen.

**Warum diese Annahme zum Scheitern führt:**
Früher wurde bei ERP-Einführungen so vorgegangen, dass zunächst ein Modul in einem Land oder in einer Abteilung ausgerollt wurde. Dieses Konzept lässt sich allerdings nicht auf eine CRM-Einführung übertragen,

16. http://capgemini.de/news/studien/crm.html

denn dort steht die Vision im Vordergrund, wie und warum Kundenbindung realisiert werden soll. Wenn ein Unternehmen als Pilotanwendung für CRM beispielsweise einen Onlineshop eröffnet, ohne die gesamte Infrastruktur anzupassen, kann es vorkommen, dass gut informierte Onlinekunden im Unternehmen anrufen und dort auf schlecht informierte Mitarbeiter treffen. Umgekehrt kann es sein, dass die Mitarbeiter längst mit der neuen Preisliste arbeiten, während die Onlinekunden noch immer die Preise aus dem vergangenen Monat sehen.

**Top-down statt Bottom-up**

Eine CRM-Einführung kehrt den Rollout-Plan für ERP-Systeme gewissermaßen um, denn während die ERP-Systeme modulweise eingeführt werden (vom Kleinen zum Großen), sollten CRM-Projekte mit der Vision beginnen und dann auf die einzelnen Geschäftsprozesse und Fachbereiche heruntergebrochen werden (vom Großen zum Kleinen).

### Falschannahme Nummer 2:

Der erwartete ROI muss nicht klar definiert werden, es reicht aus, dass sich die Kundenzufriedenheit insgesamt erhöht.

#### Warum diese Annahme zum Scheitern führt:

Projektziele müssen immer umsetzbar und messbar sein. Pauschale Erwartungen, wie z.B. »Wir wollen unsere Kundenzufriedenheit erhöhen« lassen sich nicht messen. Erst wenn eine Metrik existiert, die den Erfolg meßbar macht, kann auch der ROI gemessen werden. CRM-Projekte beginnen mit einer Vision, doch dabei darf es keinesfalls bleiben. Eine klare und messbare Zieldefinition ist z.B. »Wir wollen im kommenden Fiskaljahr in der Abteilung 0815 mit jedem einzelnen bestehenden Kunden 500 Euro mehr Umsatz generieren; wir führen daran anschließend im November eine Umfrage zur Kundenzufriedenheit mit den Messkriterien XYZ durch«.

### Falschannahme Nummer 3:

Sobald eine CRM-Anwendung oder eine CRM-Suite (ein Bündel aus mehreren CRM-Anwendungen) implementiert ist, ist das CRM-Projekt abgeschlossen.

#### Warum diese Annahme zum Scheitern führt:

Zahlreiche gescheiterte Projekte haben gezeigt, dass diese Annahme höchstens zu mehr Kosten führt, keinesfalls aber zu mehr Kundenzufriedenheit. Eine CRM-Einführung ist nicht mit einer ERP-Einführung zu vergleichen, sondern eher mit Changemanagement oder mit Business Process Reengineering. Je nach Status des Unternehmens kann CRM mit einer Änderung der bestehenden Organisationsstruktur verbunden sein. In jedem Fall ist CRM mit einer Umstellung der Geschäftsprozesse verbunden. Hinzu kommt, dass die marktüblichen CRM-Anwendungen nicht immer dieselben Funktionen beinhalten: Einige Anbieter konzentrieren sich auf Frontoffice-Lösungen, andere auf ERP-Anbindung, mobile Systeme oder Datawarehouse. Kein Anbieter kann alle Bestandteile einer CRM-Lösung gleichzeitig liefern und implementieren, sodass selbst der IT-Teil einer CRM-Einführung nach der Implementierung einer CRM-Suite noch längst nicht abgeschlossen ist.

### Falschannahme Nummer 4:

Die Projektleitung sollte sich auf die technischen Aspekte der Implementierung konzentrieren.

**Warum diese Annahme zum Scheitern führt:**
Wie jedes gute IT-Projekt benötigt ein CRM-Projekt sowohl einen technischen als auch einen kaufmännischen Projektleiter. Hinzu kommt der Aspekt der Reorganisation, der innerhalb der Projektes abgedeckt sein sollte.

**Change Agents für CRM**

Vielleicht wäre es eine gute Idee, in jedes Projektteam einen Change Agent einzubinden, der der Projektleitung gegenüber Vetorecht hat. Der Change Agent sollte darüber informiert sein, welche Prozesse in anderen Fachbereichen umgestellt werden, und somit dafür sorgen, dass das Projektteam nicht die CRM-Aktivitäten im Gesamtunternehmen aus dem Blick verliert.

### Falschannahme Nummer 5:

CRM-Anwendungen müssen auf jeden Fall an die vorhandene IT-Infrastruktur angebunden werden.

**Warum diese Annahme zum Scheitern führt:**
Nicht immer ist es sinnvoll, die vorhandene Infrastruktur beizubehalten. Bevor CRM-Anwendungen durch aufwändige und teure Schnittstellenprogrammierung angebunden werden, muss analysiert werden, ob die vorhandene Infrastruktur die neuen Geschäftsprozesse überhaupt tragen kann. CRM-Anwendungen vergrößern meistens die Zahl der Endanwender im Unternehmen, d.h., Hardware, Serverauslastung und Netzwerke müssen gegebenenfalls aufgestockt werden. CRM-Projekte, die gleichzeitig das Web als Kommunikationskanal einführen, benötigen ein eigenes Hardwarebudget. Auch ein Datawarehouse setzt Investitionen in Hard-

ware und Software voraus. Wenn das ERP-System als zentraler Datenumschlagplatz für alle Anwendungen dienen soll, muss das vorhandene ERP-System daraufhin überprüft werden, ob es die Auslastung verkraftet.

**Ohne Synchronisation läuft nichts**

Auch die Synchronisation der Daten ist ein entscheidender Faktor: Gibt es eine intelligente Middleware oder werden die Daten über das ERP-System synchronisiert? Von all diesen Entscheidungen hängt es ab, ob die vorhandene IT-Infrastruktur beibehalten und ausgebaut werden kann oder ob ein neues ERP-System eingeführt werden muss. Während der Change Agent für die Bereiche Reorganisation und Kommunikation verantwortlich ist, könnte ein weiteres Projektmitglied, der Architekt, für die Unternehmens-Infrastruktur verantwortlich sein und die Entscheidungen im Projekt daraufhin überprüfen, ob sie in die Infrastruktur passen.

### Falschannahme Nummer 6:

Pro Kunde existiert ein aktueller und für alle verfügbarer Stammsatz.

**Warum diese Annahme zum Scheitern führt:**
Diese Annahme führt in der Praxis zu horrenden Kosten, denn in kaum einem Unternehmen wird ein und derselbe Kunde unter einer einzigen Kundennummer geführt. Datentechnisch gesehen steht meist nicht der Kunde im Vordergrund, sondern der Auftrag. Eines der Grundprinzipien von CRM ist, dass der Kunde nicht nach seiner Auftragsnummer gefragt werden sollte oder danach, ob sein Produkt noch Garantie hat. Ein gutes CRM-System sollte dem Sachbearbeiter aus der Rechnungsabteilung, dem Agenten im Callcenter, dem Servicetechniker und der Urlaubsvertretung des Vertriebsleiters mitteilen, wie es um den Kunden steht, ohne dass der Kunde selbst in allen Unterlagen nach Nummern suchen muss. Ziel muss es sein, in einem System einen Stammsatz pro Kunde zu halten, an den die Bewegungsdaten und die Abteilungsspezifischen Informationen angehängt werden (als verschiedene Sichten bzw. Rollen).

**Multiple Kundennummern**

In der Praxis ist es aber oft so, dass verschiedene Abteilungen mit verschiedenen Kundennummern arbeiten, weil beispielsweise der Vertrieb auftragsorientiert und der Support problemorientiert mit demselben Kunden kommuniziert. Es darf keinesfalls unterschätzt werden, wie aufwändig es ist, aus verschiedenen Altsystemen einen einheitlichen Kundenstammsatz zu generieren. Gegebenenfalls kann dies ein eigenes Teilprojekt der CRM-Einführung sein.

**Falschannahme Nummer 7:**

Auf die Daten aus dem Datawarehouse sollten aus Sicherheitsgründen nur die Unternehmensleitung und die IT-Abteilung Zugriff haben.

**Warum diese Annahme zum Scheitern führt:**
Ein Datawarehouse wird fälschlich oft mit einem Management-Informationssystem gleichgesetzt. Zwar können die Informationen aus dem Datawarehouse dem Management zur Unternehmenssteuerung dienen, doch in geeigneter Form sind sie auch für alle Mitarbeiter in den Fachabteilungen wichtig. In vielen Unternehmen dürfen nur Manager Reports anfordern bzw. selbst generieren.

**CRM ist bereichsübergreifend**

Zu CRM gehört es, dass Kundeninformationen für alle Mitarbeiter transparent sind. Beispielsweise hat ein Supportmitarbeiter, der mit dem Kunden am Telefon ein Problem löst, oft nur die Berechtigung, die Support-Historie dieses Kunden anzusehen. Es wäre für ihn jedoch wichtig zu sehen, dass dieser Kunde ein guter Zahler ist, der regelmäßig große Aufträge bringt. CRM baut auf innovative Ideen aus allen Abteilungen. Fällt dem Supportmitarbeiter z. B. auf, dass ein guter Kunde regelmäßig wegen ähnlicher technischer Probleme anruft, kann er diese Beobachtung im Kundenstammsatz eintragen. Die Kollegen aus Vertrieb und Marketing können daraufhin dem Kunden technisches Training anbieten, ihn zum Umstieg auf weniger komplizierte Produkte motivieren oder ihm einen Wartungsvertrag mit speziellen Konditionen anbieten. In den meisten Unternehmen kennen die Mitarbeiter allerdings noch nicht einmal die zehn wichtigsten und die zehn wertvollsten Kunden ihres eigenen Unternehmens. Nicht jeder Mitarbeiter darf Zugriff auf das Datawarehouse haben, aber jeder Mitarbeiter muss die Möglichkeit haben, auf die Daten anderer Abteilungen zuzugreifen bzw. sich über das Intranet Reports erstellen zu lassen. Nur so kann bereichsübergreifendes Denken und Handeln zum Wohle des Kunden gefördert werden.

**Falschannahme Nummer 8:**

Es reicht aus, wenn der Außendienst jeden Freitag im Büro die aktuellen Daten eingibt.

**Warum diese Annahme zum Scheitern führt:**
Eine CRM-Lösung steht und fällt mit der Synchronisation aller Daten. Vielleicht wurde es früher noch von den Kunden toleriert, wenn ein am Dienstag unterschriebener Auftrag im Unternehmen am Donnerstag noch unbekannt war, doch spätestens im Internet-Zeitalter kann kein Unternehmen so arbeiten. Der Außendienst ist nach wie vor die wichtigste

Schnittstelle zum Kunden und muss je nach Branche mindestens mit tagesaktuellen Informationen versorgt werden. Umgekehrt muss auch ein abgeschlossener Auftrag oder ein gelöstes Supportproblem möglichst in Echtzeit für den Innendienst sichtbar werden.

### Falschannahme Nummer 9:

Sobald das Unternehmen sich auf Kundenorientierung fokussiert, verändert sich auch das Verhalten der Mitarbeiter in Richtung Kundenorientierung.

**Mitarbeiterverhalten ändern**

**Warum diese Annahme zum Scheitern führt:**
Kundenorientierung sollte in jedem Fall gezielt vermittelt werden, es genügt nicht, ein Mission-Statement neu zu definieren. Auch die technischen Voraussetzungen für kundenorientiertes Arbeiten müssen geschaffen und in Trainings vermittelt werden. Teilweise macht das CRM-System Dinge möglich, die den Mitarbeitern entweder nicht bekannt sind oder nicht verständlich erklärt wurden. Beispielsweise ermöglicht es das CRM-System zwar einem Kunden, seinen Auftrag über die Website zu platzieren, doch bei einer Rückfrage im Callcenter können die Mitarbeiter den Auftrag nicht finden, weil noch keine Synchronisation der Daten stattgefunden hat. Solche Vorkommnisse demotivieren die Mitarbeiter und verärgern die Kunden.

### Falschannahme Nummer 10:

Hauptziel einer CRM-Einführung ist es, mehr Kundenkontakte und mehr Kundenaufträge zu erreichen.

**Warum diese Annahme zum Scheitern führt:**
Mit der CRM-Einführung werden sehr oft falsche oder unscharfe Ziele verfolgt. Ein falsches Ziel ist es beispielsweise, wenn der Vertriebsleiter durch das CRM-System verstärkt die Arbeit seiner Außendienstmitarbeiter überwachen will. Dies führt nur dazu, dass das neue System nicht akzeptiert wird, dass Daten zurückgehalten oder in Papierform erfasst werden, was das gesamte CRM-System ins Wanken bringt, da nie die aktuellen Daten vorliegen.

**Ist Ihr Ziel unscharf?**

Ein unscharfes Ziel, das wir einem tatsächlich existierenden CRM-Projektplan entnommen haben, ist z. B.: »Wir wollen 25% mehr Kundenkontakte und 12% mehr Kundenaufträge«. Bei diesem Ziel handelt es sich um eine rein quantitative Steigerung, die nichts über die Kundenzufriedenheit und die Kundenbindung aussagt. 25% mehr Kundenkontakte in der bestehenden Kundenbasis können nämlich auch dazu führen, dass sich die Kunden belästigt fühlen. Ist ein »Kundenkontakt« ein Telefonanruf, eine anonyme E-Mail oder ein intensives Beratungsgespräch? Kommen die 12% mehr Kundenaufträge ausschließlich aus der bestehenden Kundenbasis oder handelt es sich hierbei um Neukunden?

**Falschannahme Nummer 11:**

Durch den Aufbau einer einheitlichen Kundendatenbank wird nur unwesentlich mehr Datenvolumen entstehen als bisher.

**Warum diese Annahme zum Scheitern führt:**
Laut einer Untersuchung von Microstrategy[17] verursacht alleine die Aufzeichnung von Klicksequenzen (Click-Stream Data) jeden Tag einige Gigabyte an Datenvolumen. Microstrategy nennt insgesamt acht Datenquellen, die eine Kundendatenbank speisen können:

**Haben Sie Ihr Datenvolumen im Griff?**

- Daten anderer Anbieter oder Partnerdaten (3rd Party Data)
- Inhalte anderer Anbieter, wie z. B. News, Börsendaten, Marktforschung (3rd Party Content Feeds)
- Aufzeichnung von Clicksequenzen (Click-Stream Data)
- Daten aus ERP-Systemen (ERP Data)
- Daten aus SFA-Systemen (SFA Data)
- Bewegungsdaten, wie z. B. ein Onlineauftrag (Transactional Data)
- Daten aus dem Callcenter (Call Center Data)
- Daten aus Altsystemen (Legacy Data)

Für alle diese Datenquellen (sofern sie im Unternehmen vorhanden sind) muss eine Abindung an die Kundendatenbank sowie eine Synchronisationsstrategie entwickelt werden.

**Falschannahme Nummer 12:**

Die Unternehmensleitung muss das CRM-Projekt nicht aktiv unterstützen, sondern die Initiative geht von der IT-Abteilung aus.

**Warum diese Annahme zum Scheitern führt:**
Im Unterschied zu IT-Einführungsprojekten ist eine CRM-Einführung Chefsache, da viele wesentliche Geschäftsprozesse umgestellt werden müssen. Ein Unternehmen, das die CRM-Einführung von einer schwachen Stabstelle planen und durchführen lässt, sorgt damit für garantiertes Scheitern.

**Achten Sie auf die Linie**

Auch wenn die IT-Abteilung versucht, CRM einzuführen, werden die Widerstände in der Linienorganisation stark genug sein, um das CRM-Projekt auf eine reine Einführung von IT-Anwendungen zu reduzieren.

---

17. A Primer on the Five Engines of eCRM, Seite 4, www.microstrategy.com/ecrmwhitepaper/

**Falschannahme Nummer 13:**

Das Projektteam für eine CRM-Einführung muss nicht anders zusammengesetzt werden als alle anderen IT-Projektteams.

**Warum diese Annahme zum Scheitern führt:**
In der Realität ist das CRM-Projektteam meist falsch zusammengesetzt. Beispielsweise besteht das Projektteam nur aus IT-Fachleuten und bezieht keine Experten aus den Fachabteilungen ein. Neben den tatsächlichen Anwendern der CRM-Lösung sollten auch die potenziellen Anwender befragt und einbezogen werden, denn vielleicht sehen Mitarbeiter, die bislang noch nichts mit dem CRM-Projekt zu tun hatten, neue Synergieeffekte und neue Anwendungsformen voraus. Abgesehen von den tatsächlichen Anwendern gibt es in jedem Unternehmen auch die passiv Interessierten, die zwar selbst keine Daten eingeben, die aber an der Auswertung der Daten interessiert sind. Auch hier lohnt es sich für das Projektteam, Meinungen und Ideen einzuholen. Wie bereits erwähnt, gehören in ein Projektteam auch ein Change Agent und ein Architekt.

## 1.3 Das ganze Unternehmen verändern: Sind Sie reif für CRM?

Eine CRM-Einführung verändert ein Unternehmen so umfassend wie es früher durch eine ERP-Einführung verändert wurde. Der entscheidende Unterschied ist, dass die Auswirkungen einer ERP-Einführung nur innerhalb des Unternehmens deutlich wurden, während die Auswirkungen einer CRM-Einführung vor allem den Kunden deutlich wird. Fehler bei der CRM-Einführung, wie beispielsweise ein funktionsunfähiger Onlineshop oder ein ständig besetztes Callcenter, werden von allen Kunden bemerkt.

**Wer sieht Ihre Fehler?**

Deswegen ist es umso wichtiger, dass Sie zunächst innerhalb des Unternehmens alle Prozesse kritisch prüfen und auf die neuen CRM-Ziele ausrichten. Erst danach, wenn Ihr Unternehmen reif ist für CRM, sollten Sie daran denken, die Kommunikationskanäle zu den Kunden umzustellen und zu öffnen.

Scott Nelson von der **Gartner Group** warnt ausdrücklich davor, eine CRM-Einführung mit einem Softwareprojekt gleichzusetzen. Erfolgreiches CRM setzt eine Analyse der eigenen Geschäftsprozesse voraus. Erst wenn die eigenen Stärken und Schwächen analysiert sind, können die Geschäftsprozesse auf den Kunden ausgerichtet werden:

- Enterprises that fall into the trap of thinking they can accomplish CRM based only on technology will fail. Enterprises that succeed in CRM will be those that evaluate their processes in light of customer expectations, honestly assessing their strengths and weaknesses, and then rebuild them based on what the customer wants.[18]

Was bringt CRM?

Laut Untersuchungen der **Insight Technology Group** lohnt es sich allerdings danach auch, CRM eingeführt zu haben. Wer es richtig macht, kann mit jedem Vertriebsbeauftragten 51% mehr Umsatz erreichen, die Kundenzufriedenheit um 20% steigern, die Vertriebs- und Servicekosten um 21% senken und die Dauer des Vertriebszyklus um ein Drittel reduzieren:

- Companies that successfully implemented CRM programs reported sales increases of 51 percent per rep, customer statisfaction rating improvements of 20 percent, cost of sales and service decreases of 21 percent, reductions in the length of the sell cycle of as much as one-third, margin improvements of more than 2 percent and more.[19]

### Checkliste: Sind Sie reif für CRM?

Diese Checkliste soll Ihnen bei der Beantwortung strategischer Fragen helfen. Somit stellen Sie sicher, dass wichtige Fragen bei der Zielfindung nicht vergessen werden. Diese Checkliste kann auch dazu dienen, herauszufinden, ob Sie für die Bedürfnisse Ihres Unternehmens wirklich eine umfangreiche CRM-Lösung benötigen. Sollten Sie die meisten Fragen mit Nein beantworten, ist es vielleicht ausreichend, nur in einem Teilbereich eine Verbesserung herbeizuführen, wie z.B. im Vertrieb durch eine SFA-Einführung. Dies ist dann zwar kein CRM, kann aber dennoch besser auf Ihre eigentlichen Bedürfnisse zugeschnitten sein.

- Wollen Sie mit Kundenprofilen arbeiten?
- Wollen Sie einen profilspezifischen Marketingmix?
- Können Sie sich flexible Produkt- und Preisstrategien erlauben?
- Kennen Sie die Profitabilität Ihrer Kunden?
- Wollen Sie Loyalität messen und auswerten?
- Wollen Sie das Ertragspotenzial Ihrer Kunden prognostizieren?
- Wollen Sie Abwanderungsanalysen durchführen?
- Führen Sie regelmäßig Bedarfsanalysen durch?

18. Scott Nelson, Gartner Group, http://www.gartner.com/
19. Jim Dickie, Insight Technology Group in: Critical Steps to successful CRM, Seite 3; Staffware eCRM, http://www.crm-forum.com/

- Brauchen Sie den Zugriff auf Daten aus Markt-, Branchen- und Trendanalysen?
- Können Sie eine integrierte Systemlandschaft aufbauen?
- Haben Sie im Hintergrund stabile ERP-Systeme?
- Können Sie unternehmensweit für aktuelle Daten sorgen (Synchronisation)?
- Wollen Sie mehrere Vertriebs- und Kommunikationskanäle parallel aufbauen (Callcenter, E-Commerce)?
- Benötigen Sie Instrumente für Multichannel-Management und Auswertung (Channel Effectiveness)?
- Verkraftet Ihre Logistikkette die Öffnung neuer Vertriebskanäle?
- Betreiben Sie Kampagnenmanagement?
- Wollen Sie automatisierte Verkaufsunterstützung?
- Wollen Sie Automatisierung der Außendienstanbindung für Vertrieb und Service?
- Wollen Sie Loyalitätsprogramme einführen?
- Wollen Sie Ihr Beschwerdemanagement verbessern?
- Benötigen Sie Instrumente zur Kundenreaktivierung und -rückgewinnung?

### Checkliste: Sieben Schritte für erfolgreiches CRM aus prozessorientierter Sicht

Die folgende Checkliste soll Ihnen zeigen, welche Schritte in welcher Reihenfolge notwendig sind, um Ihr Unternehmen auf die CRM-Einführung vorzubereiten.

1. **Statusanalyse Unternehmen**
   Beginnen Sie mit einer Stärken-/Schwächen-Analyse von Ihren Geschäftsprozessen, Geschäftsmodellen und Unternehmensstrategien.
2. **Statusanalyse Kunden**
   Analysieren Sie Ihre vorhandenen Kundendaten, prüfen Sie Kundenbedürfnisse, Kommunikationskanäle und Kundenbindung.
3. **Strategische Ausrichtung auf den Kunden**
   Benennen Sie Ihre Vision. Aufgrund der festgestellten Soll-/Ist-Abweichungen zwischen Ihrer Vision und den in Schritt 2 festgestellen Daten entwickeln Sie Ihre Ziele.

4. **Aktionsplan**
   Basierend auf Schritt 3 entwickeln Sie Aktionspläne für die einzelnen Geschäftsbereiche. Denken Sie daran, verbindliche Lösungen für die folgenden Themenkomplexe in die Aktionspläne aufzunehmen: Restrukturierung, Ablauforganisation, Projektorganisation, Projektmitglieder, Projektkompetenz, Einbindung von Stabsstellen, Managementeinbindung.
5. **Weitere Aktionspläne**
   Nachdem die übergeordneten Aktionspläne fertiggestellt sind, entwickeln Sie Aktionspläne für die Fachabteilungen. Bestimmen Sie auch die Mess- und Erfolgskriterien.
6. **Umsetzung Aktionsplan**
   Achten Sie bei der Umsetzung darauf, die Erfolgskriterien regelmäßig zu messen und Kunden-Feedback einzuholen. Korrigieren Sie gegebenenfalls Ihre Pläne und beginnen Sie wieder mit Schritt 3 oder 4, sobald Sie negatives Kunden-Feedback erhalten oder auf technische Probleme stoßen.
7. **Checkpoint**
   Checkpoints sind eigentlich keine eigenen Schritte, sondern sollten die Umsetzungsphase begleiten. Am Ende der Umsetzungsphase sollten Sie beim letzten Checkpoint nochmals die Schritte 1 und 2 durchführen, um herauszufinden, was sich verbessert hat.

### Checkliste: Was Sie bei einer CRM-Einführung nicht vergessen sollten

Diese Checkliste fasst noch einmal wichtige Aspekte zusammen, die Sie nicht übersehen dürfen. Sie sollten:

- Projektteams abteilungs- und bereichsübergreifend zusammensetzen
- die Unterstützung des Top-Managements sicherstellen
- Visionen, Unternehmenszeile und erwarteten ROI bestimmen (Top-down)
- eine Umfrage durchführen und dabei die CRM-Visionen folgender Mitarbeitergruppen erfragen (Bottom-up): Vertriebsbeauftragte, Servicetechniker, Supportmitarbeiter, IT-Endanwender, Mitarbeiter im Rechnungswesen, Verwaltungsmitarbeiter
- Anforderungen an das CRM-System bestimmen
- CRM-Anbieter prüfen, In-house-Demos durchführen, ein CRM-System auswählen

**Legen Sie nicht ohne die Crew ab!**

Besonders die Mitarbeiterumfrage wird oft vergessen. Sie dient dazu, die Vision der Unternehmensführung anhand des Mitarbeiter-Inputs noch einmal zu überprüfen. Bei CRM-Projekten ist es ein kritischer Faktor, ob die Vision von den Mitarbeitern mitgetragen wird oder nicht. Stellt sich z.B. bei der Umfrage heraus, dass die Mitarbeiter Probleme bei der Umsetzung der Vision sehen, muss die Stärken-/Schwächen-Analyse neu durchgeführt werden. Stellt sich z.B. heraus, dass die Mitarbeiter der Vision nicht folgen können oder wollen, müssen gegebenenfalls Trainings für die Mitarbeiter entwickelt werden, um Defizite auszugleichen.

Ein Beispiel für eine solche Mitarbeiterumfrage findet sich unter **www.crm-forum.com**[20]:

> *Welche Tätigkeiten führen Sie aus? Welche Art Daten verwenden Sie? Wie interagieren Sie mit den Kunden? Welche Informationen könnten Ihnen helfen, die Kundenbedürfnisse besser zu verstehen? Wie können wir die Kommunikation mit den Kunden und mit dem Management verbessern? Wie können wir den Aufwand für Verwaltung und Terminplanung reduzieren? Wie sind Sie in Aktivitäten wie Telemarketing und Direktmailing eingebunden? Welche Reports benötigen Sie? Wie sind Sie in die Abwicklung von Kundenanfragen, in den Datentransfer oder in andere Alltagsaktivitäten eingebunden und wie könnten diese verbessert werden?*

## 1.4 CRM im Produktlebenszyklus: Immer an den Kunden denken

Was hat der klassische Produktlebenszyklus mit CRM zu tun? Im Produktlebenszyklus-Modell geht ein Produkt durch mindestens vier Phasen (je nach Quelle können es auch bis zu sechs Phasen sein, beispielsweise wenn nach der Reifephase noch eine Sättigungsphase bzw. zwei Degenerationsphasen folgen). Um es nicht zu komplizieren, definieren wir hier als Produktlebenszyklus die folgenden vier Phasen (siehe Abbildung 1.2):

- Einführungsphase
- Wachstumsphase
- Reifephase
- Sättigungs- oder Rückgangsphase

20. Critical Steps to successful CRM, Seite 7; Staffware eCRM, http://www.crm-forum.com/, übersetzt von den Autoren

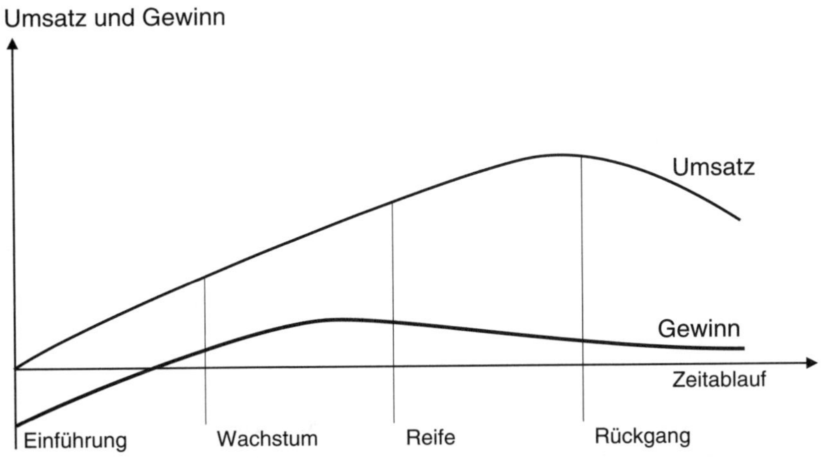


**Abbildung 1.2** Produktlebenszyklus (mit Umsatz und Gewinn)

Grundsätzlich gehen viele Unternehmen davon aus, dass CRM erst beginnt, wenn sich das Produkt zwischen der Einführungsphase und der Wachstumsphase befindet. Gemeinhin wird CRM hauptsächlich in der Reifephase (als Vertriebsunterstützung) und in der Rückgangsphase eines Produktes gesehen (als Supportgewährleistung). Unsere These ist, dass CRM notwendiger Bestandteil jeder Phase sein muss. Diese konsequente Ausrichtung auf den Kunden soll nun für jede Phase beschrieben werden.

## Einführungsphase

Die Einführungsphase folgt direkt auf die Design- und Entwicklungsphasen. Geringe, langsam wachsende Umsätze stehen den Investitionen für den Aufbau von Produktion und Vertrieb und den hohen Aufwendungen für Werbung und Verkaufsförderung gegenüber. Da nach dem Produkt nur eine latente Nachfrage besteht und hohe Aufwendungen nötig sind, lassen sich hier noch keine Gewinne realisieren. In diesem Stadium existieren auch noch keine Produktvarianten.

### Wie kann in dieser Phase CRM realisiert werden?

Bestandteil der Einführungsphase ist die Markforschung, d.h., Marktforschungsberichte werden erstellt oder eingekauft, Kundenbefragungen werden durchgeführt, Konkurrenzprodukte werden analysiert. In einem CRM-fähigen Unternehmen gehören diese Informationen in ein Datawarehouse, wo sie allen interessierten Fachabteilungen zur Verfügung stehen. Die Kunden können somit viel früher in den Produktlebenszyklus eingebunden werden und Einfluss auf Produktdesign und Produktentwicklung nehmen. Beispielsweise können während der Designphase aufgrund einer neuen Markenkampagne Testkunden ausgewählt werden. Einerseits sollen sich die Testkunden dadurch ausgezeichnet fühlen, da sie weltweit die ersten Kunden sind, die das neue Produkt kennen lernen werden. Dies führt bei vielen Kunden zu einem eindeutigen Prestigegewinn, vor allem, wenn dieses Prestige nach außen öffentlich wird (z. B. durch Aufdrucke auf Give-aways). Anderseits erhält das Unternehmen durch die Testkunden wertvolle Hinweise auf die Kundenwünsche, kann die Testkunden während der Einführungsphase bevorzugt behandeln und dadurch Kundenbindung ermöglichen.

In das Design sollten auch der Helpdesk und die Supportabteilung einbezogen werden, denn aus Kundenbeschwerden lässt sich Vieles für das Neudesign lernen. Während der Einführungsphase kann dann an alle Kunden, die zu einem bestimmten Punkt eine Beschwerde vorgebracht haben, eine Mitteilung erfolgen, dass dieser Punkt mit dem neuen Produkt verbessert wurde. Somit erhalten die Kunden persönliches Feedback (was die Kundenbindung verstärkt) und werden gleichzeitig über das neue Produkt informiert. Auch dieser Informationsaustausch zwischen Support- und Designabteilung setzt eine gemeinsame Datenbasis voraus, wie sie z. B. in einer Kundendatenbank gegeben ist. Auch über den Kommunikationskanal Website ist eine Beteiligung der Kunden am Design möglich. Instrument dafür kann das so genannte Voting sein, bei dem die Kunden über verschiedene Designvorschläge abstimmen können.

Ein gutes Beispiel für diese Art der Kundenbeteiligung liefert die deutsche Ausgabe der Zeitschrift »National Geographic« unter **www.nationalgeographic.de**. Dort können Interessierte jeden Monat über das Titelbild der nächsten Ausgabe abstimmen, indem Sie unter drei vorgeschlagenen Titelbildern das auswählen, das ihnen am besten gefällt (siehe Abbildung 1.3). Direkt nach der Abgabe der Stimme sieht man, wie bisher von anderen abgestimmt wurde (siehe Abbildung 1.4).

Kundenbeteiligung kann auch nach einem bestimmten Prozess ablaufen, wie beispielsweise in der Softwareentwicklung. Hier ist es üblich, die Verbesserungsvorschläge der Kunden zu einem bestehenden Produkt, die beispielsweise über ein webbasiertes Formular eingegeben werden können, zu sammeln und in der Designphase eines Nachfolgeproduktes auszuwerten.

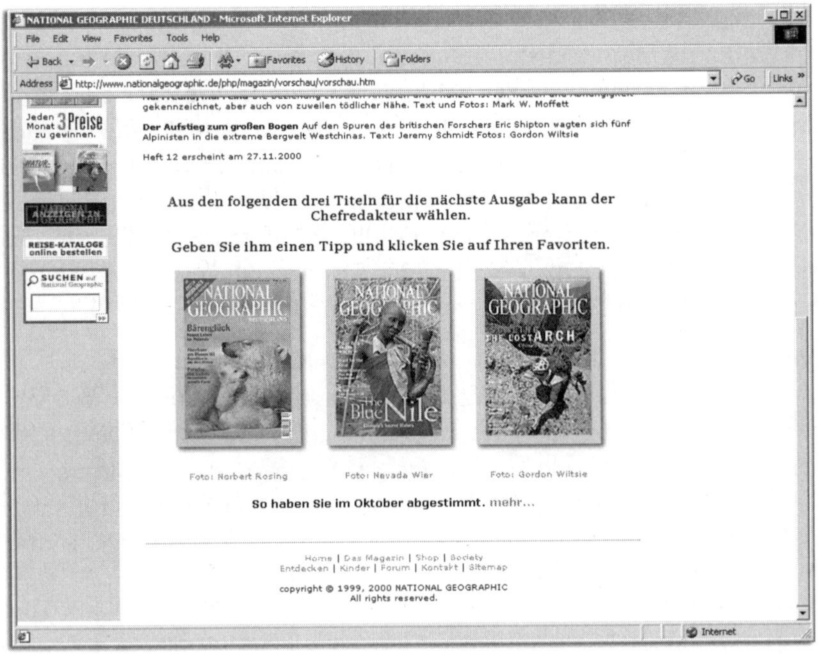


**Abbildung 1.3** Beteiligung von Kunden am Design bei www.nationalgeographic.de

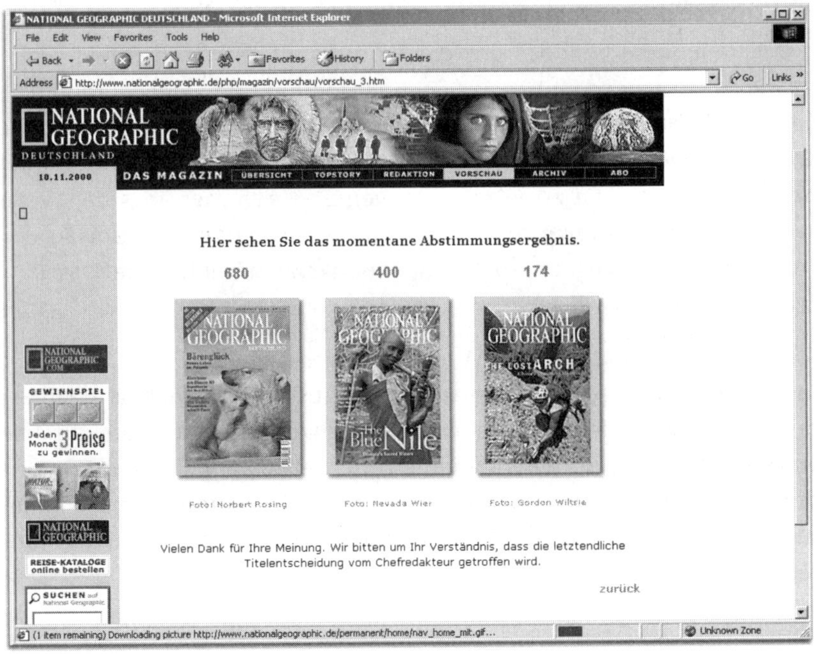


**Abbildung 1.4** Abstimmungsergebnisse bei www.nationalgeographic.de

### Wachstumsphase

Ein Produkt in der Wachstumsphase wird auch als Starprodukt bezeichnet. Es unterliegt einer starken Nachfragesteigerung. Die Zone der positiven Deckungsbeiträge wird erreicht und die mit dem Produkt erwirtschafteten Gewinne steigen weiter. Das Produkt wird verbessert und gleichzeitig werden neue Nachfolgeprodukte entwickelt. Möglicherweise treten Wettbewerbsunternehmen mit differenzierten Produkten in den Markt ein, d.h. die Konkurrenz beginnt das Produkt zu imitieren, und es beginnt ein Wettbewerb über Preise und Konditionen.

**Wie kann in dieser Phase CRM realisiert werden?**
Naturgemäß beinhaltet die Wachstumsphase Aufwendungen für Werbung, Branding, Steigerung des Produktimages, Herausbilden einer Kunden-Community, Marktbeobachtung, Vertrieb und Produktsupport. Bereits jetzt sind erste Auswertungen über das Datawarehouse möglich und nötig. Die zur Verfügung stehenden Kommunikationskanäle werden erweitert und variiert. Die für das Produkt bestehende Kundenbasis kann in die Entwicklung der Nachfolgeprodukte eingebunden werden. Wenn das Unternehmen Kundenprofile nutzen will (siehe Kapitel 3.6), kann das Produkt diesen Profilen entsprechend variiert werden.

### Reifephase

In der Reifephase befindet sich das Produkt auf dem Höhepunkt seiner Entwicklung, danach gibt es nur noch Stagnation und Degeneration. Die Nachfrage und die Gewinne sind planbar, d.h. konstant. Das absolute Umsatzvolumen steigt weiter an, während die Umsatzzuwachsraten und die Umsatzrentabilität absinken. Jetzt verstärkt sich allerdings der Wettbewerb, da viele Konkurrenzprodukte auf dem Markt sind. Um diesem Wettbewerb zu begegnen, sollte eine Produktvariation durchgeführt werden.

**Wie kann in dieser Phase CRM realisiert werden?**
Zu den Aktivitäten aus der Wachstumsphase treten jetzt Maßnahmen, um das Produkt von den Konkurrenzprodukten abzugrenzen und um die Kundenbindung zu fördern (wodurch Kundenabwanderung vermieden werden soll). Jetzt ist für den Vertrieb Cross-Selling und Up-Selling angeraten. Bei wissensintensiven Produkten kann das Produktwissen der Kunden auf Schulungen zertifiziert werden.

Ein gutes Beispiel für eine Produktvariation sind die so genannten Branchenlösungen bei SAP. Hier wurde ein bestehendes Produkt, das System R/3, während der Reifephase aufgrund von Kundenwünschen variiert und branchenspezifisch aufgeteilt, sodass ein Portfolio von zusätzlichen Produkten entstanden ist (siehe Abbildung 1.5).

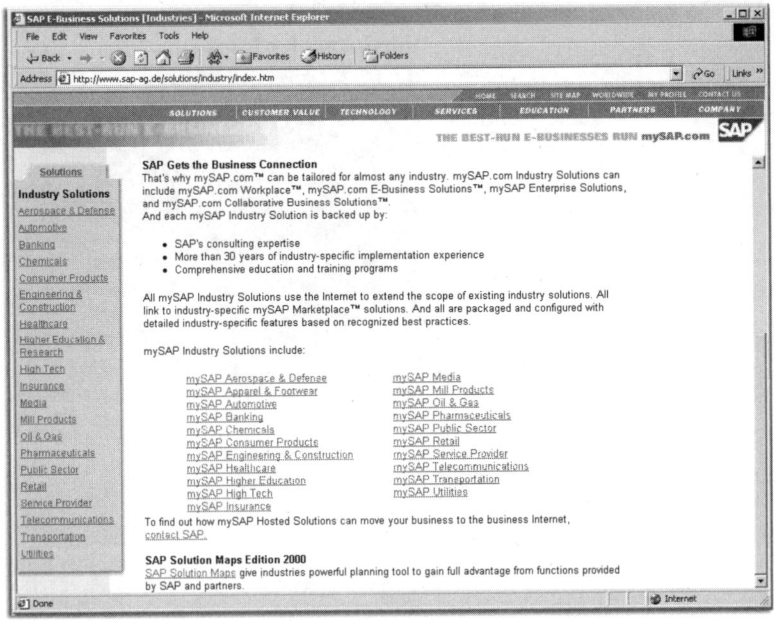


**Abbildung 1.5** Branchenlösungen als Produktvariationen bei www.sap.com

## Rückgangsphase

Die Umsätze und die Gewinne sinken. Die Nachfrage beginnt zu stagnieren, denn das Marktpotenzial ist ausgeschöpft. Wenn die Nachfrage weiter sinkt, wird das Produkt zum Auslaufprodukt, und zu einem bestimmten Zeitpunkt verschwindet es ganz vom Markt.

### Wie kann in dieser Phase CRM realisiert werden?

Für die Kunden ist es in dieser Phase wichtig, dass der Produktsupport erhalten bleibt. Vertrieb und Marketing können die Kunden auch gezielt zum Umstieg auf ein Nachfolgeprodukt bewegen. Ein Beispiel hierfür ist die Bemühung der SAP, ihre Kunden des Systems R/2 für Großrechner auf den Umstieg zum Client-Server-System R/3 zu bewegen. Neben Services zur Migration bietet die SAP ihren Kunden auch kostenlose Materialien, wie z.B. einen »Migrationsfahrplan« an, um den Produktumstieg zu erleichtern (siehe Abbildung 1.6).

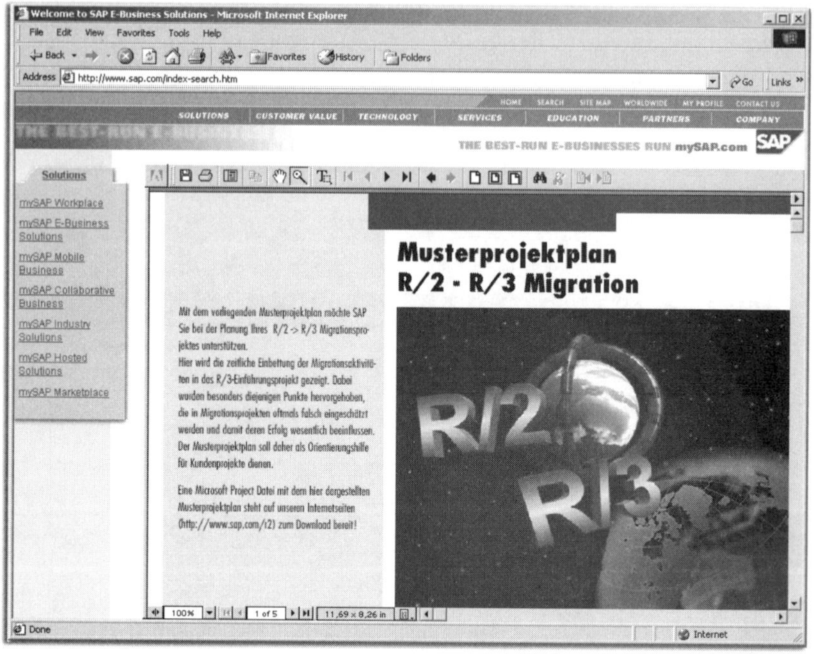


**Abbildung 1.6** Planung für den Produktumstieg bei www.sap.com

Die Produktgeschichte und alle produktrelevanten Daten, einschließlich die der Kunden, sollten nun im Datawarehouse verfügbar und auswertbar gemacht werden. Es bietet sich an, nun eine Produktgeschichte und einen Mythos aufzubauen.

Ein Beispiel ist hier das Auto Citroën 2CV, die legendäre Ente, dessen Produktlebenszyklus den Zeitraum von 1937 bis 1992 umfasste. Heute, fast 10 Jahre nachdem der 2CV vom Markt genommen wurde, existiert noch eine Kundenbasis, die untereinander Supportinformationen und Ersatzteile austauscht. Abbildung 1.7 zeigt als Beispiel eine der zahllosen Websites aus dieser Kundenbasis, die den Produktlebenszyklus der Ente thematisiert. Ein Unternehmen, das solche Kundeninitiativen und Fanclubs unterstützt, sorgt für mehr Kundenbindung. Das Beispiel der Ente beweist, dass CRM auch noch lange nach der Rückgangsphase möglich ist, denn »echte Fans« sind auch nach vielen Jahren noch bereit, auf ein Nachfolgeprodukt umzusteigen, sofern es dem Ursprungsprodukt sehr ähnlich ist.

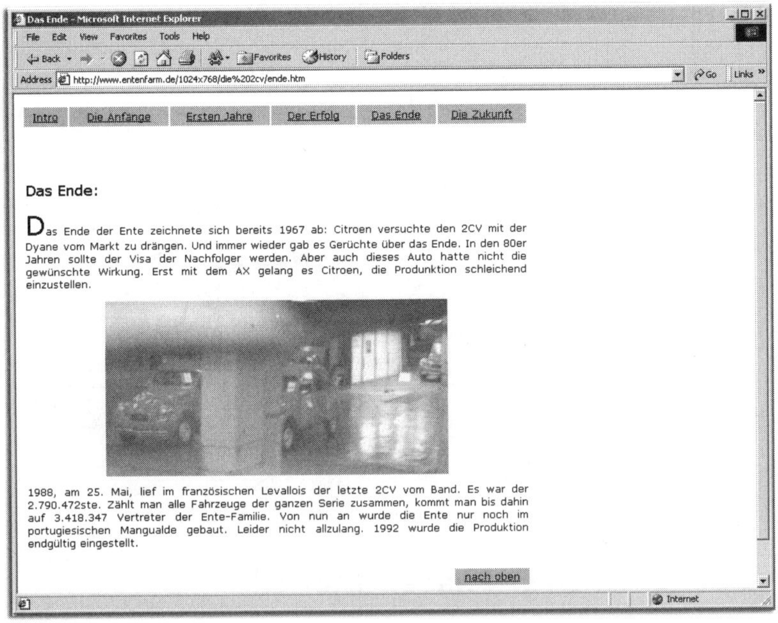


**Abbildung 1.7** Weiterleben des Produktes 2CV bei www.entenfarm.de

**Zusammenfassung**

Tabelle 1.1 fasst die Kennzeichen der verschiedenen Phasen noch einmal im Überblick zusammen. Abbildung 1.8 zeigt dann abschließend, dass CRM-Aktivitäten im Produktlebenszyklus fast konstant bleiben müssen, um Wirkung zu zeigen. Da in den meisten Unternehmen die Prozesse gemäß dem Produktlebenszyklus ablaufen, fällt es schwer, sich auf den Kunden zu fokussieren. Verwendet ein Unternehmen aber das Modell von phasenbegleitenden, konstanten CRM-Aktivitäten, fällt es wesentlich leichter, für jede Phase und für jeden unternehmensinternen Prozess den Kunden in den Mittelpunkt zu rücken.

| **Phase** | **Einführung** | **Wachstum** | **Reife** | **Rückgang** |
|---|---|---|---|---|
| **Kundentyp** | Innovatoren | Mehrheit | Masse | Nachzügler |
| **Produktart** | Grundprodukt | Variation | Variation | Nachfolgeprodukt |
| **Werbung** | bekannt machen | Nutzen herausstellen | individualisieren | günstig anbieten |
| **Wettbewerber** | wenige | mehrere | viele | wenige |
| **CRM** | einbeziehen | verkaufen, zufriedenstellen | Zusatznutzen bieten | begleiten |

**Tabelle 1.1** Überblick Produktlebenszyklus

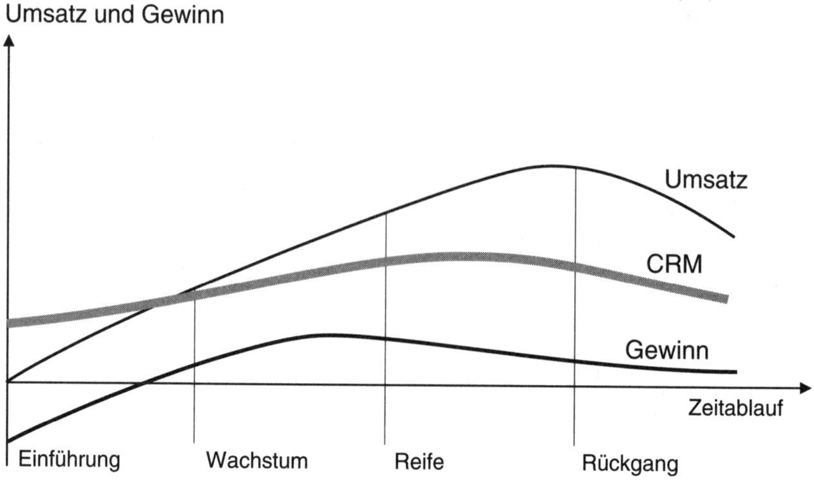


**Abbildung 1.8** CRM-Aktivitäten im Produktlebenszyklus

## 1.5 Das iCRM-Drei-Phasen-Modell

Wie Sie sicher schon erraten haben, steht iCRM für intelligentes CRM. Nach unserer Auffassung sollte iCRM in drei Phasen ablaufen. In den Abbildungen 1.9 bis 1.12 ist beispielhaft die Infrastruktur der Firma Bikes and More dargestellt.

**Infrastruktur-optimierung**

Unabhängig davon, ob Sie eine CRM-Suite oder verschiedene CRM-Anwendungen implementieren wollen, sollten Sie in der ersten Phase die vorhandene Infrastruktur analysieren (siehe Abbildung 1.9). Denken Sie daran, dass CRM-Anwendungen in den drei Bereichen Marketing, Vertrieb und Service eingeführt und akzeptiert werden müssen. Achten Sie auf die ERP-Anbindung und führen Sie ein Datawarehouse ein. Erst dann, wenn die Infrastruktur steht und Ihr Unternehmen intern auf die neuen Prozesse umgestellt hat, darf die nächste Phase in Angriff genommen werden.

**Kommunikations-kanäle optimieren**

Die zweite Phase ist gekennzeichnet durch die Optimierung der Interaktionskanäle mit dem Kunden. Bestehende Interaktionskanäle werden ausgebaut, durch Web-Anbindung (Web-CRM) kommen neue hinzu, wie z.B. der Onlineshop, die Web-Anfrage an den Service, die Möglichkeit zur Selbsthilfe via Web oder das Mail-basierte Callcenter (siehe Abbildung 1.10). Wenn Sie Phase 1 verkürzt haben, kann es sein, dass interne Fehler (Organisationsstruktur, Prozesse, technische Probleme, Mitarbeitermotivation) für den Kunden über die neuen Kommunikationskanäle sichtbar werden. Treten Sie lieber zu spät als zu früh in Phase 2 ein.

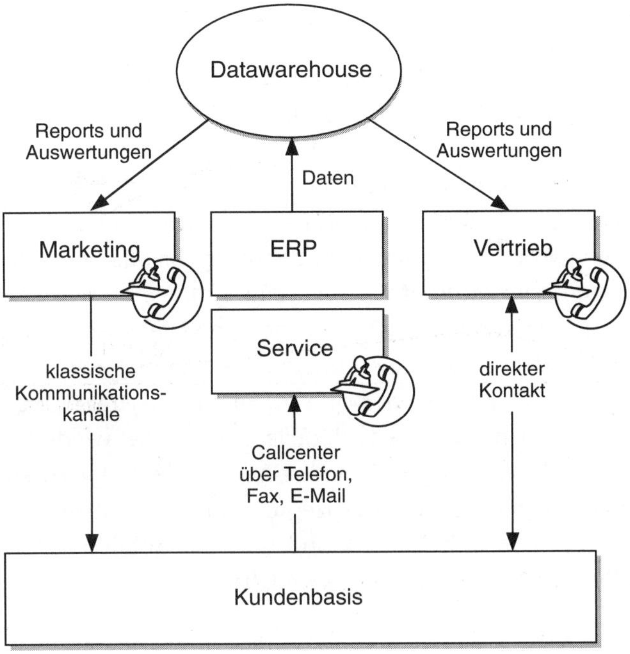


**Abbildung 1.9** Erste Phase im iCRM-Drei-Phasen-Modell

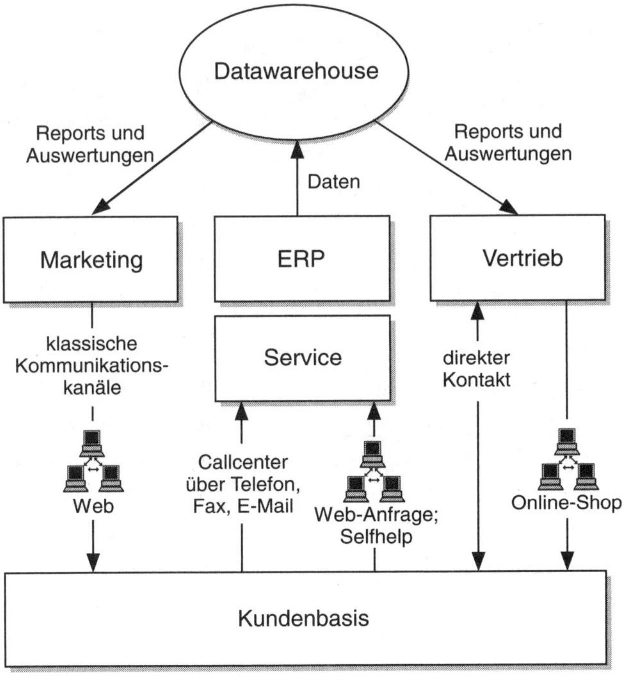


**Abbildung 1.10** Zweite Phase im iCRM-Drei-Phasen-Modell

**Optional: Automatisierung total**

Die dritte Phase ist optional und gekennzeichnet durch die Automatisierung der meisten Prozesse. Gerätehersteller können so genannte Intelligent Appliances oder Web Devices (Endgeräte mit integriertem Webserver) anbieten. Dies ist heute bereits umgesetzt worden für Armbanduhren, Drucker, Getränkeautomaten, Kühlschränke und zahlreiche andere Geräte. Theoretisch kann jedes Gerät einen Embedded Webserver besitzen, der Kontakt zum Internet aufnehmen kann. Ein Kunde kann somit zu jeder beliebigen Uhrzeit überall auf der Welt von seinem Gerät aus Selfhelp-Dokumente im Internet abrufen, eine Anfrage an den Vertrieb schicken oder an Marketinginitiativen teilnehmen (siehe Abbildung 1.11). Da in diesem Szenario sowohl die Kundendaten als auch die Gerätedaten vom Kunden an die Website des Unternehmens übertragen werden können, erhält das Unternehmen aktuelle Daten, die wiederum Grundlage sein können für Aktionen aus Marketing, Service und Vertrieb. Weitere Informationen über Selfhelp-Konzepte und über intelligente Endgeräte finden Sie in den Kapiteln 5.4 und 5.5. Die Abbildung 1.12 zeigt die verschiedenen Phasen noch einmal im Überblick.

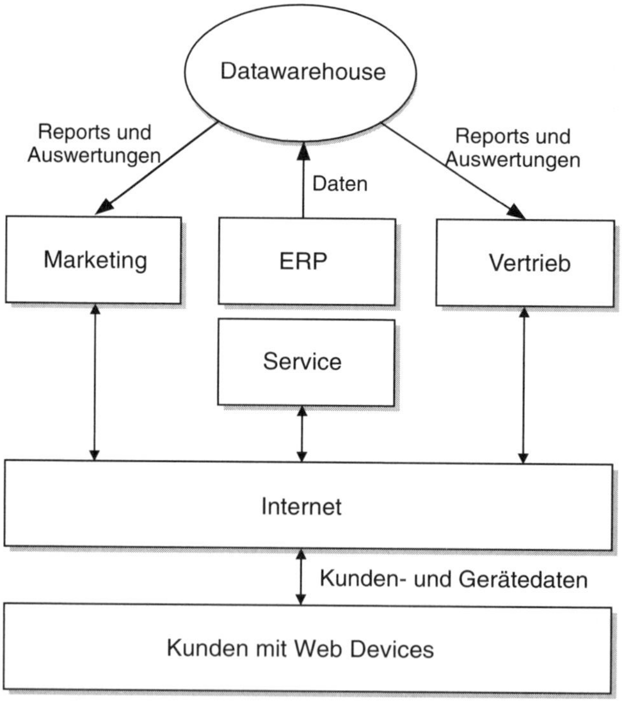


**Abbildung 1.11** Dritte Phase im iCRM-Drei-Phasen-Modell

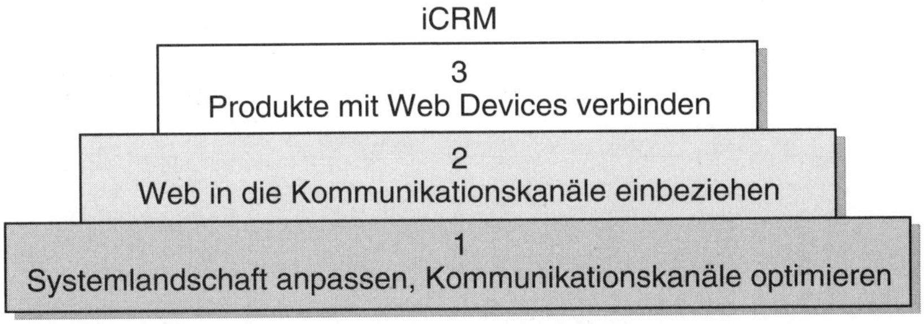


**Abbildung 1.12** Überblick iCRM-Drei-Phasen-Modell

**Kompakt**

In diesem Kapitel geht es um die Definition von CRM als Methode sowie um die Abgrenzung von CRM von reinen IT-Werkzeugen wie z.B. SFA oder CAS. Um zu verstehen, ob CRM Ihnen helfen kann, die Kundenorientierung Ihres Unternehmens zu fördern, sollten Sie anhand der Arbeitsfragen in diesem Kapitel definieren, was Sie von CRM erwarten und ob Sie dafür überhaupt CRM-Werkzeuge benötigen. Anhand verschiedener Checklisten können Sie Kriterien ermitteln, um den richtigen CRM-Anbieter zu finden. Anhand von 13 typischen Projektfallen wird aufgezeigt, was Sie vermeiden sollten, damit Ihr CRM-Projekt nicht scheitert. Am Beispiel des bekannten Produktlebenszyklus-Modells wird gezeigt, dass CRM jede einzelne Phase des Produktlebenszyklus betrifft. Zum Schluss stellen die Autoren ihr Drei-Phasen-Modell für intelligentes CRM vor.

# Teil 2
# Voraussetzungen für CRM im Unternehmen

# 2 Datawarehouse als kritischer Erfolgsfaktor

*Datawarehouse und CRM – wie passt das zusammen? Welchen Nutzen bringt mir Datawarehouse? Ist Datawarehouse ein Garant für meinen Unternehmenserfolg? Wenn Sie die Antworten auf diese Fragen wissen möchten, dann ist das folgende Kapitel die richtige Lektüre für Sie.*

**Kundenwünschen auf der Spur**

CRM steht immer dann im Mittelpunkt, wenn von Ausbau und Verbesserung von Kundenbeziehungen gesprochen wird. Damit ein Unternehmen schnell und bestmöglichst auf die Bedürfnisse seiner Kunden eingehen kann, müssen natürlich zuerst diese Bedürfnisse bekannt sein. Und genau an dieser Stelle setzt ein Datawarehouse an. Das Datawarehouse übernimmt im Prozess des Customer-Relationship-Management die Rolle des Detektivs, d.h., mit einem Datawarehouse ist es überhaupt erst möglich, den Kundenbedürfnissen auf die Spur zu kommen.

## 2.1 Datawarehouse: Daten lagern – und dann?

### Definition nach William H. Inmon

Erste Ideen für das heutige Datawarehouse-Konzept gehen auf die 80er-Jahre zurück. William H. Inmon prägte schließlich den Begriff Datawarehouse, unter dem auch das Konzept bekannt wurde. Inmon definiert Datawarehouse als eine themenorientierte, integrierte, beständige und zeitorientierte Sammlung von Daten, die zur Unterstützung von Entscheidungen auf Managementebene dient.

> *A Datawarehouse is a subject oriented, integrated, nonvolatile, and time variant collection of data in support of management's decisions.*

**Themenorientierung**

Themenorientierte Daten sind Daten, die zu so genannten Dimensionen, wie z.B. Kunde, Material, Vertriebsbereich oder Zeit zusammengefasst und geordnet werden. Unter einer Dimension ist die Gruppierung inhaltlich zusammengehöriger Ordnungsbegriffe (Merkmale) unter einem gemeinsamen Oberbegriff zu verstehen. Abbildung 2.1 verdeutlicht diesen Sachverhalt.

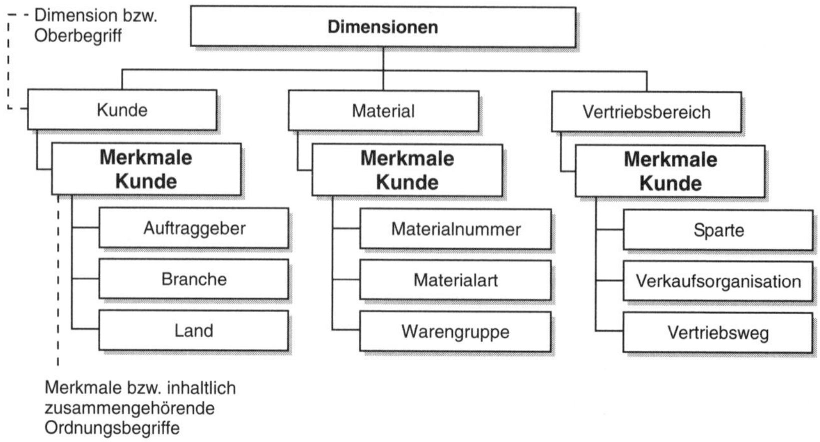


**Abbildung 2.1** Datendimensionen im Datawarehouse

**Integration** Unter Integration bzw. Vereinheitlichung von Daten ist zu verstehen, dass alle Daten aus Transaktionssystemen, die einer Dimension untergeordnet sind, bereinigt und so zusammengefasst werden, dass sich keine Überschneidungen und Widersprüche mehr ergeben.

**Beständigkeit** Das Datenmerkmal nicht-flüchtig bzw. beständig wird dadurch geprägt, dass Daten, die einmal korrekt in das Datawarehouse geladen, d.h. auf die Datenbank geschrieben wurden, nie geändert, sondern nur ergänzt werden. Hierbei ist zwischen einem Delta-Update und einem Full-Update zu unterscheiden. Delta-Update bedeutet, dass nur Änderungen zwischen zwei Zeitpunkten berücksichtigt werden, während bei einem Full-Update die Daten völlig neu geladen werden.

**Zeitorientierung** Die Zeitbezogenheit von Daten äußert sich auf unterschiedliche Art und Weise:

- Speicherung von historischen Daten der letzten fünf bis zehn Jahre
- Datenanalyse über einen Zeitraum hinweg
- Daten als eine Reihe zeitlicher Schnappschüsse
- Identifizierung der Daten über ein Zeitmerkmal

### Datawarehouse – nur ein weiteres System, um Daten zu speichern?

Die wörtliche Übersetzung von Datawarehouse lautet »Daten-Lagerhaus«, demzufolge ein Ort, an dem viele Daten gelagert werden können. Durch diese wörtliche Übersetzung könnte tatsächlich der Verdacht entstehen, dass es sich hierbei lediglich um ein weiteres System zur Datenspeicherung handelt. Aber dies wird der eigentlichen Bedeutung von Datawarehouse ganz und gar nicht gerecht. Hinter einem Datawarehouse verbirgt sich nicht nur ein System, sondern verschiedene Methoden, die es ermöglichen, aus Daten wertvolle Informationen zu gewinnen.

> *Prinzipiell dreht es sich darum, aus den reinen Produktionsdaten eines Unternehmens Informationen zu extrahieren, auf deren Basis geschäftsrelevante Entscheidungen getroffen werden können.* [1]

**Wertvolle Informationen**

Allerdings sind nicht nur die Produktionsdaten von Bedeutung, sondern es müssen Daten aus unterschiedlichen firmeninternen und externen Quellen in das Datawarehouse einfließen. Bei unternehmensfremden Daten handelt es sich vor allem um Daten, die von Marktforschungsinstituten zur Verfügung gestellt werden. Damit letztendlich ein Unternehmen wertvolle Informationen aus einem Datawarehouse gewinnen kann, müssen die gesammelten Daten bereinigt, konsolidiert und konsistent für den Zugriff mittels Analyse- und Reportingwerkzeugen bereitgestellt werden. Die daraus gewonnenen Erkenntnisse bilden die Grundlage für die steuerungsrelevante Entscheidungsfindung eines Unternehmens. Ein Datawarehouse ist also ein System, das primär zur Unterstützung der Unternehmenssteuerung über alle Unternehmensbereiche hinweg eingesetzt wird.

### Wenn aus Daten Informationen werden

Mithilfe eines Datawarehouses können Sie beispielsweise folgende praxisorientierte Fragen beantworten:

**Praxisorientierung**

- Warum ist in einer bestimmten Region die Kundenzufriedenheit deutlich geringer als in anderen Regionen?
- Warum ist der Erlös in einem bestimmten Marktsegment nicht genauso gewachsen wie der Branchendurchschnitt?
- Wie hat sich der Deckungsbeitrag unserer fünf größten Kunden im letzten Quartal entwickelt?
- Wie hat sich das Zahlungsverhalten unserer VIP-Kunden im letzten Quartal entwickelt?
- Welche Produkte sind erfolgreich und können als Erfolgsfaktoren bestimmt werden?
- Was kostet das geplante Produktionsprogramm?

1. Richter-Maierhofer, Ellen, http://www.it-journal.de/

- Bei welchen unserer Lieferanten haben sich Preise, Qualität und Liefertreue in den letzten drei Jahren am stärksten verändert?
- Welche VIP-Kunden sind zu passiven Kunden geworden?
- Welche Serviceleistungen werden bevorzugt von unseren Kunden in Anspruch genommen?

Die hier ausgewählten Fragestellungen vermitteln einen ersten Eindruck über die Einsatzmöglichkeiten eines Datawarehouses in Richtung Analyse und Informationsauswertung. Damit jedoch ein Datawarehouse als Instrument zur Beantwortung von solch entscheidungsrelevanten Fragen eingesetzt werden kann, muss die zur Verfügung stehende Datenbasis durch bestimmte Verfahren in einen Informationspool umgewandelt werden. Als Voraussetzung für diese Umwandlung müssen die Anforderungen an die Datenhaltung eines Datawarehouses und an die Datenhaltung von operativen Systemen bekannt sein. Denn gerade für analytische Zwecke sind diese Anforderungen sehr unterschiedlich. Die folgende Tabelle zeigt eine Gegenüberstellung verschiedener Kriterien im Hinblick auf operative und informative Datenhaltung.

| Kriterien | operative Datenhaltung | informative Datenhaltung |
|---|---|---|
| Aktualisierung | permanent | periodisch (z.B. täglich) |
| Antwortzeit | im Sekundenbereich | bis zu mehreren Minuten |
| Betrachtungsperiode | aktuelle Periode | Vergangenheit bis Zukunft |
| Datenabfrage | vorhersehbar, periodisch | nach Bedarf, ad hoc |
| Datenaktualität | permanent gegeben | nur nach Aktualisierung gegeben |
| Datenherkunft | anwendungsintern (z.B. Vertriebsdaten) | anwendungsübergreifend (z.B. Daten aus Vetrieb, Marketing und Service) |
| Datenniveau | detailliert | aggregiert, aufbereitet |
| Datenverwendung | operativ, detailliert (z.B. auf Abteilungsebene) | strategisch, konsolidiert (z.B. auf Managementebene) |
| Transaktionsvolumen | hoch | niedrig bis mittel |
| Verarbeitungseinheit | Datensatz (Record), eindimensional | Matrizen (Arrays), multidimensional, sachbezogen |
| Zeitraum | 1 – 3 Monate | mehrere Jahre bis zu Jahrzehnten |

**Tabelle 2.1** Operative versus informative Datenhaltung

Die Umwandlung von Daten in präsentationsreife Informationen lässt sich, wie in Abbildung 2.2 zu sehen, in fünf Bereiche untergliedern. Im Anschluss daran zeigt Abbildung 2.3 eine detailliertere Sicht auf das Zusammenspiel der Datawarehouse-Komponenten.

**Daten werden Informationen**

Basis für ein Datawarehouse sind die unterschiedlichen Datenquellen bzw. Quellsysteme, die den Inhalt für das Datawarehouse in Form von Rohdaten bereitstellen. Zu diesen Datenquellen zählen Datenbanken, ERP-Systeme, Legacy-Systeme, Transaktionsdaten und Fremdsysteme. Fremdsysteme stellen unternehmensfremde Daten zur Verfügung, während es sich bei den anderen Datenquellen um unterschiedliche operative Datenhaltungssysteme innerhalb des Unternehmens handelt. Fremddaten können beispielsweise Marktdaten, Daten über Konkurrenz und demografische Daten sein.

**Datenaufbereitung**

Im nächsten Schritt müssen die Rohdaten für die Weiterverwendung im Datawarehouse entsprechend aufbereitet werden. Dieser Aufbereitungsprozess ist wie folgt gegliedert:

- Datenextraktion (Sammeln der Daten aus den Quellsystemen)
- Datentransformation (technische Umwandlung der Daten zur Anzeige im Präsentationsmodus)
- Datenaktualisierung
- Datenausgleich (z.B. durch zielgerichtete Verdichtung; so werden beispielsweise am Wochenende die Tagesdaten zu Wochendaten)
- Datenintegration

Das Ergebnis des Aufbereitungsprozesses ist eine konsolidierte Datenbasis. Mittels eines definierten Ladeprozesses werden die konsolidierten Daten in die Datawarehouse-Datenbasis geladen. Erst nach der Datenaufbereitung ist die Grundlage für den Einsatz von Analyseinstrumenten geschaffen worden, die zuverlässige und informative Auswertungen ermöglichen.

**Datenorganisation**

Ein weiterer Bereich im Datenumwandlungsprozess ist die Datenorganisation. Hierunter ist die Form der Datenbereitstellung zu verstehen, d.h. ob die Daten zentral oder dezentral zu Analysezwecken bereitgestellt werden. Bei der zentralen Datenbereitstellung greifen die verschiedenen Analyse-Tools direkt auf die Datenbasis des Datawarehouses zu. Eine anderer Alternative ist die dezentrale Datenbereitstellung durch Data-Marts. Unter einem Data-Mart ist ein Ausschnitt des gesamten Unternehmens Datawarehouse zu verstehen. Hierbei kann es sich um eine anwenderspezifische Gruppe, wie beispielsweise den Vertrieb oder das Marketing, handeln. Die relevanten Daten für die Data-Marts werden nicht direkt über die operativen Datenhaltungssysteme, sondern über das zentrale Datawarehouse eingelesen. Weiterhin fällt in den Bereich der Datenorganisation auch die Abwicklung für die zeitliche Synchronisierung der Daten sowie die Berücksichtigung von unterschiedlichen Hardware-Plattformen und Betriebssystemen. Letzteres bedeutet, dass die Daten in eine einheitliche Form gebracht werden müssen, bevor sie zur Analyse freigegeben werden können. Das Ergebnis ist eine bereinigte Datenbasis, auf die unterschiedliche Analysewerkzeuge aufgesetzt werden können, die letztendlich die gewünschten Informationen liefern und in unterschiedlicher Form präsentieren.

**Wichtige Informationen richtig präsentiert**

Für die Datenauswertung stehen verschiedene Werkzeuge und Methoden zur Verfügung. Für die Managementebene empfiehlt es sich, ein Management-Informations-System (MIS) einzusetzen. Dieses System soll Entscheidungsträgern schnell wertvolle Informationen liefern, um Planungs- und Entscheidungsprozesse wirkungsvoll zu unterstützen. Ein MIS beinhaltet vordefinierte Berichte aller relevanten Unternehmenskennzahlen. Die grafische Benutzungsoberfläche eines MIS ist einfach zu bedienen und stellt nur die wichtigsten Funktionalitäten zur Verfügung. Dies garantiert eine schnelle Entscheidungshilfe und erhöht die Nutzungsakzeptanz seitens der Anwender.

Eine andere Gruppe von Endanwendern ist in den jeweiligen Fachabteilungen eines Unternehmens zu finden. Hier stehen Ad-hoc-Abfragen und die Nutzung von Reporting-Tools im Vordergrund. Die Anwender haben hierbei die Möglichkeit, sich Informationen für ihre tägliche Arbeit in Form von Standardberichten zu verschaffen. Außerdem können sie die Daten jederzeit hinsichtlich neuer Erkenntnisse mittels Ad-hoc-Reporting analysieren.

Die Analysewerkzeuge eines Datawarehouses beruhen meist auf OLAP-Funktionalität (Online Analytical Processing). Die OLAP-Technologie ermöglicht mehrdimensionale Analysen nach unterschiedlichen betriebswirtschaftlichen Perspektiven, d.h., es sind multidimensionale Datensichten und somit zahlreiche Datenuntersuchungen möglich.

Eine weitere Methode zur Datenauswertung verbirgt sich hinter dem Schlagwort Datamining. Unter Datamining ist der automatisierte Prozess für das Auffinden von versteckten Informationen zu verstehen, die bestimmten Mustern unterliegen. Ziel ist es, Trends frühzeitig zu erkennen, um z.B. bessere Prognosen abgeben zu können. Eine charakteristische Fragestellung, die den Einsatz von Datamining nach sich zieht, ist: Warum kaufen unsere Kunden in Stuttgart jetzt 20% weniger als im Jahr zuvor? Eine solche Frage lässt sich nur dann beantworten, wenn die richtige Verknüpfung von Kundeninformationen erfolgen kann. Um dies zu erreichen, stehen verschiedene Datamining-Technologien zur Verfügung, wie beispielsweise neuronale Netze oder regelbasierte Systeme. Diese Technologien werden in Kombination eingesetzt und liefern als Output die gewünschten Kundeninformationen.

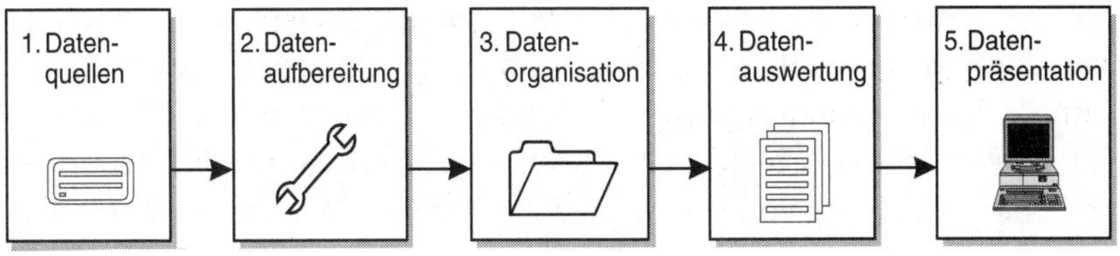


**Abbildung 2.2** In fünf Schritten von Daten zu Informationen

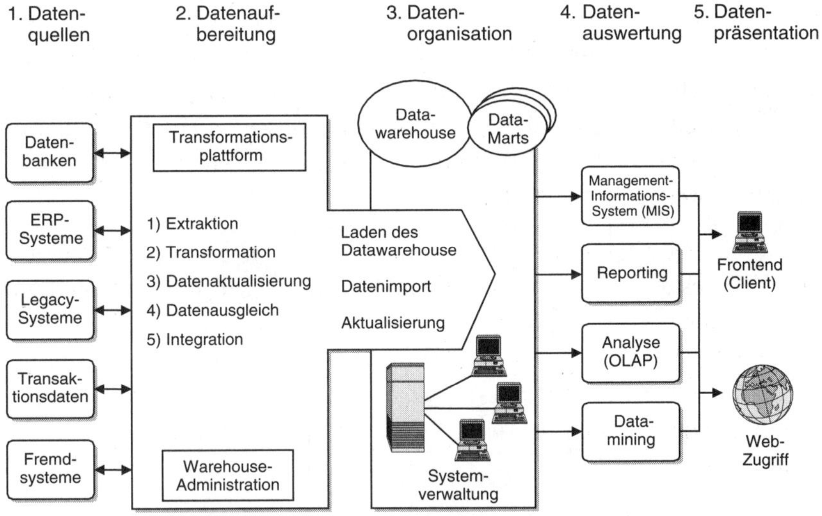


**Abbildung 2.3** Datawarehouse-Komponenten

## 2.2 Datawarehouse und CRM – Wie sieht das in der Praxis aus?

CRM ist eine Methode, die es den Unternehmen ermöglicht, ihren Kunden umfassende und wertvolle Serviceleistungen bieten zu können. Erfolgreiches CRM kann aber nur dann erzielt werden, wenn sich ein Unternehmen der folgenden Aufgaben bewusst ist:

- Kunden in den Mittelpunkt der Unternehmensstrategie rücken
- Kundenbedürfnisse erkennen
- Kundenbedürfnisse erfüllen

**Datawarehouse eingebettet in CRM**

Zur Bewältigung dieser Aufgaben stehen unterschiedliche Methoden und Werkzeuge zur Verfügung. Wenn es darum geht, den Bedürfnissen der Kunden auf die Spur zu kommen, kann der Einsatz eines Datawarehouses sehr gute Erfolge liefern. Im iCRM-Drei-Phasen-Modell der Abbildung 2.4 wird die Verbindung zwischen Datawarehouse und CRM aufgezeigt. Mithilfe des Datawarehouses können aufgrund einer bestehenden Datenbasis zielgerichtete Analysen – im Hinblick auf Verbesserung und Ausbau der Kundenbeziehungen – vorgenommen werden. Die Ergebnisse dieser Analysen bilden schließlich die Grundlage für die Neuerstellung oder Anpassung von Planungskonzepten für die Bereiche Marketing, Service und Vertrieb.

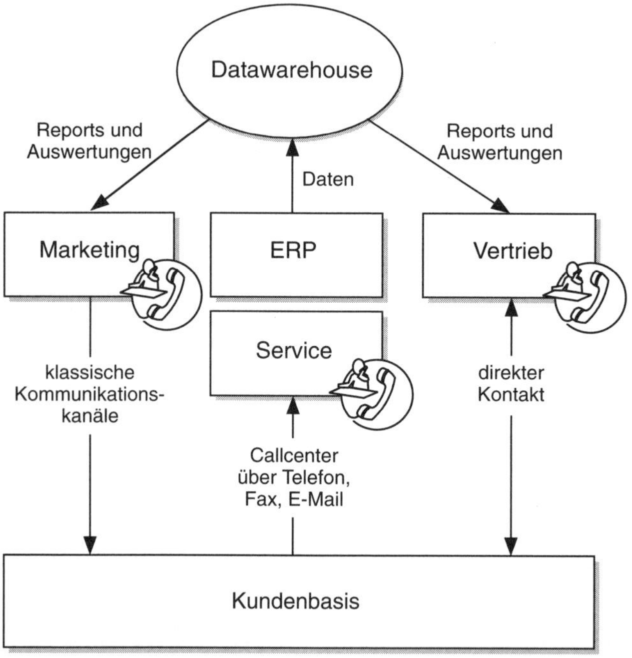


**Abbildung 2.4** Datawarehouse im iCRM-Drei-Phasen-Modell

### Datenanalyse – aber wie?

Der für die Analyse zur Verfügung stehende Datenraum lässt sich bei drei Dimensionen anschaulich als Datenwürfel darstellen. Der Datenwürfel reflektiert die der Anwendung zugrunde liegende Zweiteilung der Datenbestände in Stammdaten und in Bewegungsdaten. Stammdaten entsprechen den Kanten des Datenwürfels und werden verwendet, um anwendungsspezifische Scheiben aus dem Würfel auszuschneiden und aus verschiedenen Perspektiven zu betrachten. Die Zellen des Würfels beinhalten die Bewegungsdaten, d.h. die eigentlichen empirisch erfassten Informationen. Um auf die Informationen der Datenwürfel zuzugreifen, werden Datenabfragen definiert. Mit einem OLAP-Prozessor werden diese Datenabfragen aufgebaut und mehrdimensionale Informationsanalysen gesteuert. Zu jedem Analysebericht gibt es zahllose Sichten, d.h., die Berichte sind nicht statisch, sondern lassen zahlreiche Datenuntersuchungen zu.

**Mehrdimensionale Analysen**

So kann beispielsweise von einer allgemeinen Sicht auf eine detailliertere Sicht gewechselt werden (dies nennt man »Slice« oder »Aufriss«). Es besteht aber auch die Möglichkeit, eine sehr detaillierte Darstellung stärker zu verdichten. Des Weiteren kann ein völlig neues Auswertungskriterium gewählt und so die Daten aus einem anderen Blickwinkel heraus betrachtet werden (dies nennt man »Dice« oder »Ändern der Sicht«). Abbildung 2.5 zeigt anwendungsorientierte Sichten des Slice-and-Dice-Verfahrens. Hier wird die Zweiteilung der Datenbestände in Stamm- und Bewegungsdaten deutlich. Die Kanten des Würfels entsprechen den Stammdaten bzw. den Merkmalen und die Zellen des Würfels beinhalten die Bewegungsdaten, die zur Analyse der Kennzahlen benötigt werden.

Im Beispiel werden die Merkmale Produkt, Kunde und Zeit auf den Würfelkanten abgebildet. Bewegungsdaten sollen die Umsatzzahlen sein. Aus Sicht des Marketingmanagers werden die Umsatzzahlen nach dem Merkmal Produkt ausgewertet; betriebswirtschaftliche Anwendung hierfür ist die ABC-Analyse. Die Frage dazu könnte lauten: Mit welchem Produkt wurde der höchste Umsatz erzielt? Für den Leiter des Bereichs Kundenservice stellt sich eher die Frage: Mit welchen Kunden wurde im letzten Quartal der höchste Umsatz erzielt? In diesem Fall werden die Umsatzzahlen nach Kunde und Zeit analysiert. Dies dient beispielsweise dazu, die aktuellen Goldkunden zu ermitteln, um ihnen besonderen Service anbieten zu können. Der Vertriebsleiter hingegen möchte beispielsweise wissen, welche Kunden zur Umsatzsteigerung beigetragen haben. Aus diesem Grund erfolgt hier die Auswertung der Umsatzzahlen bezogen auf die Kunden.

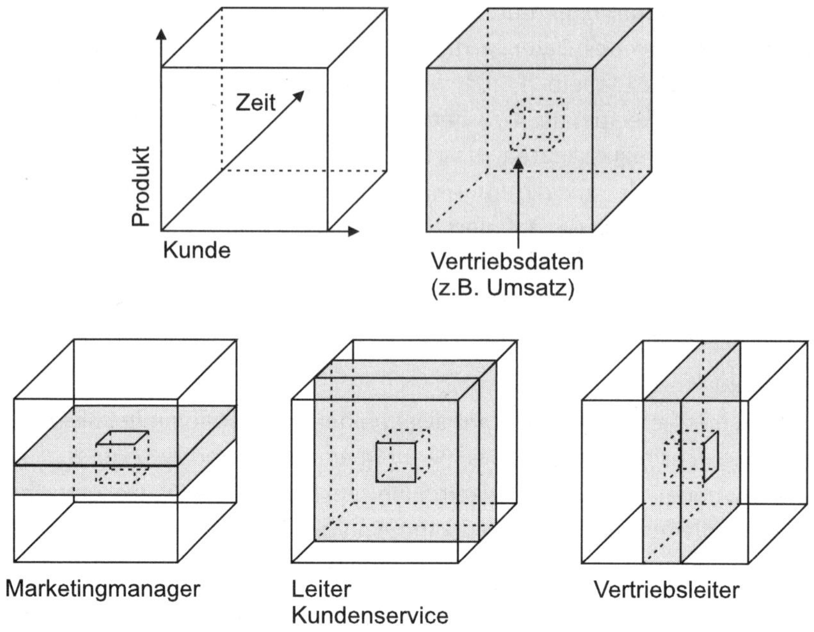


**Abbildung 2.5** Anwendungsorientierte Datensichten

### Welchen betriebswirtschaftlichen Nutzen bringt ein Datawarehouse?

Wenn von Betriebswirtschaft gesprochen wird, dann werden auch immer die Begriffe Nutzen, Kosten und Risiken fallen. Diese Begriffe werden in diesem Kapitel im Hinblick auf den Einsatz eines Datawarehouses untersucht und diskutiert.

**Aktuelle Informationen**

Ein Datawarehouse ermöglicht zeitnahe Informationsanalysen, d.h., die Informationen sind zu dem Zeitpunkt abrufbar, zu dem sie auch benötigt werden. Ein Datawarehouse kann als Frühwarnsystem für die Unternehmensführung gesehen werden. Ein Beispiel: In vielen Unternehmen werden die Berichte über die Verkaufszahlen auf Monatsbasis zusammengestellt und ausgedruckt. Das bedeutet beispielsweise, dass der Bericht für den Monat August erst Anfang September verfügbar ist und somit keinen Einfluss mehr auf die September-Planung nehmen kann. Wird aber ein Datawarehouse eingesetzt, können die Verkaufszahlen auf Tagesbasis analysiert und somit frühzeitig in die Planungen für den Folgemonat einbezogen werden. Zu den typischen Analysebereichen gehören Verkauf, Marketing, Finanz- und Rechungswesen, Personalwesen, Logistik, Materialwirtschaft und Einkauf.

Eine der Stärken des Datawarehouses besteht darin, Daten von mehreren unterschiedlichen Quellen zu kombinieren. Aufgrund dieser Datenverknüpfung wird es den Unternehmen ermöglicht, sich ein Gesamtbild von allen kundenrelevanten Unternehmensaktivitäten zu machen. Folglich ist es vorstellbar, dass mit einem Datawarehouse alle Interaktionen zwischen Unternehmen und Kunden in geeigneter Form festgehalten, analysiert und die Analyseergebnisse jederzeit abgerufen werden können. Somit kann aus Sicht des Unternehmens schnell und effizient auf mögliche Kundenwünsche eingegangen werden; das Unternehmen erhöht sozusagen seine positive Außenwirkung.

**Gesamtbild**

Mit der Datawarehouse-Technologie ist es möglich, effektive betriebswirtschaftliche Analysen im Hinblick auf Trends und saisonale Abhängigkeiten durchzuführen. Es können Prognosen für die Zukunft erstellt werden, da ein Datawarehouse nicht nur aktuelle Daten sondern auch historische Daten verarbeitet und bereitstellt.

**Zukunftsprognosen**

Wenn ein Unternehmen ohne Datawarehouse Auswertungen über seine Kennzahlen benötigt, müssen die entsprechenden Berichte von der EDV-Abteilung angefordert werden. Dies ist notwendig, da für die Erstellung der Berichte Spezialisten, wie z. B. Programmierer, erforderlich sind. Der Nachteil liegt auf der Hand: Diese Prozedur ist zeitintensiv und löst immer eine Abhängigkeit zwischen den Entscheidern und den EDV-Spezialisten aus. Mit einem Datawarehouse dagegen ist es möglich, die Berichte ohne Programmierkenntnisse und innerhalb weniger Minuten zu erstellen; schnelle Entscheidungen sind demnach möglich und werden nicht durch unnötige Abhängigkeiten blockiert.

**Schnelle Entscheidungen**

Da das Datawarehouse-Konzept nicht nur auf Datenaufbereitung und Datenbereitstellung beruht, sondern auch verschiedene Möglichkeiten zur Datenanalyse und Datenpräsentation bietet, bekommt das Berichtswesen einen völlig neuen Stellenwert. Die üblichen statischen Auswertungen weichen neuen Verfahren wie beispielsweise:

**Präsentationsvielfalt**

- Datenanalyse und Informationsvisualisierung mittels Zugriff über das Internet/Intranet
- Einsatz eines GIS (Geografisches Informationssystem), um geografisch gestützte Informationsanalysen durchführen zu können
- Ausnahmen-Analyse wie z. B. das Festlegen und Überwachen von kritischen Werten

- Datenanalyse beruhend auf Formulierung von Bedingungen wie z. B.:
  - »Zeige die Produkte, mit denen ein Gewinn kleiner als x erzielt wurden.«
  - »Zeige die Rangfolge der zehn besten Kunden, gemessen am Umsatz.«

Diese Verfahren lassen zahlreiche Datenuntersuchungen mit unterschiedlichen Datensichten zu und erlauben dem Anwender die Interaktion mit dem System.

### Welche Kosten fallen an?

Für die Implementierung eines Datawarehouse-Konzepts fallen Kosten für die folgenden Bereiche an:

- Anschaffung der benötigten Hardware wie z. B. Server
- Bereitstellung der erforderlichen Infrastruktur; hierbei kann es sich um einen Neuaufbau oder um eine Erweiterung der bestehenden Infrastruktur handeln (Netzwerk)
- Datenbankmanagementsystem (DBMS)
- Datawarehouse-Software (Lizenzgebühren); evtl. zusätzliche Kosten für Analysewerkzeuge
- Entwicklungsarbeit, um z. B. die Anbindung des Datawarehouses an unternehmenseigene Systeme zu realisieren
- Beratungsleistungen
- Personalentwicklung (Anwenderschulungen, Systemadministration)
- Wartung des Datawarehouse-Systems
- Servicedienstleistungen, z. B. Supportkosten

**Kosten optimal kalkulieren**

Wenn Sie sich dieser Kostenfaktoren bereits vor Aufstellung des Projektplans bewusst sind und diese entsprechend in Ihre Kalkulation und Planung mit einfließen lassen, haben Sie die ersten Schritte getan, um Ihr Datawarehouse-Projekt erfolgreich umzusetzen.

### Welche Risiken müssen beachtet werden?

Vor der Durchführung eines Datawarehouse-Projekts müssen verschiedene Risiken diskutiert und durch entsprechende Maßnahmen entschärft werden. Nur wenn es gelingt, die möglichen Probleme im Vorfeld zu lösen oder wenigstens zu erkennen, wird Datawarehouse ein akzeptiertes Konzept und Hilfsmittel zur Beantwortung von entscheidungsrelevanten

Fragen sein und darüber hinaus zum Ausbau und zur Erweiterung der Kundenbeziehungen entscheidend beitragen können. Folgende Risiken sollten Sie unbedingt ausschließen:

- Die geschätzten Kosten für das Datawarehouse-Projekt übersteigen das zur Verfügung stehende Budget.
- Der Zeitplan für das Projekt ist unrealistisch (evtl. auf unzureichende Erfahrung im Datawarehouse-Sektor und/oder ungenaue Angaben über detaillierte Aufgaben, benötigte Ressourcen und Abhängigkeiten zurückzuführen).
- Wichtige Faktoren werden bei der Einführungsphase des Datawarehouse-Projekts nicht oder nur teilweise berücksichtigt. Zu diesen Faktoren gehören beispielsweise:

  **Erfolgsfaktoren**

  - Qualität der Daten
  - Auswahl der Datenquellen
  - Methoden der Datenbereitstellung
  - Anzahl der Endbenutzer
  - Training der Endbenutzer
  - Performance und Verfügbarkeit des Datawarehouse-Systems
- Die Endbenutzer des Datawarehouses werden nicht in den Planungsprozess des Datawarehouse-Projekts mit einbezogen; dies kann zu Unzufriedenheit und mangelnder Akzeptanz führen.
- Die Datawarehouse-Werkzeuge sind nicht benutzungsfreundlich; dies kann dazu führen, dass die Endanwender versuchen, den Umgang mit diesen Werkzeugen zu vermeiden.
- Dem Management wird der Nutzen eines Datawarehouses nicht richtig vermittelt; die Folge kann mangelnde Unterstützung oder sogar die Einstellung des Projekts sein.
- Eine Kosten-Nutzen-Analyse vor Beginn des Projekts wird nicht durchgeführt; als Folge daraus wird erst nach Abschluss des Projekts bekannt, dass z. B. die Kosten wesentlich höher waren als erwartet und der Nutzen nicht oder erst sehr spät erkennbar wurde.
- Die Qualität bzw. die Richtigkeit der Datenauswertungen ist aufgrund falscher bzw. unbereinigter Daten nicht sichergestellt; als Folge werden wichtige Entscheidungen auf Basis falscher Informationen getroffen, außerdem muss viel Zeit aufgewendet werden, um die Analyseberichte auf ihre Richtigkeit hin zu überprüfen.

- Die Architektur und das Design für das Datawarehouse sind nicht auf Skalierbarkeit abgestimmt; ein Anstieg der Datawarehouse-Anwender, die Erweiterung der Auswertungsberichte oder die Erhöhung der Komplexität von Datenabfragen kann somit nicht mehr abgefangen werden.
- Die Verfügbarkeit und die Performance des Datawarehouse-Systems ist nicht akzeptabel; dies führt zu Störungen im Tagesgeschäft und mangelnder Nutzungsakzeptanz.

**Praxisbeispiel: Marketing und Sales**

Eine der Aufgaben für die Marketingabteilung der Firma Bikes and More ist die Erstellung und Verbreitung von monatlichen Postwurfsendungen. Diese Postwurfsendungen werden in Radstadt und den umliegenden Orten Radhausen, Radeldorf und Klingelburg verteilt. Jeden Monat wird ein bestimmtes Motto für die Werbeprospekte ausgewählt, an das sich dann die Angebote anlehnen. Das Motto dieses Monats ist »Mein erstes Fahrrad«. Dementsprechend werden in dem Werbeprospekt Kinderfahrräder im Sonderangebot angepriesen.

Zwei Wochen nachdem die Werbeprospekte verteilt wurden, möchte der Geschäftsführer Paul im Status-Meeting von der Controllerin Cornelia über das Resultat der Werbeaktion unterrichtet werden. Cornelia berichtet, dass eine deutliche Umsatzsteigerung innerhalb der letzten zwei Wochen erzielt wurde. Allerdings lässt sich aufgrund der beim Verkauf erfragten Kundendaten erkennen, dass nur Kunden aus den Orten Radstadt, Radhausen und Klingelburg auf die Werbeaktion reagiert haben. Jetzt stellt sich natürlich die Frage, warum mit der Werbemaßnahme in Radeldorf kein Erfolg zu verbuchen war bzw. keine Nachfrage nach Kinderfahrrädern zu verzeichnen war.

An dieser Stelle setzt ein Datawarehouse an (siehe Abbildung 2.6). Voraussetzung dafür, dass das Datawarehouse als Detektiv gute Arbeit leisten kann, ist eine solide Datenbasis. Das Datawarehouse sollte deshalb mit operationalen Daten aus Produktion und Vertrieb und darüber hinaus mit demografischen Daten bezogen auf die Orte, in denen die Postwurfsendungen verteilt werden, gefüllt werden. Aufgrund dieser Datenbasis kann Paul mit den entsprechenden Datenabfragen feststellen, dass in den letzten zwei Wochen kein Umsatz mit Kunden aus dem Ort Radeldorf erzielt werden konnte und dass das Durchschnittsalter der Radeldorfer bei 50 Jahren liegt. Die zweite Datenabfrage zeigt deutlich, dass das Sonderangebot von Kinderfahrrädern in Radeldorf keine Zielgruppe gefunden hat. Für die Radeldorfer Kunden wäre eine Sonderaktion mit beispielsweise Citybikes für Erwachsene ein interessanteres Angebot gewesen.

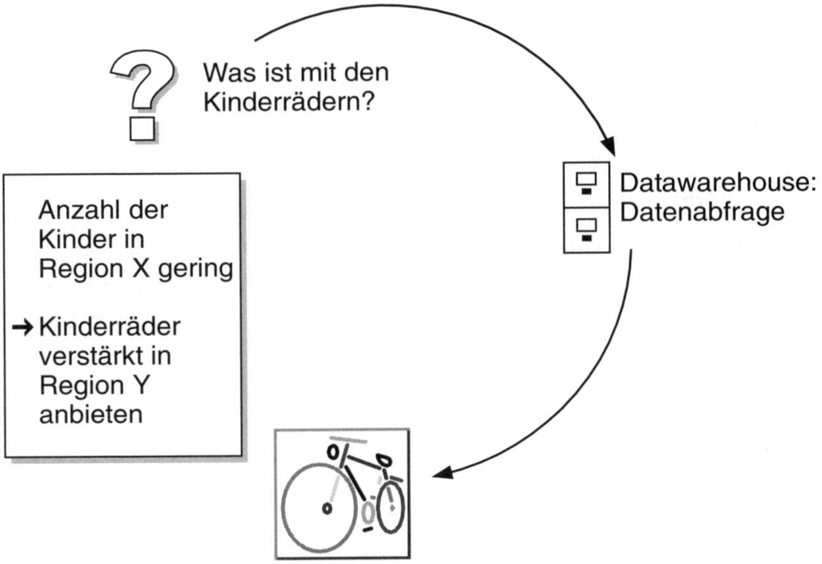


Abbildung 2.6 Datawarehouse als Instrument für Marketing und Sales

### Praxisbeispiel: Kundenservice

Carla von der Serviceabteilung der Firma Bikes and More möchte wissen, welche Kunden den Kategorien »Gold« und »Platin« zugeordnet werden können, d.h., wer sind die VIP-Kunden, welche Kunden bringen viel Umsatz usw. Mit den entsprechenden Datenabfragen im Datawarehouse lassen sich diese Kunden leicht ermitteln; dies schließt deren Telefonnummer mit ein. Ziel der Serviceabteilung ist es, z.B. die Goldkunden direkt mit der Goldkunden-Hotline zu verbinden. Da in der Firma Bikes and More eine einfache CTI-Lösung (Computer Telephony Integration, siehe Kapitel 5) eingesetzt wird, will Carla dafür sorgen, dass die Telefonnummern der Goldkunden automatisch erkannt werden, sodass für diese Kunden keine unnötige Vermittlungszeit entsteht. Da diese automatische Rufnummernerkennung nur für eine begrenzte Anzahl von Telefonnummer möglich sein soll, benötigt Carla zur Ermittlung der aktuellen Goldkunden jeweils die Hilfe vom Datawarehouse (siehe Abbildung 2.7).

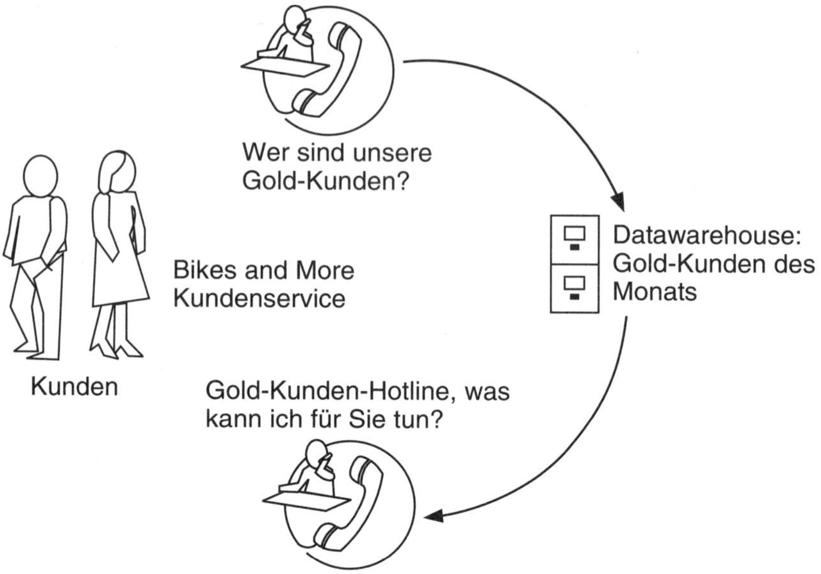


**Abbildung 2.7** Datawarehouse als Instrument für Kundenservice

## 2.3 Datawarehouse als Projekt – Was ist zu tun?

Wenn Sie sich dazu entschließen wollen, ein Datawarehouse-Projekt in Ihrem Unternehmen durchzuführen, können die in diesem Kapitel aufgezeigten Vorschläge ein hilfreicher Leitfaden für Sie sein.

**Vorgehensmodell**

Zu Beginn des Projekts befinden Sie sich in der Phase der Entscheidungsfindung bzw. der Evaluation. Gerade diese Phase ist erfolgskritisch für den weiteren Projektverlauf. Ergebnis der Entscheidungsfindung ist in der Regel ein Vorgehensmodell, abgestimmt auf die Bedürfnisse Ihres Unternehmens. Wenn das gewählte Vorgehensmodell nicht oder nur annähernd Ihre Anforderungen bezüglich des Einsatzes eines Datawarehouses erfüllt, kann das Datawarehouse-Projekt sehr schnell scheitern. Damit Sie ein für Ihr Unternehmen abgestimmtes Vorgehensmodell entwickeln können, wird nachfolgend ein mögliches Planungsgerüst aufgezeigt. Dieses Gerüst soll Ihnen helfen, sich die richtigen Fragen zu stellen, um letztendlich ein erfolgreiches Datawarehouse-Projekt realisieren zu können.

### Definieren Sie genau die Ziele des Datawarehouse-Projekts

Stellen Sie sich die Frage: Wozu wollen wir ein Datawarehouse in unserem Unternehmen einführen? Wenn die Antwort lautet: »Datawarehouse ist in, das brauchen wir auch«, sollten Sie die Entscheidung für die Durchführung eines Datawarehouse-Projekts nochmals eingehend überdenken. Wenn Ihre Antwort allerdings folgende Zielvorstellungen enthält, sind Sie auf dem richtigen Weg:

- Effektiverer Informationszugriff (schnell, aktuell, standortunabhängig)
- Unterstützung der Unternehmenssteuerung bei Planungsprozessen
- Qualitätsverbesserung von relevanten Enscheidungen
- Unterstützung von bereichsübergreifender Integration
- Direkter Informationszugriff, um die Mitarbeiter bei ihrem Tagesgeschäft zu unterstützen

**Konkrete Ziele definieren**

Bedenken Sie bei der Formulierung von konkreten Zielen auch, dass ein Datawarehouse-Konzept in alle Unternehmensbereiche eingreift. Beziehen Sie deshalb alle Beteiligten in die Phase der Entscheidungsfindung mit ein. Stellen Sie sicher, dass die Anforderungen Ihres Unternehmens an ein Datawarehouse identifiziert und bei der Planung des Vorgehensmodells berücksichtigt werden.

## Machen Sie Datawarehouse zum unternehmensweiten Programm

Die Einführung eines Datawarehouse-Konzepts in ein Unternehmen kann nicht als »klassisches« Projekt bezeichnet werden. Unter einem klassischen Projekt sind einmalige Aufgabenstellungen mit definiertem Anfangs- und Endtermin zu verstehen. Die Implementierung des Datawarehouse-Systems lässt sich zwar unter die klassische Projektdefinition einordnen, jedoch nicht die Einführung des ganzheitlichen Konzepts. Was ein Datawarehouse-Konzept auszeichnet, sind die Vorgänge des Datensammelns aus den unterschiedlichsten Quellsystemen, die Datenaufbereitung und die daraus resultierende Informationsbereitstellung. Diese Vorgänge verändern sich jedoch gleichzeitig mit den unternehmerischen Aktivitäten. Das bedeutet, dass die Einführung eines Datawarehouse-Konzepts einen definierten Anfangstermin, aber keinen definierten Endtermin hat. Aufgrund dieser Tatsache sollte Datawarehouse als unternehmensweites Programm in Ihr Unternehmen eingeführt werden. Unternehmensweit bedeutet hier in Zusammenhang mit Integration, Sponsoring durch das Management und andauernder Lern- und Entwicklungsprozess.

### Wählen Sie die richtigen Daten

Bei der Informationssuche werden meist folgende Fehler sichtbar:

- Benötigte Daten sind nicht vorhanden.
- Die Daten haben nicht den benötigten Detaillierungsgrad.
- Die Daten liegen nicht im benötigten Format vor.

Um dies zu vermeiden, sollten Sie die nachfolgenden Regeln bei der Datenauswahl beachten:

- Verfügbarkeit und Flexibilität der Daten sind wichtiger als Performance und Datenvolumen.
- Berücksichtigen Sie auch zukünftige Trends, mögliche Nutzungsvielfalt und neue Benutzergruppen.
- Nehmen Sie auch solche Daten auf, die anfangs als nutzlos erscheinen mögen (z.B. demografische Daten).
- Suchen Sie potenzielle Nutzer auch außerhalb der IT-Abteilungen.

Eine anderer Ansatz für die Implementierung eines Datawarehouse-Konzepts ist ein stufenförmiger Ablauf.

**Datawarehouse Schritt für Schritt**

Auf der untersten Stufe führen Sie eine herstellerunabhängige Bewertung von unterschiedlichen Datawarehouse-Technologien durch. Sie machen sich mit den notwendigen Fachbegriffen vertraut. Gemeinsam mit den Endanwendern führen Sie eine Analyse hinsichtlich der gewünschten Funktionalitäten durch und definieren mögliche K.O.-Kriterien für Ihr Datawarehouse-Modell.

In der nächsten Stufe Ihres Datawarehouse-Projekts wird der Einsatz eines kleinen Datawarehouse-Systems, z.B. eines Data-Marts für eine Ihrer Unternehmensabteilungen, erprobt. Sie sorgen dafür, dass die Mitarbeiter entsprechende Schulungen erhalten, um den richtigen und effizienten Umgang mit dem Datawarehouse-System zu erlernen. Die Investition in die Personalentwicklung erhöht zum einen die Zufriedenheit der Mitarbeiter und sorgt zum anderen dafür, dass ein Unternehmen erfolgreich auf dem Markt agieren kann.

Die nächste Stufe sieht den Aufbau eines unternehmensweiten Datawarehouse-Systems vor. Außerdem sollten Sie externe Datenquellen wie beispielsweise Marktdaten, Daten über Konkurrenz und demografische Daten in Ihr Datawarehouse-Konzept integrieren. Auch die Möglichkeiten der Datenanalyse sollten z.B. durch Datamining erweitert werden.

Am Ende der Datawarehouse-Implementierung werden Sie ein stabiles Datawarehouse-System im Unternehmen vorfinden, das Ihnen im Tagesgeschäft eine wertvolle Unterstützung bei Ihren Entscheidungsfindungen bietet. Erreichte Ergebnisverbesserungen sind demnach auch dem Einsatz des Datawarehouses zuzurechnen.

## 2.4 Datawarehouse – und einen Schritt weiter

### Database-Marketing – Kunden zielgerecht informieren

Unter Database-Marketing versteht man den bewussten Einsatz von computergesteuerten Informations- und Kommunikationssystemen in Verbindung mit Datenbanksystemen, die Kundendaten zur Verfügung stellen. Eine Alternative eines solchen Datenbanksystems ist die Datawarehouse-Technologie. Im Folgenden wird davon ausgegangen, dass Database-Marketing in Verbindung mit einem Datawarehouse eingesetzt wird. Diese Technologien bzw. Konzepte ermöglichen es dem Direkt- bzw. Dialogmarketing, unter Rückgriff auf kunden-, interessenten- und marktorientierte Datenbestände, das entstehende Informationspotenzial anhand differenzierter Analysen auszuschöpfen und damit die Ausgestaltung des Marketing-Instrumentariums effektiver vorzunehmen. Zielsetzungen des Database-Marketing sind in erster Linie die Kundengewinnung und der Aufbau einer dauerhaften Kundenbindung. Es wird die Absicht verfolgt, den richtigen Kunden zum richtigen Zeitpunkt ein auf seine individuellen Bedürfnisse abgestimmtes Informations- und Leistungsangebot zu unterbreiten. Dies ist sehr wichtig für ein Unternehmen, da die qualitative Erhaltung und Verbesserung von Kundenbeziehungen sich zu einem zunehmend bedeutsamen Wettbewerbsfaktor entwickelt hat.

**Kundenorientierung**

Die Chancen des Database-Marketing liegen vor allem in einer gesteigerten Qualifikation der Kontakte zum Kunden, d.h., die Ausrichtung der Unternehmensaktivitäten unterliegen einer konsequenten Kundenorientierung. Database-Marketing ist die notwendige Voraussetzung für eine effiziente, dialogorientierte Marketingstrategie. Dabei werden alle kunden- und marktrelevanten Daten in ihren kleinsten Einheiten gesammelt, organisiert, gespeichert und analysiert; diese Aufgabe übernimmt das unternehmensweite Datawarehouse, wie in Abbildung 2.8 zu sehen. Dies ist unweigerlich mit einer besseren Verkäuferkompetenz und der Verstärkung des Problembewusstseins der Kunden verbunden und führt zu einer Steigerung der Effizienz im Vertrieb und Service. Durch den Einsatz von Database-Marketing wird ein Instrumentarium verwendet, das dem

Unternehmen die notwendigen Marketinginformationen über seine Kunden und Konkurrenten zuspielen kann, damit es in Entscheidungssituationen zielgerichtet agieren kann.

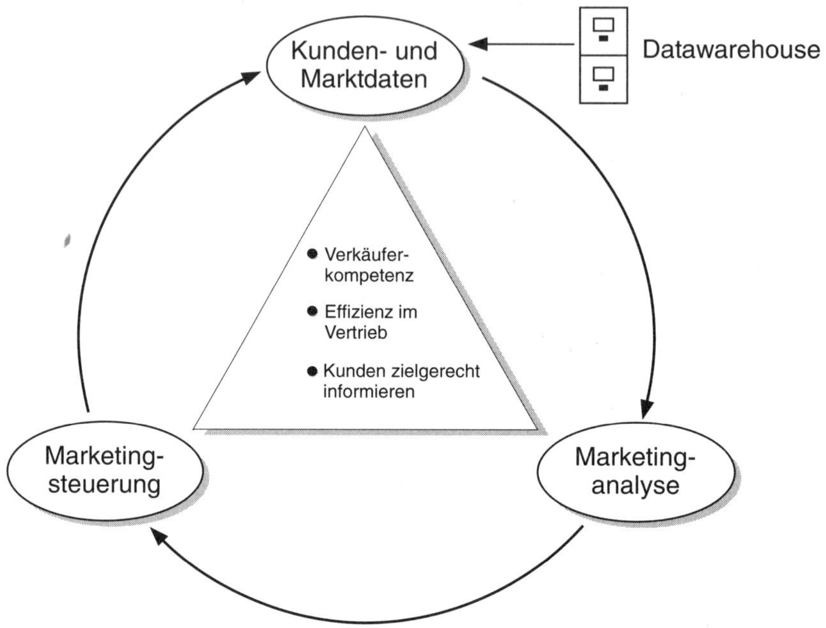


**Abbildung 2.8** Datawarehouse und Database-Marketing

Es ist wichtig, dass das Datawarehouse fortlaufend mit aktuellen Daten versorgt wird, um dessen vielfältige Vorteile gegenüber konventionellen Marketingformen zum Vorschein zu bringen. Hier sind zu nennen:

- selektive Zielgruppenansprache
- Vermeidung von Streuverlusten
- relativ geringe Kontaktkosten
- verbesserte Selbststeuerung des Anbieters
- innovative Formen des Kundenkontakts
- Unabhängigkeit von externen Informationsanbietern

**Alle Kunden berücksichtigen**

Um dies sicherzustellen, genügt es nicht, nur die aktiven Kunden in die Datenbasis des Datawarehouse einzubinden, sondern es müssen auch potenzielle Kunden und Interessenten sowie ehemalige Kunden und Neukunden berücksichtigt werden. Unter Einhaltung dieser Vorgaben wird die Grundlage für eine gezielte Erweiterung des Kundenstammes, für

Reaktivierungsmaßnahmen und für gezielte Kundenbindungsprogramme geschaffen. Darüber hinaus sind durch die Nutzung eines Datawarehouses gezielte Steuerungs- und Controlling-Aktivitäten in verschiedenen Unternehmensbereichen möglich. Im Sektor Innen- und Außendienst handelt es sich hierbei um die Steuerung und Überwachung von Einzelmaßnahmen. Auf der Ebene der Verkaufsleitung wird eine regionale, kunden- oder produktbezogene Steuerung ausgeübt. Die Unternehmensleitung setzt das Datawarehouse z.B. bei der Absatzplanung ein. Ferner können die Kundendaten für Marktforschungszwecke wie die Untersuchung des Nachfrageverhaltens eingesetzt werden. Folgende Aspekte stehen für eine Nutzenargumentation im Vordergrund:

### Kundennutzen und Kundenzufriedenheit

Jeder Kunde verspricht sich von den Leistungen des Unternehmens einen bestimmten Nutzen. Erfolgreiche Unternehmen fokussieren sich deshalb bewusst auf Kundengruppen und richten ihr Leistungsspektrum an deren spezifischen Anforderungen aus. Hier muss ein hohes Leistungsniveau bestehen, um Spitzenergebnisse zu erzielen und Kundennutzen zu erzeugen. Der Erfolg lässt sich an der Kundenzufriedenheit ablesen. Sie sollte in Unternehmen, die Database-Marketing betreiben, regelmäßig ermittelt werden.

### Effizientere Marktbearbeitung

Ob Neukunden gewonnen oder bestehende Kundenbeziehungen rentabel ausgebaut werden sollen – das Ziel ist in beiden Fällen dasselbe: die Steigerung von Umsatz und Ertrag. Statt der Konzentration auf einmalige Verkaufsaktivitäten gewinnt in Zukunft das Management der Kundenbeziehungen immer größere Bedeutung. Das Streben nach effizienter Marktbearbeitung erfordert die Konzentration aller Aktivitäten auf den einzelnen Kunden. Moderne Database-Marketing-Methoden, eingebettet in CRM, machen das effizient möglich.

Trotz der gewichtigen Vorteile, die sich durch das Instrumentarium Database-Marketing ergeben, dürfen bestimmte Risiken nicht außer Acht gelassen werden. Durch den Einsatz von Database-Marketing kann es zu einer so genannten Informationsflut kommen, d.h., der Kunde wird mit Informationen versorgt, die keinen Nutzen für ihn darstellen. Die daraus resultierende Ineffizienz beruht auf folgende Ursachen:

- Streuverluste (bestimmte Aktivitäten der Kunden können nicht erfasst werden)
- Glaubwürdigkeitsdefizite (ein Kunde, der auf verschiedene Anbieter zugreift, erhält widersprüchliche Informationen)
- Überwachungsgefühl (Informationen, die Aufforderungen enthalten, schrecken die Kunden ab)
- ökologische Defizite (viele Kunden sehen in einer Flut von Werbematerial eine Verschwendung von Ressourcen bzw. eine Bedrohung für die Umwelt)

**Wirtschaftlichkeitsaspekte**

Außerdem müssen vor Einsatz einer Database-Marketing-Lösung die verschiedenen Wirtschaftlichkeitsaspekte geprüft und für die Entscheidung herangezogen werden. Die zentrale Problematik besteht in der Bestimmung der Kostenwirtschaftlichkeit im Sinne eines positiven Differenzbetrages zwischen der Ertragssteigerung und den Kosten für Aufbau, Pflege und Nutzung des Datawarehouse. Da es zurzeit keine allgemeingültige, qualifizierte Methode zur Wirtschaftlichkeitsanalyse gibt, ist eine Nutzenbewertung nur im beschränkten Umfang möglich. Fest steht aber, dass die Effizienz von Database-Marketing nicht beliebig maximiert werden kann. Dies resultiert vor allem aus den entstehenden Kostenzuwächsen und aus Akzeptanzeinbußen. Allerdings ist der Einsatz eines Datawarehouse nicht nur aus Sicht des Marketings von Vorteil, sondern auch die anderen Unternehmensbereiche können daran partizipieren; dies relativiert somit den Kostenaspekt.

### Datamining – der automatisierte Detektiv

Die Verbindung von Datamining-Techniken mit CRM macht es möglich, große Datenvolumen zu analysieren und daraus Entscheidungen abzuleiten. Genau wie bei Statistik handelt es sich auch bei Datamining um ein Instrument, nicht um ein Allheilmittel. Datamining fasst ein ganzes Bündel von Techniken zusammen, wie beispielsweise künstliche Intelligenz oder statistische Modelle zur Prognose von zukünftigen Trends im Kundenverhalten. Viele Fragen blieben in traditionellen Unternehmen ohne befriedigende Antworten, weil sie für nicht oder nur mit großem Aufwand analysierbar gehalten wurden. Beispiele für solche Fragen sind:

- Aufgrund welchen Kundenprofils sollte welchen Kunden wann welches Angebot gemacht werden?
- Welche Kunden sind warum bereit, zur Konkurrenz abzuwandern?
- Welche Kunden können durch den Außendienst eher überzeugt werden als durch Postwurfsendungen oder E-Mail und umgekehrt?

Was diese und andere Fragen gemeinsam haben, ist die Vielfalt der Kundeninformationen. Keine der Fragen ist z. B. durch die Kombination klassischer Kundeninformationen wie Alter und Wohnort beantwortbar. Früher wurden solche Fragen von Statistikern, von der IT-Abteilung (durch meterlange Ausdrucke von Reports) oder gar nicht beantwortet. Datamining stellt nun Instrumente zur Verfügung, um große Datenvolumen zielsicher nach relevanten Kundeninformationen zu durchsuchen.

**Datamining-Prozess**

In Abbildung 2.9 wird der Datamining-Prozess schematisch dargestellt. Bei Datamining handelt es sich um eine neuere Analysemethode, die in ein Datawarehouse-Konzept eingebunden werden kann. Nachdem die Daten aus verschiedenen Datenquellen mittels eines Datawarehouse-Systems gesammelt und aufbereitet wurden, können die verschiedenen Datamining-Technologien eingesetzt werden. Kern dieser Technologien ist die Suche nach wiederkehrenden Mustern in den aufbereiteten Daten. Hierbei handelt es sich um einen komplexen Prozess, bei dem zunächst aus einer Vielzahl von Daten die veränderlichen Größen herausgefiltert werden müssen, die für die gewünschte Auswertung in Frage kommen. Will man beispielsweise die Kaufwahrscheinlichkeit für einen ausgewählten Personenkreis ermitteln, zählen zu den möglichen veränderlichen Größen das Alter der Kunden, Familienstand, Wohngegend und Einkommen.

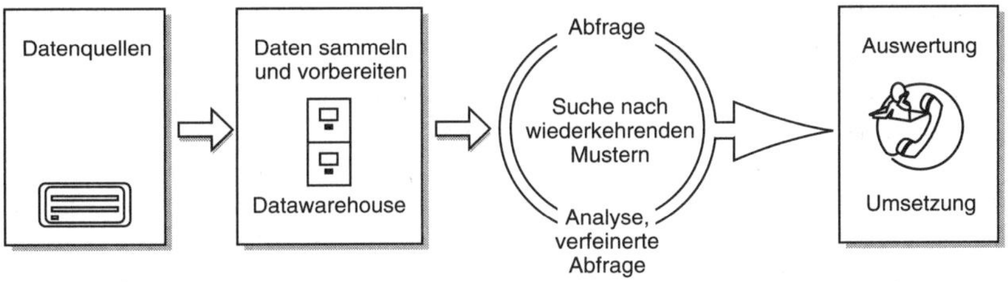


**Abbildung 2.9** Datamining-Prozess

**Kompakt**

Wenn es darum geht, den Bedürfnissen der Kunden auf die Spur zu kommen, kann der Einsatz eines Datawarehouses sehr gute Erfolge liefern. Beispielsweise kann es die folgende Frage beantworten: Wie hat sich das Zahlungsverhalten unserer VIP-Kunden im letzten Quartal entwickelt? Ein Datawarehouse kann z.B. Entscheidungsträgern schnell wertvolle Informationen liefern, um Planungs- und Entscheidungsprozesse wirkungsvoll zu unterstützen.

Doch auch für andere Gruppen von Endanwendern aus verschiedenen Fachabteilungen eines Unternehmens ist ein Datawarehouse wichtig. Hier stehen Ad-hoc-Abfragen und die Nutzung von Reporting-Tools im Vordergrund. Zum Umfeld einer Datawarehouse-Lösung gehört auch Database-Marketing. Darunter versteht man den bewussten Einsatz von computergesteuerten Informations- und Kommunikationssystemen in Verbindung mit Datenbanksystemen, die Kundendaten zur Verfügung stellen. Zielsetzungen des Database-Marketing sind in erster Linie die Kundengewinnung und der Aufbau einer dauerhaften Kundenbindung.

# 3 Produkte im Web: Wenn keiner mehr weiß, wie ich heiß

*Produktklassifikation klingt langweilig, ist aber so wichtig wie eine gute Straßenkarte. Ohne sie findet sich kein Kunde im Onlineshop zurecht und wer schon einmal nach langem Suchen die Zahnbürsten unter »Badezimmerzubehör« gefunden hat, lernt Klassifikation erst richtig zu schätzen.*

Produkte werden seit jeher von Herstellern und Kunden verschieden bezeichnet. Was für den Hersteller ein digitales Bildbearbeitungsgerät ist, bezeichnet der Kunde einfach als einen Scanner. Was für den Kunden ein Kugelschreiber ist, nennt der Hersteller ein Schreibgerät.

**Kuli oder Schreibgerät?**

Diese unterschiedliche Namensgebung trifft nicht nur auf Produkte zu, sondern auch Auf Dienstleistungen. Was der Hersteller einen Gewährleistungsfall nennt, sieht jeder Kunde als Reparatur auf Garantie. Bisher konnten wir alle mit diesen Bezeichnungsunterschieden ganz gut leben, wozu also jetzt auf einmal Produktklassifikation?

Ganz einfach: Das Internet zwingt uns dazu. Ein Kunde kann einen Produktkatalog aus Papier durchblättern, bis er das Bild des Kugelschreibers sieht. Ob der Hersteller dazu nun Kugelschreiber oder Schreibgerät sagt, ist für den Kunden unwesentlich. Im Onlineshop dieses Herstellers hat ein Kunde diese Möglichkeit nicht. Ein Produktkatalog, der beispielsweise 100 Produkte umfasst, lässt sich nicht als Dokument mit 40 Seiten im Internet veröffentlichen.

**Kataloge im Internet**

Kein Kunde wäre bereit, dieses Dokument herunterzuladen und darin zu blättern, bis er zufällig auf das Bild des gesuchten Kugelschreibers stößt. Fast alle Onlineshops arbeiten daher mit Produktgruppen oder Produktkategorien. Die ersten Seiten eines Onlineshops enthalten meist nur diese Produktgruppen; erst nach der Entscheidung für eine dieser Produktgruppen werden die einzelnen Produkte aufgeführt. Je umfassender das Produktangebot und je differenzierter die Produktgruppen, desto mehr Entscheidungen trifft der Kunde, bis er zum gewünschten Produkt gelangt.

Paul versucht, seine Produktpalette für seinen neuen Onlineshop zu strukturieren. Er will über das Internet Fahrräder, Fahrradzubehör, Radhosen und Radhelme verkaufen. Zunächst geht er von seinen Markennamen aus. Als Einstiegsseite für den Onlineshop stellt er sich vier markenorientierte Bildbereiche vor: Ganz oben soll sein neues Hightech-Bike stehen, darunter die Klassiker Family Bike, Mountain Kid und Sport Runner. Wenn der Kunde z.B. auf **Mountain Kid** klickt, findet er auf der nächsten Seite dann alle Kinderfahrräder und ganz unten die Buttons **Zubehör** und **Kinderkleidung**. Unter **Zubehör** findet er dann auf der nächsten Seite Sättel, Stützräder, Klingeln und Esatzteile. Unter **Kinderkleidung** findet er dann ebenfalls auf einer neuen Seite die Radhosen für Kinder.

Wo liegt der Denkfehler in Pauls Klassifikation? Ganz einfach: Paul denkt markenorientiert, er geht davon aus, dass ein Kunde seine Markennamen kennt. Die Markennamen sind aber herstellerspezifisch, nicht kundenbezogen.

**Weg mit der Marke?**

Der entscheidende Unterschied zwischen einem Kunden im Bikes-and-More-Laden und einem Kunden im Onlineshop ist, dass der Onlinekunde keine Möglichkeit hat, die Produkte zu sehen. Im Bikes-and-More-Laden können die Kinderradhosen bei den Mountain-Kid-Rädern hängen, jeder Kunde würde sie anhand ihrer Größe sofort als Kinderradhosen erkennen, gleichgültig, welcher Produktgruppe sie zugeordnet sind. Ein Onlinekunde, der eine Kinderradhose kaufen will, sieht auf Pauls Einstiegsseite im Onlineshop zunächst nur vier Markennamen für Fahrräder. Ein eiliger Kunde denkt vielleicht, dass Bikes and More gar keine Kinderradhosen verkauft und verlässt den Onlineshop sofort wieder. Ein geduldiger Kunde, der die Hosen vielleicht schon im Laden gesehen hat, weiß nicht, ob er nun auf Family Bike oder auf Mountain Kid klicken soll. Ähnlich schwer wird es für eine Kundin, die ihr Fahrrad verkehrssicher machen will und eine Fahrradlampe sucht. Eine Fahrradlampe ist nicht markenspezifisch. Wohin soll sie auf der Einstiegsseite klicken?

Im Internet gibt es zahllose Beispiele von Klassifikationen, die markenspezifisch oder willkürlich sind. Zahnbürsten verbergen sich hinter **Badezimmerzubehör**, Telefonkarten hinter **Super-Sparpakete**, Taschenbücher hinter **Media**. Wer im Onlineshop kaufen will, geht nicht bummeln. Meistens steckt ein konkreter, dringender Bedarf hinter dem Shop-Besuch. Wenn z.B. einer Schülerzeitungsredaktion mitten in der Arbeit der Toner zum Drucken ausgeht, müssen sich die Schüler im Onlineshop des Herstellers zunächst einmal fragen lassen, ob sie Geschäfts- oder Privatkunden sind. Dann müssen sie auf einer Auswahlseite die Produktgruppe **Home-Office** wählen und erst sieben Mausklicks später gelingt es ihnen, eine Tonerkassette zu bestellen.

Stichproben des Autorenteams haben gezeigt, dass sieben bis acht Auswahlentscheidungen bis zum gesuchten Produkt in Onlineshops verschiedenster Hersteller keine Seltenheit sind. Schlechte Produktklassifikation in Internet und uneinheitliche Produktbezeichnungen kosten also Zeit und Geld. Wen eigentlich?

**Acht Klicks zum Ziel**

- Der Kunde verliert Zeit, weil er das gesuchte Produkt nicht schnell findet. Das Unternehmen verliert vielleicht frustrierte Kunden.
- Das Unternehmen selbst verliert Zeit und Geld für den Aufbau einer Produktklassifikation. Wenn neue Produkte hinzukommen, muss gegebenenfalls die gesamte Produktklassifikation überarbeitet werden.
- Im Unternehmen selbst entsteht Verwirrung, wenn Kunden Produkte unter einer Bezeichnung aus dem Onlineshop anfordern oder reklamieren, die im Unternehmen so nicht bekannt ist. Das verzögert die Bearbeitung der Kundenanfrage, verursacht interne Bearbeitungskosten und verärgert den Kunden.
- Zwischen Lieferanten und dem Unternehmen entsteht Verwirrung, wenn Produkte, die online bestellt werden, anders heißen als im Papierkatalog. Auch ein Partnerunternehmen sieht einen Kugelschreiber nicht unbedingt als Schreibgerät.

Oberste Ziele einer Klassifikation sollten demnach sein:

**Was ist das Ziel?**

1. **Einheitlichkeit**
   Die Produkte sollten im Onlineshop genauso klassifiziert werden und genauso heißen wie im Papierkatalog. Die Produkte sollten für alle Beteiligten gleich heißen: für Mitarbeiter im Unternehmen, für Kunden, für Lieferanten und Partner. Gegebenenfalls muss die Produktdatenbank im Unternehmen angepasst werden, damit der Kugelschreiber auch unternehmensintern so heißt.
2. **Verständlichkeit**
   Produktgruppen müssen verständlich sein und dem allgemeinen Sprachgebrauch des Kunden entsprechen. Statt einer internen Bezeichnung wie »Gewährleistungsfall« könnte dieser Service heißen »Haben Sie noch Garantie?«. Statt markenspezifischer Bezeichnungen wie »Supersparpaket XY« könnte die Produktgruppe einfach »Preiswerte Scanner« heißen.
3. **Auffindbarkeit**
   Anwendertests müssen gewährleiten, dass Produkte schnell auffindbar sind. Mehr als vier Mausklicks sind einem eiligen Onlinekunden nicht zumutbar und einem Partnerunternehmen erst recht nicht. Produkt-

gruppen dürfen keine Sackgassen sein, sondern müssen Querverweise untereinander enthalten. Wer die Kinderradhosen nicht bei den Kinderrädern findet, muss mit einem einzigen Mausklick zur Kleidung wechseln können.

Paul versucht nun, den Prinzipien zu folgen und entscheidet sich für folgende Produktgruppen: Fahrräder, Zubehör, Kleidung und Sicherheit. Unter **Fahrräder** gibt es dann seine vier Marken, unter **Zubehör** gibt es das Zubehör für alle vier Marken, unter **Kleidung** die Radhosen für Damen, Herren und Kinder und unter **Sicherheit** die Radhelme, ebenfalls für Damen, Herren und Kinder. Bei einigen Produkten gerät Paul allerdings ins Grübeln. Wohin gehören Fahrradlampen und Schutzbleche, mit denen die Kunden ihre Mountainbikes verkehrssicher machen können? Zu **Zubehör** oder zu **Sicherheit**? Wohin gehören Ersatzteile, die nicht markenspezifisch sind, wie z.B. Lenkergriffe? Unter alle Fahrradmarken gleichzeitig oder ausnahmsweise unter Zubehör? Nach der fünften Klassifikation wünscht sich Paul, es gäbe eine einheitliche Klassifizierungsmöglichkeit für Onlineshops und Onlineservice.

## 3.1 Was ist eCl@ss?[1]

Glücklicherweise gibt es die Möglichkeit einer einheitlichen Produktklassifizierung für das Internet. Führende deutsche Unternehmen, darunter BASF, Bayer, Degussa-Hüls, Henkel, Höchst-InfraServ, Merck, SAP und VEBA haben eine Klassifikation erarbeitet, die zum Industriestandard zwischen Herstellern, Partnern und Kunden werden soll: eCl@ss. Diese Klassifikation soll branchenübergreifend, mehrsprachig und international als Standard für Materialgruppen-Management und elektronische Online-Kataloge eingesetzt werden.

**eCl@ss ist kostenlos**

Ziel ist es, E-Commerce-Anwendungen durch eine durchgängige Spezifikation von Artikeln und Produkten bei Herstellern, Händlern und Kunden zu ermöglichen. Damit wird die Schlagwortsuche in Katalogen durch die verbundene Suche nach eCl@ss-Nummern erleichtert und unterstützt. Das Institut der deutschen Wirtschaft, Köln, stellt als unabhängige Plattform und zentrale Ansprechstelle die Klassifikation im Internet unter **www.eclass.de** kostenlos zur Verfügung.

1. eCl@ss – Standard für Materialklassifikation und Warengruppen, o.V.; http://www.eclass.de/

Für Käufer und Verkäufer will eCl@ss Folgendes leisten:

- Beschaffungsvorgänge elektronisch unterstützen,
- Sortimentsspektren eindeutig beschreiben,
- Vertragsgegenstände definieren.

Für das Unternehmen intern will eCl@ss

- Zuständigkeiten regeln,
- Anlagenbewirtschaftung sicherstellen,
- statistische Analysen ermöglichen,
- Bedarfe bündeln,
- elektronische Katalogeinträge auffindbar machen.

Das Schlagwortregister von eCl@ss umfasst bereits jetzt über 14000 Begriffe. Jedes Produkt hat einen vierstufigen, streng hierarchischen Schlüssel. Die Hierarchiestufen heißen Sachgebiet, Hauptgruppe, Gruppe und Untergruppe. Für jede der vier Stufen bzw. Ebenen stehen zwei Stellen zur Verfügung.

**Suchen mit eCl@ss**

Es gibt insgesamt drei verschiedene Suchmöglichkeiten (s. Abbildung 3.1):

- **Schlagwortsuche**
  Die Schlagwortsuche ist für ungeübte Benutzer oder Gelegenheitsbenutzer geeignet. Hier kann ein allgemeinsprachlicher Begriff eingegeben werden.
- **Hierarchische Suche**
  Beim Aufbau einer Klassifikation ist es sinnvoll, mit dieser Suche zu arbeiten. Auch zum Kennenlernen von eCl@ss ist die hierarchische Suche geeignet. Allerdings ist sie auch die langsamste der drei Suchmöglichkeiten.
- **Nummernsuche**
  Geübte Benutzer, die die Nummer eines Produkts ganz oder teilweise kennen, können hier mit der Direkteingabe am schnellsten zum gewünschten Produkt kommen.

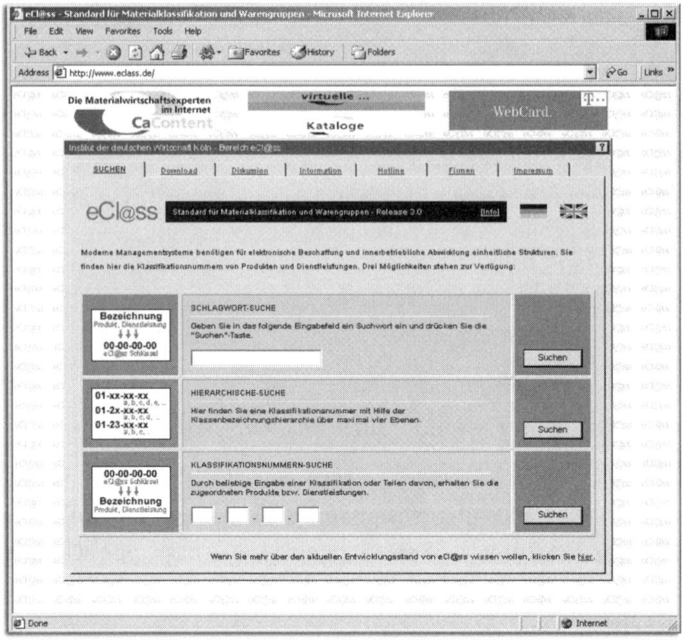


Abbildung 3.1 Einstiegsbild mit Suchmöglichkeiten bei www.eclass.de

Paul testet die hierarchische Suche am Beispiel des Fahrrads (siehe Abbildung 3.2). Das Fahrrad gehört zum Sachgebiet **28 Fahrzeugtechnik** sowie zur Gruppe **28-07 Zweirad**. Der in diesem Fall dreistellige Schlüssel für das Fahrrad lautet **28-07-02**. Theoretisch wäre es möglich, die vierte Stelle für eine weitere Untergliederung zu nutzen, wie z. B. **28-07-02-01 Rennräder**. In einem Onlineshop, der z. B. Inlineskates, Motorroller, Fahrräder und Skateboards anbietet, müsste die Produktgruppe für Motorroller und Fahrräder nach eCl@ss Zweiräder heißen.

eCl@ss basiert selbstverständlich auf internationalen Normen:[2]

eCl@ss und ISO

*Zur Gewährleistung einer allgemein gültigen Beschreibungsform müssen international anerkannte Regelwerke als Basis eingesetzt werden. eCl@ss basiert auf diesen internationalen Normen und bietet so eine moderierte und standardisierte Plattform. Als Basisregelwerke werden die Arbeiten der ISO 13584 (Industrial Automation Systems and Integration-Parts Library) und die DIN EN 61360 (IEC 1360 Standard data element types with associated classification scheme for electric components) sowie die IEC 65B/349/CD (Terms and structures of measurement equipment) eingesetzt. Diese Normen befassen sich ausschließlich mit strukturierter Datenbeschreibung.*

2. eCl@ss, a.a.O. Kapitel 2.3

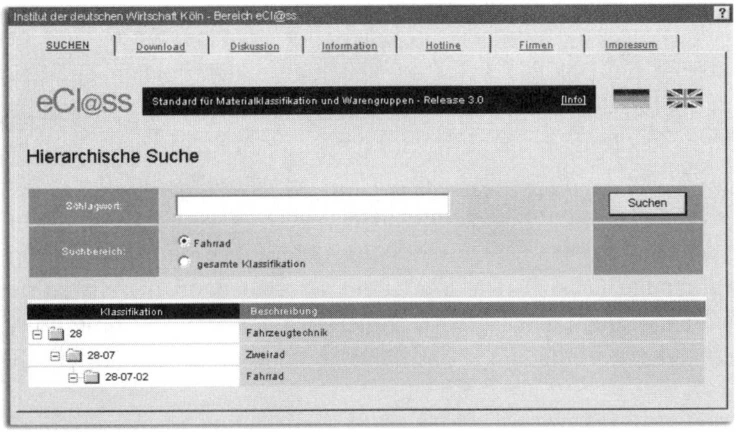


**Abbildung 3.2** Klassifikation eines Fahrrades bei www.eclass.de

Zusammenfassend lässt sich sagen, dass sich eCl@ss in den folgenden Bereichen einsetzen lässt:[3]

- ▶ elektronische Kataloge
- ▶ Basis für Abrechnungssysteme
- ▶ fachorientierte Portale
- ▶ Fachinformationsdienste
- ▶ Einkaufsshops für Käufer
- ▶ personenbezogene Kundenbetreuung
- ▶ Entwicklung von Produkt- und Dienstleistungsdatenbanken

## 3.2 Was ist UNSPSC?

Ein anderes Klassifizierungssystem namens Universal Standard Products and Services Classification (UNSPSC) wurde in den USA aufgrund einer Zusammenarbeit zwischen Dun & Bradstreet und dem United Nations Development Program entwickelt.[4] Beide Partner führten ihre vormals unterschiedlichen Klassifizierungssysteme, das United Nations' Common Coding System (UNCCS) und die Standard Products and Services Classification (SPSC) als neues UNSPSC-Klassifizierungssystem für Produkte und Dienstleistungen zusammen. UNSPSC wird von der Non-Profit-Organisation Electronic Commerce Code Management Association (ECCMA) und ihren Mitgliedern verwaltet.

3. eCl@ss, a.a.O. Kapitel 4.3
4. http://www.eccma-unspc.org/ oder http://www.unspsc.org/

**Das amerikanische eCl@ss**

Ähnlich wie bei eCl@ss handelt es sich bei UNSPSC um ein achtstelliges, hierarchisches System, allerdings in englischer Sprache. Anders als bei eCl@ss stehen bei UNSPSC keine so vielfältigen Suchmöglichkeiten zur Verfügung (siehe Abbildung 3.3). UNSPSC verwendet die folgenden Ebenen zur Klassifizierung: Ein Objekt wird eingeordnet in Segment, Familie, Klasse und Artikel (Commodity). Beispielsweise werden Fahrräder eingeordnet unter dem Segment »Kommerzielle, militärische und private Fahrzeuge und Zubehörteile« (25) sowie unter der Familie der nicht-motorisierten Fahrzeuge (25-16). Darunter befindet sich dann die Klasse der pedalbetriebenen Fahrzeuge (25-16-15), zu der der Artikel (Commodity) »Fahrräder« mit der Klassifikationsnummer 25-16-15-07 gehört (siehe Abbildung 3.4).

**UNSPSC oder eCl@ss?**

Ob Sie eCl@ss oder UNSPSC verwenden, hängt von verschiedenen Faktoren ab. Wenn Sie die Klassifikation ausschließlich zur Gruppierung der Produkte und Leistungen auf Ihrer Website verwenden wollen, können Sie im deutschsprachigen Raum eCl@ss bzw. im internationalen Raum UNSPSC verwenden. Klassifikationen können Sie aber auch zum Datenaustausch zwischen Unternehmen oder zur Kommunikation auf elektronischen Marktplätzen nutzen. In diesem Fall sollten Sie einen Standard wählen, der von Ihren Geschäftspartnern eingesetzt wird oder eingeführt werden kann.

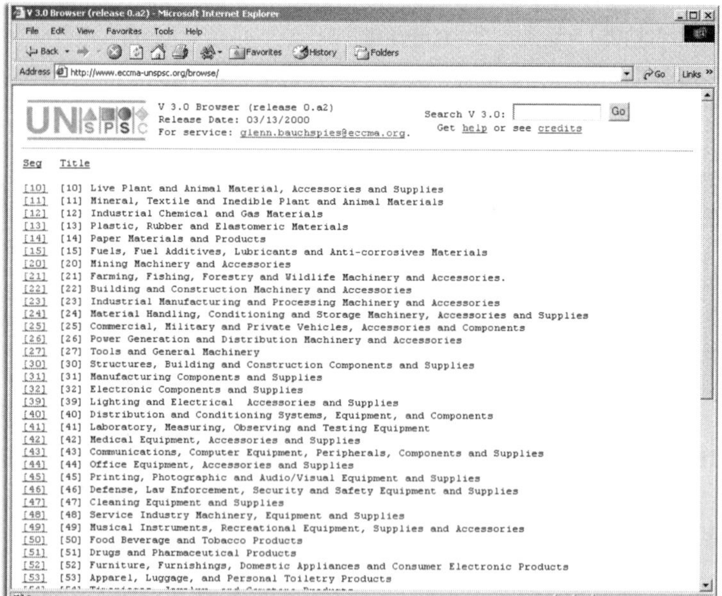


**Abbildung 3.3** Einstiegsbild mit Suchmöglichkeit bei www.eccma-unspsc.org

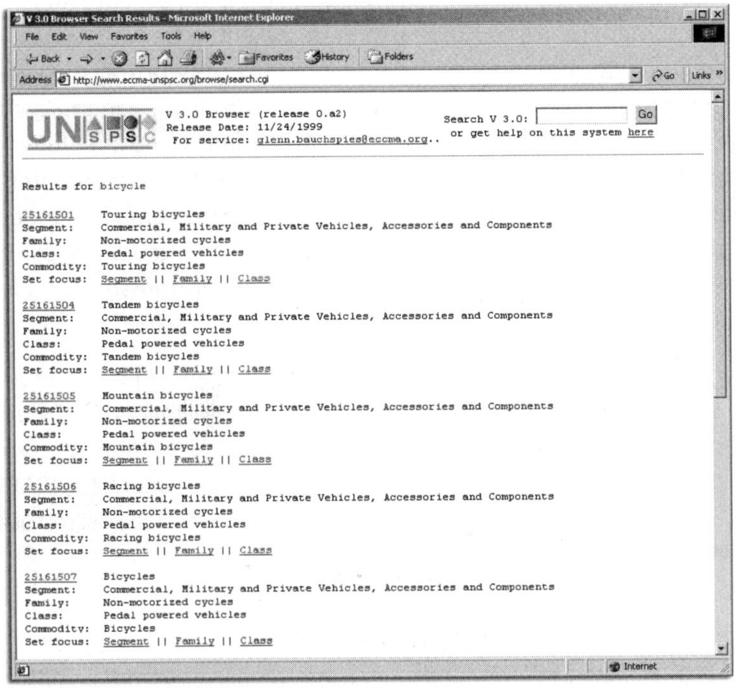


**Abbildung 3.4** Klassifikation eines Fahrrads bei www.eccma-unspsc.org

## 3.3 Sprechen Onlineshop und Produktsupport dieselbe Sprache?

In den vorangegangenen Abschnitten wurde deutlich, wie wichtig es ist, klare und einheitliche Produktgruppen für den Onlineshop zu verwenden. Die meisten Anbieter von Onlineshops übersehen allerdings, dass dieselben Produkte auch für Service und Support existieren.

Nehmen wir einmal an, die Website von Bikes and More sei fertig. Eine Kundin kauft bei Paul im Onlineshop einen Fahrradcomputer, den sie unter der Produktgruppe **Zubehör** gefunden hat. Beim Montieren stellt sie fest, dass sie nähere Informationen benötigt. Sie besucht die Service- und Support-Seite von Bikes and More und klickt wie gewohnt auf **Zubehör**. Dort findet sie allerdings keinen Fahrradcomputer, denn aus Supportsicht ist der Fahrradcomputer der Gruppe **Elektronik** zugeordnet, weil sich ein Elektrotechniker um diesen Bereich kümmert. Die Kundin denkt natürlich, dass für den Fahrradcomputer kein Support im Internet verfügbar ist. Nun gibt sie entweder frustriert auf oder sie ruft bei Bikes and More an.

**Die Macht der Fachabteilung**

Der Internetauftritt im Onlineshop wird meist von den Fachabteilungen Vertrieb sowie Marketing und Kommunikation gestaltet. Der Internetauftritt für Service und Support liegt allerdings im Verantwortungsbereich der Servicetechniker, die eine andere Sicht auf die Produkte haben. Auch hier zeigt sich ein wesentlicher Aspekt von CRM, nämlich die abteilungsübergreifende Zusammenarbeit. Selbst wenn die Fachabteilungen unterschiedlich organisiert sind, müssen sie auf ihrer Website zum Wohle des Kunden eine einheitliche Klassifizierung verwenden. Die Produktgruppen und die Produktbezeichnungen innerhalb der Gruppen müssen für alle Bereiche gleich sein.

Wie selten diese einfache Weisheit selbst von internationalen Großunternehmen beherzigt wird, zeigt ein einfaches Beispiel aus einem beliebigen Onlineshop. IBM steht hier stellvertretend für viele andere Unternehmen und wurde als doppeltes Beispiel ausgewählt, weil der deutsche IBM-Auftritt verbessert werden könnte, während der amerikanische IBM-Auftritt vorbildlich ist.

**Testen Sie selbst**

Führen Sie diesen Test mit beliebigen Unternehmen im Web durch und Sie werden erstaunt sein, wie unterschiedlich Vertrieb und Service dieselben Produkte gruppieren und bezeichnen. Wenn die Produktklassifikation im Onlineshop und im Service-/Supportbereich eines Anbieters unterschiedlich ist, hat das Konsequenzen. Dasselbe Produkt muss jedesmal auf unterschiedliche Weise mit unterschiedlichen Bezeichnungen gesucht werden. Dies verwirrt den Kunden und kostet ihn Zeit. Manchmal kostet es das Unternehmen auch einen Kunden.

### Beispielszenario 1: Onlineshop

Der Kunde kauft bei **www.ibm.de** im Onlineshop ein IBM-Notebook, Modell ThinkPad 240®.[5] Er klickt auf **Shop IBM**. Dort kann er entweder über ein Drop-down-Menü direkt zum Produkt springen oder er wählt in der Klassifikation **PC Produkte** (siehe Abbildung 3.5). Unter **PC Produkte** findet er die Unterkategorie **ThinkPad**, darunter dann das gewünschte Modell.

5. http://www.ibm.de/, alle Rechte an den Markennamen liegen bei IBM.

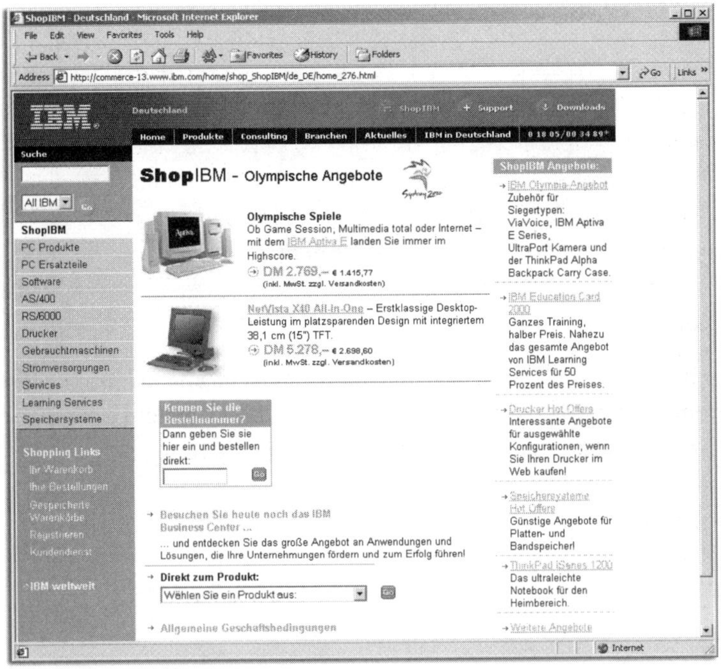


**Abbildung 3.5** Einstiegsseite Onlineshop bei www.ibm.de

## Beispielszenario 2: Produktsupport

Der Kunde hat sein ThinkPad 240® erhalten und will nun damit arbeiten. Leider weiß er nicht genau, warum seine Software das CD-ROM-Laufwerk nicht erkennt. Er weiß nicht genau, ob er es richtig in Betrieb genommen hat. Um sicher zu gehen, möchte er im Web nachsehen, ob es Supporthinweise zum CD-ROM-Laufwerk gibt. Er ruft **www.ibm.de** auf und klickt auf **Support**. Dort kann er entweder über ein Schlagwort suchen oder über eine Kategorie (siehe Abbildung 3.6). Da die Kategorie **PC Produkte**, die er aus dem Onlineshop kennt, hier nicht zur Verfügung steht, wählt er **Notebooks**. Die Website verzweigt automatisch in den englischsprachigen **ThinkPad, Support**. Dort wählt er die Produktfamilie und ruft die **Hints and Tips** auf (siehe Abbildung 3.7). Unter der Kategorie **CD-ROM Drives** findet er die gewünschten Tipps.

Auf den ersten Blick ist der Unterschied in der Produktgruppierung und Produktbenennung nicht problematisch. Auf den zweiten Blick fällt aber auf, dass der Kunde des Onlineshops wissen muss, wie bei IBM die Notebook-Modelle heißen. Anstatt auf den Sprachgebrauch des Kunden einzugehen, der wissen möchte, welche Notebooks es gibt, wie sie heißen und was sie kosten, finden sich alle Modelle unter der allgemeinen Bezeichnung **PC Produkte**.

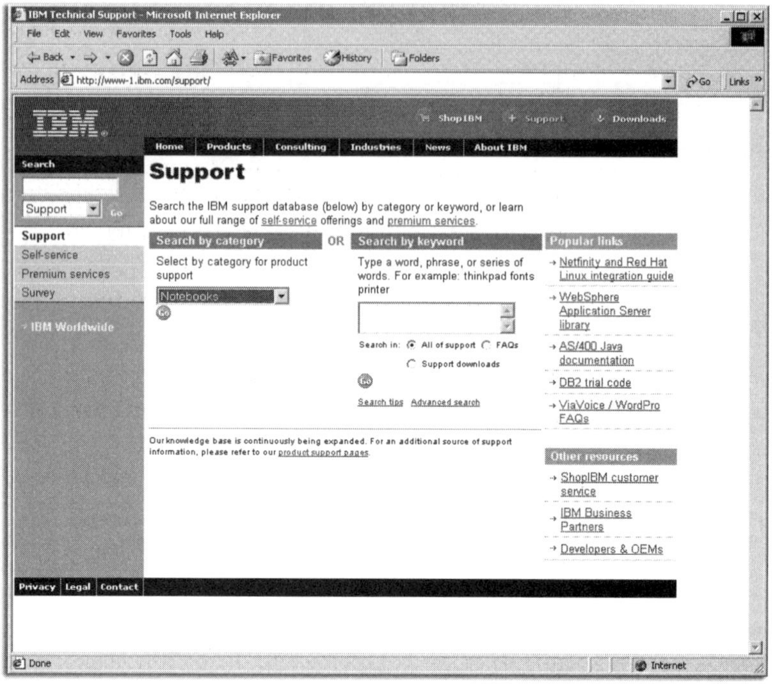


Abbildung 3.6 Einstiegsseite Produktsupport bei www.ibm.de

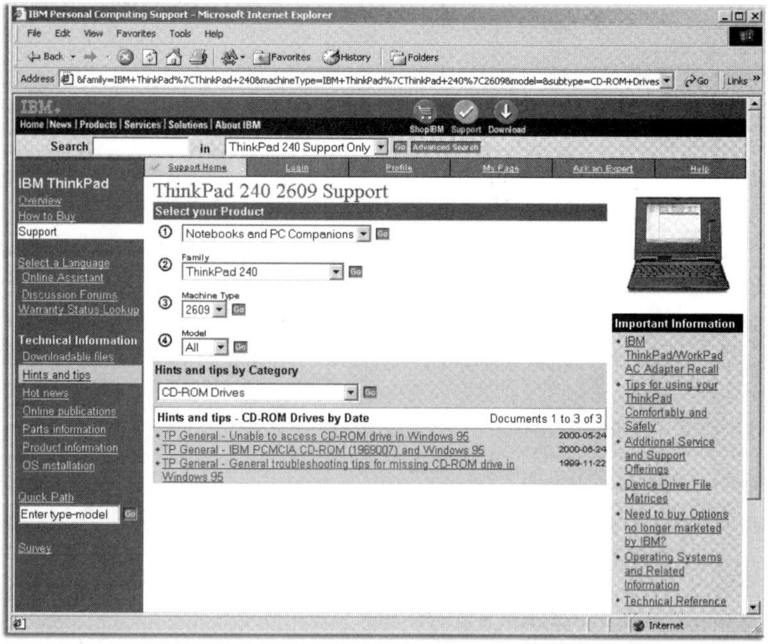


Abbildung 3.7 Kategorien im Produktsupport bei www.ibm.de

**Verbesserungsvorschlag**

Wesentlich sinnvoller wäre es, wenn hier sowohl der Markenname als auch die allgemeine Bezeichnung **PC Produkte** vermieden werden könnte. Als Produktgruppe könnte beispielsweise einfach nur **Notebooks** gewählt werden. Das wäre allgemein verständlich, wesentlich spezifischer und markenunabhängig.

Auf den Websites der meisten Unternehmen findet sich zusätzlich zum Onlineshop meistens noch eine Kategorie **Produkte**. Dort sollen alle Produkte des Unternehmens mit ihren Merkmalen vorgestellt werden. Es wäre zu erwarten, dass sich die Produktdarstellung unter **Produkte** nicht von der des Onlineshops und des Supports unterscheidet. Wenn ein Kunde allerdings bei **www.ibm.de** auf **Produkte** klickt, findet er das ThinkPad® in der Kategorie **Notebooks**, eine Kategorie **PC Produkte** existiert dort nicht (siehe Abbildung 3.8). In diesem Fall lehnt sich die Produkteinteilung zwar an den Support an, nicht aber an den Onlineshop. Vermutlich ist geplant, dass sich ein Kunde zuerst auf den Produktseiten informieren soll, welche Notebooks es gibt, bevor er den Onlineshop aufruft. Leider verhalten sich die Kunden im Web nicht immer so, wie es von den Webdesignern geplant ist. Somit muss gewährleistet sein, dass alle drei Einstiegsmöglichkeiten – Onlineshop, Produktübersicht und Produktsupport – einheitlich gestaltet sind.

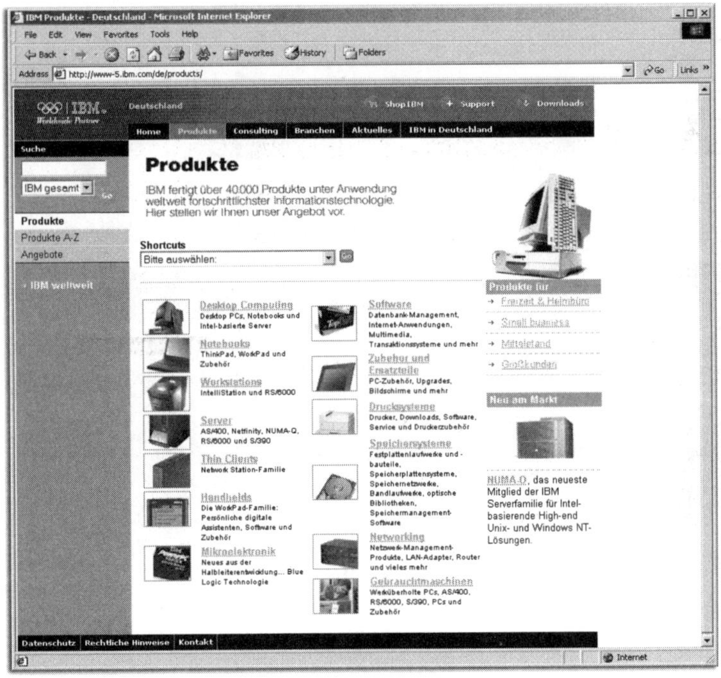


**Abbildung 3.8** Produktübersicht bei www.ibm.de

**Vorbild www.ibm.com**

Auf den amerikanischen Seiten von IBM findet sich ein positives Beispiel. Die Version des Shops unter **www.ibm.com** macht die Auswahl erheblich leichter, denn dort existiert die Kategorie **Notebook computers** (siehe Abbildung 3.9). Dort befindet sich dann auch gleich das ThinkPad 240®. Im Support verhält sich **www.ibm.com** genau wie **www.ibm.de**, auf den amerikanischen Seiten sind die Kategorien für Vertrieb und Support also identisch sind. Tabelle 3.1 zeigt die Bezeichnungen noch einmal im Überblick und ordnet sie den verantwortlichen Fachabteilungen zu. Einheitliche Bezeichnungen sind nicht nur eine Formalie, sondern ein Zeichen für funktionierende Kommunikation der Fachabteilungen untereinander.

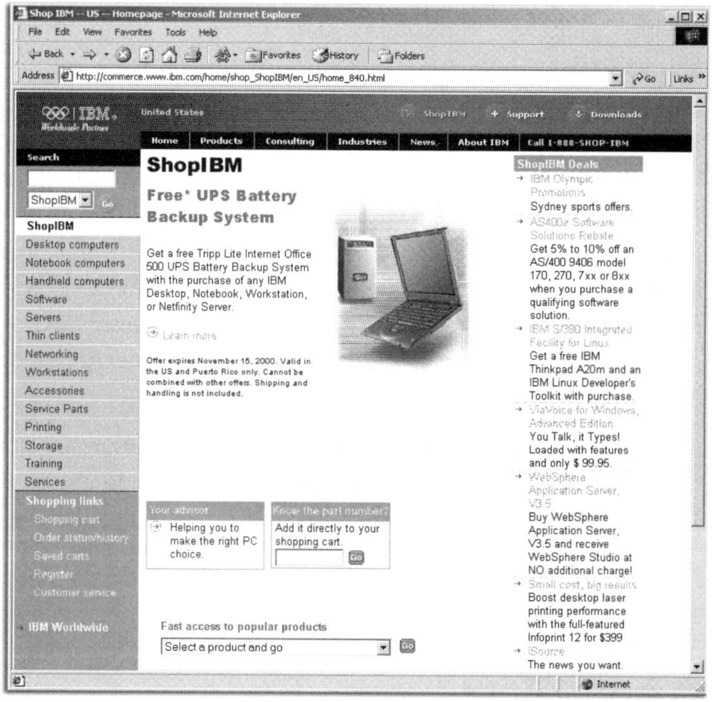


Abbildung 3.9 Einstiegsseite Onlineshop bei www.ibm.com

| Fachabteilung | Bereich Website | Bezeichnung Bereich | Bezeichnung Produktgruppe |
|---|---|---|---|
| Vertrieb | Onlineshop | Shop | Notebook computers |
| Service | Produktsupport | Support | Notebooks |
| Marketing | Produktinformation | Products | Notebooks |

Tabelle 3.1 Bezeichnungen bei www.ibm.com

## 3.4 Praxistest: Wo finden Sie Notebooks?

Nehmen wir einmal an, Sie stellen Notebooks her und wollen in Ihrem Onlineshop deutlich machen, dass Ihre Notebooks viel billiger sind als die der Konkurrenz.

Wie gehen Sie vor? Befolgen Sie einfach die folgenden Praxistipps:

**Machen Sie den Vergleich**

- Ermöglichen Sie Ihren Kunden den direkten Preisvergleich im Internet.
- Informieren Sie sich, wie Ihre Konkurrenten ihre Shops aufbauen und vergleichen Sie deren Aufbau mit den Klassifizierungssystemen.
- Machen Sie es nicht grundsätzlich anders als alle anderen.
- Halten Sie sich im Zweifelsfall an eCl@ss oder UNSPSC.

Das vorhergehende Beispiel von IBM zeigte bereits, wie ein Notebook als Produkt eines Herstellers in dessen Onlineshop dargestellt werden kann, nämlich einmal als Notebook und einmal als PC-Produkt. Nun untersuchen wir im Praxistest weitere Onlineshops. Diesmal suchen wir nach einem Notebook und nach einem tragbaren Scanner. Ziel des Vergleichs ist es zu zeigen, wie unterschiedlich ein Produkt platziert wird und wie sehr dies einen Kunden im Internet verwirren kann. An einem der Shops sehen Sie dann, wie Sie eine bestehende Gruppierung verbessern können, wenn Sie sie nach einer Klassifizierung wie eCl@ss oder UNSPSC ausrichten.

**Die einfache Auflistung**

Anbieter, die grundsätzlich über eine schlankere Produktplatette verfügen, haben es einfacher. Beispielsweise verwendet Fujitsu eine einfache Liste aller Produkte[6]. Das Notebook führt diese Liste an, es ist keiner Produktgruppe zugeordnet (siehe Abbildung 3.10):

- Notebook
- Scanner
- Hard Disk Drives
- Optical Disk Drives
- Server
- Software

**Die Bestseller-Gruppierung**

Anbieter mit einer breiten Produktpalette benötigen unbedingt verschiedene Produktgruppen, da nicht mehr alle Produkte in eine einfache Auflistung passen. Diese Gruppierung von Produkten kann ganz oder teilweise erfolgen. Ein gutes Beispiel für eine teilweise Gruppierung findet

6. http://www.fujitsu.com/

sich bei Hewlett-Packard[7]. Hier ist das Notebook der Produktgruppe **Computer** zugeordnet, zusammen mit den Untergruppen **Desktops** und **Monitors** sowie **Handhelds** und **PDA** (Personal Digital Assistants). Insgesamt gibt es im Shop vier Produktgruppen:

- Computer
- Printer
- Printing Supplies (wie z. B. Tonerkassetten)
- Digital Photography

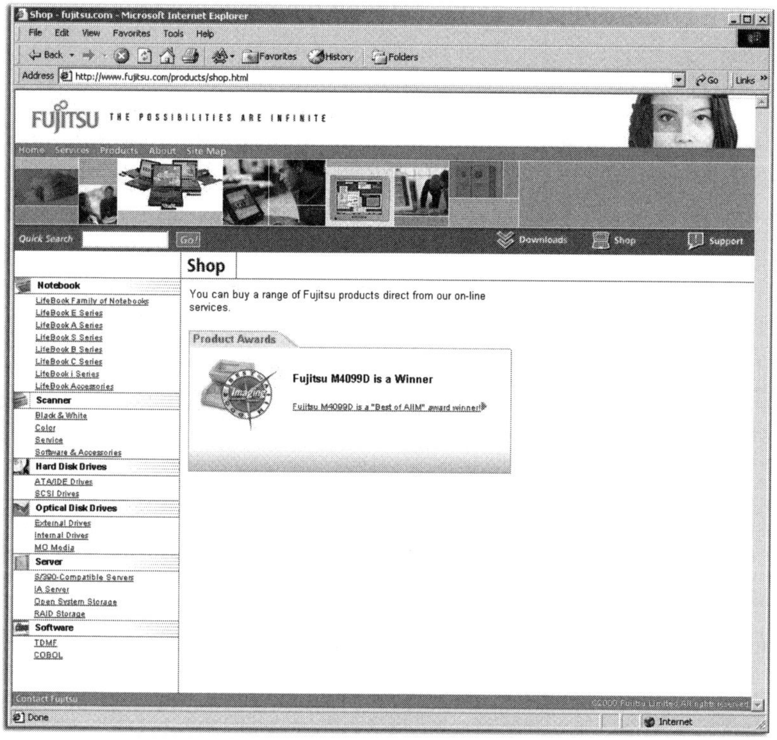


**Abbildung 3.10** Einstiegsseite Onlineshop bei www.fujitsu.com

Zahlreiche weitere Produkte werden nicht gruppiert, sondern einfach aufgelistet, darunter Scanner, Taschenrechner, Kopierer und Faxgeräte (siehe Abbildung 3.11). In diesem Shop finden sich also zwei verschiedene Modelle: die einfache Auflistung und die Gruppierung. Die Gruppierung wird verwendet, um die Bestseller unter den Produkten hervorzuheben, die die meisten Kunden interessieren.

7. http://www.hp.com/

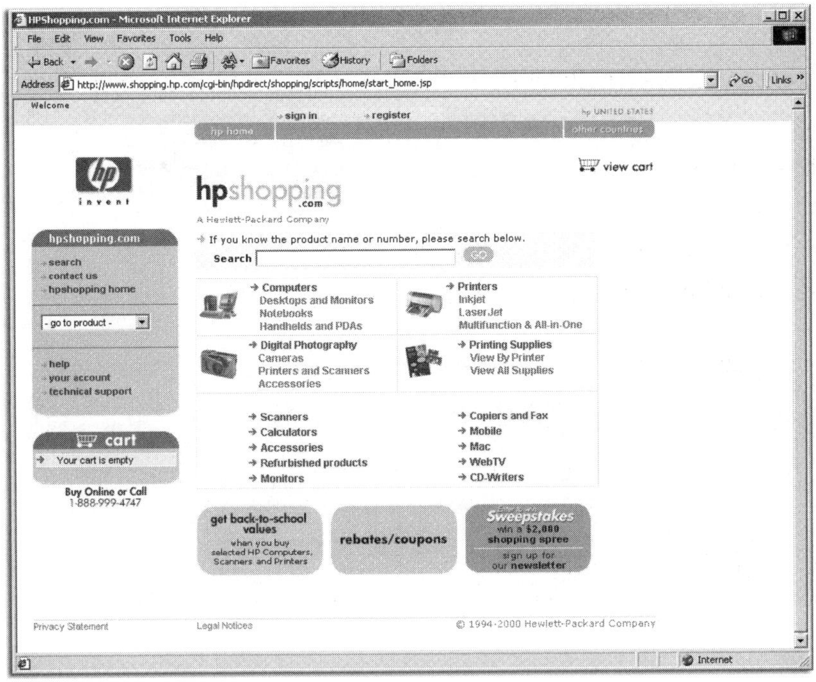


**Abbildung 3.11** Einstiegsseite Onlineshop bei www.hp.com

**Produkte nach Kundengruppen**

Bisher haben wir das Notebook entweder auf den ersten Blick gefunden, als Teil einer Auflistung, oder in einer Produktgruppe wie **Computer** oder **PC-Produkte**. Einen ganz anderen Weg geht Dell[8]. Dort sind im Onlineshop zunächst keine Produkte sichtbar, sondern Kundengruppen. Der Kunde muss sich auf diesen Seiten zuerst entscheiden, zu welcher Kundengruppe er gehört (siehe Abbildung 3.12):

- **Home & Home Office**: Produkte für zu Hause
- **Small Business**: Produkte für Geschäftskunden aus Unternehmen mit weniger als 400 Mitarbeitern
- **Medium & Large Business**: Produkte für Geschäftskunden aus Unternehmen mit mehr als 400 Mitarbeitern
- **Internet Service Provider**: Produkte für professionelle Web-Unternehmen, die Dienstleistungen für andere Unternehmen anbieten
- **Healthcare Business**: Produkte z.B. für Krankenhäuser mit mehr als 400 Mitarbeitern

8. http://www.dell.com/

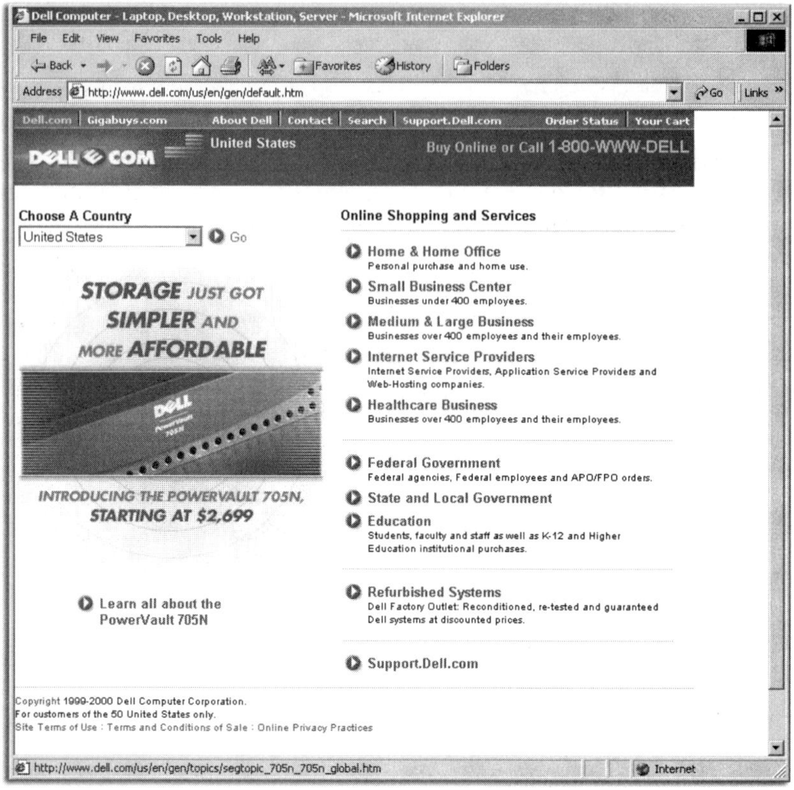


**Abbildung 3.12** Einstiegsseite Onlineshop bei www.dell.com

Die Produktgruppen sind je nach ausgewählter Kundengruppe unterschiedlich. Beispielsweise erhalten Kunden, die Produkte für zu Hause suchen (**Home & Home Office**) folgende Produktgruppen:

- Desktops
- Notebooks
- Accessories (z. B. Drucker)

Kunden, die sich der Kundengruppe **Small Business** zugeordnet haben, erhalten doppelt so viele Produktgruppen zur Auswahl:

- Desktops
- Notebooks
- Servers
- Storage
- Accessories

Interessant ist bei dieser dritten Lösung, dass das Notebook nicht einer Produktgruppe zugeordnet wurde, sondern mehreren Kundengruppen.

**Wo sind tragbare Scanner?**

Das Notebook-Beispiel soll zeigen, dass kleine Unterschiede in der Produktzuordnung zu Verwirrung führen können. Ein wirklich verwirrendes Beispiel finden wir, wenn wir nach einem tragbaren Scanner suchen. Bei Hewlett-Packard sind die Scanner im Onlineshop vorbildlich unter der Kategorie **Scanners & Digital Imaging** eingeordnet. Direkt unterhalb dieser Kategorie findet sich bereits der Eintrag **Scanners** (siehe Abbildung 3.11).

Weitaus verwirrender ist die Produktzuordnung im Onlineshop bei Dell. Wer als Privatkunde unter **Home & Home Office** einsteigt, wird den portablen Scanner in der Kategorie **Accessories** finden. Unterhalb dieser Kategorie findet sich dann der Eintrag **Printer/Imaging** (siehe Abbildung 3.13). Erst unterhalb davon gibt es den Eintrag **Scanners**, darunter dann den Untereintrag **Portable/Handheld**. Insgesamt sieht der Zuordnungspfad wie folgt aus: **Home & Home Office · Accessories · Printer/Imaging · Scanners · Portable/Handheld**. Um einen tragbaren Scanner zu finden, sind bei HP zwei Auswahlentscheidungen nötig, bei Dell sind es bereits vier.

**Abbildung 3.13** Kategorie Printer/Imaging im Profil Home & Home Office bei www.dell.com

Hinzu kommt, dass bei Dell nicht einmal die Kategorien an sich einheitlich sind, denn wer als kleiner Geschäftskunde unter **Small Business Center** einsteigt, der findet den tragbaren Scanner unter der Kategorie **Prin-**

**ter/Scanners** (siehe Abbildung 3.14). Auch hier sieht der Zuordnungspfad vier Auswahlentscheidungen vor: **Small Business Center • Accessories • Printer/Scanner • Scanners • Portable/Handheld**.

**Abbildung 3.14** Kategorie Printer/Scanner im Profil Small Business Center bei www.dell.com

## 3.5 Praxisbeispiel: Wie überarbeiten Sie einen Onlineshop nach UNSPSC?

Bleiben wir bei den Notebook-Herstellern und sehen wir uns anhand eines Praxisbeispiels an, wie sich ein bestehender Onlineshop verbessern lässt, indem Sie eCl@ss oder UNSPSC anwenden. Dabei sind folgende Arbeitsschritte notwendig:

**Checkliste Produktgruppierung**

- Identifizieren Sie das Produkt in eCl@ss oder UNSPSC und machen Sie sich mit den Hierarchien vertraut.
- Entscheiden Sie sich für eines der beiden Klassifizierungssysteme.
- Machen Sie sich mit den Produktgruppen Ihrer Konkurrenten vertraut. Testen Sie die Produktauswahl und lernen Sie aus deren Fehlern.
- Notieren Sie zu jedem Produkt, das Sie verkaufen wollen, den jeweiligen Klassifizierungsschlüssel.
- Ordnen Sie alle Klassifizierungsschlüssel in numerischer Reihenfolge an.

- Verwenden Sie jeweils die oberste Hierarchieebene als Produktgruppe.
- Passen Sie die oftmals sehr langen und unpraktischen Produktgruppennamen geringfügig an ihr Produkt an.
- Vergessen Sie nicht, für den Produktsupport und die Produktübersicht dieselben Bezeichnungen zu verwenden wie für den Onlineshop.

**Notebook in eCl@ss**

In eCl@ss gehört das Notebook (Klassifizierung 24-01-09) zu den tragbaren Computern (siehe Abbildung 3.15). Diese wiederum gehören zur **Hardware (24-01)** bzw. zum übergeordneten Bereich der **Kommunikations- und Bürotechnik (24).** In die unmittelbare Nachbarschaft des Notebooks gehören auch **PDA** und **Terminplaner** (Organizer).

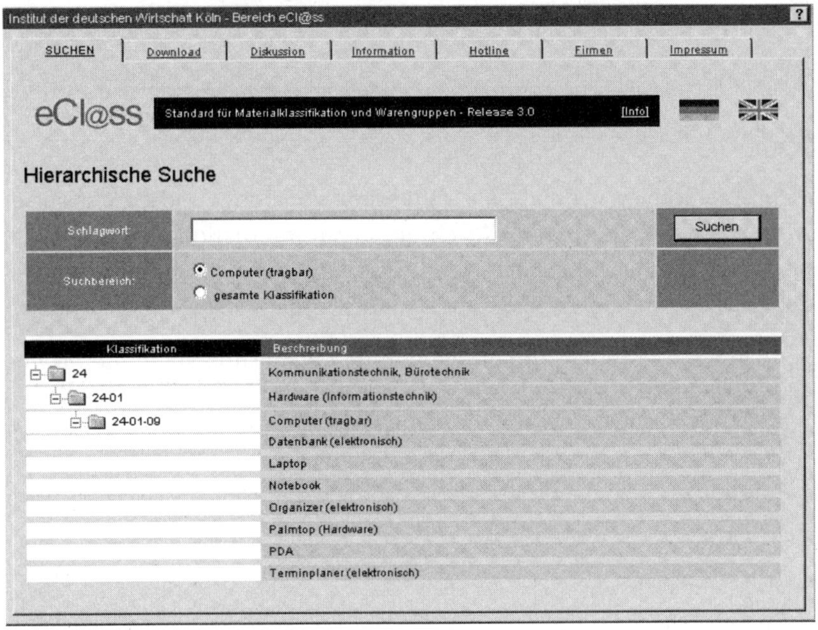


**Abbildung 3.15** Notebook in eCl@ss bei www.eclass.de

**Notebook in UNSPSC**

In UNSPSC gehört das Notebook (Klassifizierung **43-17-18-01**) zur Klasse der **Computer (43-17-18)**, diese wiederum gehören zur Familie **Hardware (43-17)**. Allem übergeordnet ist das Segment **Communications** und **Computer Equipment** (43; siehe Abbildung 3.16). In die unmittelbare Nachbarschaft des Notebooks gehören hier Docking-Stationen, Workstations, Desktops, PDA, Server und Mainframes.

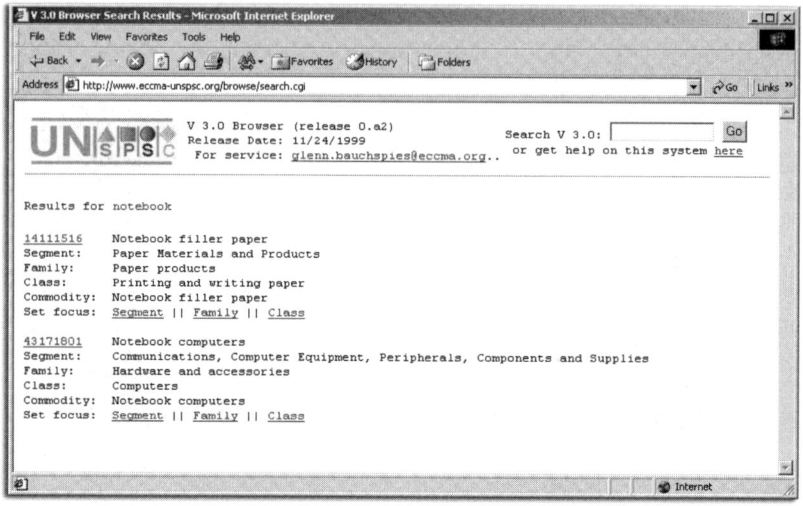


**Abbildung 3.16** Notebook in UNSPSC bei www.eccma-unspsc.org

Als Beispiel wählen wir nun den Onlineshop von Sony[9] und als Klassifizierungssystem UNSPSC, weil es sich um einen international zugänglichen Shop in englischer Sprache handelt. Das Verfahren könnte auch bei einem beliebigen anderen Shop angewandt werden.

Die folgenden Produktgruppen werden im Onlineshop angeboten (siehe Abbildung 3.17):

- Desktops
- Notebooks
- Displays
- Digital Cameras
- Digital Camcorders
- Storage
- Digital Music Players
- Handheld
- Accessories

9. http://www.sony.com/ oder direkt unter http://vaio.sonystyle.com/home.vaio.html

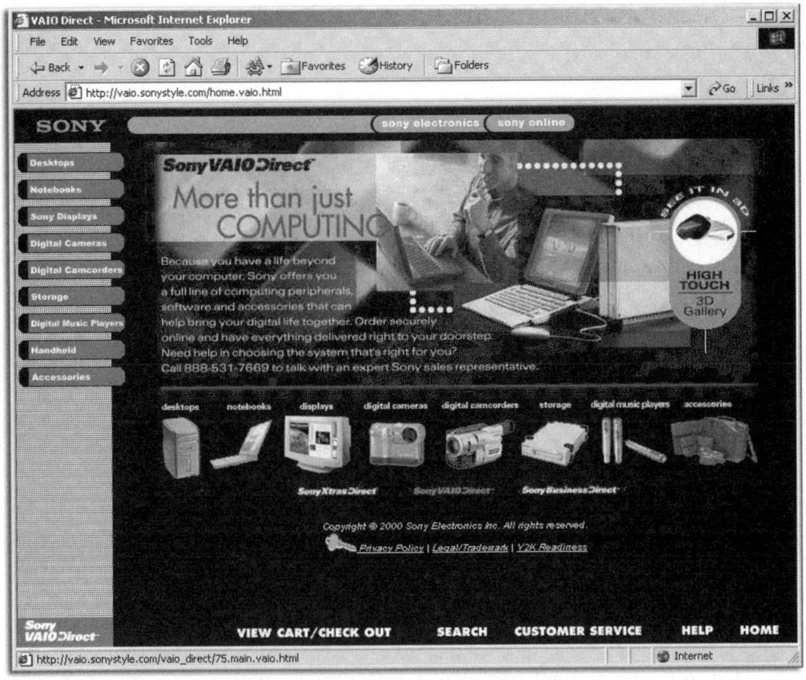


Abbildung 3.17 Einstiegsseite Onlineshop bei www.sony.com

Im nächsten Schritt ermitteln wir in UNSPSC für alle Artikel (Produkte) die beteiligten Segmente, Familien und Klassen.

## Segmente

Beteiligte Segmente:

- [43] Communications, Computer Equipment, Peripherals, Components and Supplies
- [45] Printing, Photographic and Audio/Visual Equipment and Supplies
- [52] Furniture, Furnishings, Domestic Appliances and Consumer Electronic Products

## Familien

Beteiligte Familien:

- [4317] Hardware and Accessories
- [4512] Photographic Equipment
- [5216] Consumer Electronics

**Klassen**

Beteiligte Klassen:

- [431718] Computers
- [431724] Monitors and Displays
- [431723] Electronic Data Storage Equipment
- [451215] Cameras
- [521615] Audio/Visual Equipment

**Artikel**

Beteiligte Artikel bzw. Produkte:

- [43171803] Workstations, Desktop Computers
- [43171801] Notebook Computers
- [43172306] High Capacity Removable Media Drives
- [43172401] Monitors
- [45121504] Digital Cameras
- [45121515] Handheld Camcorders
- [52161509] Portable Stereo Systems

Aufgrund dieser Einteilung sortieren wir die Klassifizierungsschlüssel für die Produkte nun in aufsteigender Reihenfolge. Nach UNSPSC ergibt sich somit der folgende Vorschlag für eine Gruppierung der Produkte:

- Hardware and Accessories:
  - [43171803] Workstations, Desktop Computers (=Desktops)
  - [43171801] Notebook Computers (=Notebooks)
  - [43172306] High Capacity Removable Media Drives (=Storage)
  - [43172401] Monitors (=Displays)
- Photographic Equipment:
  - [45121504] Digital Cameras
  - [45121515] Handheld Camcorders (=Digital Camcorders)
- Audio Equipment:
  - [52161509] Portable Stereo Systems (=Digital Music Players)

## 3.6 Klassifizierung für Fortgeschrittene: Sammeln Sie Kundenprofile für aktives CRM

**Kundenspezifische Produktgruppierung**

In den vorangegangenen Abschnitten wurde deutlich, wie Produktgruppen im Web aussehen sollten. Als hohe Schule der Produktklassifikation können Sie nun über die Produktgruppen bzw. die Servicegruppen noch eine weitere Schicht legen, nämlich die Kundenprofile. Während die Klassifizierung die Basis bildet für erfolgreiches Suchen, Finden und Kommunizieren, können Sie die darüber liegende Schicht nutzen, um das Kaufverhalten Ihrer Kunden zu beobachten, zu speichern und auszuwerten. Was genau mit »Kundenprofil« gemeint ist, soll das folgende Beispiel zeigen.

Paul hat seine Produkte mithilfe von eCl@ss gruppiert. Nun fragt er sich, welche Kunden in seine Läden kommen und welche Fahrräder sie kaufen. Paul entscheidet sich nach gründlicher Auswertung seiner Kundenbeobachtungen für die folgenden vier Kundenprofile (siehe Abbildung 3.18):

- den Gelegenheits- und Schönwetterradfahrer, der preiswerte Räder bevorzugt (Kundenprofil Einsteiger)
- den aktiven Kunden, der ein professionelles Sportgerät ohne luxuriöse Extras will (Kundenprofil Profis)
- den Markenbewussten, der bereit ist, für eine moderne In-Marke mit repräsentativer Ausstattung den nötigen Preis zu bezahlen (Kundenprofil Luxus)
- den Technikverliebten, der Wert legt auf modernste Technologie, Fahrradcomputer, Gangschaltung mit Display usw. (Kundenprofil Hightech)

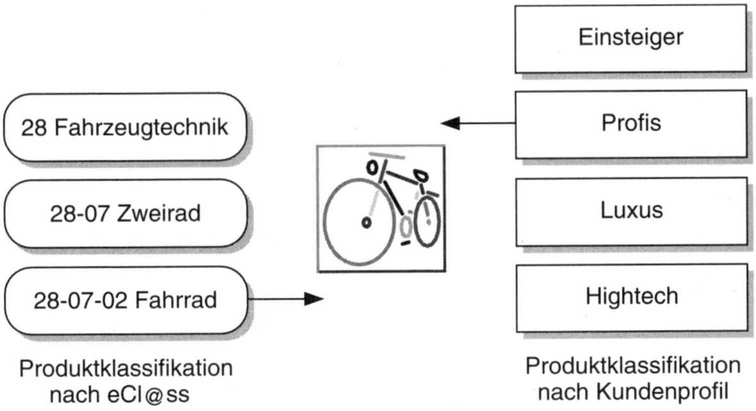


**Abbildung 3.18** Produktklassifikation nach Kundenprofilen bei Bikes and More

Zu jedem dieser vier Kundenprofile ordnet Paul nun komplette Produktgruppen oder einzelne Produkte zu. Manche Produkte können auch mehreren Kundenprofilen zugeordnet werden. Ein Kunde, der sich selbst als Profi betrachtet, sieht somit im Onlineshop von Bikes and More sofort die Räder, die ihn interessieren, während Paul anhand der Kundenaktivitäten genau sieht, mit welcher Kundengruppe er Umsätze macht.

**Besucherstatistiken beobachten**

Rein technisch gesehen kann Paul die Kundenaktivitäten über klassische Besucher- und Bewegungsstatistiken überwachen. Beispielsweise bemerkt Paul nach zwei Monaten aufgrund der niedrigen Zugriffsrate, dass die Kundengruppe »Einsteiger« weder seinen Web-Shop noch seinen Web-Service in Anspruch nehmen will. Die anderen drei Kundengruppen besuchen fast doppelt so häufig seine Website. Nun kann Paul entsprechend reagieren und aktiv CRM betreiben:

- **Kundengruppe informieren:** Paul macht gezielt Werbung für Einsteiger und weist dabei auf seine Website hin.
- **Kommunikationsstrategie anpassen**: Paul akzeptiert, dass diese Kundengruppe nicht an Web-Angeboten interessiert ist und nimmt das Kundenprofil »Einstieger« aus seiner Website heraus.

Das Konzept Kundenprofil bringt demnach zwei entscheidende Vorteile:

- Sie können Ihren Kunden das Auffinden Ihrer Produkte oder Dienstleistungen erleichtern.
- Sie können Kundendaten gemäß Kundenprofil sammeln und auswerten.

Auswertungen über Zugriffsraten und Besucherstatistiken sind technisch gesehen sehr simpel und sollten nur dazu dienen, das Modell zu erläutern. Für professionelles CRM benötigen Sie Werkzeuge, mit denen Sie das Kaufverhalten messen, den Kunden wiedererkennen und seine Kaufdaten speichern können.

- **Kaufverhalten messen**
  Zeichnen Sie den genauen Weg auf, den ein Kunde auf Ihrer Website nimmt. Speichern Sie die komplette sog. Klicksequenz. Somit können Sie auswerten, ob Ihr Kunde mit möglichst wenig Klicks das Produkt findet, das er sucht. Darüber hinaus ermöglicht Ihnen die Klicksequenz auch die Feststellung, welche anderen Produkte der Kunde angeklickt hat. Eventuell kann dies für Sie ein Indiz sein, dass der Kunde auch noch an weiteren Produkten interessiert ist.

- **Kunden identifizieren**
  Zwar können Sie auch mit den sog. Cookies arbeiten, die ein einfaches Wiedererkennen des Kunden erlauben, aber aus verschiedenen Gründen (z. B. Sicherheit) bietet es sich an, mit einer Registrierung zu arbeiten. Beispielsweise können Sie für Surfer eine einfache Registrierung anbieten und Ihren Kunden über deren Kundennummer den Zugang zu speziellen Bereichen erlauben. Je genauer Sie den Kunden erkennen können, desto besser. Im Einzelfall kann es sogar interessant sein, die IP-Adressen und Typen der Computer zu erkennen, die Ihr Kunde verwendet (wenn beispielsweise die meisten Ihrer Kunden häufiger über einen webfähigen Organizer Ihren Shop aufrufen als über den Home-PC, sollten Sie Ihre Website in Ladezeit, Grafikdarstellung und Navigation auf Organizer ausrichten).
- **Kaufdaten speichern**
  Unter einer einheitlichen Kundennummer sollten Sie alle Daten speichern, die Sie über den Kunden haben. Dieser Stammsatz sollte nach jeder Identifizierung des Kunden auf der Website um die Klicksequenz und die Kaufentscheidung bzw. den Auftrag des Kunden erweitert werden.

**Stellen Sie Fragen**

Um möglichst viele Kundendaten zu erhalten, sollten Sie nicht nur auf Klicksequenz und Auftrag vertrauen. Geben Sie Ihren Kunden die Möglichkeit, aktiv zu werden und durch Fragen und Antworten herauszufinden, zu welchem Profil sie gehören (siehe Abbildung 3.19).

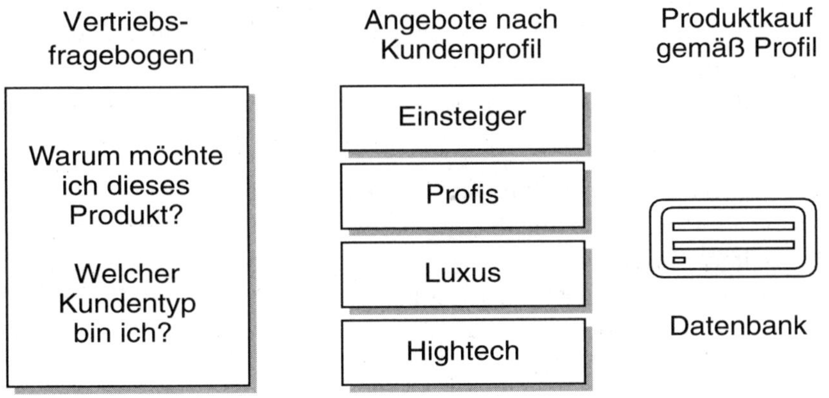


**Abbildung 3.19** Sammeln von Kundendaten gemäß Kundenprofil

Damit schließen Sie zunächst einmal aus, dass ein Kunde, der nicht weiß, ob er das Kundenprofil Profi, Luxus oder Hightech wählen soll, Ihre Website sofort wieder verlässt oder frustriert alle drei Profile anklicken muss.

Durch sorgfältiges Beantworten der Fragen wird Ihr Kunde automatisch einem Kundenprofil zugeordnet. Interaktivität belebt jede Website! Zusätzlich erhalten Sie wesentlich präzisere Daten durch die Antworten Ihrer Kunden und können somit Ihre Kundenprofile bzw. die zugeordneten Produkte besser anpassen. Das ist eine klassische Win-Win-Situation, die beiden Beteiligten nur Vorteile bringt: Sie erhalten präzise Kundendaten zur Auswertung für Ihre Datenbank und Ihre Kunden erleben Interaktivität und rasches Auffinden der Produkte.

**Statische Zuordnung**

Technisch gesehen haben Sie zwei Möglichkeiten: die statische und die dynamische Zuordnung Ihrer Kunden zu einem Profil. Statisch bedeutet hier, dass keine echte Interaktivität stattfindet. Fragen und Antworten sind in einem statischen Text festgehalten. Der Kunde liest den Text und entscheidet selbst, welches der empfohlenen Kundenprofile er aufrufen möchte.

Ein Beispiel dafür findet sich bei **www.ibm.de** unter der Rubrik »Welcher Computer passt zu mir?«.[10] Dort wird jeweils eine Frage nach dem Kundenwunsch gestellt, der genau ein Produkt zugeordnet ist. Hinter dieser Frage steckt natürlich jeweils auch ein Kundenprofil bzw. eine genaue Vorstellung vom Käufertyp. Die Fragen sind wie folgt aufgebaut:

- Sie wollen volle Desktop-Power im Platz sparenden Design? Wählen Sie ...
- Sie wollen schnelle und einfache Verbindungen in einem ultra-kompakten Desktop? Wählen Sie ...

Nachteile dieser Methode sind allerdings die fehlende Kombinierbarkeit von Kriterien (1:1-Zuordnung von Frage und Produkt), die fehlende Interaktivität und die fehlende Möglichkeit, aus Antworten Kundendaten zu generieren.

**Dynamische Zuordnung**

Die Möglichkeit, Fragen interaktiv zu beantworten, bezeichnen wir hier als dynamische Zuordnung. Ein gutes Beispiel hierfür ist der digitale Produkt- und Kundenprofildetektiv »Product Advisor« bei **www.hp.com**. Der Product Advisor geht in vier Stufen vor:[11]

- Der Kunde bestimmt interaktiv über die Beantwortung der Fragen seine Produktanforderungen und Wünsche.
- Er erhält eine Liste von Produkten, die seinen definierten Wünschen entsprechen.

---

10. http://www.pc.ibm.com/de/which_computer.html
11. http://www.pandi-advisor.com/pandiadvisor/welcome.htm

- Der Kunde kann diese Produkte nun vergleichen, indem er die Produktspezifikationen liest und vergleicht.
- Wenn er eines der Produkte kaufen will, wird er sofort zum Web-Shop weitergeleitet.

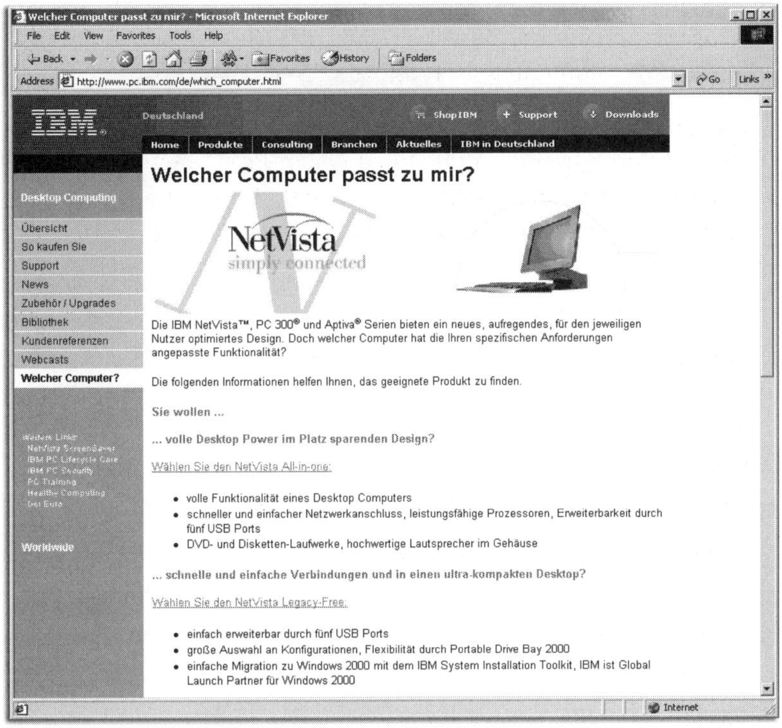


**Abbildung 3.20** Statische Fragen und Antworten zur Produktfindung bei www.ibm.de

Abbildung 3.21 zeigt das Einstiegsbild im Product Advisor. Das Produktauswahlfeld zeigt, dass bisher noch keine Wünsche definiert und keine Produkte gefunden wurden (»0 products found, define needs«). Die erste Frage bezieht sich auf die Produktfamilie. Nach einige Fragen und Antworten wird die Liste der Produkte angezeigt. Abbildung 3.22 zeigt im Produktauswahlfeld, dass aufgrund der Fragen fünf Wünsche definiert wurden: der Kunde möchte demnach einen Farbdrucker, der nicht netzwerkfähig sein muss und zwei bestimmte Papierformate unterstützt. Aufgrund dieser Wünsche werden dem Kunden insgesamt elf Produkte empfohlen.

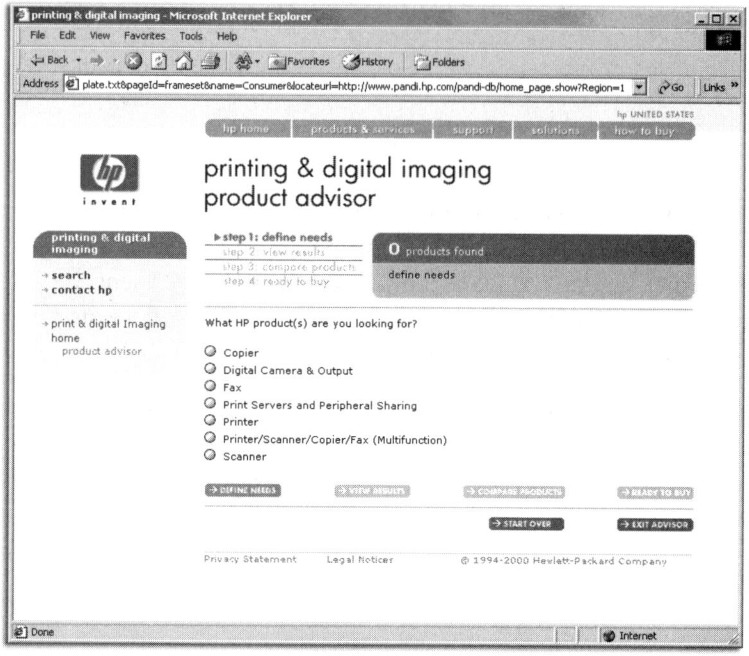


Abbildung 3.21 Dynamische Produktauswahl bei www.hp.com

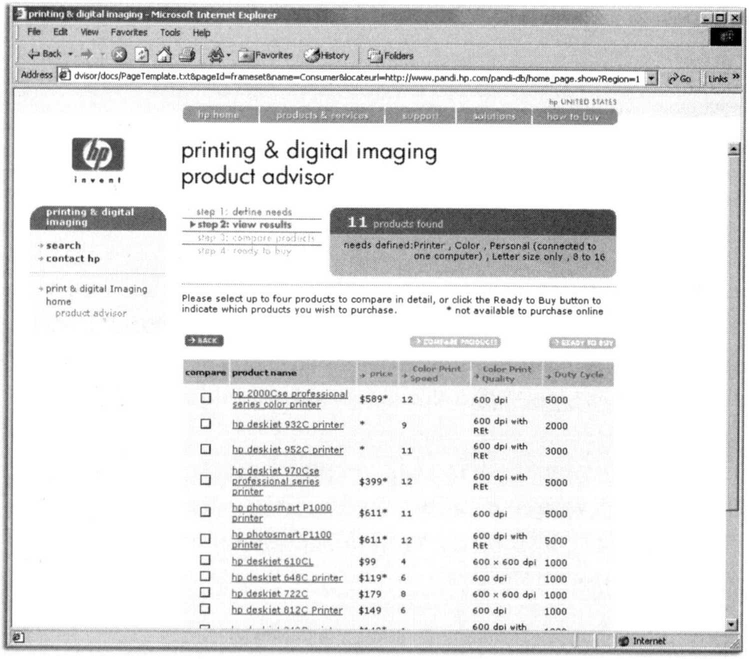


Abbildung 3.22 Gefundene Produkte gemäß Kundenprofil bei www.hp.com

Allein aus diesen fünf Kriterien erfahren wir bereits, dass dieser Kunde den Drucker wohl zu Hause oder in einem kleinen Unternehmen ohne Netzwerk bzw. Intranet einsetzen möchte. Zwar will er farbig drucken, benötigt aber nicht viele Papierformate. Der Kunde hat vorwiegend amerikanische Kontakte, weil seine Dokumente alle im Letter-Format sind. Ein CRM-geschulter Verkäufer würde nun schnell recherchieren, ob der Kunde ein Privat- oder Geschäftskunde ist. Einem Privatkunden könnte er kleine Multifunktionsgeräte anbieten, mit denen er zu Hause Platz, Geld und Zeit spart. Einem Geschäftskunden könnte er eine Dienstleistung anbieten, nämlich den Aufbau eines Netzwerkes zur besseren Kommunikation mit den amerikanischen Kunden.

**Cross-Selling und Up-Selling mit Kundenprofilen**

Der dargestellte Product Advisor ist zwar ein sehr präzises, aber natürlich auch ein sehr umfangreiches Werkzeug, das den Kunden zu vielen Klicks zwingt, denn jede Frage befindet sich auf einem eigenen Bildschirmbild. Bei **www.hp.com** findet sich auch ein einfacheres Modell des Product Advisors, bei dem sich alle Fragen auf einer einzigen Bildschirmseite befinden (siehe Abbildung 3.23).

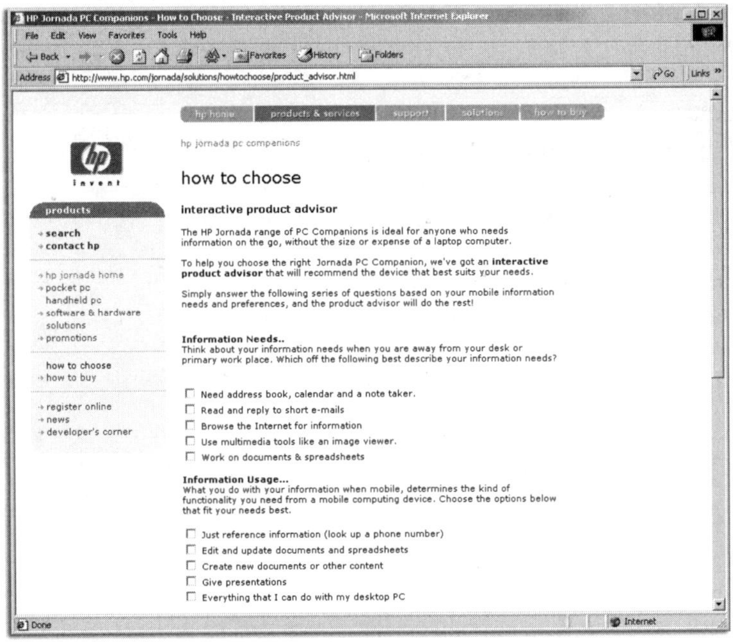


**Abbildung 3.23** Dynamische Produktauswahl auf einer Seite bei www.hp.com

Dies schränkt natürlich die Anzahl der möglichen Fragen ein und sollte nur angewandt werden, wenn es eine eingeschränkte Menge von Produkten gibt. Im Beispielfall beziehen sich die Fragen auf ein einziges Produkt, bei dem jetzt nur noch Serien und Modelle ausgewählt werden sollen. Dieser Product Advisor geht wie folgt vor.[12]

**Alles auf einer Seite**

Es gibt vier Kategorien bzw. Fragen mit jeweils vier bis fünf ankreuzbaren Aussagen:

- Anforderungen an ein mobiles Gerät (z. B. Internetnutzung, Multimediabedarf)
- Informationsbedarf (z. B. Adressdaten nachschlagen, Präsentationen halten)
- Größe und Gewicht (z. B. hemdtaschengroß, aktentaschengroß)
- Erweiterungsmöglichkeiten (z. B. Speichererweiterung, Netzwerkkarte, E-Mail)

In manchen Kategorien können mehrere Aussagen gleichzeitig angekreuzt sein. Eine Frage an den Kunden innerhalb einer solchen Kategorie, bei der mehrere Antworten möglich sind, sieht z. B. so aus:[13]

Denken Sie über Ihr Informationsbedürfnis nach, wenn Sie sich nicht an Ihrem Schreibtisch oder an Ihrem bevorzugten Arbeitplatz befinden. Welche der folgenden Aussagen beschreibt Ihr Informationsbedürfnis am besten?

- Ich benötige ein Adressbuch, einen Kalender und ein Notizbuch.
- Ich lese und beantworte kurze E-Mails.
- Ich suche im Internet nach Informationen.
- Ich benötige Multimediawerkzeuge und einen Viewer für Grafiken.
- Ich bearbeite Dokumente und Tabellen.

Eine Frage an den Kunden, bei der nur eine Antwort möglich ist, sieht z. B. so aus:

- Welche Größe und welches Gewicht betrachten Sie als angemessen?
- Passt in eine Hemdentasche.
- Passt in eine Jackentasche.
- Passt in einen kleinen Koffer.
- Größe und Gewicht spielen keine Rolle.

---

12. http://www.hp.com/journada/solutions/howtochoose/product_advisor.html
13. Product Advisor, a.a.O., übersetzt von den Autoren

Zusammenfassend soll noch einmal der Win-Win-Regelkreis erklärt werden (siehe Abbildung 3.24). Sowohl für Produkte als auch für Dienstleistungen sollte als Klassifikation eCl@ss oder UNSPSC bindend sein. Im nächsten Schritt sollten entsprechend der Kundengruppen Kundenprofile bzw. Serviceprofile definiert werden. Damit sich die Kunden diesen Profilen leichter zuordnen können und damit Sie präzise Kundendaten erhalten, verwenden Sie einen Fragebogen. Dieser Vertriebs- bzw. ServiceFragebogen kann dynamisch oder statisch sein. Dynamische Fragebögen sind besser geeignet, denn sie ermöglichen Interaktivität für den Kunden und bessere Datensammlung für Sie (Win-Win-Situation). Die so gewonnenen Kundendaten sammeln Sie in Ihrer Datenbank, werten Sie aus und nutzen Sie, um dem Kunden maßgeschneiderte Angebote zu machen (Cross-Selling und Up-Selling eingeschlossen). Als direkte Folge davon können Sie die Kundenprofile bzw. Serviceprofile exakter auf die Kundenbedürfnisse zuschneiden und auch Ihre Fragebogen weiter verbessern.

**Zusammenfassung**

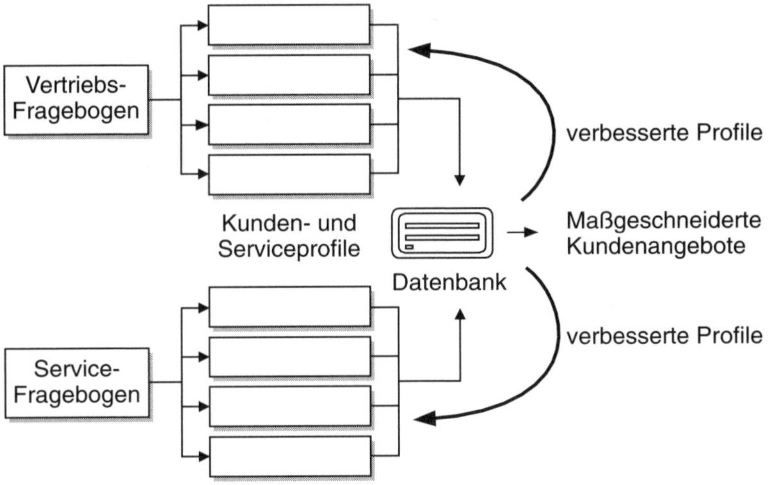


**Abbildung 3.24** Regelkreis CRM mit Kundenprofilen

**Kompakt**

Produktklassifikation im Web soll vor allem ein Problem lösen, nämlich das der unterschiedlichen Bezeichnung von Produkten und Dienstleistungen. Was der Hersteller als digitales Bildbearbeitungsgerät bezeichnet, ist für den Onlinekunden einfach ein Scanner. Produktkataloge im Web sorgen für Einheitlichkeit, Verständlichkeit und Auffindbarkeit. Es empfiehlt sich die Verwendung von kostenlosen Standards wie eCl@ss im deutschsprachigen und UNSPSC im englischsprachigen Bereich. Dabei ist vor allem darauf zu achten, dass dieselben Produkte im Produktsupport genauso gruppiert werden wie im Onlineshop. Zahlreiche Praxistests bei Unternehmen wie IBM, HP, Dell, Sony und Fujitsu bestätigen dies. Fortgeschrittene arbeiten darüber hinaus mit Kundenprofilen oder mit interaktiven Produktberatern. So können Kunden gezielt angesprochen werden und Produkte schneller finden, während die Unternehmen Kundendaten sammeln und auswerten können.

# Teil 3
# CRM an den Schnittstellen zum Kunden

# 4 Marketing und Vertrieb: Kunden packen und halten

*Selbst in einem Massengeschäft sollten Sie nicht jeden als Kunden gewinnen und behalten wollen ... Der Erfolgsschlüssel besteht darin, jene anzulocken, die Ihren Service schätzen, um sie dann als Dauerkunden zu behalten und aus der lebenslangen Geschäftsbeziehung den größtmöglichen Vorteil zu ziehen.*[1]

**Das Ende der klassischen Kommunikation**

Machen wir uns nichts vor: Nicht nur im Internet verlagert sich die Macht unaufhaltsam vom Verkäufer zum Käufer, vom Anbieter zum Konsumenten. Folgende Prozesse sind zu beobachten:

- Die Nachfrage nach Dienstleistungen und Produkten steigt weiter, viele Märkte stagnieren jedoch – oder werden enger.
- Der Kampf um den Kunden verschärft sich zunehmend, schwer durchschaubare Allianzen und Bonusprogramme verwirren den Kunden.
- Viele Re-Engineering-Maßnahmen der letzten Jahre waren nur nach innen gerichtet, das Phänomen »Kunde« kam in den Betrachtungen und Bemühungen oft gar nicht vor.
- Die Verlagerung von der Produkt-Sichtweise zur Kundenorientierung wurde und wird oft propagiert, aber selten auch tatsächlich gelebt. Kunden suchen keine Produkte, sondern Lösungen – die Inhalte sind es, die für sie eine Identifikation und Differenzierung der Anbieter ermöglichen.
- Für Kunden wird der Preisvergleich dank Internet immer einfacher, spätestens mit der europaweit beinahe flächendeckenden Einführung des Euro als Zahlungsmittel wird der Dreisatz seltener bemüht werden müssen.
- Meinungen über Produkte und Dienstleitungen gelangen rasch und schwer widerrufbar in die Öffentlichkeit und breiten sich virenartig aus. Communities können jedoch für beide Seiten Vorteile in informationeller, zeitlicher und finanzieller Hinsicht schaffen.
- Informationen über Kunden und den Markt werden ohne großen Aufwand und in besserer Qualität geliefert.
- Die Marke des Produkts tritt in den Hintergrund, die Markentreue der Kunden nimmt generell ab.
- Die Trennlinie zwischen Marketing und Vertrieb existiert in der digitalen Welt nicht mehr.

---

1. Lord Marshall of Knightsbridge, Chairman, British Airways

## 4.1 meinlieberkunde.com oder die Entdeckung des Wertes der Kundenbeziehung

Das veränderte Machtgefüge zwischen Anbieter und Käufer verlangt nach neuen Modellen:

> *Most mangers and companies have heard the wakeup call, and they believe that customer centricity is the key to success in the future. The hard part now is becoming fluent in alternative thinking, strategies, and tactics – breaking away from the responses and policies that our parents and grandparents taught us for the past 100 years.*[2]

Onlinemärkte im Business-to-Consumer-Segment – ob Shoplösungen oder virtuelle Marktplätze – provozieren Untreue auf Verbraucherseite. Was können Sie dagegen tun, was sind Auslöser und wie sehen Lösungsmöglichkeiten aus?

Im folgenden Abschnitt erfahren Sie, wie eine intelligente CRM-Strategie die klassischen Ansätze der Kundenbindung und Electronic-Relationship-Management verbindet. Die Frage nach der Wichtigkeit der Kundenprozesse wird hier ebenfalls diskutiert. Wir behandeln den – gerne vernachlässigten, aber für den Unternehmenserfolg sehr wesentlichen – Unterschied zwischen Kundenzufriedenheit und Kundentreue und gehen den fundamentalen Elementen einer Segmentierung und Bewertung des Kundenstammes auf den Grund.

Am Beispiel von CC Raule illustrieren wir, wie automatisierte Lösungsansätze durch die rechtzeitige Einbeziehung aller Beteiligten intelligent ergänzt werden und die Kundenbeziehung angenehmer und reibungsloser gestaltet werden kann.

### iCRM heißt intelligente elektronische Steuerung der Kundenbeziehung

Wir haben es fast vermutet: Die Grundgesetze effizienter Kundenbindung werden auch im Zeitalter des Internets nicht aufgehoben – weder für Kunden noch für das Management der Lieferanten und Dienstleister. Ihre Kunden werden jedoch mittelfristig elektronische Wege der Kommunikation bevorzugen, da:

- sie mit diesem hochverfügbaren Medium vielfältigere Möglichkeiten zur Steuerung und Kontrolle in die Hand bekommen,
- die Toleranz gegenüber schwachem Service und mäßiger Qualität mehr und mehr nachlässt.

---

2. Frederick Newell: loyalty.com. Customer Relationship Management in the New Era of Internet Marketing, McGraw-Hill, 2000

E-CRM, einer der am schnellsten wachsenden Bereiche im E-Business, ist nicht notwendigerweise eine losgelöste Vorgehensweise, sondern ein weiterer, beschleunigter Weg zur Gewinnung neuer und Bindung »alter« Kunden. Hier bietet Ihnen das rasante Wachstum des Internets unendlich viele Chancen, die Marketing- und Vertriebsaktivitäten Ihres Unternehmens effizient zu bündeln, eine nahtlose Integration jedes Bereiches mit Kundenkontakt zu schaffen und sich so dauerhaft zu positionieren.

**Kein neuer, ein weiterer Weg**

Erst durch die Nutzung des Internets ist es möglich, in kurzer Zeit große Mengen an Information mit und über Kunden auszutauschen und zu analysieren. Ein tatsächlich personalisierter Dialog mit Ihren Interessenten und Kunden ist nun mit zufriedenstellender Geschwindigkeit und ökonomisch sinnvoll möglich.

Unabhängig von Kommunikationsmedium und Vertriebskanal bleibt ein Kunde ein Kunde:

> *Erkenne erst deine Kunden und ordne dann die Kanäle entsprechend und versuche nicht dadurch, dass du neue Kanäle installierst, Callcenter oder die mobile Kommunikation, zu erreichen, dass sich die Kunden nach deinem System und deinen Technologien ausrichten.*[3]

Mit der Nutzung des Internets haben Sie vielfältige und mächtige Werkzeuge an die Hand bekommen, die Ihnen die Kommunikation mit Ihren Kunden, die direkte Ansprache und Analyse ihrer Wünsche und Bedürfnisse und die Entwicklung einer langen, von Vertrauen geprägten Geschäftsbeziehung so einfach machen wie nie zuvor.

**Lernen Sie die internen Abläufe und Prozesse Ihrer Kunden kennen!**

Informationen über Ihre Kunden – durch Interviews, mithilfe von Callcentern oder Bonus- und Loyalitätsprogrammen gewonnen – können Sie umfassend dabei unterstützen, die Geschäftsbeziehung aus der Perspektive Ihrer Kunden zu betrachten:

- Nicht die Prozesse Ihrer Marketingabteilung, Ihres Vertriebsbereiches oder Ihres Unternehmens sind maßgeblich, wenn Sie eine nachhaltige Verbesserung Ihrer Kundenbeziehungen erreichen wollen, sondern die Kundenprozesse.
- Die Fragen »Was schmerzt meine Kunden besonders?« und »Was verschafft ihnen schlaflose Nächte?« sind interessanter und lehrreicher als die Beschäftigung mit beinahe optimalen internen Abläufen und der Nabelschau auf der Suche nach den perfekten klimatischen Bedingungen im eigenen Haus.

3. Reinhold Rapp: Customer Relationship Management. Das neue Konzept zur Revolutionierung der Kundenbeziehungen, Campus, 2000.

Kunden hinterlassen in einem Laden, besonders wenn sie keine Einkäufe tätigen, wenige oder keine Spuren – selbst bei einem erfolgreichen Einkauf sind verwertbare Daten sehr oft nur bruchstückhaft vorhanden. Die Einbeziehung webbasierter Lösungen hingegen verschafft ungleich mehr Transparenz und liefert eine Unmenge an Informationen, unter anderem über Kaufverhalten, Preissensibilität, Zufriedenheit mit dem Angebot, persönliche Präferenzen und Wünsche – und bietet eine Vielzahl von Kontaktmöglichkeiten mit Ihren Kunden.

Krise und Chance zugleich: Diese Informationen, die an vielen »Berührungspunkten« entstehen, gilt es zusammenzuführen und auszuwerten.

**Nutzen Sie die gewonnenen Informationen?**

Die Herausforderung besteht darin, diese möglicherweise in verschiedenen Abteilungen, Bereichen, Datenbanken und Systemen schlummernde Datenbasis zielgerichtet zu nutzen und zu bearbeiten. Zu viele Unternehmen sind immer noch darauf fixiert, herauszufinden, wie viele Besucher welche Seiten wie schnell angeklickt haben und wie sich die Umsätze eines virtuellen Shops erhöht haben, anstatt zu analysieren, warum Kunden untreu werden und abwandern.

Eine durchschnittliche Website schöpft nur 30% ihres vollen Umsatzpotenzials bei einem Kunden aus.[4] Gelingt es nicht, Synergieeffekte zu nutzen und die in verschiedenen Kanälen gewonnen Daten effektiv und ohne Reibungsverluste umzusetzen, wird dieses Unvermögen von Ihren Kunden sehr schnell wahrgenommen: als unkoordinierte und wenig systematische Versuche der Kommunikation. Ist Ihr Kunde der Einzige, der über alle Aktivitäten, Kontakte und Ergebnisse Bescheid weiß, haben Sie bereits die erste Fahrlässigkeit begangen.

**Beispiel Fahrzeug-Konfiguration**

Webbasierte Fahrzeug-Konfiguratoren sind ein sehr schönes Beispiel dafür, wie an sich intelligente und brauchbare Dienstleistungen zu bedauerlichen Brüchen in der Kommunikation zwischen Anbieter und Kunden führen und die Vorteile der aus der Verbindung analoger und digitaler Dienstleistungen beinahe aufheben. Die Resonanz und Zugriffe auf diese Angebote namhafter Hersteller zeigt, dass hier durchaus der richtige Weg eingeschlagen wurde und die optische und technische Umsetzung größtenteils sehr gut gelang. Nur der letzte Schritt, eine Bestellmöglichkeit anzubieten, fehlt häufig mit dem Argument, potenzielle Kunden seien kaum bereit, online zu bestellen.

4. Sarabjit Singh Bajeva: Making the Most of Customers, Industry Standard, 28. Februar 2000, übersetzt von den Autoren

Abbildung 4.1 zeigt einen der Schritte in der Konfiguration des Wunschfahrzeugs: Modelle, Varianten, Motorisierungen, Farben und Ausstattungen können hier gewählt und »in Echtzeit« auf Kombinier- und Baubarkeit geprüft werden.

**Abbildung 4.1** Konfiguration eines Fahrzeugs – Auswahl (http://www.volkswagen.de/)

Abbildung 4.2 stellt das Ergebnis der Online-Konfiguration dar. Fahrzeugdaten wie gewählte Motorisierung und Ausstattungsmerkmale werden gelistet, der Fahrzeugpreis wird aus dem Grundpreis und den gewählten Sonderausstattungen berechnet.

Die Abbildungen 4.3 und 4.4 dokumentieren die nächsten Schritte nach erfolgreicher Konfiguration – und damit den erwähnten Medienbruch. Das Ausdrucken und Befördern einer Liste zum nächstgelegenen Fahrzeughändler empfinden mündige und mit moderner Kommunikationstechnik vertraute Kunden vermutlich als wenig zeitgemäß.

Deutlich gelungener ist die Möglichkeit, die Konfiguration des gewünschten Fahrzeugs zu einem auszuwählenden Händler auf elektronischem Weg zu senden. Eine Bestellmöglichkeit fehlt jedoch.

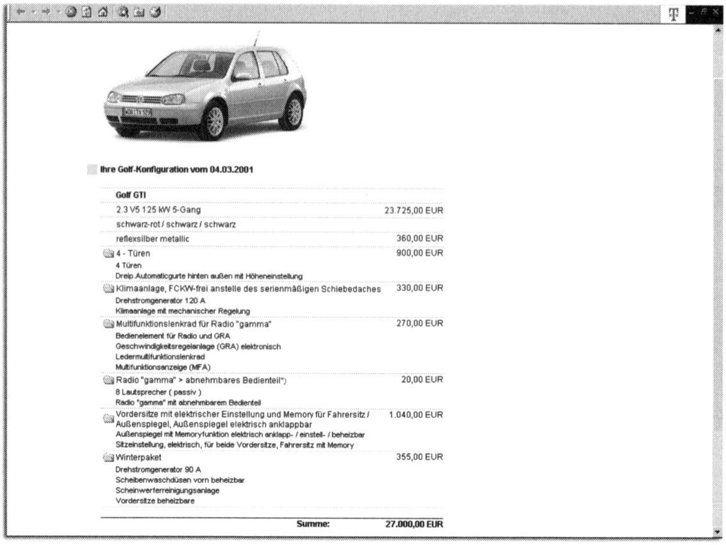


**Abbildung 4.2** Konfiguration eines Fahrzeugs – Ergebnis

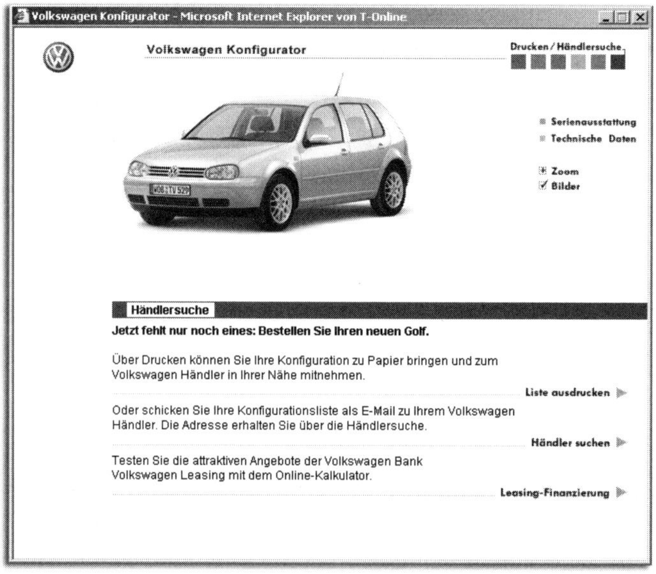


**Abbildung 4.3** Konfiguration eines Fahrzeugs – Möglichkeit zur Bestellung oder lediglich Gewinnung qualifizierter Adressen?

Isolierte Aktionen, die nicht alle am Kommunikations- und Vertriebsprozess Beteiligten involvieren, punktuelle Feldzüge einzelner Abteilungen und nicht abgestimmte Aktivitäten verwirren, irritieren und verärgern Besucher und potenzielle Kunden nur – denken Sie bei der Konzeption einer Kampagne oder der Ausrichtung Ihres Kundenbindungsprogramms daran.

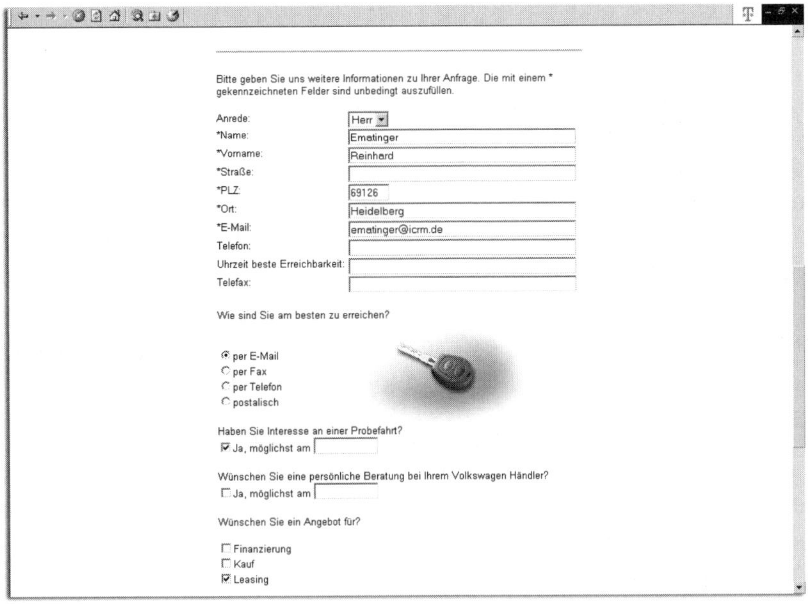

Bitte geben Sie uns weitere Informationen zu Ihrer Anfrage. Die mit einem * gekennzeichneten Felder sind unbedingt auszufüllen.

Anrede: Herr
*Name: Ematinger
*Vorname: Reinhard
*Straße:
*PLZ: 69126
*Ort: Heidelberg
*E-Mail: ematinger@icrm.de
Telefon:
Uhrzeit beste Erreichbarkeit:
Telefax:

Wie sind Sie am besten zu erreichen?

per E-Mail
per Fax
per Telefon
postalisch

Haben Sie Interesse an einer Probefahrt?
Ja, möglichst am

Wünschen Sie eine persönliche Beratung bei Ihrem Volkswagen Händler?
Ja, möglichst am

Wünschen Sie ein Angebot für?

Finanzierung
Kauf
Leasing

**Abbildung 4.4** Konfiguration eines Fahrzeugs – Kommunikation mit dem Händler

### Beispiel CC Raule: Outsourcing mit Rettungsring[5]

Die Vermietung von PKW und LKW ist in der Regel eine annähernd vollständig austauschbare Dienstleistung. Bis auf den kleinen Aufkleber in Front- und Heckscheibe unterscheiden sich die Fahrzeuge der einzelnen großen bundesweiten Anbieter nicht.

**Herausforderung Aufmerksamkeit**

Die hohe Qualität des Fahrzeugs wird damit in der Regel als selbstverständlich vorausgesetzt. Somit kann sich der Autovermieter nur über den Preis oder über die unmittelbare Kundenpflege profilieren. Eine Profilierung allein über den Preis ist bei ohnehin schon engen Margen eine wenig sinnvolle Vorgehensweise.

Deshalb muss neben günstigen Konditionen eine möglichst hohe Dienstleistungsqualität in den Dimensionen Flexibilität, persönlicher Umgang, Bereitschaft auf Kundenwünsche einzugehen und Konflikt- und Beschwerdemanagement erreicht werden. Diese zugegebenermaßen eher soften Faktoren sind jedoch aus Sicht des Geschäftskunden, der als Angestellter unter Umständen nicht einmal die von seiner Fuhrparkabteilung ausgehandelten Konditionen kennt, häufig sogar die einzigen Beurteilungskriterien für seinen Dienstleister. CC Raule hat insbesondere

5. Die Autoren danken Werner Schulte, Marketing Manager der CC Raule GmbH & Co. KG, für diesen Beitrag.

durch eine hohe unternehmerische Eigenverantwortung der Filialleiter und Führungskräfte, aber auch durch konsequente Kundenorientierung einen sehr hohen Standard in all diesen Dienstleistungsdimensionen erreicht.

**Kundenorientierung »gegen« Forderungen?**

Leider hat sich durch schmerzhafte Forderungsausfälle und erhebliche Außenstände in verschiedenen Kundengruppen gezeigt, dass die hohe Kundenorientierung teilweise an ihre betriebswirtschaftlich vertretbaren Grenzen gerät. Zur Zufriedenheit des Kunden trägt auch eine gewisse Toleranz in Bezug auf Zahlungsziele oder gesprächsbereite Haltung in Streitpunkten bei. Werden hier jedoch keine klaren Grenzen gezogen und kommuniziert, führt dies eindeutig zu ökonomischen Schäden.

CC Raule sah sich deshalb gezwungen, das Instrument des Forderungsmanagements effizienter zu nutzen, ohne gleichzeitig Schaden im relevanten USP »Kundenorientierung« zu nehmen. Eine Analyse hatte gezeigt, dass dazu eine zeitnahe und damit regelmäßige Kontrolle der aufgelaufenen Forderungen notwendig war. Bei Überschreitung festgelegter Limits sollte möglichst unmittelbar eine Mahnung erfolgen. Sobald der Kunde das eingeräumte Kreditlimit überschreitet, muss automatisch ein Vermietstopp im System gesetzt werden. Die notwendigen Anpassungen in der Software waren ohne größere Hindernisse vorzunehmen. Jedoch zeigte sich, dass die entsprechenden juristischen Schritte innerhalb eines mehrstufigen Mahnverfahrens in der eigenen Organisation nicht vollständig abzudecken waren.

**Outgesourctes Mahnverfahren**

Aus diesem Grunde wurde entschieden, das eigentliche Mahnverfahren im Outsourcing an einen externen Dienstleister zu übergeben. Der dadurch unvermeidliche Verlust an interner Kommunikation, also die kurze Nachfrage beim Kollegen nebenan, wurde zunächst so hingenommen.

Das neue Forderungsmanagement wurde in der geschilderten Form implementiert und konnte nach einer ersten Analyse den gestellten Anforderungen vollständig gerecht werden. Durch einen drohenden Vermietstopp und das konsequente Mahnverfahren wurde die Anzahl der Problemkunden reduziert.

**Grenze der Automatisierung**

Wie sich jedoch allzu bald zeigte, gingen vom Outsourcing des Mahnverfahrens und der »Automatisierung« der Vorgehensweise auch schwerwiegende Risiken und Nebenwirkungen aus. So wurden beispielsweise hochrangigen Entscheidungsträgern großer Kunden Mahnungen zu strittigen Rechnungen zugestellt ohne – weil dies das System nicht vorsah – die zuständigen Kundenbetreuer zuvor zu informieren oder um Stellungnahme zu bitten. Einige unerfreuliche und zeitraubende Gespräche mit wichtigen Kunden waren die Folge.

**Information aller Beteiligten**

Letztendlich zeigte sich, dass eine vollständige Automatisierung des Prozesses ohne direkte Einbindung der Kundenbetreuer nicht sinnvoll war, sondern einer ergänzenden Schnittstelle zum »Kundenbeziehungsmanagement« dringend bedurfte. Weitere »Zwischenfälle« wurden deshalb durch eine zusätzliche Routine verhindert: Mahnungen an Kunden, die oberhalb einer bestimmten Umsatzgrößenordnung sind, werden nur noch nach Freigabe durch den Verkaufsleiter zugestellt, um eine Verärgerung wichtiger Entscheidungsträger zukünftig zu vermeiden. Der dazu notwendige Arbeitsaufwand ist begrenzt und gut investiert. Auf diese Weise konnten unberechtigte oder unter dem Gesichtspunkt des Kundenbeziehungsmanagements nicht sinnvolle Mahnungen verhindert und gleichzeitig eine »Vorwarnung« der Kundenbetreuer bei berechtigten Mahnverfahren erreicht werden. Gleichzeitig wird jeweils die zuständige Filiale bei kleineren Kunden, die Außenstände oberhalb eines bestimmten Betrages haben, über das Mahnverfahren informiert. So können sich auch die Filialmitarbeiter auf mögliche Rückfragen des Kunden vorbereiten.

Insgesamt konnte durch ein Redesign des Prozesses die hohe Dienstleistungskompetenz gesichert werden, ohne betriebswirtschaftliche Nachteile durch »zu tolerantes« Forderungsmanagement in Kauf nehmen zu müssen.

## Falsche Freunde: Zufriedenheit und Treue

**Kundenzufriedenheit ...**

Der Begriff »Kundenzufriedenheit« hat – ohne exakt messbar zu sein – Eingang in die Leitsätze und Strategien vieler Unternehmen gefunden. Die Betrachtung des Marktes, die Segmentierung der Interessenten und Kunden sowie die Messung der Kundenzufriedenheit gehören zum Standardrepertoire vieler kundenorientiert denkender Unternehmen. Der gedankliche Faden von Kundennutzen, Kundenbindung und Profitabilität wird jedoch von kaum einem Unternehmen gesponnen – oder gar in konkrete Maßnahmen überführt.

Mittel- und langfristige Vorteile für Kunden und Unternehmen werden so kaum erzielt, da das eingesetzte Instrumentarium zur Messung der Kundenzufriedenheit in diesem Zusammenhang ein eher fragwürdiges und wenig brauchbares ist. Wichtige Messgrößen, die das tatsächliche Kundenverhalten dokumentieren könnten, wie die Wiederkaufrate und Verweildauer von Kunden, fehlen meist.

Kundenzufriedenheit und Loyalität sind heute jedoch nicht mehr bloß Mittel und Wege zur Gewinnmaximierung: Kunden können und werden die Angebote und Leistungen ihrer Lieferanten jederzeit bequem und schnell vergleichen und entscheiden über Gedeih und Verderb von Geschäftsmodellen und Unternehmen. Die »klassischen« Vorteile eines Händlers, die bisher Kunden zur Treue motivierten, wie günstige Standorte, rhetorisch gewandte Vertriebsmitarbeiter und vor allem der Mangel an brauchbaren Informationen und Vergleichsmöglichkeiten, werden durch das Internet neutralisiert.

Erste Nachforschungen von Paul haben ergeben, dass gut zwei Drittel seiner Kunden, die im Laufe eines Zeitraumes von 3-5 Jahren die Fahrradmarke gewechselt haben, bei entsprechenden Fragen seines Verkaufspersonals angaben, grundsätzlich zufrieden oder sehr zufrieden mit dem Hersteller zu sein. Ein erstaunliches Phänomen.

Kundenzufriedenheit ist nicht notwendigerweise ein seriöser Indikator für die Loyalität der Kunden, hat das Management von Bikes and More gelernt: Das einzig wirklich aussagekräftige Maß für den Grad der Kundenzufriedenheit ist die tatsächliche Kundentreue, die den Kunden veranlasst, bei Bikes and More wieder ein Fahrrad zu bestellen.

Entscheidender als die Frage, was die Kunden sagen, ist, wie sie sich tatsächlich dem Unternehmen gegenüber verhalten.

**... und Kundenbindungsrate**

Die Kundenbindungsrate ist dafür eine objektive Größe. Mit ihr wird festgehalten, wie viel Prozent der Kunden zu Beginn eines Jahres am Jahresende immer noch Kunden des Unternehmens sind. Die Kundenbindungsrate ist ein entscheidendes Maß für die Rentabilität und dokumentiert den Mehrwert, den ein Unternehmen für einen Kunden erzeugt. Mit zunehmender Dauer der Kundenbindung steigt erfahrungsgemäß nicht nur der Basisgewinn pro Kunde, auch kundenbezogene Verwaltungskosten sinken.

Ein Beispiel aus dem Bereich Sachversicherungen zeigt Berechnungen des Barwerts einer typischen Kundenbeziehung über den gesamten Kundenlebenszyklus[6]. Folgende Ergebnisse sind hier zu beobachten:

6. Bernd Venohr: Kundenbindungsmanagement als strategisches Unternehmensziel, Versicherungswirtschaft, 06.1996

- Ein Kunde muss mindestens vier Jahre im Bestand verbleiben, um überhaupt rentabel zu sein.
- Eine Kundenbeziehung, die zehn Jahre dauert, ist um den Faktor 8-10 profitabler als eine Kundenbeziehung, die nur fünf Jahre dauert.
- Bei einer durchschnittlichen Kundenbindung von zehn Jahren und einer Stornoquote von 10% führt eine nachhaltige Verbesserung der Stornoquote auf 8% (durchschnittliche Kundenbindung von 12,5 Jahren) zu einer Steigerung des Barwerts einer Kundenbeziehung um 45%.

Nicht nur eine Neubestellung eines Bestandskunden ist für Paul interessant, auch die Empfehlungen zufriedener Kunden bringen ihm zusätzliches Neugeschäft.

Die Markentreue der Kunden bedingt auch, dass im Laufe der Zeit hochwertigere und teurere Fahrräder gekauft werden, bei denen die Gewinne für Hersteller und Händler größer sind als bei preiswerten Modellen. Zusätzlich steigt der Gewinn pro Kunde, da langjährige treue Kunden regelmäßig auf Service- und Reparaturleistungen von Bikes and More zurückgreifen, im Schadensfall Originalteile einbauen lassen und eher zu Originalzubehör des Fahrradherstellers greifen.

**Kundentreue im Internet?**

Die Tugenden Kundentreue und -loyalität müssten – oberflächlich betrachtet – in Zeiten wild wuchernder virtueller Shops, Portale und Marktplätze im Begriff sein, grußlos zu verschwinden.

Warum ist das nicht der Fall? Warum ist Loyalität eines Kunden für Dienstleister und Händler wichtig – wichtiger denn je, um im Wettbewerb bestehen zu können? Warum ist die oft bemühte Weisheit, die vom nächsten Onlineshop – der nur einen Mausklick weit entfernt ist – erzählt, wenig aussagekräftig?

- Auch im Internet ist die Gewinnung eines Neukunden teuer – oft beträchtlich teurer als auf den klassischen Vertriebswegen – und ein gleichmäßiger Fluss an Erträgen ist erst dann gesichert, wenn Kunden immer wieder kommen und kaufen.
- Internetkunden sind nicht »von Natur aus« überaus sprunghaft, wankelmütig und unbeständig, auch wenn selbst ernannte Web-Gurus das gerne kommunizieren. Privat- wie Geschäftskunden sind grundsätzlich treu und ihrem Lieferanten gegenüber loyal. Für sie steht sehr oft Bequemlichkeit an erster Stelle, und die Mehrheit ist preisbewusst, aber nicht preisbesessen.

▶ Das Internet setzt weder in der Gegenwart noch in der Zukunft klassische Geschäftsordnungen außer Kraft – Abstürze vieler Dot-coms bestätigen das. Die alten Regeln gelten noch, wenn die Aufgabe lautet, das Vertrauen der relevanten Kunden – die in der Geschäftsbeziehung einen Mehrwert entdecken, wiederholt Produkte kaufen und Dienstleistungen in Anspruch nehmen – zu erwerben.

Der Internet Shopping Report 2001 widerlegt die These vom überaus sprunghaften Kunden im Internet ebenfalls: Knapp 90% der Kunden haben in den letzten sechs Monaten bei maximal fünf Anbietern im Netz eingekauft. Abbildung 4.5 stellt die Verteilung der Wechselwilligkeit dar.

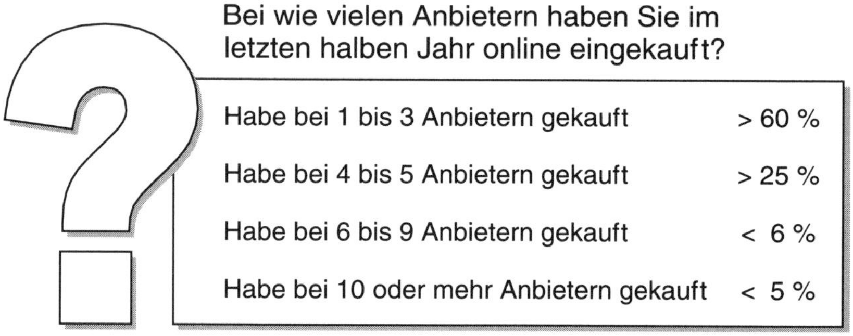


**Abbildung 4.5** Treue Internetkunden (Quelle: Internet Shopping Report 2001, Syposium Publishing; Basis: Ca. 7.600 Internet-Nutzer, die in 16 Online-Präsenzen befragt wurden.)

### »Klassifizierung« der Kunden – aber wie?

**Bestimmung der Zielgruppe**

Wer gehört denn nun zur Zielgruppe Ihrer Bemühungen? Wer sind Ihre Hauptkunden, deren spezifische Bedürfnisse und Vorlieben Sie sehr genau kennen sollten? Der Ansatz, sich beinahe ausschließlich auf ein sehr schmales Kundensegment, die »Wunschkunden« oder gar »Durchschnittskunden« zu konzentrieren und ihnen jeden Wunsch von den Augen abzulesen, funktioniert nur bedingt. Konzentrieren Sie sich auf die Gruppe Ihrer Kunden, mit denen Sie mittel- und langfristig den größten Gewinn erzielen. In erster Linie sollten Sie alles versuchen, um tatsächlich lukrative Kundensegmente zu erreichen, zu interessieren und dauerhaft an sich zu binden. Die Gewinnung von Neukunden hat hier nicht oberste Priorität.

Wie »fassen« Sie nun Ihre Zielkundengruppe? Im Folgenden finden Sie vier Schritte, die Ihnen eine erste Orientierung und Hilfestellung geben:

**Erste Schritte ...**

- **Jagen und sammeln Sie!** Gemeinsame charakteristische Eigenschaften – beispielsweise soziodemografische Merkmale – der Zielgruppe lässt sie zu einer homogenen Einheit zusammenfassen, gezielter ansprechen und umwerben.
- **Forschen Sie!** Wie, wo und wann lässt sich Ihre Zielgruppe finden und erreichen? Wo sind die bevorzugten »Aufenthaltsorte« Ihrer Interessenten und Kunden – online und offline? Webpräsenzen, Diskussionsforen und Zeitschriften sind hier unter anderem interessant.
- **Ergründen Sie!** Auch und gerade im Business-to-Business-Bereich sind Fragen nach Entscheidungswegen und Hierarchien genauso interessant wie etwaige »Muster« in der Beschaffungspolitik. Auch dem Rätsel, ob Entscheider und Käufer Ihrer Produkte und Dienstleistungen tatsächlich auch die Nutzer sind, sollte bei Geschäftskunden Bedeutung beigemessen werden.
- **Spitzeln Sie!** Wer sind Ihre Mitbewerber, wer ist ein möglicher Partner? Wer macht Ihnen Konkurrenz, wo ist eine Kooperation in beiderseitigem Interesse? Der »bestgehasste« Mitbewerber von heute ist gerade im schnellen E-Business Ihr möglicher Wunschpartner von morgen.

**... und klassische Ansätze**

Eine Reihe bewährter Ansätze zur Klassifizierung und Segmentierung von Kunden existiert bereits – auch hier wurden im E-Business die Gesetzmäßigkeiten nicht unbedingt neu geschrieben. Umsatz- oder ressourcenorientierte Techniken hatten und haben zweifellos als erste Annäherung ihre Berechtigung. Sie lassen aber kaum oder keine Schlüsse in Richtung Zufriedenheit und Loyalität – und nicht zuletzt Profitabilität – Ihrer Kunden zu.

Lassen Sie uns drei der gängigsten klassischen Ansätze am Beispiel von Bikes and More betrachten:

- **ABC-Analyse**
  Kunden werden nach den Anteilen, die ihre Geschäftsbeziehung zu Gesamtumsatz oder -ergebnis beiträgt, »sortiert«. Die für Paul interessante Frage ist hier, wie viel seine Kunden zur Steigerung des Wertes seines Unternehmens beigesteuert haben.

- **Lebenszyklus-Analyse**
  Die Kundenbeziehung wird hier in verschiedene Phasen, denen man ein definiertes Kundenverhalten zuordnet, unterteilt. Das Verhalten der Kunden wird in Bezug auf die jeweiligen Abschnitte betrachtet und so weit abgeglichen, dass die aktuelle Phase mit den Kundenwüschen und -bedürfnissen übereinstimmt. Paul kann diesen Ansatz nutzen, indem er den Wert seiner Kunden für sein Unternehmen durch maßgeschneiderte Angebote zur richtigen Zeit nachhaltig erhöht.
- **Portfolio-Analyse**
  Dieser Ansatz hilft bei der Frage, wie Ressourcen eines Unternehmens strukturiert und spezifisch eingesetzt werden müssen, um gezielt auf interessante, profitable Kundengruppen loszugehen – anstatt vorhandene Mittel nach dem Gießkannenprinzip ungerichtet breit zu streuen. Paul spart Kosten einer umfangreichen und aufwändigen Marketingmaßnahme und freut sich über die positive Nebenwirkung, dass sein Unternehmen durch die gezielte Ansprache seiner Kunden positiv wahrgenommen wird und als angenehmer und professioneller Dienstleister in Erinnerung bleibt.

Für eine exakte Spezifizierung und Kategorisierung der unterschiedlichen Kundentypen sind diese Ansätze alleine nicht ausreichend:

- Nur wenn Sie das Verhalten Ihrer Kunden genau kennen, sind Sie in der Lage, gezielt und doch unaufdringlich darauf Einfluss zu nehmen.
- Nur wenn Sie gezielt in Ihre wirklich profitablen Kunden investieren, können Sie mittel- und langfristig den Wert Ihres Unternehmens steigern.

Das nachfolgende Unterkapitel 4.2 geht auf die Aspekte der Segmentierung und der daraus folgenden dringend notwendigen individuellen Kundenbetreuung näher ein. Auch im Unterkapitel 4.5 finden Sie im Abschnitt »Der Zusammenhang von Kundenzufriedenheit, -treue und Erfolg« eine detaillierte Diskussion zum Wert der Kundenbeziehung.

Als weitere Elemente für Aufbau und Pflege einer intensiven individuellen Betreuung und damit Steigerung der Loyalität Ihrer Kunden können die Bereiche Service und Support im Internet genutzt werden. Die Steigerung der Kundenloyalität für diejenigen Kundensegmente, die den größten Profit für das Unternehmen erwarten lassen, steht hier im Vordergrund: Das Kapitel 5, »Kundenservice: Sie werden sofort verbunden«, geht darauf näher ein.

## 4.2 Wie hätte es Ihr Kunde gern? Erlebnis und individuelle Betreuung statt Massenmarketing

*It is the customer who determines what a business is.*[7]

**Wozu die Aufregung?**

Selten werden Schlagworte so oft, oberflächlich, verkürzt und falsch verwendet wie das »Ein-Personen-Segment« und das »One-to-One-Marketing«. Wie aber sieht das Konzept in seinen Grundzügen tatsächlich aus? Was heißt hier »Einkaufserlebnis"?

Begründet wurden der Begriff und das Konzept des One-to-One-Marketing durch die amerikanischen Autoren Martha Rogers und Don Peppers und ihr 1993 erschienenes Buch »The One to One Future: Building Customer Relationships One Customer at a Time«. Genau genommen ist – wie die Autoren selbst weise bemerkten – die Theorie des One-to-One-Marketings nichts wirklich Neues und außerdem ausgesprochen naheliegend.

> *Companies in all industries today are faced with rising customer disloyalty and shrinking margins. But some companies are enjoying surprising successes by focusing on individual customers, using technology to create long-term, individualised, one-to-one relationships.*[8]

**Gestern ...**

Wie war das denn – damals? Der Ladenbesitzer um die Ecke kannte seine Kunden noch persönlich und konnte auf deren Wünsche eingehen. Möglich wurde dieses Eingehen auf individuelle Kundenvorlieben zum einen durch den beständigen Dialog mit den Kunden: Diese äußerten ihre Wünsche, die sich der Ladenbesitzer – nicht faul – merkte.

Das Erinnerungsvermögen des Unternehmers war also Voraussetzung für die individuelle Behandlung der Kunden. Später ersetzte anonyme Werbung die enge Bindung zwischen Händler und Kunden. Große Hersteller bauten durch beständiges Werben eine Marke auf, die von den Kunden im Laden verlangt wurde.

**... und heute**

Heute hat das Internet das Potenzial, diese verfahrene Situation wieder komplett zu verwandeln: Erstmals steht ein Massenmedium bereit, das den Dialog mit dem einzelnen Kunden führt und das Erinnerungsvermögen des Ladenbesitzers nachbildet. Kunden können wie zu Großmutters Zeiten ihre Wünsche äußern. Die verschiedensten Anwendungen wurden kreiert, um mit dem Kunden einen »persönlichen« Dialog zu führen: For-

---

7. Peter F. Drucker: The Practice Of Management, Harper & Brothers, 1954
8. Martha Rogers, Don Peppers, Bob Dorf: The One to One Fieldbook. The Complete Toolkit for Implementing a 1 To 1 Marketing Program, Bantam Books, 1999

mulare, Chats, Foren usw. Das Erinnerungsvermögen des Ladenbesitzers wird durch Rechnerleistung ersetzt, die eine individuelle Behandlung jedes einzelnen Kunden erlaubt.

One-to-One-Marketing denkt nicht in Kundensegmenten, einer aggregierten anonymen Masse, die sich nur durch ähnliche Daten auszeichnet, sondern sieht den einzelnen Kunden als eigenständiges Marktsegment: Die Segmentgröße beträgt also Eins. Jede einzelne neue Information über den Kunden führt zu einer Neuausrichtung der Einschätzung desselben.

Anders als in der klassischen Marketingtheorie ist der Segmentierungsprozess mit der – einmaligen – Erhebung der Kundeninformation nicht abgeschlossen, sondern wird in einem fortlaufenden, dynamischen Prozess angepasst und erweitert. Dies geschieht beinahe von selbst: Durch beständige Interaktion und Dialog mit dem Anbieter hinterlässt der Kunde Informationen über sich und seine Präferenzen, die dem Unternehmen ein sich ständig verfeinerndes Bild dieses individuellen Kunden gestattet. Auf diesen Daten aufbauend wird die Kommunikation mit dem Kunden und das konkrete Angebot von Produkten und Leistungen ausgerichtet.

Schaffen Sie aktiv Dialogmöglichkeiten für Ihre Kunden! Beständige Dialoge und Kontakte zwischen Ihren Kunde und Ihnen generieren eine »Lernschleife«: Mit jeder einzelner Interaktion steigt das Wissen um den Kunden und dessen Präferenzen. Besonders wichtig ist jedoch, dass die Informationen über Ihre Kunden auch gespeichert werden und dass Ihre Kunden ihre Angaben niemals wiederholen müssen.

**Wechselbarrieren**

Was macht nun dieses Konzept des One-to-One-Marketings aus? Aus Sicht des Kunden ist das Abwandern zu Ihren Mitbewerbern keine besonders attraktive Vorstellung: Durch beständigen Dialog und der Weitergabe von personenbezogenen Informationen und eigenen Vorlieben hat Ihr Kunde bereits eine Investition getätigt. Als Besucher oder Kunde eines Onlinestores haben Sie es sicher schon bemerkt: Wechseln Sie plötzlich Ihren Anbieter, ist all Ihre Mühe, die Sie mit dem beständigen Kunden-Anbieter-Dialog hatten, wertlos geworden – Sie müssen diese Frage-Antwort-Spiele bei jedem weiteren Anbieter wiederholen, um eine gleichermaßen individuelle Behandlung zu bekommen.

Aufgrund der von Ihren Kunden höchstpersönlich errichteten Wechselbarrieren bleiben sie Ihnen treu und wandern nicht bei der erstbesten Gelegenheit ab. Wenn dazu noch eine allgemeine Zufriedenheit Ihrer Kunden kommt, da sie ein auf ihre individuellen Bedürfnisse zugeschnittenes Angebot erhalten, sind sie selbst gegen Abwerbeversuche Ihrer Mitbewerber weitestgehend immun.

Nicht zuletzt durch das gewonnene Wissen um die Vorlieben des einzelnen Kunden ist es Ihnen möglich, maßgeschneiderte Produkte und Dienstleistungen zu offerieren – versuchen Sie, ausgesprochene oder latente Wünsche Ihrer Kunden zu entdecken und zu erfüllen! Denken Sie daran, Ihr Angebot auch über die eigentliche »Kernleistung« zu erweitern: Gehen Sie strategische Allianzen mit Servicepartnern und Konvergenzdienstleistern und – wenn es der Befriedigung der Kundenwünsche dient – auch mit Ihren Mitbewerbern ein.

Halten wir zusammenfassend fest, dass eine der Hauptforderungen des One-to-One-Marketings lautet: Fördern Sie den Dialog mit Ihren Kunden und verlieren Sie die Prämisse der beständigen Interaktion nicht aus den Augen! Mit dem Internet haben Sie ein beinahe perfektes Werkzeug zur Verfügung, das eine Zwei-Wege-Kommunikation zwischen Ihren Interessenten und Kunden und Ihnen möglich macht.

**Beziehungs-Weise**

Lassen Sie uns der Wahrheit ins Auge blicken: Kunden sind nicht gleich, nicht jeder Kunde will König sein – und: Nicht jeder Kunde wünscht eine dauerhafte Geschäftsbeziehung zu Ihrem Unternehmen.

Für jeden der von uns betrachteten Anbieter von Produkten und Dienstleistungen finden wir Kunden, deren Kaufentscheidungen alleine vom Preis beeinflusst werden, Kunden, die Ihnen in Sekundenbruchteilen untreu werden, wenn ein Mitbewerber auf der anderen Straßenseite günstigere Konditionen anbietet. Erfreulicherweise finden wir aber auch Kunden, die auf intelligente professionelle Services, persönliche Betreuung, Zeitersparnis und Qualität der angebotenen Produkte Wert legen und auch durchaus bereit sind, dafür höhere Preise zu akzeptieren.

Arthur Hughes[9] unterscheidet hier zwei Typen von Käufern:

**Zwei Käufertypen**

- Der »Transaction Buyer«: Diese Kunden sind ausschließlich am Preis interessiert, empfinden keine Loyalität zu ihren Lieferanten und kennen alle Preise am Markt. Sie sind bereit, für eine geringe Preisdifferenz zu Ihrem Mitbewerber zu wechseln – egal, wie viel Mühe Sie sich beim Service und vor- und nachgelagerten Dienstleistungen geben.

9. Arthur M. Hughes: Why Customers Leave, and What You Can Do About It, Relationship Marketing Report, 07.1998

- Der »Relationship Buyer«: Diese Kunden suchen Lieferanten, denen sie vertrauen und zu denen sie eine dauerhafte Geschäftsbeziehung entwicklen können. Sie wissen, dass sie beim Wettbewerber möglichweise ein wenig preisgünstiger einkaufen können, finden aber die Beschäftigung mit Preisen und den Aufwand der Beschaffung zu mühselig.

**Es ist nicht unanständig, Kunden unterschiedlich zu behandeln**

Eine weitere Dimension wird schnell deutlich, wenn wir die Seite der Kunden und Käufer näher betrachten: die persönliche Gier und das mit Produkten oder Dienstleistungen transportierte Image.

Ihre Kunden selbst sind es, die eine Unterscheidung – und Abgrenzung »nach unten« und »nach oben« – fordern und als treue Kunden anders behandelt werden wollen als Laufkunden. Denken Sie an Kreditkarten-Kategorien wie »Standard«-Karte, Gold Card und Platinum Card oder an unterschiedliche Kategorien von Vielflieger-Karten. Besitzen Sie eine Gold Card, wollen Sie vermutlich früher oder später zum Platinum-Card-Besitzer »aufsteigen« und diese Leistungen in Anspruch nehmen; haben sie einen »Senator«-Status inne, möchten Sie auf die damit verbundenen »erflogenen« Annehmlichkeiten wahrscheinlich nur ungern verzichten.

Diese Elemente sollten Sie beachten, wenn Sie über Programme und Strategien zur Gewinnung und Bindung von Kunden nachdenken!

### Beispiel Renault: interaktives Erlebnis durch intelligente Medienkonvergenz[10]

**Onlinewerbung wird wachsen**

Nach einer Studie von Prognos wird die Werbung in klassischen Medien bis zum Jahr 2010 um jährlich 4,6%, die Onlinewerbung um durchschnittlich 15% zunehmen. Das Institut geht davon aus, dass das Online-Werbevolumen innerhalb der nächsten vier Jahre die Werbung in Wochen- und Sonntagszeitungen, Hörfunk-, Außen- und Kinowerbung überholen wird. Die Marktforscher zählen zur Onlinewerbung nicht nur die Werbung über das Internet, sondern auch interaktives Fernsehen und Werbung über Mobile Devices.

Die Unternehmensberatung Diebold beschreibt das Zusammenwachsen von Internet, Mobilfunk und Digital-TV anhand von verschiedenen Zahlen. Im Jahre 2003 soll die Nutzerzahl im Mobilfunk die des Internets übersteigen. Das Digital-TV wird an Bedeutung gewinnen. Somit werden im Jahre 2005 so viele Digital-TV-Nutzer erwartet wie Internet-Nutzer im Jahre 2000.

---

10. Die Autoren danken Ralph Sonntag, Director Business Development der activefilm.com AG, für diesen Beitrag.

Während der Konsolidierungsphase der New Economy, die 2000 begann, korrigierten die führenden Institute ihre Vorhersagen hinsichtlich der New Economy und speziell des Wachstums der Werbung in Onlinemedien. Kommunikations- und Marketingmaßnahmen werden aber Onlinemedien integrieren und somit werden die Ausgaben von Werbung in diesem Bereich im gleichen Maße ansteigen.

Betrachtet man verschiedene Untersuchungen, so kann festgestellt werden, dass erstens der Marktanteil bis 2010 deutlich ansteigen wird und zweitens dann ca. 7% betragen wird.

Begünstigt wird diese Entwicklung dadurch, dass die zahlreichen jungen Internetfirmen werben müssen, nicht nur um bekannt zu werden, sondern auch um neue Marken im Netz zu etablieren. Dies wiederum zwingt viele bestehende Firmen, die Onlinewerbung ebenfalls stärker auszubauen.

Beinahe konkurrenzlos haben Kabel-TV-Anbieter mit E-Commerce- und interaktiven Breitbanddiensten große Wachstumspotenziale. Die Trennung zwischen TV- und Telekommunikationsinfrastrukturen wird mittelfristig aufgelöst. Durch die Angebotsvielfalt, die hohe Bedienungsfreundlichkeit und nicht zuletzt die hohe Übertragungsbandbreite haben die Kabel-TV-Anbieter einen entscheidenden Vorteil beim Eintritt in den interaktiven Markt. Die Anwendungsmöglichkeiten interaktiver Filme sind vielfältig, die interaktive Werbung wird eine bedeutende Rolle in dieser Entwicklung spielen und nach Schätzung von Andersen Consulting im Jahr 2003 etwa 19% des Umsatzes der Kabel-TV-Anbieter ausmachen.

**Erster interaktiver Fernsehspot ins Internet**

Im September 1998 wurde der neue Renault Clio in Deutschland eingeführt. Ein dynamisches Duo wurde seitdem geboren: Renault Clio und Til Schweiger, die jungen Wilden. Zwei Jahre nach dem Start der Clio/Til-Schweiger-Kommunikation stand man vor der Planung einer Fortsetzung der Kampagne.

Die bisherige Kampagne zeigt einen großen Impact. Die damaligen Kommunikationsziele wie Awareness und Persönlichkeit (sehr eigenständiger Auftritt; ein Auto, mit dem man Herausforderungen sucht und Spaß hat) wurden erreicht. Die Verbindung Renault Clio/Til Schweiger ist gelernt und positiv besetzt und wird nicht von der Person Til Schweiger überlagert.

Im Laufe des Jahres 1999 erhielt der Clio eine aufgewertete Konkurrenz und daraus ergaben sich neue Angriffspunkte im Wettbewerb. Ziele einer neuen Kampagne Clio-Duell mussten also sein:

- den Clio im neuen Umfeld wieder attraktiver aussehen zu lassen,
- den im Clio vorhandenen hochwertigen Innenraum im Vergleich zur Konkurrenz herauszustellen,
- ein jüngeres Publikum anzusprechen,
- Probefahrten zu generieren,
- Aufsehen erregend und unübersehbar zu werden, also zum »Talk of the Town« zu werden und
- die aktuellen Kunden nicht zu irritieren.

Daraus wurde ein Konzept entwickelt, das die Bereiche TV (Breitenwirkung) und Internet (modernes, junges, interaktives Medium) miteinander verbindet. Dabei wurde im Sinne eines echten integrativen Kommunikationskonzepts das Clio-Duell durch Print-, PR- und Dialogmaßnahmen unterstützt.

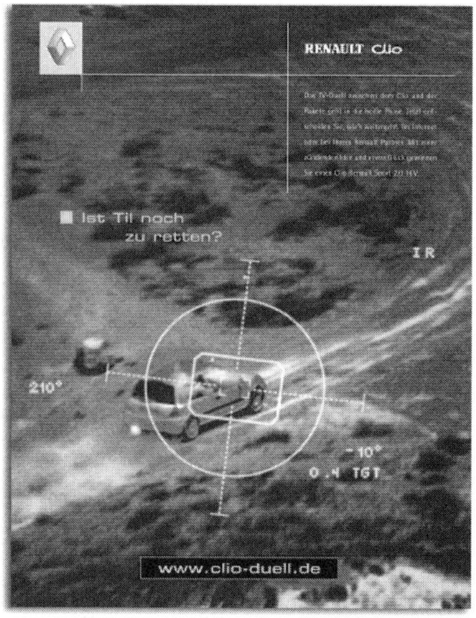


**Abbildung 4.6** Die Frage in den Printmedien: »Ist Til noch zu retten?«

Am 4. September 2000 startete der erste interaktive Fernsehspot für den Renault Clio. Im Fernsehspot läuft vorerst alles wie bisher: Til Schweiger und sein Renault Clio werden von einer wildgewordenen Rakete verfolgt. Doch die actionreiche Jagd irgendwo in der Wüste endet kurz vor dem möglichen Einschlag der Rakete in den Clio, und hier startet der interaktive Teil: »Wie es weitergeht entscheiden Sie«, erfährt der Zuschauer auf einem Textchart und wird direkt ins Internet gelotst. Unter **www.clio-duell.de** findet sich der zum Surfer gewordene Zuschauer plötzlich selber in der Rolle des Gejagten. Im Inneren des Renault Clio muss er nach der rettenden Idee suchen, um die Rakete auszutricksen. In einer Mischung aus Film und Computerspiel wird der bisher passive Zuschauer in die Geschichte hineingezogen und bestimmt den Ablauf der Story selbst. Dabei kann er sich frei im Cockpit des Autos bewegen und jedes Bedienelement einzeln aktivieren. Wenn er die Lösung findet, wird er durch ein filmisches Spektakel belohnt. Aber auch schon der Weg dorthin wird unterhaltsam, dafür sorgen interaktive Filmsequenzen und ein kleines Computerspiel. Alles ist in bisher nicht gekannter Bild- und Tonqualität, sowie optimierten Ladezeiten im Internet zu sehen.

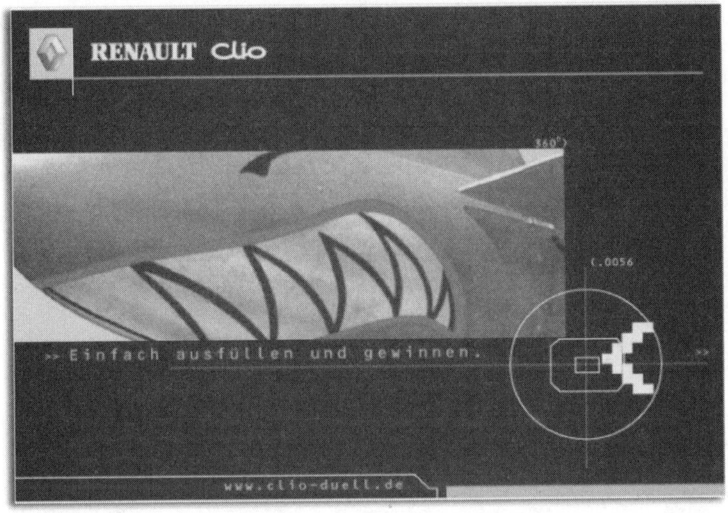


**Abbildung 4.7** Teilnahmekarte am Gewinnspiel am POS

Der Zuschauer macht eine virtuelle Probefahrt im Renault Clio – und hat dabei Spaß. Nach Ablauf eines knappen Monats endete dieses Medienspektakel. Nun wurde der TV-Spot mit dem »offiziellen Ending«, der bis dato nur Besuchern der Website bekannt war, allen zugänglich gemacht. In einer Nachbetrachtung wurde eine Befragung bei den Teilnehmern durchgeführt, um einen besseren Eindruck von dem Empfinden der User und dem Erfolg der Aktion zu bekommen. Dabei wurden 2.133 Nutzer mittels eines Online-Fragebogens befragt. Die Rücklaufquote betrug 671 Personen (31,45%).

Abbildung 4.8 Neuartige, animierte Webbanner als Verweis zur Website

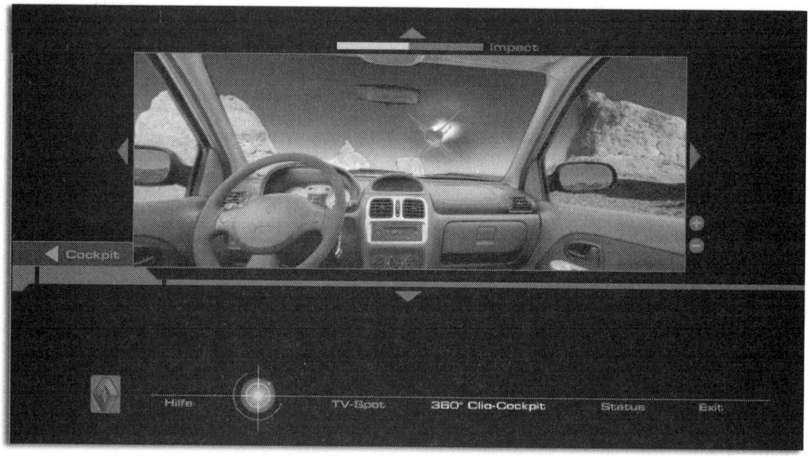


Abbildung 4.9 Die Schlussszene des Werbespots erscheint analog zum TV-Spot im Internet. (http://www.clio-duell.de/)

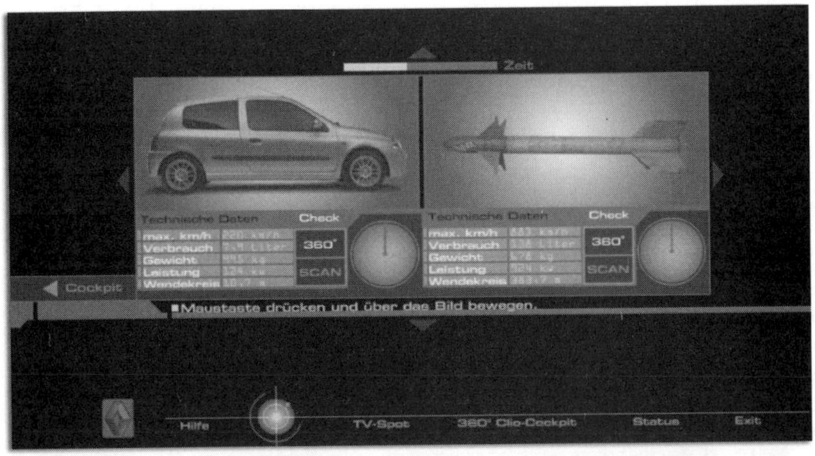


**Abbildung 4.10** Clio versus Rakete

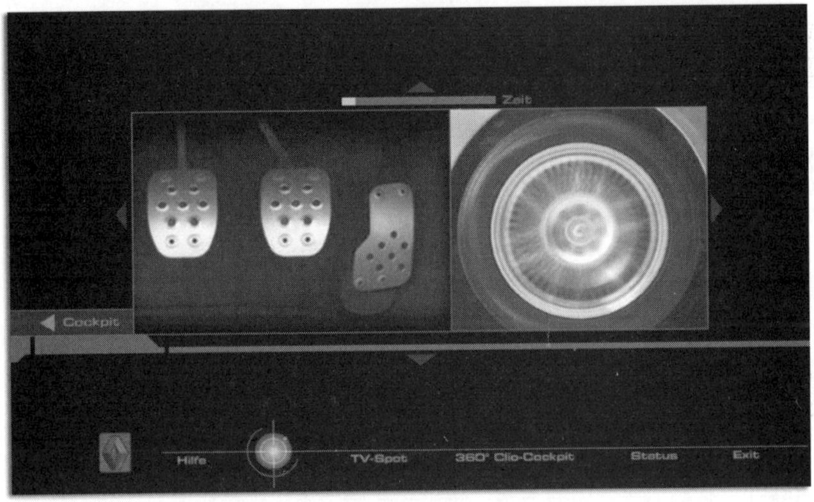


**Abbildung 4.11** Interaktive Elemente des Clio »zum Erleben«

Diese Fragebogenaktion hat deutlich gezeigt, dass das innovative Kommunikationskonzept beim Verbraucher Gefallen gefunden hat. Und doch ist dieses erste Projekt nur ein Beispiel dafür, was im Bereich interaktives Fernsehen und interaktive Werbung möglich ist. Voraussetzungen für den Ausbau der Interaktionsmöglichkeiten sind der Ausbau der Netze und eine Kostensenkung für den Zugang. Der Aufbau der interaktiven Filme – momentan bestehend aus mehreren zusammengesetzten Bewegt- bzw. Standbildern, zwischen denen der Nutzer durch Aktivierung von Schaltflächen navigieren kann – wird es beispielsweise ermöglichen, dass sich der Nutzer im Innenraum des Autos sieht und durch eine Stadt fährt. Am Straßenrand sieht man verschiedene Läden. Der Betrachter hat nun die Möglichkeit, auf die Läden zu klicken und somit einen anderen Film zu starten, der den Laden zeigt. In dem Laden kann der Betrachter durch die einzelnen Gänge gehen, Produkte auswählen, anschauen und erfahren. Daran kann dann ein E-Commerce-System angeschlossen werden.

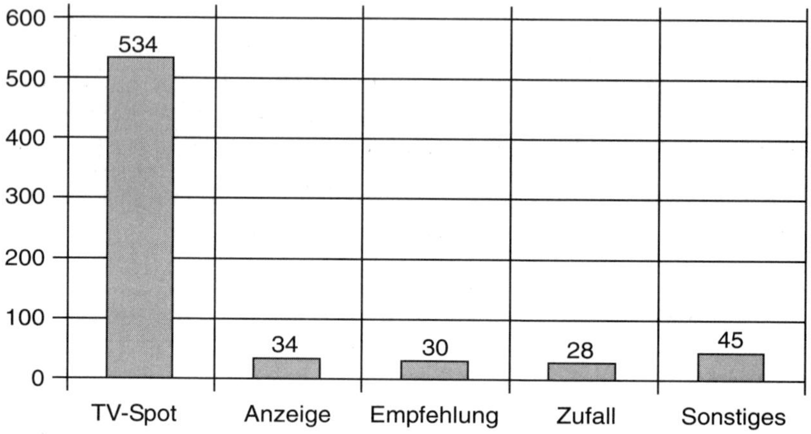


**Abbildung 4.12** Ergebnis der Befragung »Wie sind Sie auf das Clio-Duell im Internet aufmerksam geworden?«

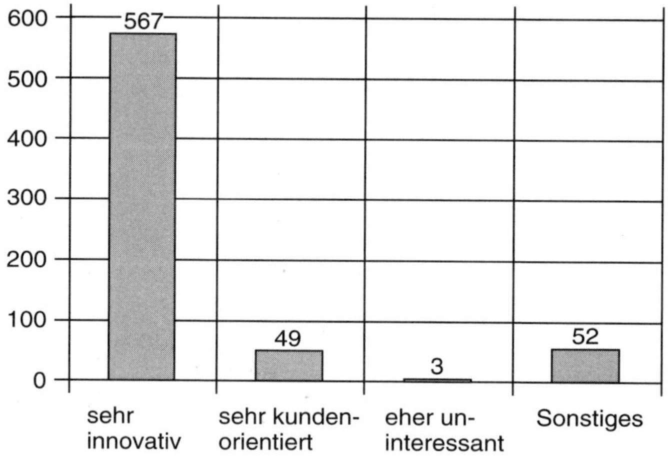


**Abbildung 4.13** Ergebnis der Befragung »Wie fanden Sie das Clio-Duell im Internet?«

Durch die Verbreitung von Breitband-Technologien wie Kabel-TV-Netze, DSL oder UMTS werden völlig neue interaktive Werbeformen entstehen. Die Entwicklung ganzheitlicher Kommunikationskonzepte unter Einbindung des Internets wird die Herausforderung der Zukunft.

Zunehmende Vernetzung und Anstieg der verfügbaren Bandbreiten bestimmen die aktuelle und zukünftige Entwicklung des Internets. Damit wird die Basis für eine verstärkte Verbreitung interaktiver, multimedialer Anwendungen geschaffen bzw. verbessert. Eines der Hauptziele interaktiver Applikationen im Internet ist die Verstärkung der Kundenbindung, indem der Nutzer dazu gebracht wird, sich mit den angebotenen Inhalten zu beschäftigen und aktiv Informationen nachzufragen.

**Ausblick**

Dem Konsumenten der Werbespots wird die passive Rolle abgenommen, um ihn innerhalb des interaktiven Parts im Internet in eine wesentlich aktivere Position zu bringen. Mithilfe dieser Daten können durch statistische Methoden und dem so genannten Video-Datamining wertvolle Rückschlüsse über die Relevanz bestimmter Informationen für bestimmte Nutzer gezogen werden. Signifikante Zusammenhänge zwischen Informationen können aufgedeckt werden, bei denen bisher überhaupt nicht bekannt oder vorhersehbar war, dass überhaupt eine Beziehung existiert.

Das Ergebnis der Erstellung solcher Nutzerprofile wird sein, dass es dann möglich ist, dem Nutzer individualisierte Angebote im Sinne eines One-to-One-Marketings zu unterbreiten und so die Streuverluste herkömmlicher Kommunikation zu verringern. Da es ein derartiges Datamining-System bisher nicht gibt, hat die active-film.com darauf Patente angemeldet und damit einen Schritt hin zu einem Video-Datamining-Standard geschaffen, der für alle Anbieter von interaktiven auf Film basierten Werbeformen in Onlinemedien von Bedeutung sein könnte.

### Individuelle Massenprodukte? Mass-Customization!

Wie sehen denn individualisierte Massenprodukte im Zusammenhang mit einem personalisierten Dialog in der Realität aus? An der Imbissbude beispielsweise so, dass der Kunde dem Wurstverkäufer, als der gerade ansetzt, die Currywurst fachgerecht in mikroskopisch kleine Scheiben zu zersäbeln und fröhlich einen Preis zu trompeten, mit verzagter Miene zu verstehen gibt, er hätte seine höchstpersönliche Currywurst wie üblich sehr gerne am Stück.

**Wie bitte? Individuelle Massenproduktion?**

Was können wir aus solchen Beispielen lernen? Wie kommunizieren Sie Ihren Kunden, dass sie ihre Wünsche ernst nehmen und in individuelle Produkte und Dienstleistungen umsetzen? Kundenindividuelle Massenproduktion scheint auf den ersten Blick ein Widerspruch zu sein. Tatsächlich aber können die Vorteile einer Produktion in großen Stückzahlen mit denen einer kundenindividuellen Einzelfertigung verbunden werden. Der

Begriff »Mass-Customization« wurde Ende der Achtzigerjahre geprägt: Er verband die an sich gegensätzlichen Begriffe »Mass Production« und »Customization«.

Der erste Schritt eines Mass-Customization-Konzeptes ist die Erhebung der Kundenwünsche und deren Umsetzung in eine konkrete Produktspezifikation. Im Gegensatz zur in den Achtzigerjahren vorherrschenden Variantenfertigung, bei der ein Hersteller ohne direkten Kundenbezug für klar definierte Marktnischen Produktvariationen vorfertigt, wird im Rahmen der Mass-Customization ein Produkt erst nach Eingang des Kundenauftrags individuell hergestellt.

**Die erste Welle ...**

Vermeintlich zielgruppengenaue Werbebriefe, Unmengen »maßgeschneiderter« Mailings oder massenhaft »individuelle« Prospekte: Die erste Welle des Direktmarketings war von den Konsumenten schnell durchschaut und wanderte zielsicher in beachtlichen Stückzahlen in den Papierkorb. Frank Piller, Herausgeber der Website Mass-Customization[11] bezeichnet diese Herangehensweise als »kosmetische Kundenbetreuung [...] mit hoher Individualitätsanmutung, die in Wahrheit aber die Prinzipien des Direktmarketings weiterführt"[12]. Sehr viele Marketingkampagnen scheitern kläglich an genau diesem wenig erfolgreichen Versuch der Umsetzung – und die Zufriedenheit der so umgarnten Kunden sinkt kontinuierlich.

**... und die nächsten Schritte**

Einen wesentlichen Schritt weiter geht wirklich erfolgreiches »Beziehungsmarketing«:

> *Durch das Angebot wirklich individueller Produkte und Dienstleistungen bauen Sie beinahe zwangsläufig eine individuelle Beziehung zu Ihren Kunden auf. Erst die Verbindung von Relationship Marketing mit der Wettbewerbsstrategie der Mass-Customization hat das Potenzial, wirklich dauerhafte und profitable Kundenbeziehungen zu etablieren.*[13]

Wir haben es bereits vermutet: Sehr wenige Kunden sind an einer dauerhaften persönlichen Beziehung zu den Produzenten der von ihnen erworbenen Produkte interessiert. Die Konsequenz, mit der Lieferanten diesen eigentlich nicht besonders komplexen Umstand ignorieren, ließ und lässt noch immer viele Direktmarketingkampagnen misslingen. Was Ihre Kunden interessiert, sind ihre eigenen Wünsche und Präferenzen – und genau die können Sie mit individuellen Produkten erfüllen.

---

11. http://www.mass-customization.de/
12. Frank T. Piller: Mit Mass Customization zu echtem Beziehungsmarketing, Harvard Business Manager, 1999
13. Frank T. Piller, ebd.

Kunden wollen keine Auswahl!

Wir dürfen Sie mit einem weiteren – ausgenommen weit verbreiteten - Irrtum bekannt machen: Kunden wollen auswählen! Unbestritten ist die Tatsache, dass Variantenreichtum und Segmentierung immer mehr zunehmen. Die meisten Kunden erwarten allerdings Produkte und Dienstleistungen, die exakt Ihre Ansprüche erfüllen: in funktionaler, technischer und ästhetischer Hinsicht. Eine ausufernde Auffächerung von Artikeln und Produktlinien und eine nicht mehr überblickbare Vielfalt an Varianten löst diese Frage aber nicht – in den Kunden wird lediglich die Hoffnung geweckt, sie würden finden, wonach sie suchen.

> *Kunden wollen im Allgemeinen keine Auswahl. Sie wollen genau das, was sie wollen.*[14]

Genau hier können Sie mit der Strategie der Mass-Customization ansetzen: Die Herstellung eines Produkts als Antwort auf den Wunsch eines Kunden zum Preis eines vergleichbaren Standardprodukts. Gelingt es Ihnen, sich hier zu differenzieren und diesen Vorsprung auch zu kommunizieren, können Sie eine dauerhafte und für alle Seiten gewinnbringende Bindung zu Ihren Kunden aufbauen:

- Ihr Kunde kommt aktiv auf Sie zu und sucht den Dialog mit Ihnen: Grad und Häufigkeit der Interaktionen steigen beinahe zwangsläufig.
- Fast automatisch gewinnen Sie wertvolle persönliche Daten über Ihre Kunden: Dokumentierte Vorlieben und Wünsche helfen Ihnen nicht nur dabei, für Ihre Bestandskunden noch »passgenauere« Produkte und Dienstleistungen anzubieten, sondern dienen auch dem Ausbau des Leistungsportfolios für künftige Kunden.
- Sie bauen Wechselbarrieren auf: Ihre Kunden haben wenig Motivation, zu Wettbewerbern zu wechseln, wenn sie mit Ihren individuellen Angeboten zufrieden sind und die zur Erstellung der Leistung notwendigen Daten bei Ihnen bereits vorhanden sind. Loyalität ist für Ihre Kunden in diesem Fall bequemer als Untreue.

Beispiel Xaaaz.de

»Bei Xaaaz wird das herkömmliche Verkaufsmodell auf den Kopf gestellt: nicht der Hersteller, sondern Sie entscheiden, wie das Produkt aussehen soll« liest der Kunde auf der Website von Xaaaz.de aus Hamburg. Das Unternehmen hat sich das ehrgeizige Ziel gesetzt, »der weltweite Marktführer« für individualisierbare Produkte in den Segmenten Bekleidung, Accessoires, Wohnen, Sport und Freizeit zu werden.

14. Joseph Pine: The Experience Economy, Harvard Business School Press, 1999, übersetzt von den Autoren

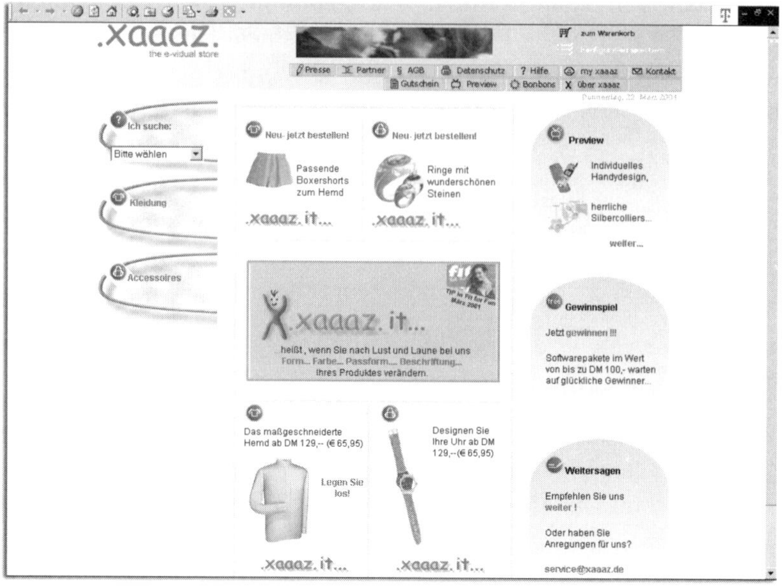


**Abbildung 4.14** Homepage von Xaaaz.de (http://www.xaaaz.de/)

Begleiten Sie uns bei der Konfiguration eines Hemdes: Im ersten Schritt werden Farbe, Kragen-, Taschen- und Manschettenform ausgewählt. Abbildung 4.15 zeigt die Auswahlmöglichkeiten.

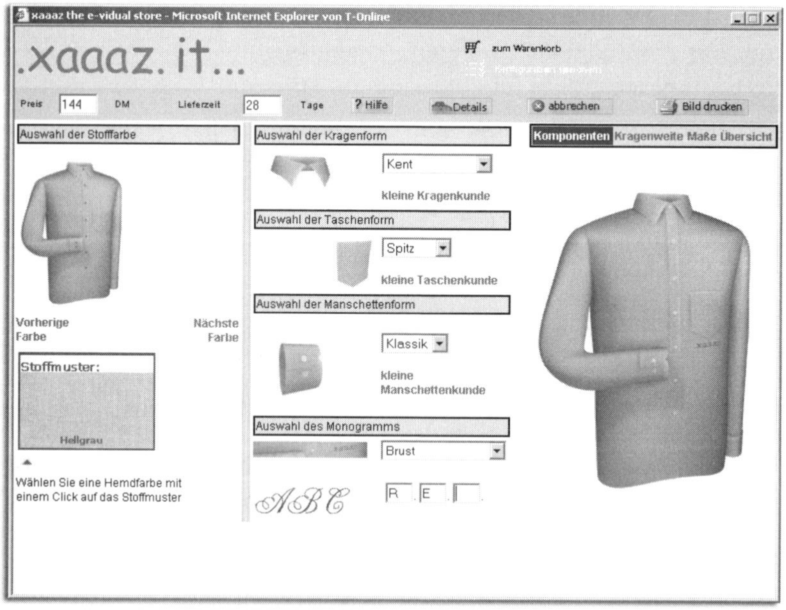


**Abbildung 4.15** Konfiguration eines Hemdes – Auswahl der Komponenten

Die Möglichkeit, nach exakten Maßen zu bestellen, und ein Beispiel für die umfassenden Hilfe-Funktionalitäten werden in den Abbildungen 4.16 und 4.17 dargestellt.

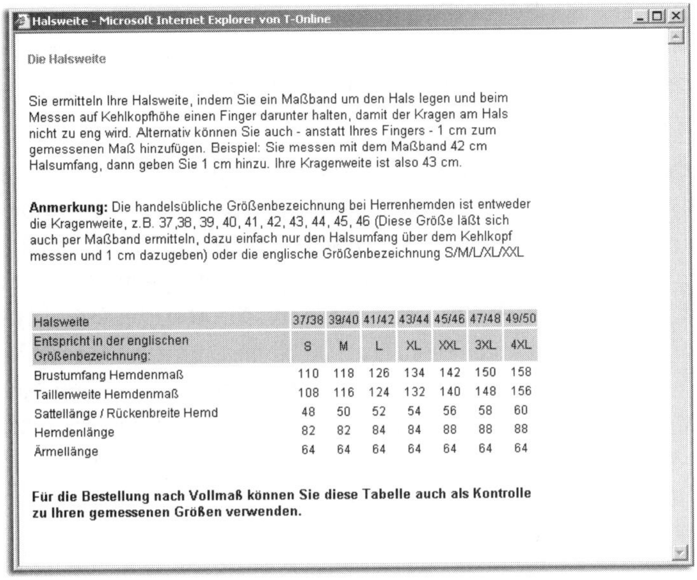


**Abbildung 4.16** Konfiguration eines Hemdes – Angabe der Maße

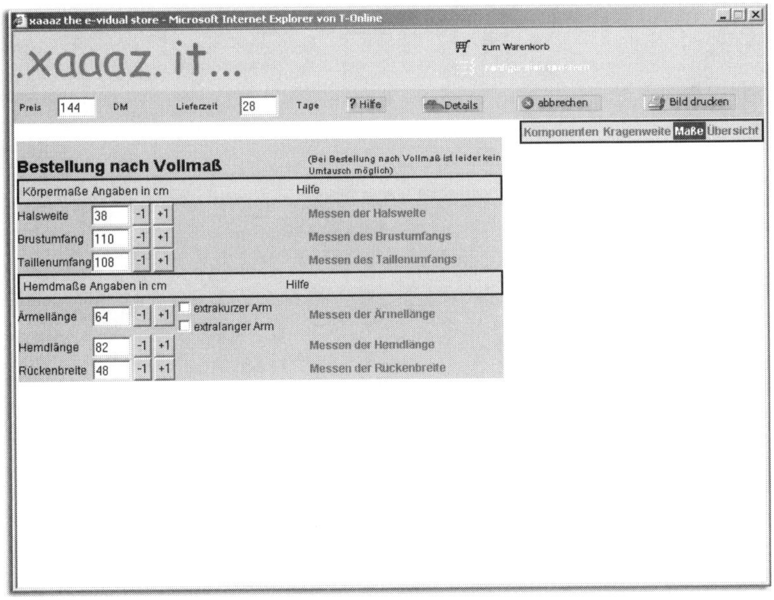


**Abbildung 4.17** Konfiguration eines Hemdes – Hilfe

Auch just4me, der Webauftritt von JCPenny[15], bietet Kundinnen die Möglichkeit, ihr virtuelles Modell zusammenzustellen, das für sie virtuell Kleidung anprobiert. Das größte Potenzial für Optimierungsschritte liegt in dem direkten Anschluss des Bestellsystems an die Produktionsmaschinen des Zulieferers. Sind diese Fragen gelöst und steigen die Umsätze, werden die Handelsmargen, die bei vielen Anbietern derzeit unter den im Handel üblichen Margen liegen, demnächst zumindest vergleichbar werden.

**Beispiel reflect.com**

Frank Piller bezeichnet die individuelle Massenfertigung als faszinierende Wettbewerbsstrategie, die für Unternehmen aller Branchen viele Möglichkeiten biete. So gibt er der amerikanischen Zeitschrift Business 2.0 zwar Recht, die die von Procter & Gamble betriebene Website **www.reflect.com** zum besten Relaunch des Jahres 2000 kürte. Dort können sich Kundinnen ihre individuell auf sie abgestimmten Kosmetika zusammenstellen lassen – was dem Unternehmen nach nur einem Jahr eine halbe Millionen Besucher bescherte. Die Umsätze wurden dabei zu 50% durch Wiederholungskäufe gemacht. Die Abbildungen 4.18 und 4.19 zeigen den zweiten Schritt in der Konfiguration einer Body Lotion und die Beschreibung des fertigen Produkts.

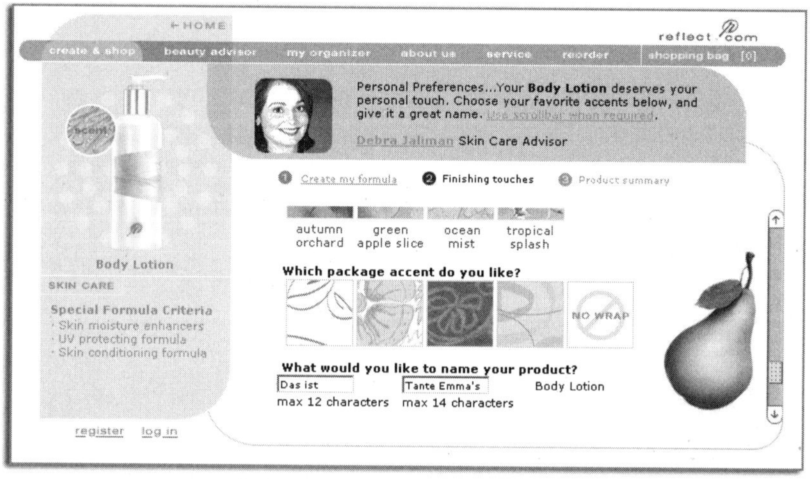


**Abbildung 4.18** Auswahl der Flaschenform, Verpackung und Beschriftung einer Body Lotion ...

15. http://www.just4me.com/

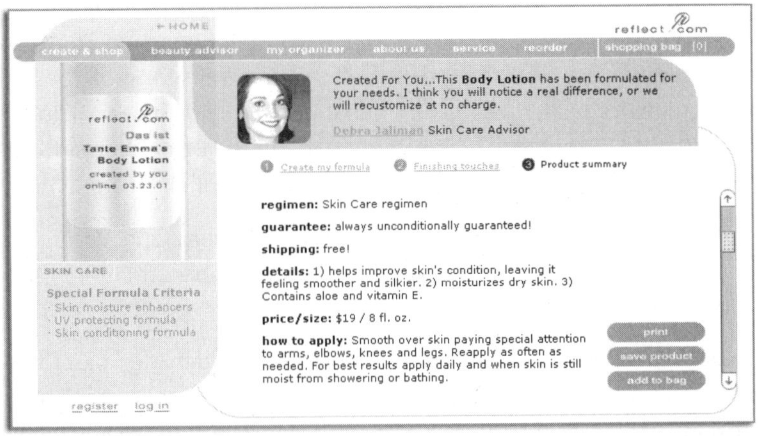


Abbildung 4.19 ... und fertiges Produkt von reflect.com

**Konvergenzdienstleistung Body Scan**

Auch das Erfassen der individuellen Körperdaten bietet ein großes Rationalisierungspotenzial für die Bekleidungsbranche: Broker für Mass-Customization stellen der Branche »Body Scans« gegen eine Gebühr zur Verfügung. Hier sieht Piller wirkliches Potenzial in der Vermarktung von 3D-Maßdaten. »Broker wie Possen.com, Ebodity.de und EZsize.com erfassen Körperdaten über Body-Scanner und stellen diese den Einzelhändlern gegen eine entsprechende Provision zur Verfügung«, erläutert Piller dieses Konzept[16]. Abbildung 4.20 zeigt den Webauftritt von Ebodity.de.

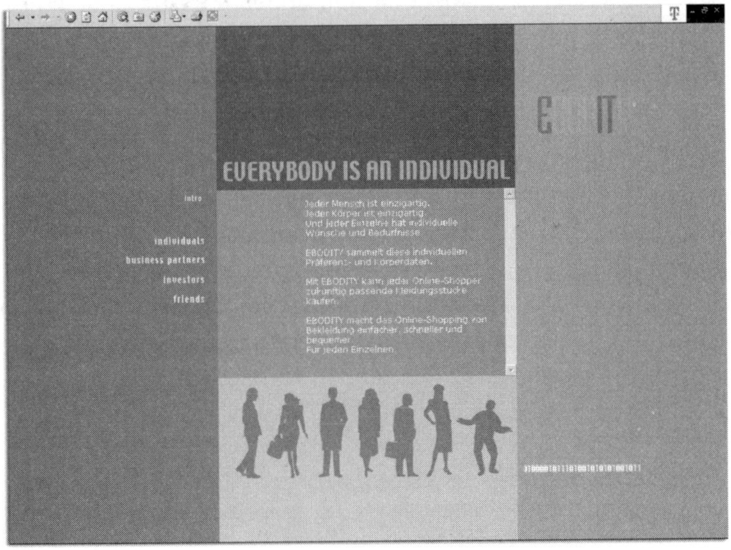


Abbildung 4.20 Internetpräsenz von Ebodity.de

16. http://www.handelsblatt.com/

Der Niederländer Possen beispielsweise fährt mit einem Scanning-Truck durch Holland und Belgien, um dort von den Kunden über rund 35 Messpunkte ein generisches Scan zu erstellen. Der Zulauf sei sehr groß, besonders »wenn man bedenkt, dass der Onlinehandel rund eine halbe Millionen passformbedingte Retouren zu verzeichnet hat. Für die Bekleidungsindustrie bedeutet das ein riesiges Einsparpotenzial«, erklärt Piller.

Die 3D-Daten werden kooperierenden Einzelhändlern zur Verfügung gestellt, die sich die Kosten für Body-Scanner sparen, aber trotzdem Maßkonfektion anbieten wollen.

**Gespeicherte Maße reduzieren Retouren**

Durch Kooperationen mit Online-Anbietern sei so auch der passformsichere Distanz-Kauf möglich. »Für den Kunden wird das spätestens beim zweiten Kauf eines Anzugs interessant«, so Piller. Die Body-Scans ließen sich darüber hinaus von der Bekleidungs- oder Schuhindustrie als Ausgangsdaten nutzen, um damit die Passform von Standardkleidung zu verbessern. Denn allein bei der Bestellung von Schuhen hätten Anbieter wie der Otto-Versand Rückgabequoten von 40 bis 50% zu verzeichnen. Häufig werden zwei Paar Schuhe bestellt, um sicher zu gehen, dass wenigstens eines passt.

Bei Anbietern wie Customix.com, bei denen der Kunde seine Schuhe zumindest nach Vorgaben selber gestalten kann, betrage der Rücklauf nur 5%. »Das liegt daran, dass der Kunde sich mit dem von ihm designten Schuh so stark identifiziert, dass er den Schuh auch behält, wenn er nicht einwandfrei passt. Er hat dadurch einen ganz anderen Bezug zu dem Produkt, durch die geführte Kreativität fühlt er sich selbst als Designer«, weiß Piller. Letztendlich ließen sich die via Body-Scan erstellten und vom Broker aufbereiteten Kundendaten auch zu Marktforschungszwecken nutzen.

**Individuelles Auto?**

Auch in der Autoindustrie sind erste Ansätze zu erkennen, dem Wunschauto einen persönlichen Touch zu verpassen. Ford[17] bietet dem Autokäufer die Möglichkeit, die Ausstattung eines Modells nach seinen Wünschen zu modifizieren. Auch modele.com soll dem Kunden eine individuelle Konfiguration der Autos im Netz ermöglichen: Auf den in Abbildung 4.21 bis 4.24 gezeigten Websites sehen Sie das Abstimmungsergebnis über das Design des zu fertigenden Fahrzeuges, eine Reservierungsmöglichkeit und das erste Foto des TRITANIUM-Prototypen.

17. http://www.ford.com/

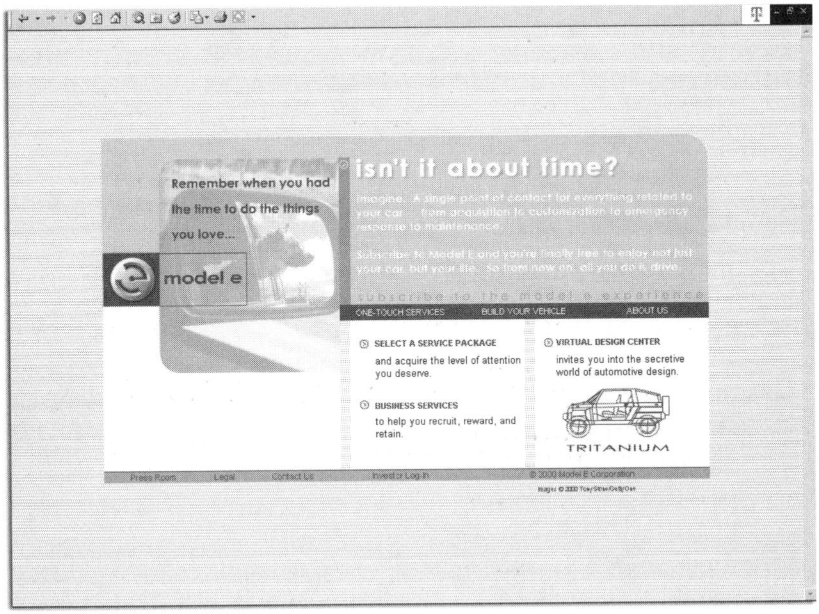


Abbildung 4.21 Internetpräsenz von model e (http://www.modele.com/)

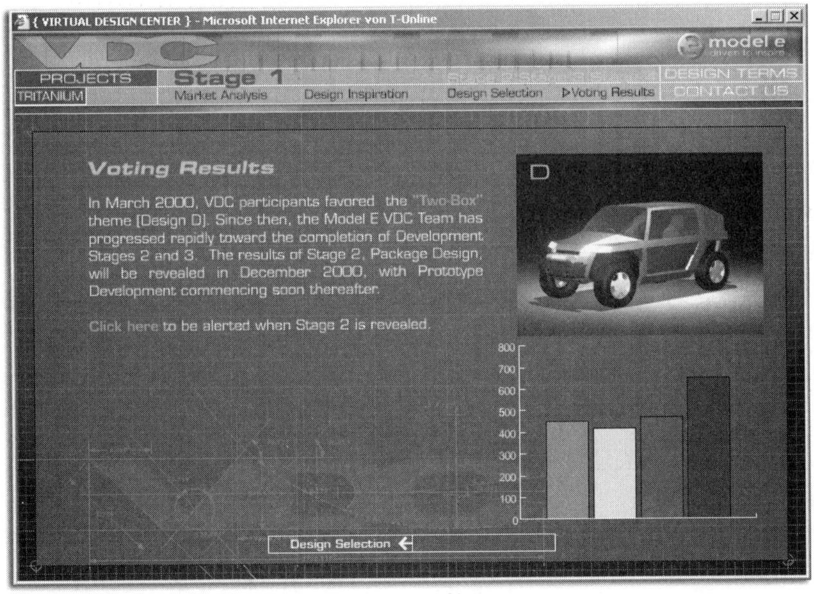


Abbildung 4.22 Ergebnisse der Abstimmung über das Design des zu bauenden Fahrzeugs

**Abbildung 4.23** Reservierungsmöglichkeit und ...

**Abbildung 4.24** ... erstes »Live«-Bild des TRITANIUM

## Offline und online: Hier können Ihre Kunden was erleben!

*Aufmerksamkeit ist das kostbarste Gut geworden.*[18]

**Die Stufen der Wertschöpfung**

Wir dürfen Sie zu einem Gedankenspiel mit einer Tasse Kaffee einladen: Ein Pfund Kaffee kostet am Weltmarkt derzeit so um die 1 €, eine Tasse daher ungefähr 3 Cents. Verpackt und zum Laden transportiert nimmt der Händler gut und gerne 40 Cents pro Tasse Kaffee. Eine Tasse Kaffee im Kaffeehaus, Eiscafé oder Coffeshop ist von 2 aufwärts zu haben, in den hippen Cafés der Flaniermeilen Berlins, Münchens und Wiens vermutlich ein wenig mehr.

»Dienstleistung« und »Service« nennt man gemeinhin die in Abbildung 4.25 dargestellte dritte Stufe der Wertschöpfung. Wo liegt der Mehrwert dieser Stufe? Mehr oder minder freundlich gestimmt und gutaussehend eine einigermaßen gelungen gebrühte Tasse (»Draußen gibt's nur Kännchen!"[19]) Kaffee zu servieren, erzeugt für den Kunden oder Gast keinen tatsächlichen Mehrwert.

**Mehrwert »Erlebnis«**

Was tatsächlich Mehrwert generiert, ist Unterhaltung, Interaktion, ja, »Inszenierung« und »Bühne« – kurz, das Erlebnis[20]. Die Schwelle des passiven Konsums wird hier überschritten, das Publikum gestaltet das Ereignis, indem es auf äußere Einflüsse reagiert oder sich selbst in Szene setzt.

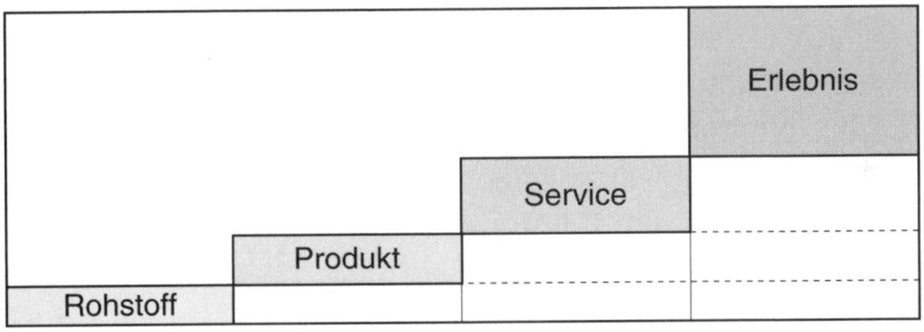


**Abbildung 4.25** Anteile der Wertschöpfung bis zum Erlebnis-»Produkt« (Quelle: aus Joseph Pine II, Jane H. Gilmore: The Experience Economy, HBS Press, 1999)

Diese in Abbildung 4.25 gezeigte vierte Stufe der Wertschöpfung, dort, wo sich aus Service »Erlebnis« entwickelt, übertrifft die vorgelagerten Stufen um ein Vielfaches.

18. Bob Isherwood, Saatchi&Saatchi
19. Einen Dank für diesen Leihsatz an Dirk Ploss, den Autor von »Das Loyalitäts-Netzwerk«, Galileo Business, 2001
20. Matthias Horx: Die acht Sphären der Zukunft. Ein Wegweiser in die Kultur des 21. Jahrhunderts, Signum-Verlag, 2000

Genau hier sollten Sie ansetzen: bei den emotionalen und sozialen Komponenten des Einkaufens, in der analogen und der digitalen Welt. Hier sind im Markt der Zukunft Kunden zu gewinnen und zu begeistern – und hier sind Kunden auch bereit, Geld auszugeben.

> *Originelle Ideen sind wertlos, wenn sie die Menschen nicht bei ihren Emotionen packen.*[21]

**Themen statt Produkte**

Die profanen Dinge des täglichen Bedarfs können und werden Sie und Ihre Kunden sich bald gegen geringes Entgelt nach Hause liefern lassen – hier sind auf beiden Seiten nur wenige und eher zufällige Erlebnisse zu erwarten. Die tatsächlichen Erlebnisse beim Konsum werden in Zukunft immer subtiler – online und offline: Kleine Läden und Mega-Einkaufszentren werden ihr Konzept neu ausrichten: von einer Produkt- zu einer Themenorientierung. Teilweise ist dieser Trend im Handel und der Gastronomie bereits zu bemerken.

Die Grenzen zwischen Konsum und Entertainment verschwimmen immer mehr. Die Marktplätze der Vergangenheit und Gegenwart erfüllten und erfüllen neben ihrer hauptsächlichen Bestimmung, einen Umschlagplatz für Güter zu bieten, auch eine soziale Aufgabe: Moderne Marktplätze, in der realen und virtuellen Welt, werden in Zukunft die Erlebniswelten sein, in denen auch Ihre Kunden einen großen Teil ihrer Zeit verbringen.

Nehmen Sie sich an diesen teilweise jahrhundertealten Modellen ein Beispiel bei der Ausrichtung Ihrer Kundenbindungsstrategie! Denken Sie daran, dass für Ihre Kunden zwischen einem Besuch und Kauf in einem Laden und im Internet kein Unterschied besteht: Beide gehören zur Erfahrung, zum Erlebnis insgesamt – und zur umfassenden Wahrnehmung des Anbieters oder Lieferanten.

## Beispiel KTM: Das Abenteuer ist orange[22]

Motorräder gibt es viele am Markt. Und viele vergleichbare noch dazu. Aber nur KTM steht für:

- Ready-to-Race
- extrem
- Lightweight-Performance
- Purismus und Abenteuer

---

21. Bob Isherwood, Saatchi&Saatchi
22. Die Autoren danken Barbara Kenedi, Marketing-Leiterin der KTM Sportmotorcycle AG, für diesen Beitrag.

Das Ziel des KTM-Marketings ist es, diese Kernwerte des KTM-Markenimages mithilfe sorgfältig ausgewählter Marketingmaßnahmen und einer gezielten Kommunikation glaubwürdig zum (potenziellen) Kunden zu transportieren.

Das bedeutet einen Außenauftritt, der sich von der Konkurrenz abhebt, anders ist, extremer ist. KTM positioniert sich spitz, mit kecken Inseraten, extremer Bildsprache, frechen, selbstbewussten Texten. Es darf und soll ein bisschen provoziert werden, wie die folgenden Abbildungen zeigen.

**Abbildung 4.26** Kecke Inserate

Abbildung 4.27 Extreme Bildsprache

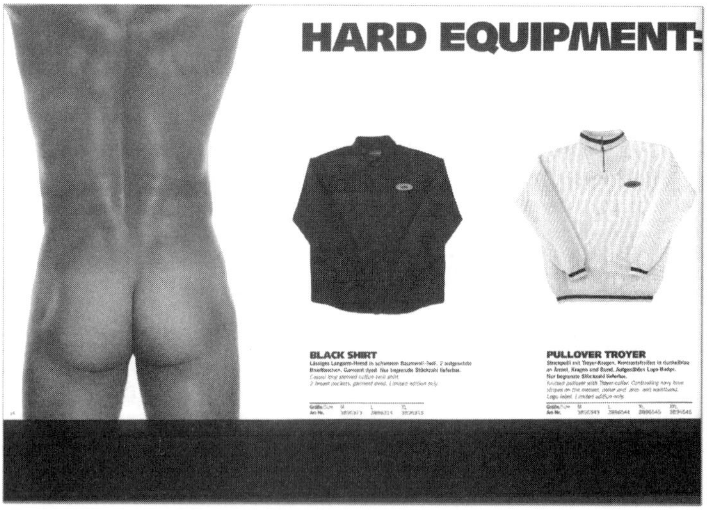


Abbildung 4.28 Ungewöhnliche Motive

**Abbildung 4.29** Freche Texte

Es geht darum, den Kunden in diese extreme Welt einzufangen und ihn emotional an die Marke und das Produkt zu binden. Deswegen verkauft KTM nicht nur Motorräder: KTM bietet eine ganze Erlebnis- und Informationswelt rund um das Thema Motorrad. Vielleicht hat KTM gerade deswegen einen sehr hohen Stammkundenanteil. Einige der wichtigsten Aktivitäten sollen hier kurz vorgestellt werden.

**KTM Adventure Tours**

KTM Adventure Tours – das sind Motorrad-Erlebnis-Touren exklusiv für KTM-Fahrer. Ob mit eigenem Motorrad oder Mietmotorrad, zur Auswahl stehen heute mehr als 100 verschiedene Touren zu fast 30 verschiedenen Destinationen.

Die Philosophie der KTM Adventure Tours ist es, Kunden die Möglichkeit zu geben, ihr erworbenes Produkt auch bestimmungsgemäß zu nutzen. Und zwar bis an die Grenzen, wobei jene des Fahrers meistens schneller erreicht sind ...

**Abbildung 4.30** Adventure Tours

Jede KTM Adventure Tour wird von einem KTM-Werksfahrer begleitet: Die »Motorrad-Stars zum Anfassen« sind ein wichtiger Bestandteil der Touren. Enduro- und Motocrossweltmeister, Supermoto-Champs oder Rallyesieger stehen den Kunden dort als Trainingspartner, Experten oder einfach für »Benzingespräche« zur Verfügung.

Heute eine der wichtigsten Kundenbindungsmaßnahmen, sind die KTM Adventure Tours ursprünglich aus einer Notsituation Anfang der 90er-Jahre entstanden: Die Möglichkeiten, in deutschsprachigen Ländern ein Gelände-Motorrad wirklich im Gelände zu bewegen, schrumpften rapide. Es musste ins Ausland ausgewichen werden. Heute sind die Abenteuertouren ein eigenes Tochterunternehmen und betreuen jährlich 1500 motorradbegeisterte Kunden.

Die Vielfalt bestimmt dabei das Angebot: Von Schnupperkursen für Kinder ab vier Jahren, der Enduro-Schule für Gelände-Neulinge und dem Motocross-Training für Fast-Profis bis hin zu Hard Enduro »hart« am Rande der Konditionsgrenze, Alpenglühen auf der Straße und eine echte Wüstenrallye reicht die Palette. Sogar die Werksbesichtigung wird zum Motorrad-Erlebnis: Nach einer Führung durch die »heiligen Produktionshallen« ist zwei Tage ausgiebiges Motorradfahren in der Gruppe angesagt.

Auch in den KTM Adventure Tours finden sich die Marken-Kernwerte wieder.

**KTM Power Wear**

Hard Equipment für den KTM-Besitzer: Wer ein stolzer KTM-Motorradbesitzer ist, legt auch Wert auf ein entsprechendes Äußeres. Die KTM Power Wear ist Motorrad-Funktionsbekleidung auf der einen Seite, locker-legere Freizeitbekleidung auf der anderen.

**Abbildung 4.31** Power Wear

Das Design ist modisch, die Farben immer in Abstimmung mit der aktuellen Motorrad-Grafik. Das KTM-Logo präsentiert sich einmal auffällig groß für Rennsport-Fans, einmal dezent für den Alltag. Dabei kommen auch Kids und Girlies nicht zu kurz. Und die besten und glaubwürdigsten Fotomodelle finden sich dabei in der eigenen Rennsportabteilung.

**KTM Power Parts**

Hard Equipment für das Motorrad: Eine KTM ist ja schon gut, aber sie kann noch besser gemacht oder dem individuellen Geschmack und den eigenen Fahrkünsten angepasst werden. Kunden stehen auf »Racing-Teile« und »Factory-Teile«.

Die KTM Power Parts sind Zubehörteile zum Verschönern, Individualisieren und Tunen (irgendwo finden sich immer noch ein paar PS ...) des Motorrades. Über einen hochwertigen Prospekt, der den Neu-Motorrädern gleich beigepackt wird, und über die KTM-Website werden diese Informationen an den Kunden übermittelt.

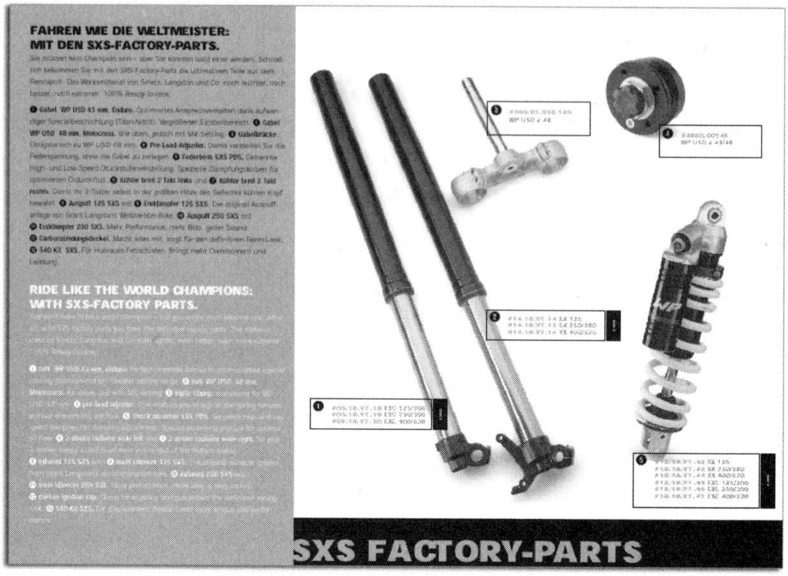


**Abbildung 4.32** Power Parts

**KTM Magazin**

Das Magazin für KTM-Freunde erscheint alle drei Monate und steht Händlern, Abonnenten und KTM-Clubmitgliedern gratis zur Verfügung.

Diese hochwertige Kundenzeitschrift enthält auf 20-24 Farbseiten aktuelle Produktneuheiten, Sportnachrichten, Abenteuer- und Reisegeschichten, Technikinfo, Insidertipps sowie Tratsch und Klatsch aus der internationalen KTM-Welt.

Die Absicht des Magazins ist es, die Marke KTM dem Kunden regelmäßig ins Gedächtnis zu rufen, ihm das Gefühl »Ich bin ein Teil der KTM-Familie« zu geben und ihn letztendlich zu motivieren, seinen Händler wieder einmal aufzusuchen.

**KTM-Festival**

Das KTM-Festival ist das alljährliche KTM-Mega-Event: Eventmarketing pur. KTM-Fahrer und -Freunde treffen sich für 3-4 Tage in einem jährlich wechselnden europäischen Land zum Motorradfahren und Feiern.

Motocross, Enduro, Kindercross, Supermoto, Freestyle, Showrennen der Werksfahrer, Musik, Tombola ... Partytime mit den KTM-Superstars. Die Kunden profitieren von Gesprächen mit KTM-Mitarbeitern, Technik-Tipps der Rallye-Mechaniker, Fahr- und Konditionsratschlägen der Werksfahrer und können ihrem liebsten Hobby nachgehen: dem Motorradfahren.

Abbildung 4.33 KTM-Magazin

Abbildung 4.34 KTM-Festival

**Fazit** Das Rundherum um das Motorrad – Touren, Bekleidung, Technik und Information – wird im KTM-Marketing genauso wichtig genommen wie das eigentliche Produkt: das KTM-Sportmotorrad.

Denn der Mehrwert wird von Kunden nur dann richtig angenommen, wenn er in einem perfekten Einklang mit den Kernwerten der Marke steht und nicht nur als Theorie existiert, sondern immer und bei jeder Gelegenheit gelebt wird.

### Beispiel Kiwilogic.com: Benutzerfreundlichkeit und Emotion auch im Netz[23]

**Frage ...** Die typische Website eines erfolgreichen E-Commerce-Anbieters hat ungefähr so viel Charme wie ein Aldi-Markt kurz vor Ladenschluss. Ihr Inhalt ist umfassend und faktisch korrekt, aber sie erscheint oft hochkomplex und lässt den Kunden mit tausenden von Wahlmöglichkeiten im Informationsdickicht alleine. Eine solche Webseite baut keine emotionale Bindung zum Kunden auf; folglich stellt auch der Kunde keine tiefe Beziehung zu ihrem Anbieter her und der Wunsch zum Verbleib oder gar zur Rückkehr ist schwach. In E-Commerce-Shops ist die Zahl der abgebrochenen Verkaufsvorgänge deutlich höher als die der erfolgreichen Geschäftsabschlüsse.

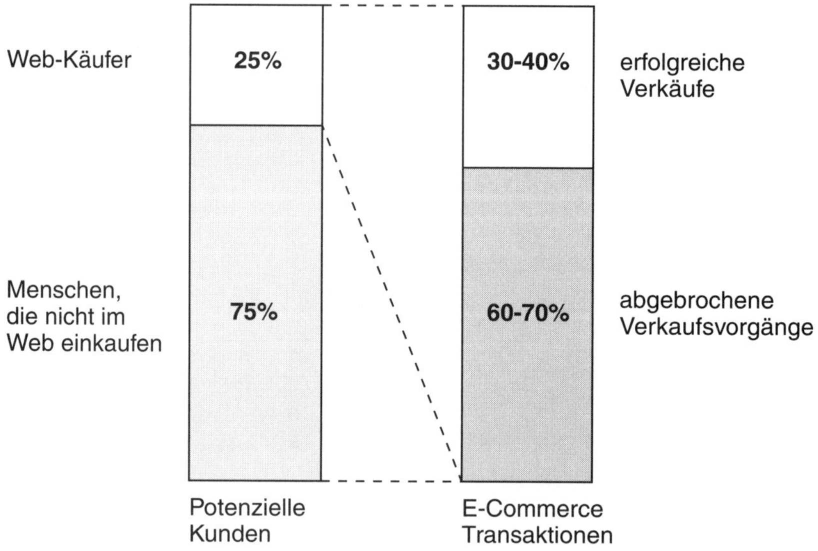


**Abbildung 4.35** Erfolgreiche und abgebrochene Verkaufsvorgänge im Netz (Quelle: Kiwilogic 2001)

23. Die Autoren danken Julia Hachmann, Marketing-Leiterin der Kiwilogic.com AG, für diesen Beitrag.

Die Lösung des Problems ist ein virtueller Helfer, ein so genannter Lingubot, der den Besucher durch die Website führt. Ein Lingubot kann jeder Website einen Hauch von Menschlichkeit geben und den Kunden emotional an sie binden. Denn ein Lingubot ist eine virtuelle Person, die auf einer Website »lebt«, alles über die dort angebotenen Informationen, Produkte oder Dienstleistungen weiß und dieses Wissen im natürlichsprachlichen Dialog dem Webnutzer vermittelt. Der Besucher erhält sofortige Aufmerksamkeit und Antwort auf seine Fragen und Wünsche.

**... und Antwort**

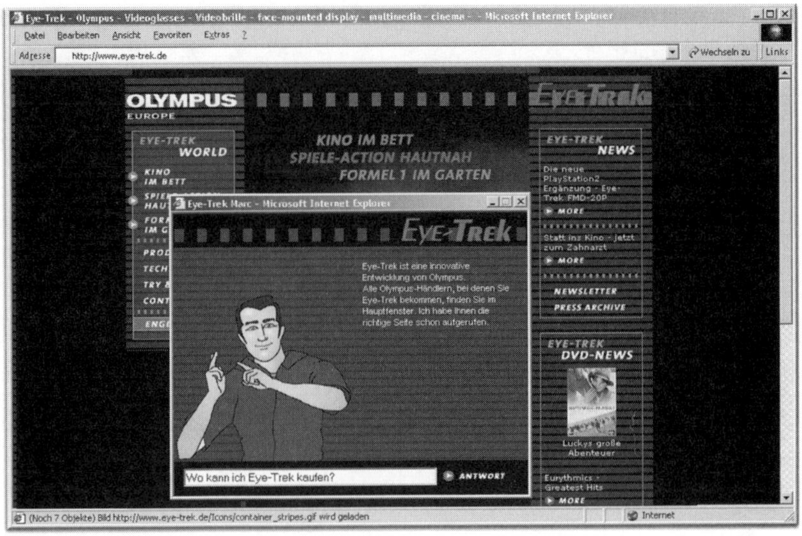


**Abbildung 4.36** Lingubot Marc weiß alles über das Olympus-Produkt »Eye-Trek« und hilft dem Kunden, das Gesuchte zu finden.

**Hintergrund**

Ein Lingubot basiert auf dem Wissen des Unternehmens, das von Mitarbeitern oder Dienstleistern mithilfe der Kiwilogic-Software »Lingubot Creator« zu einer Wissensbasis gebündelt wird. Die Wissensbasis besteht aus Erkennungen und Antworten, die zu identifizierten Nutzereingaben aufgerufen werden. Die Wissensbasis wird mit einem visuellen Erscheinungsbild, z.B. einer Comic-Figur oder 3D-Animation, verknüpft, über das der Lingubot verschiedene Emotionen ausdrückt. Der Website-Besucher kommuniziert mit dieser Figur, indem er über ein Texteingabefeld in natürlicher Sprache Fragen und Aussagen formuliert und Antworten in Text oder per Sprachausgabe erhält.

Eine schnelle Akzeptanz und sogar gefühlsmäßige Bindung des Benutzers an dieses virtuelle Wesen wird durch die Kreativität des Lingubot-Autors und die optische Gestaltung des Lingubots erreicht. Um überzeugend auf

Menschen zu wirken und ihre Gefühle anzusprechen, ahmt ein Lingubot menschliches Verhalten nach. Ein guter Lingubot kann Folgendes bzw. hat folgende Eigenschaften:

- Er hat einen persönlichen Hintergrund und Lebenslauf und kann auch über Themen außerhalb seines Hauptwissensgebietes reden, z. B. über das Wetter, Hobbys oder persönliche Interessen.
- Er benutzt durchgängig einen typischen Konversationsstil.
- Er lenkt den Dialog.
- Er reagiert beschämt oder verärgert auf beleidigende Eingaben des Gesprächspartners.
- Er zeigt seine Gefühle durch die Grafik, Animation usw.
- Er vermeidet, sich wie eine Maschine zu benehmen, d.h. sich zu wiederholen oder Fehlermeldungen anzuzeigen.
- Er bittet nie den Gesprächspartner, sich zu wiederholen oder die Frage neu zu stellen.
- Er wiederholt sich nie mit den gleichen Worten.
- Er kann das Gespräch an einen Callcenter-Mitarbeiter weiterleiten, wenn er einen Dialog nicht versteht.
- Er darf nie vergessen oder ignorieren, was der Gesprächspartner bereits gesagt hat.

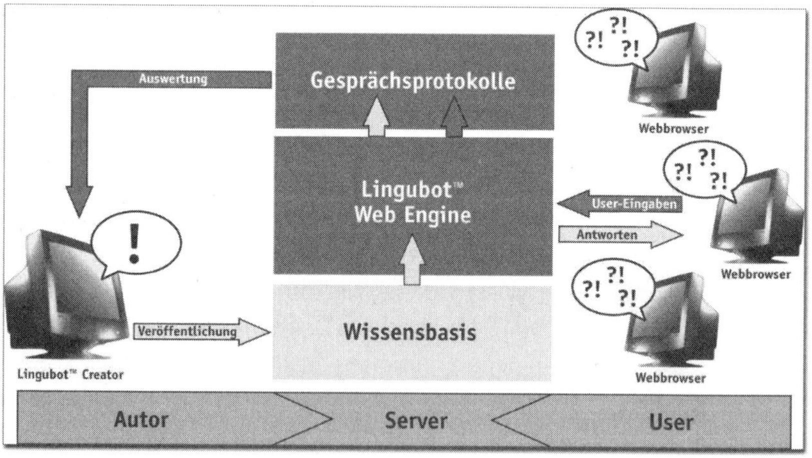


**Abbildung 4.37** Die Funktion des Kiwilogic Lingubot™ Creators

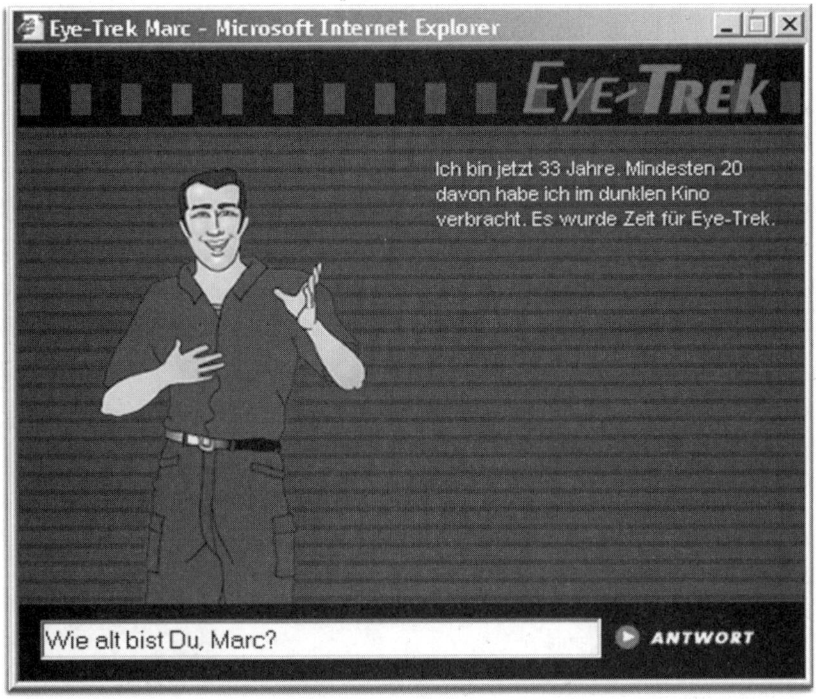


**Abbildung 4.38** Marc lenkt das Gespräch in die richtige Richtung.

**Sanfte Steuerung des Besuchers**

Ein gut durchdachter Lingubot gibt den Website-Besuchern das Gefühl, dass sie sich mit etwas Realem und Lebendigem unterhalten, obwohl sie wissen, dass sie mit einem Computer reden. Der Lingubot kann sich ihren Namen merken; dabei kann er auch auf vorhandene Datenbanken zurückgreifen und berücksichtigen, was der Kunde beim letzten Besuch gekauft hat. Er steuert den Besucher durch das Angebot und ist rund um die Uhr ansprechbar. Die Kunden erleben durch den Lingubot die Website als ein unterhaltsames Medium und kommen gerne wieder.

Der Website-Betreiber erfährt anhand der gespeicherten Dialog-Protokolle durch den Besucher selbst, was dieser wirklich wissen will und kann sein Webangebot entsprechend an die Wünsche der Kunden anpassen.

Die Bindung des Kunden an Website und Angebot wird durch einen Lingubot konstant überprüft und Maßnahmen zu ihrer verbesserten Kundenorientierung können frühzeitig ergriffen werden. Die Kosten für Verkaufsprozesse und Support durch Telefon oder E-Mail werden durch den Einsatz eines Lingubots stark reduziert. Aber vor allem wird der persönliche Dialog zwischen Anbieter und Kunden, den man im Aldi nur selten findet, wieder in den Mittelpunkt gestellt.

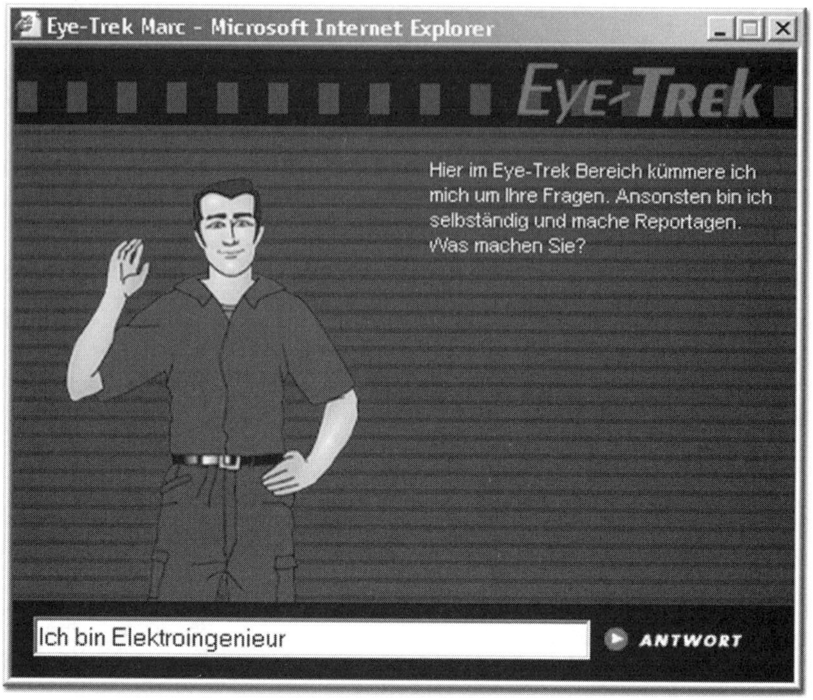


**Abbildung 4.39** Marc erfährt nebenbei so einiges über seinen Gesprächspartner.

## 4.3 Beschenkte Kunden kommen zurück: Bonus- und Loyalitätsprogramme

**Theorie ...**

Um den immer höheren Kosten, die die Gewinnung von Neukunden mit sich bringen, einigermaßen standzuhalten, investieren Händler in der realen und virtuellen Umgebung immer mehr in die Bindung ihrer Bestandskunden. Rabatte, Newsletter und personalisierte Angebote sollen die Kunden zu Wiederholungstätern machen – ebenso wie Gewinnspiele oder Gutscheine. Dies ist die Theorie.

**.. und Praxis**

Die Praxis sieht im Moment so aus: Der Anteil der Konsumenten, die Hersteller von Produkten und Lieferanten von Dienstleistungen oft wechseln, liegt bei etwas über 10% aus Enttäuschung über die Produktqualität und nicht einmal 10%, weil der Mitbewerb qualitativ bessere Produkte oder Dienstleistungen anbietet oder einfach preiswerter ist. Der hauptsächliche Grund für das »Fremdgehen« der Kunden ist die Tatsache, dass sie sich vom Lieferanten vernachlässigt und teilweise im Stich gelassen fühlen und ihnen nicht oder nur unzulänglich das Gefühl gegeben wird, als Kunde wirklich gerne gesehen und willkommen zu sein – oder sogar bevorzugt behandelt zu werden.

*Erfolg im E-Business ruht auf zwei Säulen: E-Commerce und Kundeninformationen. Jede E-Business-Strategie, die diese beiden Disziplinen vereint, verfügt über die entscheidenden Erfolgskomponenten. Das eine ohne das andere hingegen – E-Commerce ohne Kundeninformationen oder umgekehrt – führt zu Ergebnissen, die bestenfalls mittelmäßig sind.*[24]

Verhätscheln und belohnen Sie Ihre treuen Kunden! Vernachlässigen Sie nicht Ihre bestehenden Kundenkontakte beim Versuch, Neukunden zu gewinnen:

- Kunden kommen nur dann wieder bei Ihnen vorbei, wenn Sie einen konkreten Nutzen bekommen. Dieser Nutzen kann in neuen Informationen, Hilfestellung beim Einsatz Ihrer Produkte, vereinfachten Bestellvorgängen oder guten Angeboten für treue Kunden bestehen.
- Kunden reagieren im Internet direkt und sofort – sie kommen dann wieder, wenn sie finden, was sie suchen.

Belohnen Sie Ihre Kunden durch Rabatte, Gutscheine, exklusive Angebote für ihre Besuche und Empfehlungen, ohne dass diese Angebote wie »von der Stange« wirken. Sie müssen individuell konzipiert und an die Bedürfnisse der Zielgruppe angepasst werden.

Ganz wesentlich ist es in diesem Zusammenhang, so schnell wie möglich zu lernen, was Ihre Kunden wirklich wünschen und denken. Was für die eine Zielgruppe ein durchaus interessanter Mehrwert und Nutzen ist, mit dem Sie sich differenzieren können, bedeutet für eine andere Gruppe Ihrer Besucher und Kunden möglicherweise nur unnötiges Beiwerk und hat für sie keinen erkennbaren Wert. Es ist außerdem wesentlich, sich darüber klar zu werden, welche konkreten Ziele Sie als Anbieter eigentlich verfolgen. Mögliche Zielsetzungen sind die Reduzierung des Aufwands der Kundenbetreuung (durch Onlineberatung, ein intelligentes Weiterempfehlungssystem oder personalisierte Newsletter) oder die Steigerung der Bekanntheit eines Unternehmens oder einer Marke mit geringstmöglichem Aufwand.

Für Markus Stolpmann[25] bildet das folgende Fünf-Punkte-Programm die Grundlage für die Umsetzung jedes Kundenbindungsprogramms im Netz:

---

24. Wayne Eckerson, Patricia Seybold Group
25. Markus Stolpmann: Kundenbindung im E-Business. Galileo Business, 2000

- Erster Schritt ist es, die Benutzer überhaupt einmal dazu zu bringen, die Internetpräsenz des Anbieters aufzusuchen. Dies wird durch einen abgestimmten Online-Marketingmix erreicht.
- Im zweiten Schritt muss der Anbieter erreichen, dass er in die engere Auswahl aufgenommen wird. Dazu sollte die Internetpräsenz interessant sein und auf den ersten Blick einen Nutzen und tatsächlichen Wert ausstrahlen, der über die »Wir über uns«-Informationen hinaus geht. Es gilt, die Zielgruppe sofort mit Kompetenz und dem Versprechen eines persönlichen Mehrwerts zu ködern.
- Im dritten Schritt sollen die Benutzer dazu gebracht werden, regelmäßig zur Internetpräsenz des Anbieters zurückzukehren. Damit wird allmählich das Vertrauen der Benutzer zu einem Anbieter aufgebaut. Durch Kompetenz, umfassende Informationen, Bequemlichkeit, Mehrwert-Leistungen, virtuelle Gemeinschaften usw. werden dauerhafte Vorteile für den treuen Kunden geboten, die sich für ihn in einer persönlichen Kostenersparnis oder einem Informations- und Zeitgewinn niederschlagen können.
- Der vierte Schritt besteht in einer Abschottung des eigenen Kundenbindungsprogramms nach außen. Dazu werden Wechselhürden implementiert, die den Wechsel des Anbieters aus reiner Neugierde zu verhindern suchen.
- Parallel dazu, aber auch fortlaufend über die gesamte Laufzeit des Programms, wird in einem fünften Schritt immer wieder der Anreiz erhöht und das Angebot an Mehrwertdiensten ausgebaut. Der größte Nutzen, aber auch die größte Bindung für die Kunden ergibt sich im Idealfall aus der kombinierten Nutzung gerade dieser unterschiedlichen Mehrwertangebote.

Das teure Aufsetzen von Kundenbindungsprogrammen gilt als das ultimative Marketinginstrument. Ein Großteil dieser Programme schlägt fehlt, was unter anderem am unzureichenden Messen, Bewerten und Interpretieren der Ergebnisse liegt. Fehlende Anreize für beteiligte Mitarbeiter, die »Verwässerung« des Programms und der zugrunde liegenden Überlegungen sowie die mangelnden Definitionen von Abläufen und Zuständigkeiten im Unternehmen tragen ebenfalls zum Misserfolg bei.

Langfristiges und erfolgreiches Halten von Kunden kann nur dann erreicht werden, wenn die Bedürfnisse und Wünsche der Kunden tatsächlich ernst genommen werden. Im Unternehmen muss die Qualität der Services rund um das Angebot und nach dem Verkauf der Dienstleistungen oder der Produkte verankert sein und als »Chefsache« betrachtet werden.

## Rabattmarken, Kapitel zwei?

Bunte Marken, die vor einigen Jahren noch mittels analogem Cut and Paste auf Postkarten befestigt wurden und im letzten Jahrzehnt etwas aus der Mode kamen, feiern in Form von Payback, Webmiles, Bonus.net, Cybergold oder MyPoints Wiederauferstehung – mit einem Ziel: Kunden an sich zu binden. Es ist überflüssig zu erwähnen, dass diese neuen alten Systeme keine urdeutsche Erfindung sind: In den USA hat Cybergold bereits 1995 das Potenzial der Prämiensysteme im Netz erkannt und umgesetzt. Mehr als 9 Millionen Mitglieder darf das von MyPoints übernommene Unternehmen laut eigener Aussage vorweisen. Zusammen kommen die beiden Unternehmen auf einen Kundenstamm von über 15 Millionen fleißigen Sammlern.

## Neukunden sind ein scheues Wild

Die Gewinnung von Neukunden ist ein mühseliges und kostspieliges Unterfangen. Daher werden Erfolg versprechende Ansätze der Kundenbindung für den Onlinehandel zunehmend wichtiger:

- Aufmerksamkeit hat nicht nur in der realen Welt ihren Preis: Die Klick-Rate bei Bannerwerbung befindet sich seit Anfang 2000 auf einer Aufsehen erregenden Talfahrt.
- Die »Konversionsrate« vom interessierten Surfer zum Käufer eines Produkts oder einer Dienstleistung liegt zurzeit bei unter 3%. Nehmen wir einen durchschnittlichen Tausenderkontaktpreis (TKP) von 30 € an, so »kostet« ein Neukunde etwa 300 €. Anders gesagt: Um einen Neukunden zu gewinnen, müssen im Durchschnitt etwa 10000 Kontakte gebucht werden.

Nur – wie halten Sie diese Kunden? Nicht erst seit heute gehören attraktive Kundenbindungsmaßnahmen und -programme zu den entscheidenden strategischen Erfolgsfaktoren für die langfristige Profitabilität von Unternehmen – ein Umstand, der durch die Schnelligkeit im E-Business eine zusätzliche Brisanz entwickelt. Ein Onlinekunde muss viermal einen Durchschnittskauf tätigen[26], bis schwarze Zahlen zu erwarten sind – in der Lebensmittelbranche wartet man sogar im Durchschnitt ganze 18 Monate auf Gewinn.

Daher kann es auch im Internet nur ein Ziel geben: Kunden zu gewinnen und sie als treue Stammkunden zu halten. Diese geben mehr aus, nehmen den Kundendienst seltener in Anspruch und sind auch selbst die

26. Quelle: Bain&Company

beste Werbung, wie im Abschnitt »Der Zusammenhang von Kundenzufriedenheit, -treue und Erfolg« im Unterkapitel 4.5 detailliert ausgeführt wird. Diese überaus wertvolle Spezies – der Stammkunde –, die bei einem Anteil von ca. 5% der Onlinebevölkerung gut und gerne 10% der Einkäufe und 40% der Transaktionen tätigt[27], können Sie durch die altbekannten Prämiensysteme gewinnen und halten.

**Reich mit Online-Rabatten?**

Die dunklen Ahnungen von Shop-Betreibern, dass Online-Rabattmarken nur Schnäppchen-Nomaden anziehen würden, haben sich nicht bewahrheitet. Bei einem Rabatt von nicht mehr als 3% ist ein schneller Reichtum von Käufern auch so gut wie ausgeschlossen – selbst dieser gesetzliche Rahmen wird nur in seltenen Fällen ausgeschöpft. Beispielsweise gewährt der österreichische Versandhändler lion.cc für jeden umgesetzten Euro schlanke 2 Punkte, die 2 Cent entsprechen. Auch bei DEA werden für eine Tankfüllung von der 98er Perle geschätzte 25 Punkte gutgeschrieben.

**Win-Win-Situation für Anbieter und Kunden?**

Die Funktionsweise der Prämiensysteme ist einfach: Ähnlich den Vielflieger-Programmen großer Airlines funktionieren auch Webmiles & Co nach dem Prinzip: Für gekaufte Produkte oder Dienstleistungen werden Rabatte in Form von Meilen oder Punkten gutgeschrieben. Haben sich genügend Punkte angesammelt, können diese wiederum in Prämien oder sogar Bargeld getauscht werden.

Als besonderen Anreiz offerieren die Kartenherausgeber ihren Kunden Exklusivität – womit man erreicht, dass der Kunde nur in den angeschlossenen Shops kauft, weil er auch nur dort den passenden Rabatt bekommt. Durch diese Zusicherung der Exklusivität sollen Netzwerke aus Online- und Offlineshops aufgebaut werden, in denen der Käufer all seine Bedürfnisse möglichst umfassend befriedigen kann.

Die Anbieter dieser Bonussysteme finanzieren sich in der Regel durch die Prämienpartner. Die Partner kaufen beim Anbieter Kontingente ein. Beim Kauf werden die Punkte dann an Kunden als so genannte Incentives weitergegeben. Wie viele Punkte bzw. Meilen dem Kunden gewährt werden, liegt im Ermessen der Händler. Oft – außer bei Payback, wo es auch eine monetäre Vergütung gibt – werden die jeweiligen Prämien auch bei den Partnerunternehmen eingekauft. So kann gleichzeitig der eigene Absatz durch den Prämienshop angekurbelt werden.

---

27. The Boston Consulting Group: Winning The Online Customer, 03.2000

Markt- und Kundendaten als erwünschte Nebenwirkung

Umfassende Marktforschungsdaten sind ein wertvolles Gut: Die Anbieter von Prämiensystemen speichern Daten über das Kaufverhalten der Kartenbesitzer, werten diese Daten aus und geben sie anonymisiert an die Partnerunternehmen weiter. Dadurch können Unternehmen viel über die Interessen ihrer Kunden lernen: Je mehr Produkte und Dienstleistungen über das Prämiensystem erworben werden, desto lückenloser und umfassender wird das Bild des Kunden. Und dieses Bild, bestehend aus obligatorischen und freiwilligen Angaben, wird bereits bei der Anmeldung möglichst genau gezeichnet.

Besonders aussichtsreich scheinen die Prämiensysteme zu sein, die ihr Angebot sowohl online als auch offline präsentieren. Der folgende Abschnitt zeigt dies am Beispiel Payback.

### Beispiel Payback: Intelligente Verbindung von Old und New Economy[28]

Seit März 2000 bieten deutsche Top-Unternehmen wie real,-, Galeria Kaufhof, DEA, dm-drogerie markt und Palmers das gemeinsame Kundenbonusprogramm Payback an.

**Abbildung 4.40** Payback: Marktführer für Bonusprogramme in Deutschland

28. Die Autoren danken Nina Purtscher, Leiterin Unternehmenskommunikation der LOYALTY PARTNER GmbH, für die Unterstützung zu diesem Beitrag.

**Die Philosophie**

Payback wurde von der Münchner Loyalty Partner GmbH entwickelt und funktioniert sowohl im klassischen Handel als auch online wie eine elektronische Rabattkarte, mit der beim Einkaufen Punkte gesammelt werden können. Der Unterschied zu firmenindividuellen Kundenkarten-Systemen besteht darin, dass Payback branchen- und medienübergreifend funktioniert: Beim täglichen Shopping, bei Reisebuchungen, beim Tanken, aber auch im Internet – etwa bei AOL, Consors oder ricardo.de – kann der Verbraucher mit Payback bei inzwischen mehr als zwei Dutzend Partnern alles auf »eine Karte setzen« und somit rasch einen attraktiven Punktestand erreichen.

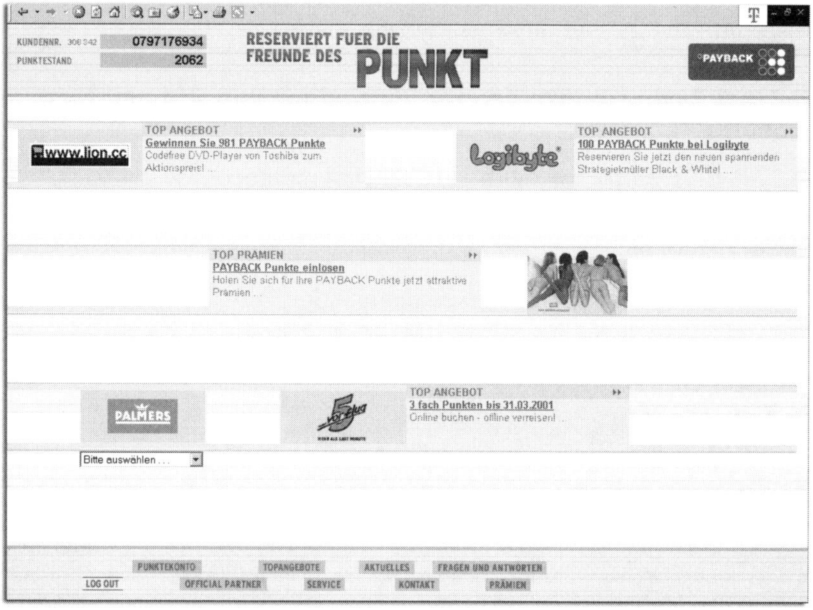


**Abbildung 4.41** Kundenbereich von Payback

**Mit der Karte ...**

Herzstück des innovativen Konzepts ist die Payback-Karte. Sie ist für den Verbraucher kostenlos, frei von Mindestumsätzen und an über 20000 Vertriebsstellen in Deutschland einsetzbar. Die Karte gibt es (wie in Abbildung 4.42 dargestellt) im neutralen blauen Payback-Design und auch im »Look« der Partner AOL, real,-, DEA, Galeria Kaufhof, RWEavanza, lion.cc, Palmers und dm-drogerie markt. Diese Karten unterscheiden sich lediglich im Design, nicht in ihrer Funktion. So kann beispielsweise die Partnerkarte der DEA auch bei jedem anderen Partner eingesetzt werden: Beim Bezahlen wird die Karte durch ein Lesegerät gezogen.

**Abbildung 4.42** Die Payback-Karte und so genannte Co-Branding-Karten

**... Punkte sammeln**

Dabei gibt es pro Transaktion – abhängig vom jeweiligen Partner – bis zu 3 % Rabatt in Form von Punkten. Sie werden dem Kunden auf ein Konto gutgeschrieben. Jeder Punkt hat dabei einen Wert von einem Eurocent, also rund 2 Pfennig. Ab einer Summe von 1 500 Punkten erhält der Verbraucher nach Anforderung Bargeld oder er tauscht seine Punkte im Payback-Prämienshop gegen Produkte um. Eine in regelmäßigen Abständen zugeschickte Punkteübersicht informiert den Kunden über seinen aktuellen Punktestand. Zudem hat er die Möglichkeit, sich im Internet unter **www.payback.de** oder über das Payback-Callcenter tagesaktuell über seine Punkteübersicht sowie über eventuelle Sonderaktionen zu informieren.

**Erwartete Reichweite**

Payback hat sich im Laufe eines Jahres mit mehr als acht Millionen aktiven Karten (Stand Ende März 2001) zum mit Abstand größten Kundenbonusprogramm in Deutschland entwickelt. 12 bis 15 Millionen Haushalte sollen insgesamt erreicht werden. Damit verfügt das Bonussystem über ein enormes Wachstumspotenzial und bietet seinen Partnern vielversprechende Perspektiven. Die Kartennutzer bilden für jedes der Unternehmen eine attraktive Zielgruppe, um die Kundenbasis zu stabilisieren und kontinuierlich zu erweitern. Im Jahr 2000 konnte Loyalty Partner mit Payback bereits 50 Millionen DM Umsatz erzielen, der sich im Jahr 2001 verdoppeln soll. »Unser Ziel ist es, im laufenden Geschäftsjahr den Break-Even zu erreichen«, erklärt Geschäftsführer Alexander Rittweger.

Der Erfolg von Payback hat seines Erachtens einen triftigen Grund. Für Handel und Markenanbieter werde es immer schwieriger, Käufer bei der Stange zu halten. Der Konsument von heute erscheine in seiner Grundhaltung oft als unberechenbar: Widersprüchlichkeit, Sprunghaftigkeit und zunehmend weniger Markentreue kennzeichnen das Kaufverhalten. Das Payback-Programm stößt daher in eine Lücke vor, indem es die Konsumenten wieder stärker an seine Partnerunternehmen heranführt.

In der Kombination mit Mailing- und Verkaufsaktionen entsteht ein einzigartiges Kundenbindungssystem, das alle Seiten profitieren lässt: Konsumenten erhalten Punkte, die in Prämien oder Bargeld eingetauscht werden können. Der Handel schafft Anreize, um für wiederkehrende und neue Kunden attraktiv zu bleiben. Und letztlich kann Payback seine unmittelbar auf die Kundenwünsche abgestimmten Angebote verfeinern und den Partnern effiziente Services anbieten.

**Größter Partner real,-**

Der SB-Warenhaus-Betreiber real,- ist seit Programmstart dabei. Innerhalb eines Jahres ist es dem Unternehmen gelungen, über 3,3 Millionen real,-club-Payback-Karten auszugeben. real,- stellt somit rund 50% der Payback-Mitglieder; bereits 37% der real-Kunden nutzen die Vorteile des Rabattsparprogramms.

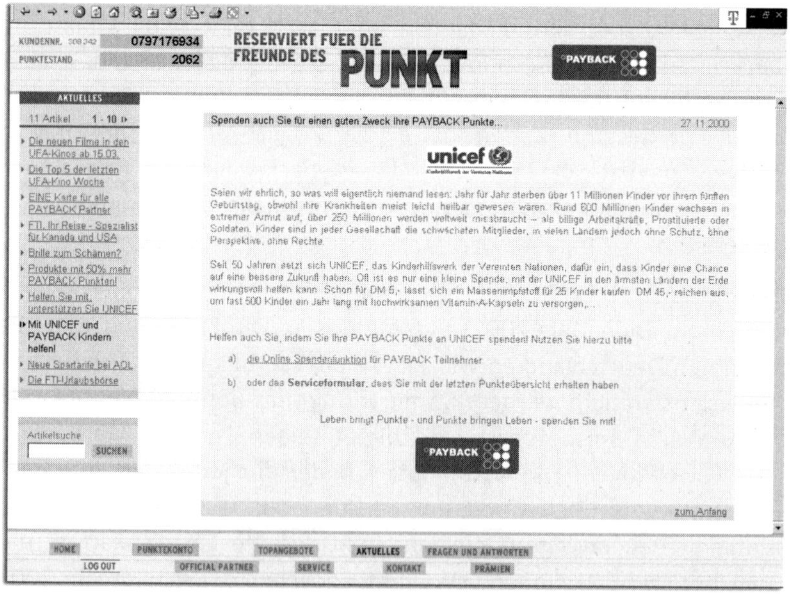


**Abbildung 4.43** Starkes Engagement im Social Sponsoring: Gesammelte Payback-Punkte können auch an UNICEF überwiesen werden.

Das unabhängige Forschungsinstitut Research International hat zu Jahresbeginn 2001 die Markenbekanntheit von Payback ermittelt: Payback erreichte den Wert von 59% gestützter Markenbekanntheit und liegt damit deutlich vor anderen Kundenbindungssystemen in Deutschland.

**Nutzen durch Vertrauen und Sympathie**

Dieser hohe Markenbekanntheitswert ist insbesondere auf das Vertrauen der Kunden zurückzuführen sowie auf den Nutzen, den sie durch Payback für sich gewinnen können. Denn Markenbekanntheit setzt Markenbindungs-Bewusstsein voraus, das nur durch Sympathie des Konsumenten für die Marke entstehen kann.

### Rabattgesetz und Zugabeverordnung: Alle Macht dem Verbraucher?[29]

**Aktuelle Rechtslage**

Derzeit dürfen in der Bundesrepublik Deutschland nach dem Rabattgesetz[30] (RabattG) bei Barzahlung höchstens 3% Skonto gewährt werden (vgl. §§1, 2 RabattG). Ferner sind bestimmte Mengennachlässe (§§7, 8 RabattG) und Sondernachlässe (§9 RabattG) zulässig. Gemäß §10 RabattG darf der jeweilige Nachlass nur für zwei Arten gewährt werden, wenn mehrere Preisnachlassarten bei Geschäften im Sinne von §1 RabattG zusammentreffen.

Hierdurch werden Händler daran gehindert, ihre Preise zunächst hoch anzusetzen, um dann anschließend durch die Gewährung saftiger Rabatte den Eindruck zu erwecken, es handle sich um besonders günstige Angebote. Der Händler soll an seine eigenen Preise gebunden werden. Nur in bestimmten Ausnahmefällen soll es für ihn die Möglichkeit geben, Rabatte gewähren zu dürfen.

Geschäfte, die vom RabattG erfasst werden, sind gemäß §1 RabattG »Veräußerungen von Waren des täglichen Bedarfs im Einzelverkauf an den letzten Verbraucher« oder »gewerbliche Leistungen des täglichen Bedarfs für den letzten Verbraucher«.

**B2C**

Die Vorschriften des RabattG gelten »nur« gegenüber Endverbrauchern, betreffen also vornehmlich den Business-to-Consumer-Bereich. Sinn und Zweck der Vorschriften des RabattG ist die Gewährleistung von Preiswahrheit und Preisklarheit. Die Preise gegenüber dem jeweiligen Verbraucher sollen auch diejenigen sein, die dann tatsächlich zu bezahlen sind.

29. Die Autoren danken Florian Zwerger, Management Consultant bei SAP Portals Europe GmbH, für diesen Beitrag.
30. aus dem Jahr 1933

**Allgemeine Preisreduzierung** Das derzeit noch geltende RabattG verhindert jedoch nicht, dass Preise im Allgemeinen reduziert werden. Nur der Rabatt bei Einzelverkäufen soll durch das RabattG beschränkt werden. Rabatte sind hierbei von allgemeinen Preissenkungen zu unterscheiden.

**Sonderpreise** Das RabattG bestimmt, dass es grundsätzlich unzulässig ist, wenn gegenüber einzelnen Kunden oder Kundengruppen ein Sonderpreis im Vergleich zum Normalpreis eingeräumt wird.

**Preissenkung** Demgegenüber liegt eine rabattrechtlich grundsätzlich zulässige Preissenkung dann vor, wenn der bisher zu zahlende Preis endgültig aufgegeben wird, und ein niedrigerer, neuer Preis festgesetzt wird. Als Normalpreis ist dann der neue, verminderte Preis anzusehen. Auch zeitlich befristete Preissenkungen sind grundsätzlich zulässig, jedoch müssen diese auf objektiven, im Unternehmensbereich liegenden Gründen beruhen.

Damit nun diese Regelung nicht durch kostenlose Zugaben umgangen wird, bestimmt die Zugabeverordnung (ZugabeVO), dass kostenloses Zubehör oder beispielsweise Werbegeschenke nur einen »geringen Wert« haben dürfen, um zulässig zu sein.

Gemäß §1 $_{\text{Abs.1, Satz 1}}$ ZugabeVO ist es verboten, im geschäftlichen Verkehr neben einer Ware oder einer Leistung, eine Zugabe (in Form einer Ware oder Leistung) anzubieten, anzukündigen oder zu gewähren. Hierbei ist es erforderlich, dass Hauptleistung und Zugabe in einem Zusammenhang stehen.

**Zugabe** Unter einer Zugabe im Sinne der Zugabeverordnung versteht man jede Ware oder Leistung, die neben einer entgeltlich angebotenen Hauptware oder -leistung ohne zusätzliche Berechnung angeboten wird, wenn der Erwerb der Nebenware vom Geschäftsabschluss über die Hauptware oder -leistung abhängig ist.[31]

**Alle Ebenen des Handels** Das Zugabeverbot erstreckt sich im Gegensatz zum Rabattverbot auf alle Ebenen des Handels und ist nicht auf Geschäftsabschlüsse mit Verbrauchern, also den Business-to-Consumer-Markt, beschränkt.

Beispielsweise sind Reklamegegenstände gemäß §2 $_{\text{Ziff.a}}$ ZugabeVO von geringem Wert, die als solche durch eine dauerhafte und deutlich sichtbare Bezeichnung der Reklame treibenden Firma gekennzeichnet sind, oder geringwertige Kleinigkeiten, nicht von den Vorschriften der ZugabeVO erfasst.

31. Helmut Köhler, Henning Piper: Gesetz gegen den unlauteren Wettbewerb (UWG). Mit Zugabeverordnung, Rabattgesetz und Preisangabenverordnung, C.H.Beck, 2001

Ausnahmen vom grundsätzlichen Zugabeverbot

§ 1 $_{Abs.2}$ ZugabeVO enthält einen abschließenden Katalog von Ausnahmen vom grundsätzlichen Zugabeverbot, zu denen unter anderem geringwertige Reklamegegenstände und andere Kleinigkeiten, handelsübliches Zubehör und Nebenleistungen sowie die Erstattung von Fahrtkosten für Verkehrsmittel des öffentlichen Personennahverkehrs zum Besuch des Geschäftslokals gehören.

Verstöße – Folgen

Verstöße gegen die ZugabeVO lösen nach § 2 ZugabeVO unter anderem Unterlassungs- und Schadensersatzansprüche aus. Solche Ansprüche können Gemäß § 13 $_{Abs.2\ Nr.\ 1,\ 2\ und\ 4}$ UWG von Wettbewerbern, rechtsfähigen Verbänden, wie beispielsweise den Industrie- und Handelskammern oder Handwerkskammern, vor den Zivilgerichten geltend gemacht werden. ZugabeVO und RabattG gehören zu den wettbewerbsrechtlichen Sondergesetzen und ergänzen die allgemeinen Bestimmungen des UWG, vgl. § 2 $_{Abs.3}$ ZugabeVO.

künftige Rechtslage

Das Rabattgesetz und die Zugabeverordnung, die beide Anfang der Dreißigerjahre des letzten Jahrhunderts in Kraft getreten sind, werden abgeschafft. Dies wurde am 13. Dezember 2000 durch die Bundesregierung beschlossen. Mit einer endgültigen Abschaffung ist zwischen Frühjahr und Sommer 2001 zu rechnen. Damit werden zwei Relikte aus einer Zeit beseitigt, in der der Gesetzgeber noch von einem unmündigen Verbraucher ausging. Die alltägliche Praxis zeigt, dass sowohl RabattG als auch ZugabeVO von weiten Teilen des Handels und der Verbraucher zunehmend unterlaufen werden. Verbraucher erwarten insbesondere beim Erwerb höherwertiger Ware Preisnachlässe oder Zugaben. Heutige Verbraucher haben jedoch im Vergleich zu früher ganz andere Möglichkeiten, sich über die jeweiligen Marktverhältnisse kundig zu machen. Verbraucherportale wie beispielsweise **www.ciao.com**, **www.idealo.de**, **www.preiskontrast.de** oder **www.primanestor.de** informieren umfassend über Produkteigenschaften und vergleichen die Preise am Markt.

Die Konsequenz dieser Entwicklungen ist, dass sich der Verbraucher »freier« am Markt bewegen kann. Der heutige Verbraucher ist im Regelfall mit den Marktgegebenheiten vertraut, weiß, dass Kaufleute nichts zu verschenken haben und dass als kostenlos angebotene Nebenleistungen in den Preis der Hauptsache mit einkalkuliert worden sind.[32]

ECRL

Die Bundesrepublik Deutschland folgt durch die Streichung von RabattG und ZugabeVO den Vorgaben der »Richtlinie über den elektronischen Rechtsverkehr« der Europäischen Union (RL 2000/31/EG, kurz: ECRL)[33],

---

32. vgl. Handy für 0,- DM; BGH WRP 1998, 857
33. in Kraft seit dem 17. Juli 2000

die eine Anpassung der innerstaatlichen Regelungen bis zum 16. Januar 2002 vorsieht. Wie die ECRL in Deutschland umgesetzt werden soll, zeigt der erste Entwurf eines Gesetzes über rechtliche Rahmenbedingungen für den elektronischen Geschäftsverkehr (EGG) vom 1. Dezember 2000. Durch die Umsetzung der ECRL in innerstaatliches Recht soll die europäische Harmonisierung gefördert und bestehende Benachteiligungen für den deutschen Handel im Vergleich zu europäischen Konkurrenten beseitigt werden. Die wettbewerbsrechtlichen Rahmenbedingungen für deutsche Anbieter werden durch die Streichung der beiden Rechtsnormen modernisiert. Die restriktiven Regelungen des deutschen Rabattgesetzes und der ZugabeVO entsprechen nicht mehr dem heutigen Bedürfnis von Wirtschaft und Verbrauchern. Zwischenstaatlich stellt die ECRL den Versuch dar, die Dienstleistungen der Informationsgesellschaft auf eine einheitliche rechtliche Basis zu stellen. Die Mitgliedstaaten der Europäischen Union sind nun in der Pflicht zur Umsetzung. Nicht betroffen von den Auswirkungen der ECRL sind Betreiber von nicht wirtschaftlich ausgerichteten Diensten, wie beispielsweise private Homepages, da vornehmlich die Tätigkeit kommerzieller Dienste durch die neue Richtlinie geregelt werden soll.

**Herkunftslandprinzip**

Einen wesentlichen Punkt der Neuerungen durch die ECRL stellt die Einführung des Herkunftslandsprinzips dar. Die ECRL bestimmt in Artikel 3, dass Anbieter von Waren und Dienstleistungen, die über das Internet Geschäfte anbahnen und abschließen, grundsätzlich nur die Vorschriften zu beachten haben, die in ihrem jeweiligen Herkunftsland gelten.

Die Folge dieser Regelung ist, dass ausländische Anbieter, die ihre Waren und Dienstleistungen in Deutschland anbieten, künftig nicht mehr den Regelungen des RabattG und der ZugabeVO unterliegen, da Deutschland der einzige Mitgliedstaat der europäischen Union ist, in dem solch restriktive Regelungen existieren.

Diese »Inländerdiskriminierung« würde zu einer unzulässigen Benachteiligung der deutschen Anbieter innerhalb Europas führen. Jeder Mitgliedstaat der Europäischen Union trägt demzufolge Sorge dafür, dass die in seinem Hoheitsgebiet niedergelassenen Unternehmer die dort geltenden Vorschriften einhalten.

**Niederlassung**

»Niedergelassen« ist ein Unternehmer in dem Mitgliedstaat, in dem der Schwerpunkt seiner tatsächlich ausgeübten wirtschaftlichen Tätigkeiten liegt. Folglich ist nicht entscheidend, wo beispielsweise der Server steht.

Die derzeitige Rechtslage in der Bundesrepublik Deutschland, insbesondere im Bereich des unlauteren Wettbewerbs, ist hingegen geprägt vom Bestimmungslandprinzip.

**Bestimmungslandprinzip**

Verkauft beispielsweise ein französischer Weinhändler Wein mit übertriebenen Rabatten in Deutschland, muss er dabei die deutschen Vorschriften beachten. Der Verkauf würde gegen das RabattG verstoßen. Ein deutscher Weinhändler könnte gegen diesen französischen Händler vorgehen, obwohl ein Verkauf mit übertriebenen Rabatten in Frankreich zulässig wäre. Mit dem künftig geltenden Herkunftslandslandprinzip wird sich die Rechtslage insbesondere im Bereich des unlauteren Wettbewerbs maßgeblich ändern, die derzeit noch vom Bestimmungslandprinzip ausgeht. Dann könnte nämlich der französische Weinhändler seinen Wein mit überhöhten Rabatten ohne Einhaltung des deutschen RabattG in der Bundesrepublik vertreiben, der deutsche Weinhändler hingegen nicht, würden RabattG und ZugabeVO in Deutschland fortbestehen. Dies würde zu einer inakzeptablen Diskriminierung der deutschen Anbieter führen, die an die strengen deutschen Vorschriften gebunden wären.

**Wettbewerbsverzerrung zu Lasten der deutschen Unternehmen**

Mit der Abschaffung von RabattG und ZugabeVO wird auch die Rechtsharmonisierung in Europa vorangebracht. In naher Zukunft wird es den Unternehmen am Markt gestattet sein, Verbrauchern Rabatte zu gewähren, die wesentlich über dem derzeit Zulässigen liegen werden. Die Befürchtung, es würde künftig zu einem Verdrängungswettbewerb zwischen Groß- und Einzelhandel kommen, ist nicht zu befürworten. Der Blick ins benachbarte Ausland, in dem es solche Regelungen von vornherein nicht gab, bestätigt, dass diese Ängste unbegründet sind.

**Hemmungsloser Preiskampf der »Schnäppchen-Cowboys«?**

Auch nach der Aufhebung von RabattG und ZugabeVO werden die Verbraucher nicht schutzlos gestellt sein und es wird nicht zu einem hemmungslosen Verdrängungswettbewerb am Markt kommen.

Insbesondere das Gesetz gegen den unlauteren Wettbewerb (UWG), das Gesetz gegen Wettbewerbsbeschränkungen (GWB) sowie die Preisangabeverordnung (PAngV) bieten hier ausreichenden Schutz. Nach §§ 19 und 20 GWB dürfen insbesondere marktbeherrschende Unternehmen Zugaben und Rabatte nicht so einsetzen, dass sie Wettbewerber und andere Marktteilnehmer behindern oder diskriminieren. Auch künftig wird es beispielsweise bei der Buchung einer Urlaubsreise keine Videokamera als Zugabe geben.

§ 20 $_{\text{Abs.4}}$ GWB schützt kleine und mittlere Unternehmen vor einer unbilligen Behinderung, wenn diese von relativ marktstarken Unternehmen ausgehen. Durch die Aufhebung und die künftig erweiterten Möglichkeiten der Gewährung von Zugaben werden immer mehr kleine und mittlere Unternehmen in die Lage versetzt, durch gezielte Rabatte und Zugaben kundenfreundlichere Serviceangebote zu offerieren und neue Absatzwege zu erschließen.

Im Business-to-Business-Bereich ergeben sich auch künftig weitere Einschränkungen durch die Vorschriften des Einkommensteuergesetzes (EStG) sowie des Strafgesetzbuches (StGB). Erhält beispielsweise der Einkäufer einer Firma Zugaben, die über der Geringwertigkeitsgrenze liegen, aufgrund beruflicher Veranlassung, so gelten diese auch künftig als steuerpflichtige Einnahmen und sind steuerrechtlich zu erfassen und zu versteuern. Werden solche Zugaben nicht versteuert, läuft der jeweilige Empfänger Gefahr, sich gegebenenfalls der Steuerhinterziehung strafbar zu machen. Aufseiten des jeweils zuwendenden Unternehmens könnte dann Beihilfe zur Steuerhinterziehung vorliegen.

**Auswirkungen der künftigen Regelung auf Kundenbindungssysteme**

Die Gewährung von Rabatten wird künftig fast grenzenlos möglich werden. Der Wegfall der ZugabeVO führt dazu, dass Deutschland gegenüber einigen europäischen Staaten, in denen Zugaben nach wie vor untersagt bleiben, einen Standortvorteil erringen wird.

Bislang sind Kundenbindungssysteme durch das RabattG und die ZugabeVO nur sehr eingeschränkt werbewirksam einsetzbar. Dies wird sich künftig ändern: Die Gewährung von Rabatten von mehr als 3% wird künftig möglich sein.

**Künftige Beschränkungen**

Grundsätzlich ist auch in Zukunft bei allen Kundenbindungssystemen zu beachten, dass der Wegfall von RabattG und ZugabeVO nicht den Wegfall der Grundsätze der Preisklarheit und der Preiswahrheit bedeutet. Bislang durften Preisnachlässe im Sinne des §1 $_{\text{Abs.2}}$ RabattG nur sehr eingeschränkt aufgrund der Zugehörigkeit zu bestimmten Verbraucherkreisen, Berufen, Vereinen oder Gesellschaften gewährt werden. Derzeit dürfen Unternehmen, die Kundenkarten an ihre Kunden ausgeben, diesem »auserwählten Kreis« keine Rabatte einräumen, die dem RabattG widersprechen.

Künftig werden Kundenkarten an Bedeutung gewinnen, da es mit dem Wegfall des Rabattgesetzes möglich werden wird, diesen Kundengruppen beispielsweise Sonderangebote ausschließlich anzubieten. Wie bereits festgestellt, sind aber auch weiterhin insbesondere die Vorschriften des UWG und der PAngV zu beachten. Übertrieben hohe Zugaben werden von der Rechtsprechung im Regelfall als Verstoß gegen die guten Sitten betrachtet, und werden daher auch künftig als rechtswidrig gelten.

## 4.4 Profitieren Sie von der Macht Ihrer Kunden!

*On the web, marketing is not about selling – but about buying. It is the customer who decides.*[34]

### Ihr Kunde entscheidet

Ihre Kunden haben viel zu sagen. Selten genug haben Sie in der analogen Welt die Gelegenheit, die Meinung Ihrer Interessenten und Kunden direkt zu hören. Die Kunst liegt darin, den Kunden zu Ihrem Partner zu machen und ihn beispielsweise aktiv an der Konzeption von Serviceleistungen oder neuen Produkten teilhaben zu lassen.

Durch den unbestrittenen Umstand, dass das Internet mittlerweile ein wesentlicher Bestandteil von unternehmerischen Geschäftsprozessen wurde, mussten viele interne und externe Prozesse neu gestaltet und den technischen sowie inhaltlichen Möglichkeiten des Internets angepasst werden. Dadurch hat sich auch das bisherige Verhältnis zwischen Händler und Kunden, von Angebot und Nachfrage, nachhaltig verändert.

**Was bisher geschah**

Im traditionellen Vertrieb waren die Rollen zwischen Hersteller, Groß- und Zwischenhändler und Kunden ganz klar verteilt: Obwohl viele der Marktteilnehmer mit dieser Rollenverteilung nicht zufrieden waren, konnte keine bessere Lösung für den Kompromiss zwischen Kundennähe und vertretbarer Logistik gefunden werden.

*War 1999 die Mehrheit der Shopper noch fehlertolerante Early Adaptors, so sind die heutigen Shopper fehlersensiblere Surfer aus allen Kategorien.*[35]

Die Kunden hatten und haben durchaus erstaunliche finanzielle Nachteile, weil

- sie die Spannen der Händler tragen müssen. Allein der direkte Einkauf beim Hersteller unter Umgehung der zwischengeschalteten Stufen würde enorme Einsparungen mit sich bringen.
- auch eine Markttransparenz in keinster Weise gegeben war. Der enorme Aufwand, verschiedene Angebote einzuholen, zu vergleichen und eventuell zu verhandeln, reduziert – realistisch betrachtet – die Anzahl der potenziellen Lieferanten auf einige wenige.

34. Cor Molenaar: The End of Mass Marketing, Gower Pub Co, 1995
35. Markus Klietmann, Symposium Publishing

Produzenten und Händler sehen sich ebenfalls mit einer Reihe von Beeinträchtigungen konfrontiert:

- Bei einem direkten Vertrieb an die Kunden – oder zumindest dem Überspringen einiger Stufen der Fresskette – ist mit hoher Wahrscheinlichkeit zu erwarten, dass Produkte preiswerter werden und einen größeren Absatz erzielen können. Die Hersteller wären auch in der Lage, eine engere Beziehung zu ihren Kunden zu knüpfen. Mit den aus der engeren Bindung gewonnenen Informationen könnte die gesamte Wertschöpfungskette optimiert und Veränderungen früher wahrgenommen werden.
- Händler und Distributoren stehen zurzeit im Wettbewerb zueinander, denn sie nehmen sich gegenseitig die Margen weg. So wie der Distributor an einem direkten Weg zum Kunden interessiert ist, ist der Händler an einem direkten Draht zum Hersteller interessiert.

**Die neue Macht liegt beim Kunden ...**

Die Emanzipation des Internets verändert nun die Situation und die Machtverhältnisse zwischen Produzenten, Händlern und Konsumenten grundlegend: Das Internet legt die Macht im Vertriebskanal in die Hände des Kunden.

In Onlinestores, Portalen und virtuellen Marktplätzen werden Angebot und Nachfrage zusammengeführt. Böse Zungen behaupten, der Kunde und sein Bedarf stünden erstmals im Mittelpunkt, denn:

- Er hat eine sehr große Auswahl an Produkten verschiedener Hersteller.
- Er kann sich die verschiedenen, mehr oder weniger nebeneinander stehenden Angebote anschauen, bequem vergleichen und das für ihn beste Produkt auswählen und direkt bestellen.
- Er kann Durchlaufzeit und Kosten für die Bestellung eines Produkts um ein Vielfaches reduzieren, denn durch wenige Mausklicks wird für ihn der Markt äußerst transparent.

**... der auch mehr erwartet.**

Nicht genug damit, wir Kunden von heute sind zu allem Überfluss anspruchsvoller und fordernder: Nicht nur das beste Produkt zu einem möglichst niedrigen Preis zu erwerben ist ein Wunsch, der immer selbstverständlicher wird. Auch bei der Suche nach Produkten analysieren die Kunden immer mehr und erwarten auch bei der Pre- und Post-Sales-Beratung und beim Service »rundherum« zufriedenstellende Leistung.

*Konsumenten [...] wollen am liebsten von Menschen bedient werden, die aber möglichst so schnell wie ein Computer sein sollen. Gleichzeitig möchte man sich persönlich behandelt fühlen, der Verkäufer sollte aber am besten nichts über einen wissen.*[36]

Neben einer umfassenden Beratung wünschen wir uns als Kunden heutzutage noch ein wenig mehr. Nicht nur ein Produkt soll es sein, sondern etwas, das über das Produkt an sich hinausgeht: ein Mehrwert, ideeller oder monetärer Art. Aber wir sind als mündige Konsumenten auch bereit, etwas dafür zu tun: Auskunft über uns, unsere Wünsche und Präferenzen zu geben.

Im Unterkapitel 4.2 erfuhren Sie bereits mehr über die Möglichkeiten, solche Mehrwerte denjenigen Kunden, die darauf auch tatsächlich Wert legen, zu bieten.

### Die erste Welle: Powershopping[37]

*Volle Fahrt voraus – und Kurs auf's Riff.* [38]

**Theorie ...**

Die Idee klingt plausibel: Käufer bündeln ihre Kaufinteressen und gelangen so in den Genuss von Mengenrabatten. Dabei wird ein minimaler Preis und eine von der Anzahl der Käufer abhängige Preisstaffelung festgelegt. Nach dem Ablauf einer Frist kommt der Kaufvertrag zwischen Powerseller und Powershopper automatisch zustande.

**... und Praxis**

Soviel zur Theorie. Nur schade, dass dieses verlockende Modell in der Praxis gegen das deutsche Rabattgesetz verstößt. Oder sagen wir besser *verstieß*, denn die Abschaffung desselben Relikts aus dem Jahre 1933 ist seit Dezember 2000 beschlossene Sache. Damit scheint die schwerste Kinderkrankheit des Geschäftsmodells beseitigt und dem Erfolg der Powerseller in Deutschland nichts mehr im Wege zu stehen.

Oder vielleicht doch? Schließlich lebt das B2C-Geschäft wie kein anderes von der Akzeptanz und Nutzung der Internet-User. Und gerade bei diesen könnte das Modell an seine Grenzen stoßen. Während bei den Onlineauktionen die Anzahl der regelmäßigen Nutzer bereits heute stagniert[39], kämpfen die Powershopping-Anbieter mit teuren Werbekampagnen um

36. Matthias Horx: Die acht Sphären der Zukunft. Ein Wegweiser in die Kultur des 21.Jahrhunderts, Signum-Verlag, 2000
37. Die Autoren danken Achim Messerschmidt, Corporate Development Consultant bei SAP Portals Europe GmbH, für diesen Beitrag.
38. Reinhard Mey: Das Narrenschiff
39. Quelle: 11. W3B-Umfrage

die Gunst der Kunden. Doch wie teuer darf die Akquisition eines Kunden sein, um den Break-Even nicht zu gefährden? Oder anders gefragt: Wie gut ist die Idee des Powershoppings?

Ähnlich wie die Auktionsanbieter stehen die Powerseller vor dem Problem, dass die vorgesehenen Zielmärkte sehr optimistisch eingeschätzt wurden und die Zahl der wirklichen Nutzer nur langsam – wenn überhaupt – wächst.

Im Auktionsmarkt haben Marktkonzentration und Konsolidierung bereits eingesetzt. Dies könnte den Powersellern noch vor dem Hype bevorstehen, falls es ihnen nicht gelingt, eine kritische Masse an regelmäßigen Nutzern aufzubauen.

In diesem Boot sitzt man übrigens zusammen mit den Meinungsportalen, die – trotz unterschiedlichem Geschäftsmodell – durch den Mangel an Usern massiv an Anziehungskraft verlieren. Die meist als Vorteil des virtuellen Marktplatzes Internet angepriesene Markttransparenz arbeitet gegen die Powerseller und ein günstigerer Anbieter – beim Powershopping wird der minimale Preis zu Beginn festgelegt – ist oft nur ein paar Mausklicks entfernt.

Neutrale Online-Preisvergleichsanbieter greifen, bei ähnlicher Produktpalette, auf die Angebote einer Vielzahl von Händlern zurück und befriedigen damit dasselbe Bedürfnis beim Kunden. Und das ohne Wartezeit, da im Gegensatz zum Powershopping nicht auf solidarische Käufer gewartet werden muss.

Welchen Reiz birgt also ein Geschäft, das dem Kunden ein Produkt nicht zwingend zum günstigsten Preis und dies nur mit zeitlicher Verzögerung liefert?

**Motivation Gier?**

Während bei den Onlineauktionen in erheblichem Maße der Spieltrieb der Nutzer beansprucht wird, scheint das Powershopping diesbezüglich weniger attraktiv. Dies liegt auch daran, dass bei den Auktionen viel C2C-Geschäft mit gebrauchten Gütern betrieben wird, wodurch bisweilen eine gewisse Unsicherheit beim Verkäufer über die erzielbare Konsumentenrente vermutet werden darf. Beim Powershopping hingegen wird geschäftlich an Konsumenten verkauft (B2C) und es kann angenommen werden, dass der Verkäufer bei der Festlegung seines Mindestpreises durchaus von wirtschaftlichen Überlegungen getrieben ist. Dies schließt per Definition ein »wahres« Schnäppchen aus.

Einer der Pioniere des Powershoppings, der US-amerikanische Anbieter Mercarta.com, musste bereits zu Beginn des Jahres seine Pforten schließen, da – trotz erfolgreicher Geschäfte – keine Investoren gewonnen werden konnten.

**Unternehmen/Märkte** 05.01.2001, 11:42

**US-CoShopping-Anbieter Mercata gibt auf**

**Aus für CoShopping-Pionier in den USA**

**Mercata, einer der Pioniere des CoShopping-Prinzips, gab gestern bekannt, dass man den Geschäftsbetrieb zum 31. Januar 2001 einstellen wird. Nach einem abgesagten Börsengang Anfang 2000 war es dem Unternehmen nicht gelungen, neue Geldgeber zu finden.**

Im August 2000 hatte Mercata ein Patent für Gruppeneinkäufe in den USA zugesprochen bekommen. Weitere 16 Patente sollten zudem das proprietäre Business-Konzept und die Technologien des Unternehmens schützen.

Mercata war im Mai 1999 gestartet und hatte erst im November 2000 mit dem Mercata Marketplace eine Plattform für kleine und mittelgroße Händler ins Leben gerufen.

Hier zu Lande kämpft derzeit der Anbieter LetsBuyIt.com mit einem ähnlichen Konzept ums Überleben.

**Abbildung 4.44** Mercata stellt seinen Betrieb ein – Nachricht vom 5. Januar 2001 (Quelle: http://www.golem.de/)

Es bleibt abzuwarten, ob es den Powersellern gelingen wird, sich auf dem deutschen Markt zu etablieren. Der Erfolg des Powershopping-Modells hängt neben der Internet-Sozialisation eines Landes auch maßgeblich von der Positionierung des Anbieters ab. Es könnte durchaus möglich sein, dass B2B-Powershopping erfolgreicher ist als das Geschäft mit Verbrauchern.

## Die inhärente Macht der Communities

*I go to Yahoo. I go to chat rooms and see what they're saying about GE. I'm tempted to jump in, but I don't. I go on almost every night to see what the gossip is.*[40]

Eine virtuelle Gemeinschaft besteht nicht nur aus einem Internet-Auftritt, die über einen Themenschwerpunkt verfügt und den Besuchern Diskussionsforen und Download-Bereiche anbietet. Das Konzept geht weiter als bei einer Themenseite, wobei auch hier die Konzentration auf einen Themenbereich eine grundlegende Voraussetzung ist.

**Merkmale einer Community**

Zu den wichtigsten Merkmalen einer virtuellen Gemeinschaft zählt der Umstand, dass Informationen primär von den Teilnehmern, nicht dem Anbieter der Seite beigesteuert werden. Der Betreiber der Seite, des Auftrittes oder des Shops steht hier im Hintergrund und stellt lediglich – im buchstäblichen und übertragenen Sinn – die Kommunikationsplattform zur Verfügung. Ihre Absicht soll es sein, den Besuchern, Interessenten und Kunden eine Anlaufstelle zur Kommunikation über einen bestimmten Schwerpunkt zu bieten – und so soziale Bedürfnisse der Anwender zu befriedigen.

Der Aufbau einer Gemeinschaft im Netz zählt nach wie vor zu den probatesten Mitteln, nachhaltige Beziehungen zu Kunden aufzubauen und zu erhalten – nicht zuletzt durch die Kombination verschiedener Möglichkeiten zur Kontaktaufnahme und Interaktion.

Chats, Diskussionsforen, Message Boards geben Besuchern und Kunden unzählige Gelegenheiten, sich mitzuteilen und auszutauschen, aber auch wiederzukommen. Als Anbieter und Betreiber ermöglicht Ihnen eine virtuelle Community eine deutlich zielsicherere Ansprache Ihrer Kunden, wenn Sie

- eine präzise Vorstellung davon haben, was Sie mit der virtuellen Gemeinschaft errreichen wollen,
- sich darüber im Klaren sind, wie Ihre Zielgruppe strukturiert ist,
- einen tragfähigen Businessplan erstellt und die nötige Infrastruktur aufgebaut haben,
- sich bei der Umsetzung auf professionelle Anbieter verlassen, die flexible, skalierbare, intuitiv bedienbare und personalisierbare Anwendungen offerieren.

---

40. Jack Welch, CEO, General Electric

Abbildung 4.45 stellt die drei Stufen von der Interessenten-Gewinnung über den Aufbau der Loyalität der Interessenten bis zu den ersten Erträgen aus dem Aufbau einer virtuellen Community dar.

In der ersten Stufe bemühen Sie sich um Interessenten: Intelligentes Marketing, ansprechende Inhalte und niedrige Eintrittsbarrieren sorgen für hohe Besucherfrequenz. Die zweite Ausbaustufe dient dazu, Ihre Mitglieder und Kunden anzuregen, sich mit eigenen Inhalten zu beteiligen, die Beziehungen der Teilnehmer untereinander und zum »Gastgeber« zu vertiefen, um so kundenspezifische Informationen zu gewinnen. Und genau das war doch die Fragestellung, oder?

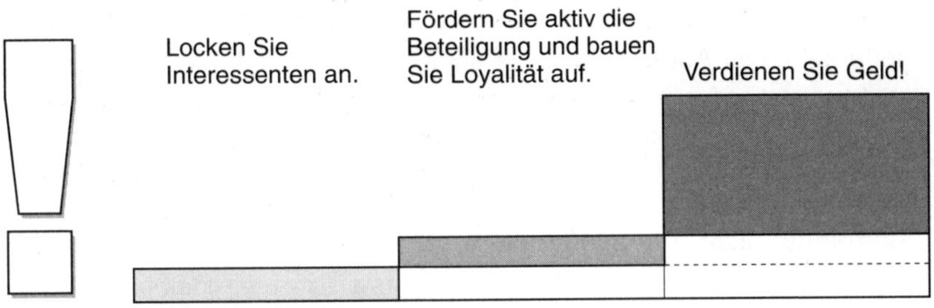


**Abbildung 4.45** Stufen zum Aufbau einer virtuellen Community

Abbildung 4.46 zeigt am Beispiel von webgrrls.de, wie erfolgreich eine Verbindung einer realen und virtuellen themenorientierten Gemeinschaft sein kann.

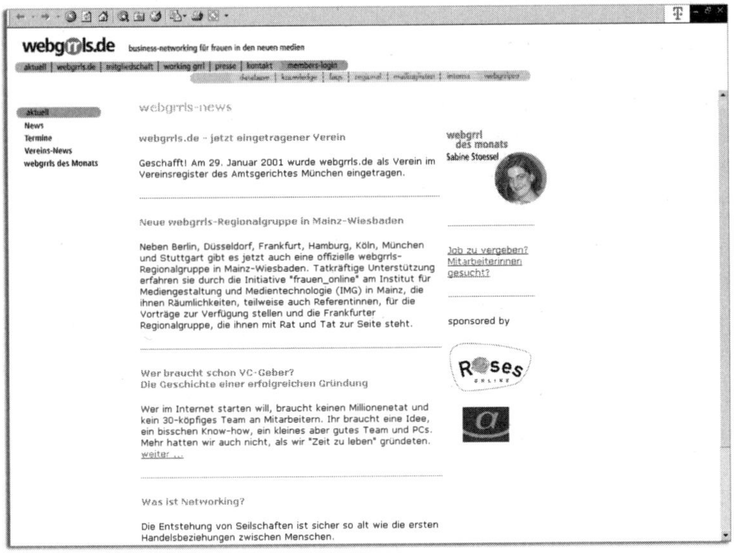


**Abbildung 4.46** Auftritt von webgrrls.de (http://www.webgrrls.de/)

Damit erreichen Sie Ihr Ziel: Ihre Besucher werden durch den Aufbau persönlicher Beziehungen in der Community zu loyalen Mitgliedern und somit zu Käufern. Die Loyalität der Bestandskunden zu sichern gehört genauso wie in der realen Welt zu den wesentlichen Erfolgsfaktoren. Communities und virtuelle Welten sind sehr gute Mittel, dauerhafte Bindungen zu Onlinebesuchern aufzubauen: Menschen kommunizieren miteinander ähnlich wie in der realen Welt und wickeln ihre Geschäfte ab.

Neben den vielen verschiedenen Kommunikationsformen – Chat, Foren, Nachrichtenbretter, Instant Messaging, Short Message Service – sind vor allem die Interaktionsmöglichkeiten zwischen den Nutzern der entscheidende Erfolgsfaktor: Erst der erfolgreiche Austausch mit anderen Besuchern bringt den Anwender vom sporadischen Besuch zur regelmäßigen Wiederkehr. Der Anreiz ist umso größer, je mehr sich die Mitglieder unter Gleichgesinnten bewegen können, die mit ähnlichen Problemen konfrontiert sind oder auch einen gemeinsamen Lebensstil haben.

Erfolgreiche Beispiele zeigen, dass zum Aufbau einer funktionierenden Community nicht unbedingt ein hochkompliziertes Instrumentarium nötig ist: Schon mit einfachsten Mitteln lässt sich eine kleine Onlinegemeinde aufbauen. Damit sind Ihre Kunden in der Lage, eigene Inhalte einzubringen, Spuren zu hinterlassen und mit anderen Teilnehmern in Kontakt zu treten.

Realisierbare Ansatzpunkte gibt es viele:

- Shopping with friends: Gemeinsames Einkaufen über das Internet als Erlebnis
- Virtuelle Agenten: Persönliche Beratung für optimalen Service
- Visuelle Unterstützung bei der Beratung: Kunde und Berater greifen online auf dieselbe Abbildung des Produktes im Onlineshop zu. Mit einem Mauszeiger können Berater und Interessent relevante Stellen in der Grafik markieren und über das Chat-Interface kommunizieren
- Kundenclubs: Treffpunkte mit Livechat zum Informations- und Gedankenaustausch
- Produkt-Präsentation in 3D: Eine emotionale, interaktive Präsentation der Produkte und Leistungen wird möglich: 3D-Modelle lassen sich zoomen, drehen und wenden; Kunden können das Produkt beinahe anfassen und testen.
- One-to-One-Marketing über Profiling-Mechanismen: Intelligente Kundendatenbanken speichern die Kundenprofile und ermöglichen zielgruppenspezifische Marketingaktionen.

**Virtuelle 3D-Welten**

Besonders attraktiv sind Communities in 3D-Welten, da hier ein völlig neues Gefühl vermittelt wird. Im Gegensatz zu einer einfachen Community-Lösung liefert die virtuelle 3D-Welt ungleich mehr Interaktionspunkte für die Kommunikation zwischen Kunden und Anbietern. Ein Text-Chat in Verbindung mit Multimedia-Elementen, wie beispielsweise Streaming Audio und Video, schaffen eine virtuelle Wirklichkeit, die realistischer erscheint. Gekoppelt mit den passenden Werkzeugen für die Analyse der Daten lässt sich damit die Beziehung zu Kunden gezielt pflegen, vertiefen und dauerhaft stärken.

Solche 3D-Welten lassen sich gerade beim Onlineshopping gut einsetzen:

- Shops mit visualisierten Produkten und neuartigen Services – etwa durch Kommunikationsmöglichkeiten mit virtuellen Beratern und Verkäufern – liefern neuartige Präsentationsmöglichkeiten und Einkaufserlebnisse.
- Online-Ausstellungsräume mit integrierter Kundenbetreuung und interaktiven Kundenclubs machen das Einkaufen attraktiv und schaffen langfristig zufriedene Kunden, die durch emotional packende Produktpräsentationen und intelligente Interaktionsmöglichkeiten an das Angebot gebunden werden.

Erste Schritte in Richtung 3D-Welten im Shop-Bereich gibt es mit virtuellen Einkaufsberatern, wie sie den Kunden des Online-Einkaufszentrums Shopping24 angeboten wird: Die virtuelle Beraterin Atira beantwortet alle Kundenfragen, unterstützt den Besucher bei der Suche nach einem Produkt und ist freundliche Entscheidungshilfe für Unentschlossene.

> *Mit Atira bieten wir unseren Kunden noch mehr Service und Interaktivität als jemals zuvor. Shopping24.de stellt mit seinem Shopping-Avatar sicher, dass keine Kundenanfragen ins Leere laufen.*[41]

Hinter Atira arbeitet ein reales Callcenter, wobei keine Frage mehr unbeantwortet bleiben muss: Kommt das automatisierte Beratungsangebot an einer Stelle nicht weiter, erfolgt die Weitervermittlung an das Callcenter. Holprige, unverständliche Antworten sowie lange Wartezeiten bei der virtuellen Beratung sollen damit der Vergangenheit angehören. Abbildung 4.47 zeigt Atira vor dem Hintergrund des »Eingangsbereichs« von **www.shopping24.de**.

---

41. Dr. Thomas Schnieders, Geschäftsführer, Shopping24

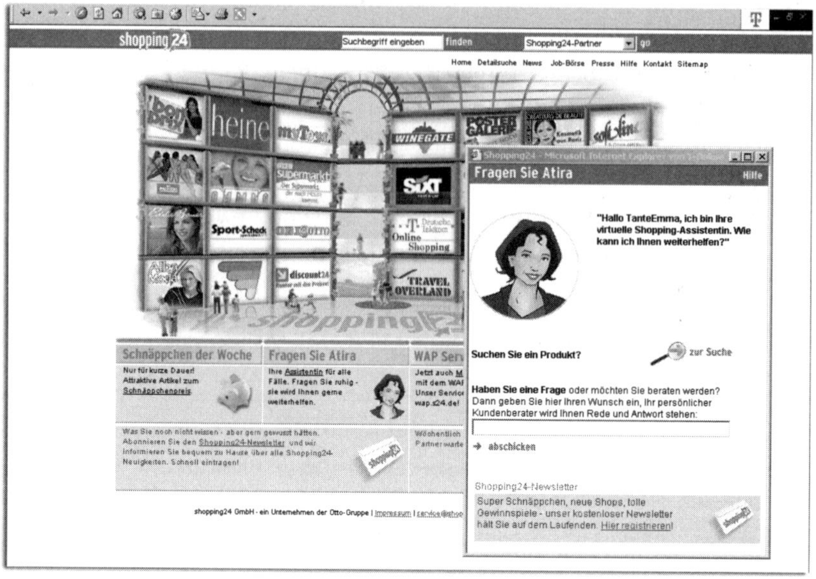


**Abbildung 4.47** Die virtuelle Beraterin Atira vor dem Hintergrund des »Eingangsbereichs« der Shoppingmall. (http://www.shopping24.de/)

### Beispiel Directbroker: Auch aktive und gut informierte Kunden verlangen nach Service

Vor nicht allzu langer Zeit war der Bereich Finanzen derjenige, dem selbst Skeptiker eine blühende Zukunft im Netz weissagten – doch auch Discountbroker, Direktbanken und Finanzportale wurden vom Zwischentief an den Börsen auf dem falschen Fuß erwischt. Spieler und Zocker, die auf den Wellenbewegungen der Fieberkurve des Neuen Marktes surften, verlangten begierig nach Informationen: Kurse, News, Pressemeldungen und Gerüchte.

Portale ...

Finanzportale wie Wallstreet Online[42], OnVista[43] und Finanztreff[44] boten diese Informationen und wurden sehr schnell zu oft und gerne besuchten Informationsquellen der Zocker. In den Chatrooms dieser Seiten wurden Trends geboren – und wieder beerdigt.

Doch seit sich die Kurse seit Frühjahr 2001 im Sinkflug befinden, haben »reine« Finanzportale mit Problemen zu kämpfen: Besucher bleiben fern, Werbeeinnahmen sinken, Börsengänge werden abgesagt. Allein im Feb-

42. http://www.wallstreet-online.de/
43. http://www.onvista.de/
44. http://www.finanztreff.de/

ruar sanken die Zugriffszahlen auf Wallstreet Online um 16%, OnVista verzeichnete im selben Zeitraum einen Rückgang von 26%, die Seite Finanztreff einen Einbruch von satten 29%.

*Anleger haben die Eigenschaft, sich weniger zu kümmern, wenn es schlecht läuft.*[45]

**... und Directbroker kalt erwischt**

Auch die Directbroker wurden von der Börsenkrise hart getroffen: Kosten explodieren, die Zahl der Neukunden sinkt rapide, die Umsätze gehen ebenfalls zurück. Einer Studie von UBS Warburg zufolge ist der Marktanteil von Comdirect, Consors und der Direkt Anlage Bank im zweiten Halbjahr 2000 um mehr als 10% gesunken.

*Die Großen Drei, Comdirect, Consors und Direkt Anlage Bank, profitieren vor allem von ihrem starken Markennamen.*[46]

In 2000 eröffnete Comdirect, die Discounttochter der Commerzbank, jeden Tag durchschnittlich mehr als 1000 neue Wertpapierkonten, in den ersten drei Monaten 2001 waren dies nur noch 800. Das Einlagen- und Depotvolumen sank im ersten Quartal 2001 um mehr als 20%, die Wertpapierumsätze schrumpften in der gleichen Zeit um knapp die Hälfte. Gleichzeitig stieg die Zahl der Mitarbeiter bei Comdirect um 35%. Die fatale Folge der beiden gegenläufigen Entwicklungen: Entfiel im ersten Quartal 2000 auf jeden Comdirect-Angestellten ein Wertpapierumsatz von rund einer Million €, waren das im ersten Vierteljahr 2001 nur 400000 €.[47]

Von Januar bis März 2001 schloss die Nürnberger Consors AG 14000 inaktive Wertpapierdepots, die größtenteils während des Börsenrausches im ersten Quartal 2000 eröffnet worden waren. Consors droht sich im Moment auf Nebenschauplätzen aufzureiben, anstatt auf veränderte Bedürfnisse und Wünsche der Bestandskunden einzugehen: Der Einstieg ins Investmentbanking kostet eine Menge Geld, auch die im Mai 2000 angekündigte Initiative für Privatanleger bewegt sich nicht vom Fleck. Der nur mithilfe des Mitbewerbes möglich gewordene Einstieg bei der Berliner Börse, die zum Treffpunkt für Kleinaktionäre ausgebaut werden sollte, mag auch nicht so recht gelingen.

*Die reinen Direktbanken stoßen an ihre Grenzen.*[48]

45. Jörg Kiverius, Wallstreet Online
46. Patricia Neuhaus, Jupiter MMXI
47. Quelle: Financial Times Deutschland vom 11. April 2001
48. Herbert Walter, Vorstand, Deutsche Bank 24

Auch bei der 1822direkt, einer Tochter der Frankfurter Sparkasse, wird mit bestehenden Kunden zunehmend weniger Geschäft gemacht: Beträgt der Umsatz einer Wertpapierorder heute im Mittel rund 3000, erzielte das Institut 1998 pro Auftrag noch 10000 Umsatz.

> *Die Erträge geraten zunehmend unter Druck. Die Billig-Broker sparen – vor allem an den Arbeitsplätzen. Die 1822direkt hat 10 von 110 Stellen gestrichen. Andere Direktbanken müssen, wie Bankchef Manfred Weinel im Gespräch mit der Financial Times Deutschland sagte, bis zu 25 Prozent ihrer Mitarbeiter entlassen.*[49]

**Wege aus der Krise**

Erfreulicherweise zeigt sich ein neuer Trend in Form der Rückkehr zu alten Werten: Nach den Zockern kommt jetzt die zweite Welle der Anleger auf den Markt, denen »schnell und billig« nicht mehr genügt. Reines Brokerage ist nach Meinung vieler Branchenkenner kein zukunftssicheres Geschäftsmodell mehr.

> *Die Heavy Trader sind verteilt [...]. Jetzt geht es vor allem um Service.*[50]

Einstige Häuser der zweiten Reihe wie die Dresdner-Bank-Tochter Advance Bank und die zur Deutsche-Bank-Gruppe gehörende Brokerage 24 sind die neuen alten Stars der Szene: Sie legen zu, weil sie ihre Kunden auch beraten. Damit bieten sie genau das, was Anleger in Zeiten abstürzender Kurse dringend brauchen: professionelle Hilfe.

Der Onlinebroker der Deutschen Bank heißt seit 1. April 2001 maxblue[51]. An vermögende Privatkunden »der zweiten Welle« gerichtet, will maxblue bis zum Jahr 2004 1,5 Millionen Kunden haben. Ziel ist es unter anderem, das Filialgeschäft und das Internetbanking enger zu verzahnen.

Auch die Discountbroker richten – ganz altmodisch – Filialen ein. Die Direkt Anlage Bank nennt ihre Filialen Investment-Center, Comdirect startet mit Betreuungsshops. Einen ähnlichen Weg geht die Advance Bank, die mit der Dresdner Bank nun zur Allianz AG gehört: Sie wird mobile Finanzplaner einsetzen.

### Nehmen Sie Meinungsführer ernst!

> *Früher hatte ein Meinungsführer Einfluss auf zwei weitere Konsumenten, in der New Economy sind es gleich acht [...]. Unternehmen, soziale Gruppen und die Verwaltung müssen Meinungsmacher im Web verstehen und konkret ansprechen – das ist die Herausforderung hier und heute.*[52]

---

49. Günter Heismann, Financial Times Deutschland
50. Mathias Hajek, Comdirect AG
51. http://www.maxblue.de/
52. Chris Komisarjevsky, Geschäftsführer, Roper Starch Worldwide

In der analogen und der digitalen Welt verlassen sich Interessenten und Kunden auf das Urteil von Meinungsführern. Oft sind (potenzielle) Kunden für Empfehlungen von Meinungsmachern zugänglicher als für Print-, TV- und Onlinewerbung.

**Influential Americans™ und ...**

In den 40er-Jahren führte Roper Starch Worldwide eine Studie über die Influential Americans – die Meinungsführer in der amerikanischen Gesellschaft, die überproportional hohen Einfluss auf die Öffentlichkeit haben – durch. Roper Starch kam zu dem Ergebnis, dass 10-12% der US-Bevölkerung dieser Gruppe angehören.

> *Influentials are strictly defined as people who have done three ore more items from a list of political or social activities in the past year [...]. They have been leaders in many of the country's key social and political issues and have set cultural and consumer trends.*[53]

**... e-fluentials℠**

Eine aktuelle Studie von Burson-Marsteller und Roper Starch[54] beschäftigt sich mit dem Versuch, Antworten auf Fragen wie die folgenden zu finden:

- Wer sind die Meinungsmacher im Netz?
- Wie viele Meinungsbildner gibt es überhaupt?
- Wie unterscheiden sich die e-fluentials von den »traditionellen« Meinungsbildnern?
- Auf welchen Wegen und nach welchen Mustern werden Meinungen und Botschaften weitergegeben?
- Wo kann man diese Meinungsmacher aufspüren?

Die Studie beziffert die Zahl der e-fluentials – der Meinungsmacher im Internet – auf etwa 8% oder ca. 9 Millionen von über 100 Millionen Onlineanwendern in den USA. Diese Personen sind aktiver als andere Internetnutzer, sie versenden häufiger E-Mails, nehmen in erhöhtem Maß an Chats teil, suchen Newsgroups öfter auf und sie beeinflussen mehr Menschen zu mehr Themen als dies Meinungsführer der Old Economy tun.

> *E-fluentials are an elite yet highly engaged subgroup of the Internet population. They communicate with more people online, regularly e-mailing twice as many people as general Internet users. By definition, they are significantly more likely to provide feedback to Web sites, post to bulletin boards or actively participate in newsgroups.*[55]

53. Quelle: Roper Starch Worldwide
54. Burson-Marsteller: The e-fluentials, 2000
55. Quelle: Burson-Marsteller

**Fünf Gründe, warum Sie Meinungsführer ernst nehmen sollten**

Meinungsführer im Netz sind für Sie interessant:

- Sie haben tatsächlich Einfluss und sind durch die virtuelle in der realen Welt meinungsbildend: Die Wahrscheinlichkeit, dass sie um Rat gebeten werden, ist dreimal so hoch wie bei herkömmlichen Anwendern. Meinungsbildner werden in Themenbereichen wie Berufsleben, Karriere oder neue Technologien zweimal so häufig um ihre Meinung gebeten.
- Sie sind Multiplikatoren: Die Reichweite der Ansichten und Standpunkte ist durch das Internet überproportional hoch. Sie werden nicht nur öfter um Rat gefragt, auch die Anzahl der Personen, die sich an sie wendet, ist um Einiges größer.
- Sie sind online und offline aktiv: Der Einfluss von Meinungsbildnern ist nicht durch das Internet begrenzt. Auch in der realen Welt setzen sie Zeichen. Mehr als 40% der e-fluentials – und damit schließt sich der Kreis zur Untersuchung von Roper Starch – sind auch offline meinungsbildend. Sie verlassen sich nicht nur auf das Internet als Informationsquelle, sondern sind auch aktive Konsumenten von TV, Radio und Printmedien.
- Sie sind hochkommunikativ: Sie wissen, dass ein Dialog aus Geben und Nehmen besteht und Weitergabe von Wissen und gleichzeitig Lernen bedeutet. Mehr als 80% der Meinungsbildner sind gerne bereit, ihre Meinung in der Öffentlichkeit kundzutun. Ebenfalls mehr als 80% sind in der Lage und gerne bereit, aktiv zuzuhören und die Ansichten anderer aufzunehmen, zu filtern und einzuordnen.
- Sie sind Informations-Drehscheiben: Meinungsbildner sind begierig darauf, Wissen zu sammeln und zu verteilen. Ein deutlich größerer Anteil – verglichen mit normalen Anwendern – besucht Webauftritte und Portale von Unternehmen (.com), Seiten von Non-Profit-Organisationen (.org) und von Behörden (.gov). Sie sind offener für neue Informationen und dafür, unbekanntes Terrain im Netz zu betreten.

**Starten Sie den Dialog!**

Versuchen Sie, über Marktforschungsmaßnahmen den Anteil an Meinungsführern in Ihrem Interessenten- und Kundenstamm zu filtern, diese direkt anzusprechen und gezielt zu bewerben: One-to-One-Marketinganätze haben gerade in diesem Szenario eine sehr große Chance, erfolgreich zu sein.

Sprechen Sie Meinungsführer selektiv an, auch um die Verbreitung von Gerüchten zu verhindern. Minimieren Sie fehlgesteuerte Informationen, Gerede und Gemunkel rund um Ihr Unternehmen, Ihre Dienstleistungen und Ihre Produkte.

Jim Hamill, Direktor des SEVC, spricht in diesem Zusammenhang von »Murphy's Three Web Laws«:

> *If you are not willing to talk about an issue, your customers will take it up as a crusade.*
>
> *The more you ignore them, the stronger they get.*
>
> *If you have something to hide, you are in trouble whether you put it online or not.*

Die dritte dieser Regeln bezeichnet er liebevoll als »Clinton's Web Law«.

## 4.5 Beginnen Sie, von davongelaufenen Kunden zu lernen!

**Die Party ist vorüber**

Durchschnittlich alle fünf bis sieben Jahre verlieren Unternehmen rund die Hälfte ihrer Kunden. Die Gründe für Untreue und Abwanderung werden für die betroffenen Unternehmen allerdings erst dann interessant, wenn das Unternehmen Schlagseite bekommt. Warum?

- Die Untersuchung von Fehlleistungen wird selten als angenehm empfunden.
- Realistisch betrachtet ist es nicht einfach, diejenigen Fehler und Versäumnisse in der Unternehmenspolitik und im operativen Bereich herauszufinden, die die Kunden vertrieben haben.

**Einfache Grundgesetze**

Wenn Sie sich jedoch die Mühe machen, die Ursachen für die Untreue Ihrer Kunden ernsthaft zu erforschen, werden Sie eine ganze Menge lernen. Sie beherzigen sie damit zwei Grundgesetze, die auch in der New Economy nicht aufgehoben werden:

- Je länger Kunden einem Unternehmen treu bleiben, desto wertvoller sind sie.
- Der Schlüssel zu loyalen Kunden ist die Generierung von Wert für den Kunden.

Die – oft späte – Erkenntnis, dass Kunden abtrünnig werden, ist meist schockierend und paralysierend für viele Unternehmen. Sehr oft haben die Verantwortlichen kaum einen Begriff davon, worin die Gründe dafür liegen könnten. Zielgerichtete Gegenmaßnahmen sind in diesen Situationen selten zu bemerken.

Woran kann das liegen? Die Wanderbewegungen der Kunden werden nicht gemessen, Schritte gegen vereinzelte Fluchtbewegungen werden kaum unternommen, der Zusammenhang zwischen der Abwanderung von Kunden und der Ansatz für mögliche Verbesserungen wird nicht gesehen.

**Kundenabwanderung als Maßstab**

Dies ist bedauerlich, denn Kundenbewegungen gehören im Geschäftsleben zu den aufschlussreichsten – wenn auch nicht leicht messbaren – Erfolgsmaßstäben. An diesen Bewegungen lässt sich unmissverständlich ablesen, ob die Kunden am Unternehmen oder bei der Dienstleistung eine sich verschlechternde Wertschöpfung wahrnehmen. Auch wenn verlorengegangene Kunden durch neue ersetzt werden, bedeutet die Abwanderung sinkende Erträge, einen versiegenden Cashflow-»Strom« vom Kunden zum Dienstleister.

Die entstehenden Kosten der Gewinnung von Neukunden kommt hier noch erschwerend dazu. Warum? Wenn tatsächlich durch Beschäftigung mit dem Phänomen der Wanderbewegungen Kunden zurückgewonnen und Kundenbeziehungen verbessert werden können, nutzen viele Unternehmen diesen – zweifellos oft schmerzhaften – Weg nicht?

Vier der nach Meinung der Autoren maßgeblichen Ursachen und geeignete Lösungsansätze werden in den folgenden Abschnitten behandelt.

- Der Umstand, dass der nicht wegzudiskutierende Zusammenhang von Kundentreue einerseits und dem Unternehmensergebnis »auf der Gegenseite« nicht oder nicht rechtzeitig wahrgenommen wird.
- Die oft vernachlässigte Frage nach wirklich wertvollen und wichtigen Kunden und die Bedeutung von Wanderbewegungen für ein Unternehmen.
- Die Suche nach Fehlern und Versäumnissen im eigenen Unternehmen und die Frage »Wie finde ich Mitstreiter, denen ich die Pflege von Kundenbeziehungen anvertrauen kann?«
- Die Entwicklung, Kommunikation und Umsetzung von Maßnahmen, mit denen die in der Analyse des Kundenverhaltens gewonnenen Ergebnisse in eine erfolgreiche Unternehmensstrategie übertragen werden.

## Der Zusammenhang von Kundenzufriedenheit, -treue und Erfolg

Langsam, viel zu langsam, setzt sich das Verständnis durch, dass treue Kunden tatsächlich Gewicht haben. Eine penible Rechnung mit der Fragestellung, welchen Wert ein Kunde – über die gesamte Geschäftsbeziehung betrachtet – darstellt, ist hier notwendig, will man auch den Kapitalwert des Kundenstammes eines Unternehmens berücksichtigen.

Alleine Cashflow und EBIT sind keine besonders aussagekräftigen Indikatoren, wollen Sie die Leistungsfähigkeit Ihres Unternehmens in Sachen Kundenbindung und -zufriedenheit messen und kommunizieren. Die einzig wirklich aussagekräftige Statistik ist eine Gegenüberstellung der »treuen« und »abtrünnigen« Kunden.

**Dauer und Wert einer Kundenbeziehung**

Je länger ein Kunde einem Unternehmen treu bleibt, desto mehr ist er wert. Warum?

- **Langjährige Kunden geben mehr Geld aus und meist sind weniger preissensibel.**
  In vielen Branchen steigert sich nicht nur die Anzahl der Käufe und Frequenz der Inanspruchnahme von Dienstleistungen, sondern auch der durchschnittliche Umsatz pro Kauf. Lock- und Einführungsangebote können meist von langjährigen Kunden nicht in Ansruch genommen werden. Positive Cross-Selling-Effekte durch die Inanspruchnahme zusätzlicher Leistungen treten meist erst nach einigen Käufen und längerer Geschäftsbeziehung auf.
- **Treue Kunden bringen neue Kunden mit.**
  Oft geben zufriedene Kunden positive Erfahrungen mit ihren Lieferanten und Dienstleitern weiter, werden zu guten »Verkäufern« und motivieren Interessenten, die meist von Beginn der Geschäftsbeziehung an ein realistischeres Bild von Angebot, Stärken und Schwächen der Anbieter haben. So fallen keine oder kaum Anwerbekosten für diese Neukunden an. Auch im Servicebereich ist mit erheblich niedrigeren Kosten zu rechnen, da Kunden, die auf Empfehlung kommen, oft diejenigen um Rat und Unterstützung bitten, die ihnen den Lieferanten empfohlen haben.
- **Treue Kunden nehmen weniger Zeit in Anspruch.**
  Auch die Nutzung des Internets hebt die Gebote der Kundenbindung nicht auf – langjährige Kunden finden sich online und offline besser zurecht und werden mit dem Angebot ihrer Lieferanten und Dienstleister vertrauter. Im Gegenzug lernen die Anbieter die Wünsche und Ansprüche ihrer Kunden besser kennen.

Die Summe dieser Faktoren legt den Schluss nahe, dass der Wert einer Kundenbeziehung in der digitalen Welt oft weit größer ist als in der realen Welt.

Das fehlende Bewusstsein, zwischen »Gewinn pro Kunde« und »Wertschöpfung pro Kunde« unterscheiden zu können, ist ein maßgeblicher Grund für Misserfolge im Unternehmen: Kunden orientieren sich am Wert, den sie erhalten – nicht unbedingt an der Dienstleistung oder am Produkt selbst, das sie erwerben oder in Anspruch nehmen. Maßstäbe wie Gewinn und Cashflow sind hier nur bedingt anzulegen.

Unsere eigenen täglichen Erfahrungen als Kunden lehren uns immer wieder die schmerzhafte Erkenntnis, dass sehr viele Unternehmenslenker Probleme mit Kunden als nachrangig und bestenfalls mittelmäßig interessante Herausforderung für den Marketingbereich sehen. Aber keine noch so raffiniert gestaltete Marketingaktion, Werbekampagne und Preisgestaltung kann Neukunden anlocken, wenn sich die Meinung unzufriedener Kunden flächendeckend durchgesetzt hat, ein Unternehmen biete wenig Service.

Herkömmliche Instrumente aus der Marktforschung sind nur mäßig geeignete Mittel, um einen der besten Indikatoren für Erfolg oder Misserfolg eines Unternehmens, die Kundentreue, zu messen und die Erkenntnisse aus positiven und negativen Kundenerfahrungen zur Grundlage des Unternehmenswachstums zu machen.

### Untreue ist nicht gleich Untreue und: Wer sind nun Ihre wichtigsten Kunden?

Die Frage nach Kundenzufriedenheit und -abwanderung wird bei Bikes and More schnell zu einem strategischen Thema. Mehrere Fragen müssen geklärt werden:

Stammkunden ...

- **Wer sind eigentlich die Stammkunden des Unternehmens?**
  Hier stellte sich heraus, dass die Kunden mit geringen bis mittleren, aber sehr regelmäßigen Umsätzen in der Tat wichtige Kunden waren. Ihnen gute Gründe zu liefern, Bikes and More treu zu bleiben, sollte sich auf lange Sicht als der entscheidende Wettbewerbsunterschied zwischen den auf engem Raum und mit überschaubaren Spannen konkurrierenden Händlern erweisen.

  Unglücklicherweise ist die Identifikation der Hauptkunden nicht immer ganz so einfach, besonders in einer Branche, wo sich der Wettbewerb genauso schnell wandelt wie das Interesse der Kunden für neue

Trends, Produktlinien oder gar Produkte. Die Bestimmung der wichtigsten Kunden wird gewiss eine der elementarsten Maßnahmen sein, die Paul zeit seiner Tätigkeit initiieren wird, auch auf die Gefahr von Unsicherheiten und Ungereimtheiten, was Datengewinnung und Interpretation betrifft.

- **Welche Kunden sind die profitabelsten und treuesten?**
  Hier gilt es, die Kunden zu identifizieren, die mehr Geld für Produkte und Dienstleistungen von Bikes and More ausgeben als andere, ihre Rechnungen schneller und bar begleichen, Beratung weniger in Anspruch nehmen und die selbst Wert auf eine längerfristige Geschäftsbeziehung legen.

- **Welche Kunden schätzen den von Bikes and More generierten Wert am meisten und sind für Bikes and More »wertvoller« als für den Mitbewerb?**
  Zu manchen Kundengruppen und -bedürfnissen passen die angebotenen Produkte, Dienstleistungen und die Beratung vor und nach dem Kauf besonders gut, andere legen weniger Wert auf ausführliche Beratung, sind jedoch besonders preissensibel.

  Manche Kunden erfordern mehr Mühe und höheren Aufwand bei Beratung und Service. Sind sie für einen Mitbewerber wertvoller, werden sie mittel- bis langfristig Bikes and More verloren gehen.

  Eine Zusammenstellung der offensichtlichen Hauptkunden von Bikes and More ergibt sich aus der Beantwortung der oben gestellten Fragen. Darüber hinaus leistet diese Liste wertvolle Hilfe bei der Aufgabe, den Kreis der Hauptkunden kontinuierlich zu erweitern, was zu einer Klassifizierung und Gruppierung der Kunden führt.

  Hier lautet die Aufgabe, einen Eindruck vom Ergebnis der mittel- und langfristigen Geschäftsbeziehung zu einer Kundengruppe zu bekommen:

  - vom Kapitalwert der Kundenbeziehung,
  - vom Anteil am Einkaufsbudget des Kunden,
  - vom »Grad« der Kundenbindung, d.h. der Gruppenzugehörigkeit, Herkunft und Dauer der Kundenbeziehung.

**»Gleichbehandlung« aller Kunden?**

Viele Dienstleister und Anbieter – gerade im Bereich der Konsumgüter – sind häufig der Meinung, sie müssten alle Kunden gleich behandeln und gleich zufrieden stellen.

Im Falle der Abwanderung wird jedem Kunden die gleiche Aufmerksamkeit gewidmet, unabhängig davon, ob es sich um wirklich wichtige Kunden handelt oder um »Laufkundschaft«. Wenig Sinn macht es allerdings, eigentlich unprofitable Kunden mit viel finanziellem und personellem Aufwand zurückgewinnen zu wollen.

Unternehmen, die in der Kundengewinnung und -bindung erfolgreich sind, wissen, dass nicht jeder Kunde ein guter Kunde ist und widmen sich vorrangig den Kunden, denen sie auch tatsächlich mit gewisser Kontinuierlichkeit einen zufriedenstellenden Wert »liefern« können.

**Gewinnung von Neukunden**

Alle Anstrengungen, die Sie unternehmen, um die Gründe für Abwanderungen zu finden, dienen nicht nur der Rückgewinnung abtrünniger Kunden, sondern auch der Gewinnung von Neukunden, die ja zwangsläufig vormals Kunden eines anderen Unternehmens waren. Interviews mit Neukunden mit Fragen nach den Gründen ihres Wechsels sind zu diesem Stadium der Kundenbeziehung sehr wertvoll.

Sie lernen unter anderem aus den Antworten,

- ob Sie tatsächlich die Kunden gewonnen haben, die sich mit entsprechender Pflege der Beziehung zu wertvollen Dauerkunden entwickeln können,
- ob Ihre Neukunden denen Ihrer Mitbewerber oder denen, die Ihrem Unternehmen abtrünnig wurden, gleichen,
- welche Verbesserungspotenziale Sie bei der Gewinnung von Neukunden noch nicht entdeckt oder realisiert haben,
- ob neue und bestehende Kunden auch die Stärken Ihres Angebots und Ihrer Dienstleistungen kennen.

**Analyse der Untreue**

Manchmal sind Motive und Formen der Abwanderung sehr einfach zu erkennen. Verlagern beispielsweise Bankkunden ihre Konten und ihren Geldverkehr zu einem Mitbewerber, stellt sich diese Form der Untreue sehr eindeutig dar.

Bei Kunden, die nur für einen Teil ihrer Geschäfte auf die Konkurrenz ausweichen, gestaltet sich die Analyse schon schwieriger, ebenso bei Kunden, die die Leistungen eines Unternehmens zwar kontinuierlich in Anspruch nehmen, aber nur einen Bruchteils dessen ausgeben, was sie insgesamt für Einkäufe aufzuwenden bereit sind oder tatsächlich aufwenden.

### Beispiel MicroScan: Allheilmittel Fehleranalyse? [56]

Die Geschichte von MicroScan, einem Hersteller von automatisierten mikrobiologischen Diagnosegeräten, ist in diesem Zusammenhang sehr aufschlussreich: Das Unternehmen lag gegen Mitte der 90er Jahre im Kampf um die Marktführung Kopf an Kopf mit Vitek Systems. Mit den Geräten der beiden Hersteller können Medizinlabors Patientenkulturen auf Mikroben untersuchen. Beide Unternehmen wuchsen sehr rasch und motivierten Ihre Käufer, von manuellen Testverfahren zu ihren automatisierten Verfahren zu wechseln.

Die Verantwortlichen von MicroScan waren von der Fehleranalyse geradezu fasziniert – möglicherweise, weil Diagnostik das ureigene Geschäft darstellte, vielleicht hatte aber auch der Wettbewerb das Bewusstsein für Qualität geschärft.

Da das Unternehmen noch stärker und profitabler werden wollte, ging es auf abtrünnige Kunden zu, um zu erfahren, an welchen Fehlleistungen das Abwenden vom Unternehmen lag. Im ersten Schritt sollte der Vertrieb entsprechende ehemalige Kunden identifizieren. Dabei nahmen die Vertriebsbeauftragten an, es gehe um die Fälle, in denen Kunden völlig abtrünnig geworden waren – die es kaum gab: Die Kunden waren ihrem Lieferanten nur teilweise untreu geworden. Hat ein Abnehmer erst eine bestimmte Erstausrüstung erworben, bezieht er von diesem Lieferanten noch über Jahre Ersatzteile und Serviceleistungen für diese Produkte.

Hat MicroScan Kunden verloren, war die Konsequenz oft das Nicht-Zustandekommen eines Anschlussgeschäftes. Das Management wünschte nun eine möglichst präzise Analyse der begangenen Fehler und Versäumnisse. Nun stellte sich heraus, dass der Vertrieb ein Detail übersehen hatte: Nur wenige der »kleinen« Kunden waren ganz untreu geworden. Gespräche mit jedem Kunden, der MicroScan vollständig den Rücken gekehrt hatte, folgten, ebenso mit einem Vielzahl der teilweise untreuen Kunden.

Immer wurden die Gründe der Absprungs thematisiert, besonders in den Fällen, wo die Kaufentscheidung zugunsten eines Mitbewerbers gefallen war. Das Ergebnis war lehrreich und schmerzhaft zugleich: Die Kunden hielten MicroScan-Geräte nicht unbedingt für zuverlässig, bemängelten verschiedene Ausstattungsmerkmale und waren der Ansicht, ihr Lieferant ginge zu wenig auf ihre Fragen und Probleme ein.

---

56. aus Frederick F. Reichheld, Thomas Teal: The Loyalty Effect. The Hidden Force Behind Growth, Profits and Lasting Value, Harvard Business School Press, 1996.

Bei diesen Klagen hatten die Vertriebsabteilung schnell passende Rechtfertigungen zur Hand: Das seien von Anfang an die falschen Kunden gewesen; Schuld trügen die Techniker, die den Kunden die Geräte nicht richtig erklärt hätten; oft an der Hotline hängende Kunden seien nicht lukrativ. Aber Erklärungen und Ausflüchte solcher Art bedeuten nichts weiter als Fehler bei der Suche nach Fehlern.

Das Management von MicroScan versuchte nicht, die Beschwerden ihrer Kunden unter den Teppich zu kehren. Sie nahmen sie ernst, lernten daraus und veranlassten Korrekturmaßnahmen: Die Prioritäten für den F+E-Bereich wurden erhöht, damit die Geräte künftig genauer und schneller arbeiteten. Die Entwicklung einfacherer Modelle wurde beschleunigt, da sich herausstellte, dass die Geräte für viele kleine Labors zu teuer waren. Das Berichtswesen im Kundendienst wurde überarbeitet, damit sich Gerätemängel und Lieferprobleme sofort bearbeiten und abstellen ließen.

Diese Lernfähigkeit rentierte sich für MicroScan: Zwei Jahre danach überholte das Unternehmen seinen Mitbewerber Vitek und wurde unangefochtener Marktführer – mit steigenden Gewinnen. Sorgfältig den Gründen nachzugehen, warum Kunden untreu werden und dann darauf zu reagieren, ist ungewöhnlich, im Internetzeitalter sogar noch ungewöhnlicher denn je. Bei MicroScan wurde das ein wichtiges Element der Geschäftspolitik.

**Was lernen wir daraus?**

Die Erkennung, Analyse und Beseitigung von Fehlleistungen sind die ersten Schritte bei der Wiedergewinnung abgewanderter Kunden. Um sicherzustellen, dass sich die Verantwortlichen auf Ihre Aufgaben konzentrieren, untreue Kunden zurückzugewinnen, ist es notwendig, die Fixierung auf den Unternehmensgewinn zu überwinden.

**Fixierung auf Cashflow und EBIT?**

Selbstverständlich lässt sich aus eigenen und fremden Erfolgen lernen, aber der uneingeschränkte Glaube an Cashflow und EBIT behindert die Suche nach den Ursachen für Versäumnisse in den Kundenbeziehungen.

Mittels Benchmarking wird hektisch nach den niedrigsten Herstellkosten gesucht, nach der größten Umsatzsteigerung, dem schnellsten Wachstum und nach Strategien, die so aussichtsreich sind, dass sie schnellstens übernommen werden sollten. Diese Suche nach den Best Practices hat weit weniger Wert geschaffen als zu erwarten war. Warum?

Sobald ein System gut funktioniert, hängt sein Erfolg von einer langen Kette äußerst subtiler Wechselwirkungen ab. Die Identifizierung der wertvollsten Glieder in dieser Kette ist sehr schwierig, ihre relative

Bedeutung verändert sich ständig in dem Maß, wie sich die Umgebung verändert. Selbst wenn es möglich wäre, die entscheidenden Glieder herausgreifen und nachzubilden, bliebe es unmöglich, die Wechselwirkungen oder gar das äußere Umfeld nachzubilden, in dem das System abläuft.

Was hier allein hilft, ist eine beständige Analyse der Fehler – auch wenn es schmerzhaft für alle Beteiligten ist, sich Fehlleistungen genau anzusehen. Fehler werden oft überprüft, um Schuldige zu finden, nicht um ihre betriebsbedingten Ursachen aufzudecken und abzustellen.

**Die Suche nach Mitstreitern …**

Die Fragestellung lautet nun, wie man die richtigen Informationen an die richtigen Leute bringt und sie dazu motiviert, sie auch zu verwenden.

Die klassische Marktforschung entstand, weil von den Marketingabteilungen die notwendigen Informationen erwartet wurden, nach denen sich der Preis, die Gestaltung der Verpackung und Werbe- und Verkaufsförderungsmaßnahmen festlegen ließen. Sie wurde nicht erfunden, um den Mitarbeitern im Kundendienst einen besseren Service oder bessere Anreize bieten oder abteilungsübergreifende Probleme lösen zu können.

**Allheilmittel Marktforschung?**

Marktforschung hat den Nachteil, dass ihre Experten zwar am meisten über die Kunden wissen und lernen, aber selbst nur Externe sind. Diese Experten verfassen Berichte für Manager, die deren Kernaussagen ihren Firmenchefs vortragen. Informationen sickern dann wieder nach unten zu den Managern und Mitarbeitern in der Verkaufs- und Kundendienstabteilung durch, sind dann aber so allgemein formuliert, dass sie wenig nützen.

Zweifelsohne kostet es viel Zeit und Energie, zu lernen, warum Kunden untreu werden. Sehr oft ist die größte Hürde, dass nicht erkennbar wird, wie dieses Lernen mit dem eigenen Erfolg zusammenhängt. Auch Unternehmen, die sich durchaus erfolgreich mit dem Thema Kundenbindung beschäftigen, müssen ihren Mitarbeiter vergegenwärtigen, wie wichtig es ist, den Kundenkreis ständig zu erweitern.

**Kontinuierliche Fehleranalyse**

Lassen Sie sich auf Fehleranalysen ein, dann bekommen Sie von abgewanderten Kunden unzählige aufschlussreiche Informationen.

Legen Sie dazu im ersten Schritt Kriterien fest, anhand derer Sie messen, ob Maßnahmen gegen die Abwanderung von Kunden tatsächlich wirken – und wie gut sie wirken:

- Ein Kriterium ist der **Anteil am vermuteten Gesamtbudget** jedes Kunden. Trennen Sie den Anteil der Kunden, die mit Ihrem Unternehmen mehr Geschäfte tätigen, vom Anteil derer, die für weniger Umsatz sorgen, um dieses Kriterium wirklich auszuschöpfen.
- Ein weiterer Maßstab ist die **Abwanderungsquote** selbst, die für einzelne Kundengruppen getrennt zu berechnen ist – die besten und treuesten Stammkunden, die übrigen Stammkunden, die restlichen Kunden und jene Kunden, deren Wegbleiben Sie nicht übermäßig bedauern würden.

Außerdem gilt es festzustellen, wie oft verschiedene Gründe für Abwanderung auftraten, um sicherzugehen, dass offene Probleme auch tatsächlich gelöst werden und neue Probleme aufgedeckt werden. Tragen Sie dafür Sorge, dass das Management permanent an die Verpflichtung erinnert wird, sich mit den Rückmeldungen der Mitarbeiter mit direktem Kundenkontakt zu beschäftigen.

Paul wird seine Mitarbeiter dazu anhalten, monatlich mindestens fünf Kunden telefonisch oder persönlich zu interviewen. Er selbst wird solche Telefonate übernehmen, mit denen Kundenpflege betrieben wird oder Kunden zurückgewonnen werden sollen.

Er hat verstanden, dass er selbst hören muss, was »an der Front« los ist, statt sich auf Untersuchungen von externen Dienstleistern zu verlassen, die sein Geschäft, die Konkurrenz und die Kunden bei weitem nicht so gut verstehen er selbst.

**Unbekannte Größe »Kundenwert«**

Der Begriff des Kundenwerts ist höchst subjektiv, individuell und wird für jeden Kunden anders sein. Wollen Sie tatsächlich lernen, was Ihre Kunden wünschen und ihrer Meinung nach auch erhalten? Dann kommen Sie an Interviews mit aktuellen und früheren Kunden nicht vorbei.

Was nimmt Ihr Kunde nun wahr? Die Gesamtheit aller Interaktionen mit Ihrem Unternehmen, wobei »frischere« Erfahrungen mehr Gewicht haben. Manchmal hat ein einzelnes Ereignis so viel Gewicht, dass es allein die Abkehr des Kunden verursacht, aber meist beschließt der Kunde erst nach einer Reihe von Vorfällen, sich bei anderen Anbietern nach mehr Wert umzusehen.

Paul ist es selbst schon oft widerfahren, dass Werkstätten und Handwerker nicht zu seiner Zufriedenheit arbeiteten. Wurden mehrere vergebliche Reparaturversuche unternommen, ohne dass sich der Dienstleister bemühte nachzufragen, ob der Fehler nun behoben ist, war er nicht mehr bereit, diesem Unternehmen weiterhin sein Vertrauen zu schenken.

Diesen eigenen Erfahrungen eingedenk werden Kundenbeziehungen, bei denen wiederholte Reklamationen mit derselben Fehlerursache auftraten, besonders genau unter die Lupe genommen, und diese Kunden genießen bei Bikes and More oberste Priorität.

Hier hilft es, für die ganze Dauer einer Kundenbeziehung festzuhalten, welche Interaktionen stattgefunden haben. Dieser »Lebenszyklus »einer Kundenbeziehung ist als Autobahn vorstellbar, die der Kunde an einer Auffahrt »betritt«. Die weiteren Interaktionen und deren Häufigkeit lassen sich modellhaft als Parkplätze, Servicestationen und – wenn Loyalität und Wertwahrnehmung in Konflikt geraten – als Abfahrten darstellen.

Haben Sie die Autobahn für Ihr Unternehmen erfolgreich modelliert, liegt der nächste Schritt in Interviews mit abgewanderten Kunden – in der Suche nach den Motiven und den Bedingungen, die die Geschäftsverbindung vielleicht gerettet hätten.

**Interviews – bloß, mit wem?**

Die Herausforderung liegt darin, die richtigen Interviewpartner zu finden. Befragen Sie Mitglieder einer ausgewählten Gruppe nach den Gründen ihrer individuellen Kaufentscheidungen, wird das Ergebnis zwangsläufig eine Gruppenmeinung sein. Gruppen sind maximal für ein Brainstorming geeignet, das bei der Suche nach Lösungen helfen kann, falls sich bei Stammkunden bestimmte Abwanderungsursachen als besonders häufig und gravierend herauskristallisierten.

Wir haben bereits festgestellt, dass die Beauftragung von Marktforschungsexperten ebenfalls problematisch ist: Diese wissen ebenfalls zu wenig über Ihr Unternehmen und Ihre Wettbewerber, Ihre Preis- und Marketingstrategien.

Bei der Fehleranalyse ist ein Verständnis für das eigene Geschäft und seine Wirtschaftlichkeit gefragt, ebenso ist viel Gespür für die Art und »Schwere« der Versäumnisse gefragt. Gefordert sind hier erfahrene Mitarbeiter und Manager aus dem Unternehmen selbst: Sie selbst müssen die Fehleranalyse durchführen, besonders dann, wenn

- im Unternehmen eine solche Fehleranalyse erstmalig vorgenommen wird,
- die Angaben über die Abwanderung von Kunden unvollständig sind,
- unklar ist, wer die wirlich wichtigen Kunden des Unternehmens sind,
- im Unternehmen über eine Modifizierung des Angebots oder der Vertriebswege nachgedacht wird,
- die Wettbewerbsbedingungen sich rasch verändern.

Wie könnte nun der konkrete Ablauf einer solchen Analyse aussehen?

**Bildung einer Task Force**

1. Der erste Schritt besteht darin, eine aus Managern und Mitarbeitern, die im Unternehmen genügend Rückhalt haben, gebildete Gruppe zusammenzustellen.

   Aufgabe der Mitglieder dieser Gruppe wird es in dieser ersten Phase sein, die Vorbereitungen für Interviews mit abgewanderten Kunden zu treffen. Dabei gilt es, mit Diplomatie, Gruppenzwang und notfalls Druck festzuhalten, dass es zu den Aufgaben eines Managers gehört, mit abtrünnigen Kunden direkt zu sprechen und zu erfahren, warum das Angebot ihres Unternehmen nicht mehr zufriedenstellend ist.

   Die Gruppe muss entscheiden, welche Kunden überhaupt interviewt werden. Als Vorbereitung dazu ist das Studium von Marktforschungsergebnissen und Zufriedenheitsumfragen empfehlenswert. Auch die eigenen Mitarbeiter mit direktem Kontakt zu den Kunden leisten hier wertvolle Unterstützung.

   - Stellen Sie sicher, dass Sie wirklich wichtige Kunden kontaktieren.
   - Bestehen Sie dazu auf Informationen darüber, wie lange diese Kunden mit Ihrem Unternehmen in Geschäftsbeziehung standen.
   - Versichern Sie sich auch, dass Sie tatsächlich mit Ex-Kunden sprechen, nicht mit denen, die nur ein bestimmtes Produkt oder eine bestimmte Dienstleistung nicht länger in Anspruch nehmen.

   Manche ehemaligen Kunden werden die Gelegenheit, mit einem für ihre Probleme aufgeschlossenen Vertreter des Unternehmens sprechen zu können, begrüßen. Manchmal ist aber auch ein Anreiz notwendig. Bieten Sie ihn – die Aufwendungen werden sich lohnen. Das Ziel des ersten Schrittes soll eine wirklich repräsentative Auswahl aus der Zielgruppe Ihrer abgewanderten Kunden sein.

**Interviews mit untreuen Kunden**

2. In der zweiten Phase beginnen Sie, jedem Gruppenmitglied eine überschaubare Anzahl von Interviewpartnern zuzuordnen, rund zehn bis zwanzig Ex-Kunden.

   Nach einer ersten Runde von rund einem Viertel der Gespräche ist es sinnvoll, auf einem Austausch der Erfahrungen zu bestehen. Ziel dieser Interviews ist in erster Linie die Generierung einer ersten Liste mit Korrekturmaßnahmen, die Ihr Unternehmen durchführen sollte. Die ausständigen Interviews sollten bereits auf die wichtigsten Fragen und Prüfung der gemeinsam gefundenen Hypothesen konzentriert werden.

3. Der abschließende Schritt besteht in der gemeinsamen Erarbeitung eines Aktionsplans, der auf den Ergebnissen der Interviews fußt.

**Erstellung eines Aktionsplans**

Maßnahmen, die mit geringem finaziellem Aufwand und rasch durchgeführt werden können, sollten gleich erprobt werden. Andere Maßnahmen bedürfen vermutlich aufgrund des größeren Aufwands weiterer Nachforschung oder Analyse. Die beteiligten Manager sind nun in der Pflicht, dafür zu sorgen, dass die beauftragte Gruppe mit der Interpretation des Kundenverhaltens richtig liegt und dass die Verbesserungen auch tatsächlich realistisch und durchführbar sind.

## 4.6 Vertragsabschlüsse im Internet: rechtsfreier Raum?[57]

Das Internet ist geprägt von Anonymität, grenzüberschreitendem Rechtsverkehr, Animierung zum Kauf. Kein anderer Bereich revolutioniert die Geschäftswelt in vergleichbarer Art und Weise, in keinem anderen Bereich sind die Erwartungen, Hoffnungen und Visionen größer. Die rechtlichen Besonderheiten gilt es jedoch auch hier zu beachten, das Internet ist keineswegs ein »rechtsfreier Raum«.

Wie werden Verträge online geschlossen? Was gilt es an Besonderheiten hierbei zu beachten? Muss ich denn auch im Internet die geltenden Gesetze und Verordnungen beachten? – Fragen, die sich stellen, will man seine Geschäftsaktivitäten über das Internet ausweiten. Nachfolgend sollen die rechtlichen Grundlagen des E-Business erörtert werden.

### Rechtliche Grundlagen des elektronischen Handels

Verträge kommen im Internet – wie im realen Leben auch – dadurch zustande, dass die Vertragspartner übereinstimmende Willenserklärungen (Angebot/Antrag gemäß § 145 Bundesgesetzbuch (BGB) und dessen Annahme gemäß § 147 BGB) mit Rechtsbindungswillen abgeben. Auch ein Vertragsabschluss in elektronischer Form erfordert die Abgabe zweier sich deckender Willenserklärungen. Ein Antrag gemäß § 145 BGB erlischt, wenn er entweder gegenüber dem Antragenden abgelehnt wird oder binnen einer Annahmefrist nicht angenommen wird. Man unterscheidet hierbei Anträge unter »Anwesenden« und Anträge unter »Abwesenden«. Ein Antrag unter Anwesenden (z. B. mündlich oder telefonisch) kann nur »sofort« angenommen werden (§ $147_{\text{Abs.1}}$ BGB), ein Antrag unter Abwe-

57. Die Autoren danken Florian Zwerger, Management Consultant bei SAP Portals Europe GmbH, für diesen Beitrag.

senden nur binnen einer Frist, innerhalb derer unter normalen Umständen mit einer Annahme oder Ablehnung zu rechnen ist (vgl. § $147_{Abs.2}$ BGB). Bei Überschreitung der Annahmefrist gilt eine verspätete Annahme gemäß § $150_{Abs.1}$ BGB als neuer Antrag i.S.d. §145 BGB. Gleiches gilt, wenn eine Annahme unter Änderungen oder Ergänzungen vorgenommen wird, dann handelt es sich gemäß § $150_{Abs.2}$ BGB ebenso um einen neuen Antrag auf Vertragsabschluss i.S.d. §145 BGB. Einzige Ausnahme ist §151 BGB, der eine Annahmeerklärung überflüssig macht, wenn der Antragende auf sie verzichtet oder sie nach der Verkehrssitte nicht zu erwarten ist.

**invitatio ad offerendum**

Es stellt sich im Internet schon sehr bald die Frage, wer das rechtlich verbindliche Angebot zum Abschluss eines Vertrages abgibt: der Händler oder der Käufer. Außerhalb des Internets hat die Rechtssprechung schon sehr früh die Problematik gelöst, wie Kataloge, Werbezettel, ausgestellte Ware in Schaufenstern usw. rechtlich einzuordnen sind. Hierbei handelt es sich nach fast einhelliger Meinung um eine so genannte »invitatio ad offerendum«, also eine Aufforderung an den Kunden zur Abgabe eines Angebots i.S.d. §145 BGB, und nicht um das rechtlich verbindliche Angebot selbst.

Der Anbieter präsentiert in seinem virtuellen Schaufenster sein Leistungsangebot und will sich hierdurch noch nicht endgültig rechtlich binden. Begründen lässt sich dies damit, dass andernfalls allein durch die Annahmeerklärung des Kunden ein rechtgültiger Vertrag mit all seinen Rechten und Pflichten zustande käme, unabhängig von der Frage, ob der Anbietende überhaupt in der Lage wäre, die Ware auch zu liefern. Beim jeweiligen Verkäufer ist im Regelfall nur eine beschränkte Anzahl der über das Internet feilgebotenen Ware vorhanden. Der Verkäufer will nur dann einen Vertrag abschließen, wenn er die Ware auch liefern kann, ansonsten würde er sich entsprechenden Ansprüchen auf Schadensersatz wegen Nichterfüllung aussetzen. Somit stellen bloße Werbung oder werbeähnliche Äußerungen auf Internetpräsenzen regelmäßig noch kein verbindliches Angebot dar.

Anders wird die Problematik bei so genannten »Warenautomaten« beurteilt. Hier geht die Rechtssprechung von »Realofferten« aus, das heißt, das Angebot auf Abschluss eines Vertrages ist das Aufstellen des Automaten selbst, die Annahme dieses Angebots liegt im Einwurf des Geldes durch den Kunden. Hierbei steht die Realofferte als Willenserklärung unter der Bedingung, dass der Kunde auch sofort erfüllungsbereit ist, also echtes Geld einwirft.

Im Internet ist die Art der Ware, die in einer Offerte angeboten wird mit entscheidend dafür, ob bereits ein Angebot oder lediglich eine Aufforderung zur Abgabe eines solchen vorliegt.

Rein präsentierende Angebotsseiten stellen dementsprechend in der Regel eine bloße Einladung zur Abgabe eines Angebots gemäß § 145 BGB dar. Der rechtlich verbindliche Antrag zum Vertragsabschluss kommt in diesem Fall vom Kunden selbst, der entweder per E-Mail oder Online-Bestellformular ordert. Der Anbieter kann nun stillschweigend das Vertragsangebot durch Zusendung der Ware annehmen (§ 151 BGB) oder – besser – durch eine ausdrückliche Annahmeerklärung, beispielsweise per E-Mail.

**Software-Download**

Der Vertrieb von Software via Internet und Download hingegen ist juristisch anders zu beurteilen. Das Angebot, Software aus dem Internet auf den lokalen Rechner zu laden, stellt eine Realofferte, vergleichbar einem Warenautomaten, dar.

Der Klick des Anwenders auf den Download-Button realisiert damit die Annahme der Realofferte mit anschließender sofortiger Erfüllung. Die Schutzfunktion der »invitatio ad offerendum«, die den Verkäufer vor einer unüberschaubaren Anzahl von Verträgen mit deren rechtlichen Konsequenzen bewahren soll, ist hier nicht erforderlich, da Software zum Download ohne quantitative Beschränkung vorhanden ist.

**Abgabe unter Abwesenden**

Trotz der hohen Übermittlungsgeschwindigkeit des Internets ist nach der vorherrschenden Meinung in der Literatur und Rechtsprechung bei der Abgabe von Willenserklärungen per E-Mail oder Webformular von einer Abgabe unter Abwesenden auszugehen.[58]

Anders ist dies bei Vertragsabschlüssen im Chat (Internet Relay Chat, IRC) zu beurteilen. Ein im Chat abgegebenes Angebot könnte nach § 147 $_{\text{Abs.1}}$ BGB, vergleichbar mit der Angebotsübermittlung per Telefon, nur sofort angenommen werden, ansonsten würde es erlöschen. In der Praxis sind diese Fälle jedoch äußerst selten und wohl nur bei Geschäften unter Privatleuten denkbar.

**Zugang**

Empfangsbedürftige Willenserklärungen, wie etwa Angebote und Annahmeerklärungen, müssen dem Empfänger zugehen und werden auch erst mit ihrem Zugang gemäß § $130_{\text{Abs.1 Satz 1}}$ BGB wirksam. Unter Zugang versteht der Gesetzgeber, dass die jeweilige Erklärung so in den Machtbereich des Empfängers gelangen muss, dass dieser unter normalen

58. Detlef Kröger, Marc A. Gimmy: Handbuch zum Internetrecht, Springer 2000

Umständen von ihr Kenntnis erlangen kann[59]. Bei Briefen erfolgt ein Zugang beispielsweise, wenn dieser in den Empfängerbriefkasten gelangt und mit einer Kenntnisnahme zu rechnen ist. Ein Brief an einen Gewerbebetrieb geht daher an Geschäftstagen zu den jeweiligen Geschäftszeiten zu.

Dies ist insbesondere deshalb wichtig, da Willenserklärungen unter Abwesenden gemäß § 130$_{\text{Abs.1 Satz 2}}$ BGB dann nicht wirksam werden, wenn vorher oder gleichzeitig ein Widerruf zugeht. Der Zugang einer E-Mail ist juristisch entsprechend dem Zugang eines herkömmlichen Briefes zu beurteilen. »Zugegangen« ist eine E-Mail dann, wenn sie auf dem Server des Empfängers zwischengespeichert ist und nicht erst dann, wenn sie der Empfänger dort selbst abruft. Hierbei ist jedoch – vergleichbar mit dem Zugang eines Briefes – auf den Zeitpunkt abzustellen, zu dem der Empfang der E-Mail üblicherweise zu erwarten ist. Bei Gewerbetreibenden ist dies zu den üblichen Geschäftszeiten der Fall, selbst wenn ein Onlineangebot 24 Stunden am Tag abrufbar ist und daher Bestellungen rund um die Uhr möglich sind.

Ein möglicher Widerruf der abgegebenen Willenserklärung wäre allerdings infolge der rasanten Übermittlungsgeschwindigkeit von E-Mails nur denkbar, wenn beispielsweise zwischen Abgabe und Zugang der Willenserklärung ein Sonn- oder Feiertag liegen würde. Im Regelfall scheidet jedoch die Möglichkeit, den Zugang und damit die Wirksamkeit der über das Internet abgegebenen Willenserklärung durch »rechtzeitigen« Widerruf zu verhindern, aus.

**Form**

Das deutsche Recht kennt nur sehr vereinzelt Verträge, die der gesetzlichen Schriftform des § 126 BGB bedürfen. Folglich können fast alle Verträge, unabhängig von den zum Einsatz kommenden Kommunikationsmitteln, rechtsverbindlich abgeschlossen werden.

**Ausnahmen**

Ausnahmen finden sich beispielsweise bei Verträgen die das gesamte gegenwärtige Vermögen betreffen (§ 311 BGB), bei langfristigen Mietverträgen (§ 566 BGB), sowie bei Bürgschaftserklärungen (§ 766 BGB) und im Verbraucherkreditgesetz.

Diese können (teilweise noch) nicht über das Internet abgeschlossen werden, da die Schriftform des § 126 BGB (noch) nicht eingehalten werden kann. Gleiches gilt auch für die so genannte »gewillkürte Schriftform« des § 127 BGB, also wenn die jeweiligen Vertragspartner die Einhaltung der Schriftform vereinbart hatten.

---

59. BGHZ 67, 275; BGH, NJW 1980, 990; 1983, 930

§126 BGB erfordert die eigenhändige Unterschrift unter die jeweilige Vertragsurkunde. Die Rechtssprechung verneint die Einhaltung des Schriftformerfordernisses bereits durch Fax, sodass Verträge, die der Schriftform bedürfen, nicht per Telefax abgeschlossen werden können. Das Erfordernis der Eigenhändigkeit der Unterschrift soll als Warnfunktion unter anderem vor Übereilung schützen und den Erklärenden auch eindeutig als denselben identifizieren.

Inwieweit hier eine Gleichstellung mit der digitalen Unterschrift mittels digitaler Zertifikate erfolgen kann, wird in den folgenden Absätzen noch erörtert.

### Kinder und Jugendliche bei Geschäftsabschlüssen im Internet

»Mit wem schließe ich online überhaupt Verträge ab?«, ist sehr häufig die Frage, die sich für den jeweiligen Anbieter im Internet stellt. »Wie kann ich meinem Gegenüber vertrauen?«, dies gilt für Anbieter- und Kundenseite. Problematisch sind hierbei häufig die Regeln zum Schutz von Kindern und Jugendlichen. Immer wieder gilt: Vertrauen als Basis für geschäftlichen Erfolg.

Gemäß §104 $_{\text{Abs.1 Nr. 1}}$, §105 $_{\text{Abs.1}}$ BGB sind die von Kindern (bis zur Vollendung des 7. Lebensjahres) abgegebenen Willenserklärungen nichtig, d.h. rechtlich unwirksam. Kinder nehmen demzufolge bis zur Vollendung des 7. Lebensjahres – zumindest aus rechtlicher Sicht – nicht am Geschäftsleben teil. Der Gesetzgeber stellt hier eindeutig den Schutz des Minderjährigen in seiner Wertigkeit vor das Vertrauen des Vertragspartners in die Geschäftsfähigkeit. Die Beweislast für das Vorliegen von Minderjährigkeit trägt derjenige, der sich darauf beruft. Geschäftsfähigkeit wird hierbei als Regel, Geschäftsunfähigkeit als Ausnahme von dieser Regel angesehen.

Bei Kindern und Jugendlichen zwischen 8 und 18 Jahren liegt eine »beschränkte Geschäftsfähigkeit« gemäß §106f. BGB vor. Von ihnen geschlossene gegenseitige Verträge sind »schwebend unwirksam«, wenn der Minderjährige dadurch einen »nicht lediglich rechtlichen Vorteil« erlangt. Bei Kaufverträgen ist das anzunehmen, auch wenn der Kauf wirtschaftlich gesehen ein »Schnäppchen« war. Durch Einwilligung, d.h. vorherige Zustimmung (§183 BGB) des gesetzlichen Vertreters gemäß §107 BGB, können Verträge auch von beschränkt Geschäftsfähigen wirksam geschlossen werden. Fehlt es an der Einwilligung, ist die Genehmigung (die nachträgliche Zustimmung, §184 $_{\text{Abs.1}}$ BGB) durch die gesetzlichen Vertreter noch möglich, wird diese verweigert, ist der Vertrag endgültig unwirksam.

Ausnahmen hierzu enthält die Vorschrift § 110 BGB (der »Taschengeldparagraph«). Nach dieser Vorschrift ist die ohne Zustimmung des gesetzlichen Vertreters (im Regelfall der Eltern) von Minderjährigen geschlossene Verträge von Anfang an wirksam, »wenn der Minderjährige die vertragsgemäße Leistung mit Mitteln bewirkt, die ihm zu diesem Zwecke oder zu freier Verfügung von dem Vertreter oder mit dessen Zustimmung von einem Dritten überlassen worden sind«.

Für Geschäftsabschlüsse über das Internet bedeutet dies, dass Verträge mit Minderjährigen soweit wirksam sind, als die Kosten das »Taschengeld« des Minderjährigen nicht übersteigen und mit diesen Mitteln auch bezahlt worden ist.

Auch wahrheitswidrige Angaben des Minderjährigen über sein Alter schützen den jeweiligen Vertragspartner nicht. Die Alterseingabe bei der Bestellung nützt juristisch gesehen nichts, sie kann allenfalls eine Hemmschwelle für minderjährige Jugendliche bilden, online ohne Wissen der Eltern zu bestellen.

Festzuhalten gilt es für den Bereich der Geschäftsabschlüsse über das Internet, dass es derzeit kaum wirksamen Schutz vor der mangelnden oder beschränkten Geschäftsfähigkeit gibt. Durch den Einsatz von digitalen Zertifikaten und der Technik der digitalen Signatur lässt sich allerdings das Ausfallrisiko auf ein Minimum reduzieren.

### Grenzüberschreitender Rechtsverkehr

Ist ein Vertragspartner nicht in Deutschland ansässig, stellt sich die Frage, welches Recht auf die vertraglichen Beziehungen anwendbar ist. Ist eine freie Rechtswahl zulässig und wie bezieht man eine solche wirksam in den Vertrag ein? Vor welchem Gericht sind Ansprüche geltend zu machen?

Wesentliche Merkmale des Internets sind, dass es nicht an Raum oder Zeit gebunden ist, keine Ladenschlusszeiten, Ländergrenzen oder unterschiedlichen Nationalitäten kennt. Haben sowohl Anbieter als auch Kunde ihren Sitz in der Bundesrepublik Deutschland und liegen auch sonst keine grenzüberschreitenden Merkmale vor, kommt zweifelsfrei deutsches Vertragsrecht zur Anwendung. Vertragsabschlüsse zwischen Partnern aus unterschiedlichen Ländern stellen in der täglichen Praxis jedoch ein wesentliches Charakteristikum des E-Business dar.

In rechtlicher Hinsicht bereitet dieser grenzüberschreitende Charakter häufig Schwierigkeiten. Auf Verträge mit internationalem Bezug darf **nicht einfach deutsches Vertragsrecht** angewandt werden.

Zunächst gilt es nach den Regelungen des Internationalen Privatrechts (IPR) das Vertragsstatut (das auf den Vertrag konkret anwendbare Recht) zu bestimmen. Das deutsche IPR ist in den Artikeln 27-37 EGBGB geregelt. Vorab gilt es jedoch immer zu prüfen, ob internationale Abkommen oder Verträge zur Anwendung kommen. Deutschem IPR gehen gemäß Art.3 Abs.2 Satz 1 EGBGB völkerrechtliche Regelungen vor, sofern diese unmittelbar anwendbares innerstaatliches Recht geworden sind.

**UN-Kaufrecht**

Hierbei ist insbesondere das UN-Kaufrecht[60] zu beachten. In sachlicher Hinsicht ist das UN-Kaufrecht einschlägig, wenn Waren im gewerblichen Kontext verkauft werden. Waren sind hierbei gemäß Art.1 Abs.1 CISG alle beweglichen Sachen. Die grundsätzliche Anwendbarkeit des UN-Kaufrechts gemäß Art.1 Abs.1a und b UN-Kaufrecht ist anzunehmen, wenn die Vertragsparteien ihre jeweilige Niederlassung in verschiedenen Vertragsstaaten haben oder wenn die Anwendung der Regeln des IPR zur Anwendbarkeit des Rechts eines Vertragsstaates führt. Für die Anwendbarkeit des UN-Kaufrechts ist es ohne Bedeutung, ob die beteiligten Parteien Kaufleute oder Privatpersonen sind, welche Staatsangehörigkeit sie besitzen oder ob die abgeschlossenen Verträge zivil- oder handelsrechtlich geprägt sind. Das UN-Kaufrecht kommt immer dann zur Anwendung, wenn die Parteien Kaufverträge über Waren abschließen und ihre Niederlassung in verschiedenen Vertragsstaaten haben, soweit diese Staaten Vertragsstaaten sind oder soweit die Regeln des internationalen Privatrechts zur Anwendung des Rechts eines Vertragsstaats führen.[61] Auf Warenkäufe zu persönlichen, familiären oder haushaltlichen Zwecken findet UN-Kaufrecht keine Anwendung, es sei denn, dass der Verkäufer vor oder bei Vertragsabschluss weder wusste noch wissen musste, dass die Ware für einen solchen Gebrauch gekauft wurde (Art.2a UN-Kaufrecht). Gleiches gilt gemäß Art.2b UN-Kaufrecht für Versteigerungen.

Damit steht fest, dass der B2C-Bereich aus dem Anwendungsbereich des CISG fällt. UN-Kaufrecht ist abdingbar[62].

**gewähltes Recht hat Vorrang**

Kommt es, wie in den meisten Fällen, nicht zur Anwendung von UN-Kaufrecht, bestimmt sich die Rechtswahl nach internationalem Privatrecht. Da die Frage, welches Recht im internationalen Rechtsverkehr Anwendung findet, sehr kompliziert werden kann, sollte die Frage der Rechtswahl nicht offen gelassen, sondern durch eine so genannte Rechts-

60. Convention on Contracts for the International Sale of Goods, CISG; Wiener UN-Übereinkommen über Verträge über den Internationalen Warenkauf, seit dem 1. Januar 1991 in der Bundesrepublik in Kraft.
61. vgl. Art.1 Abs.1 b UN-Kaufrecht
62. vgl. Art.6 UN-Kaufrecht

wahlklausel getroffen werden. Gemäß Art. 27 $_{Abs.1\ Satz\ 1}$ EGBGB ist vorrangig das von den Parteien gewählte Recht anzuwenden. Der Vertrag kann auch wirksam einem Recht unterstellt werden, zu dem er sonst keine Beziehungen aufweist.

**Rechtswahlklauseln**

Solche Rechtswahlklauseln werden in der Mehrheit der internationalen Rechtsordnungen als rechtlich bindend angesehen. Für das deutsche internationale Privatrecht normiert Art. 27 $_{Abs.1}$ EGBGB die Bindungswirkung vertraglicher Rechtswahlklauseln. Hierunter fällt auch eine Rechtswahlregelung in allgemeinen Geschäftsbedingungen.

**Tipps**

- Nehmen Sie eine Rechtswahlklausel in die AGB auf, die die ausschließliche Anwendung des deutschen Rechts vorsieht.
- Auch hinsichtlich des Gerichtsstandes sollten Sie eine sog. »deutsche Gerichtsstandsklausel« in die AGB aufnehmen.
- Schließen Sie die Anwendbarkeit des UN-Kaufrechts in den AGB ausdrücklich aus.

Haben die Vertragsparteien keine ausdrückliche oder konkludente Rechtswahl i.S.d. Art. 27 EGBGB getroffen, gilt gemäß Art. 28 $_{Abs.1\ Satz\ 1}$ EGBGB das Recht des Staates, mit dem der Vertrag **die engsten** Verbindungen hat (»objektive Anknüpfung«). Danach wird auf den jeweiligen Vertrag das Recht angewendet, das die engste Verbindung mit dem Staat aufweist, in dem der Vertragspartner, der die vertragscharakteristische Leistung zu erbringen hat, seinen »gewöhnlichen Aufenthaltsort« hat (Art. 28 $_{Abs.2\ Satz\ 1}$ EGBGB).[63] Dabei wird darauf abgestellt, welche Leistung den Vertrag rechtlich und wirtschaftlich entscheidend prägt.

**Erforderlich ist hierbei eine 2-stufige Prüfung:**
Erstens ist zu fragen, ob sich eine vertragscharakteristische Leistung bestimmen lässt und sodann ist der rechtlich relevante Anknüpfungspunkt (gewöhnlicher Aufenthaltsort, Sitz der Hauptverwaltung) herauszustellen.

Bei Kaufverträgen erbringt regelmäßig der Verkäufer die vertragscharakteristische Leistung, sodass dessen Sitz über das unmittelbar anwendbare Recht entscheidet. Entscheidend ist hierbei der gewöhnliche Aufenthalt bzw. die Niederlassung des Anbieters. Ist der Anbieter ausschließlich im Internet präsent, so soll es auch für Unternehmer auf den gewöhnlichen Aufenthalt ankommen.

63. Frank A. Koch: Internet-Recht, R.Oldenburg Verlag, 1998

Konsequenz dieser Regelung ist, dass Verträge zwischen deutschen Verbrauchern und ausländischen Verkäufern bei fehlender ausdrücklicher oder stillschweigender Rechtswahlregelung nach ausländischem Recht zu beurteilen sind.

In Fällen, in denen das Angebot hingegen eindeutig auf den deutschen Verbrauchermarkt zugeschnitten ist und lediglich der Anbieter seinen Sitz im Ausland hat, besteht die Möglichkeit, die gesetzliche Vermutung des Art. 28 $_{\text{Abs. 2 Satz 1}}$ EGBGB gemäß Art. 28$_{\text{Abs. .5}}$ EGBGB zu widerlegen.

**Besonderheit bei Verbraucherverträgen**

Bei Verbraucherverträgen gemäß Art. 29 EGBGB gilt es einige Besonderheiten zu beachten, die den Regelungen der Art 27 und Art. 28 EGBGB vorgehen. Voraussetzung für die Anwendung der Regelung des Art. 29 EGBGB ist, dass der Vertrag auf Grund der Umstände des Vertragsschlusses **einen besonders engen Bezug zum Staat des Aufenthalts des Verbrauchers** hat. Dieser besonders enge Bezug wird in Art. 29 Abs. 1 EGBGB durch drei Fälle[64] spezifiziert:

- Dem Vertragsschluss ist ein ausdrückliches Angebot oder eine Werbung des Unternehmers im Aufenthaltsstaat des Verbrauchers vorangegangen und der Verbraucher hat dort seine Willenserklärung abgegeben (Art. 29 $_{\text{Abs.1 Nr.1}}$ EGBGB).
- Der Unternehmer hat die Bestellung des Verbrauchers in dessen Aufenthaltsstaat entgegengenommen (Art. 29 $_{\text{Abs.1 Nr. 2}}$ EGBGB).
- Der Vertrag betrifft den Kauf von Waren und der Verbraucher ist von seinem Aufenthaltsort in einen anderen Staat gereist und hat dort seine Bestellung aufgegeben, sofern diese Reise vom Verkäufer mit dem Ziel herbeigeführt worden ist, den Verbraucher zum Vertragsabschluss zu veranlassen (Art. 29 $_{\text{Abs.1 Nr..3}}$ EGBGB).
- Bei Geschäftsabschlüssen über das Internet sind jedoch nur die ersten beiden Varianten denkbar.

**Konsequenz**

In den Anwendungsfällen des Art.29 $_{\text{Abs.1}}$ EGBGB sind trotz vorangegangener Rechtswahl einer ausländischen Rechtsordnung die zwingenden Vorschriften des gewöhnlichen Aufenthaltsorts des Verbrauchers anzuwenden. Liegt keine (gültige) Rechtswahl vor, ist in diesen Fällen gemäß Art. 29 $_{\text{Abs.2}}$ EGBGB insgesamt das Recht des Staates anwendbar, in dem der Verbraucher seinen gewöhnlichen Aufenthalt hat. Zu einer Anwendung des inländischen Rechts nach Art. 29 EGBGB kommt es jedoch nur dann, wenn das inländische Recht für den Verbraucher im konkreten Fall günstiger als das betreffende ausländische Recht ist.

---

64. Die Fälle des Art.29 $_{\text{Abs.1}}$ EGBGB sind abschließend (RIW 1993, 453ff.).

## Allgemeine Geschäftsbedingungen (AGB)

Überall kommen sie zum Einsatz: die meist kleingedruckten Allgemeinen Geschäftsbedingungen. Wir kennen sie alle, werden tagtäglich mit ihnen konfrontiert, lesen sie jedoch meist nicht vor Vertragsschluss. Welchen Anforderungen die wirksame Einbeziehung von AGB in Internetdienste aus rechtlicher Sicht genügen muss, soll nachfolgend erörtert werden. Dies hat weitreichende Konsequenzen für die Etablierung einer vertrauensvollen Kundenbeziehung.

Der Abschluss von Verträgen im Internet ist sehr häufig von der Frage geprägt, wie die jeweiligen AGB der Vertragspartner wirksamer Vertragsbestandteil werden. Dies hat weitreichende Konsequenzen für das CRM. Wie AGB wirksam in online geschlossene Verträge einbezogen werden können, soll nachfolgend umfassend erörtert werden.

Die wirksame Einbeziehung von AGB[65] in einen Vertrag mit Privatkunden (B2C) wird in §2 $_{\text{Abs.1}}$ AGBG geregelt.

**Einbeziehungsvoraussetzungen**

Grundsätzlich werden AGB nur dann Vertragsbestandteil, wenn beide Vertragsparteien **mit ihrer Geltung einverstanden** sind. Gemäß §2 $_{\text{Abs.1}}$ AGBG ist ferner zum Zeitpunkt des Vertragsschlusses **ausdrücklich** (§2 $_{\text{Abs.1 Nr.1}}$ AGBG) oder – wenn ein ausdrücklicher Hinweis wegen der Art des Vertragsschlusses nur unter unverhältnismäßigen Schwierigkeiten möglich ist – durch einen deutlich sichtbaren Aushang am Ort des Vertragsschlusses **auf die AGB hinzuweisen und** dem Erwerber die **zumutbare Möglichkeit der Kenntnisnahme** (§2 $_{\text{Abs.1 Nr.2}}$ AGBG) zu geben.

Die Voraussetzungen des §2 AGBG sind erfüllt, wenn in Verbindung mit Rahmenverträgen vorab auf die AGB hingewiesen und deren Einbeziehung vereinbart wurde. In der Praxis der über das Internet abgewickelten Geschäfte stellt dies jedoch eher die Ausnahme dar.

Die gewählte Form der AGB-Darstellung ist gemäß §1 $_{\text{Abs.1 Satz 2}}$ AGBG ohne Bedeutung, d.h., auch die Darstellung der AGB am Bildschirm ist zulässig.

**Spätestens bei Vertragsschluss**

In zeitlicher Hinsicht muss der Hinweis auf die AGB spätestens bei Vertragsschluss vorliegen. Die Annahme durch den Händler ist beim »invitatio ad offerendum« der entscheidende Moment, im Falle eines allgemeinen Angebots ist es die Annahmeerklärung durch den Kunden. Bei

65. Allgemeine Geschäftsbedingungen sind alle für eine Vielzahl von Verträgen vorformulierten Vertragsbedingungen, die eine Vertragspartei (Verwender) der anderen Vertragspartei bei Abschluss eines Vertrages stellt. Die einzelnen Klauseln dürfen nicht individuell ausgehandelt worden sein (vgl. §1 $_{\text{Abs.2}}$ §4 AGBG).

Geschäftsabschlüssen außerhalb des Internets ist der erstmalige Hinweis auf die AGB auf einer Rechnung, Quittung oder Bestätigung im Regelfall verspätet und führt nicht zur wirksamen Einbeziehung in den Vertrag. Da die meisten Verträge über das Internet allerdings erst mit der Lieferung bzw. mit einer bestätigenden E-Mail seitens des Verwenders der AGB abgeschlossen sind, können hier AGB bis zu diesem Zeitpunkt noch wirksamer Vertragsbestandteil werden.

Beim Vertrieb von Software mit Downloadmöglichkeit über das Internet hat der Hinweis auf die Allgemeinen Geschäftsbedingungen spätestens zu Beginn des Downloadvorgangs zu erfolgen.

**Ausdrücklich**

Zur **wirksamen Einbeziehung der AGB** ist **im Internet** stets ein optisch deutlicher Hinweis erforderlich. Das Gesetz fordert einen ausdrücklichen Hinweis auf die AGB. Ein bloßer Verweis auf einen Aushang im etwaigen Geschäftslokal des jeweiligen Verwenders kann mangels ausreichender Möglichkeit zur Kenntnisnahme bei der Online-Geschäftsabwicklung nicht wirksam sein. Ferner führt auch der Versuch, die AGB im Webangebot zu verstecken, sie in unleserlichen Formaten darzustellen usw. dazu, dass die Bedingungen nicht Bestandteil des Vertrags werden. Der Hinweis auf die Allgemeinen Geschäftsbedingungen muss so angeordnet und gestaltet sein, dass er selbst von einem »Durchschnittskunden« auch bei flüchtiger Betrachtung nicht übersehen werden kann.

**Tipps**

- Integrieren Sie die AGB-Seiten so in den Bestellvorgang, dass der Kunde nur dann zum Bestellformular gelangen kann, wenn er die AGB-Seiten gelesen bzw. akzeptiert hat. Auch hier kommt es nicht auf eine tatsächliche Kenntnisnahme an, es muss lediglich die zumutbare Möglichkeit hierzu geboten werden. Am Ende der AGB-Seiten sollten Sie beispielsweise einen Button **akzeptieren** (und einen Button **nicht akzeptieren**) einfügen, der erst nach Bestätigung zum eigentlichen Bestellformular führt.
- Eine weitere Variante wäre die Einbeziehung der gesamten AGB in das Bestellformular selbst.
- Fügen Sie in das Bestellformular kein weiteres Eingabefeld wie »Mitteilungen« ein, denn andernfalls könnte der Kunde seine ablehnende Haltung den AGB gegenüber äußern und die wirksame Einbeziehung in den Vertrag hierdurch verhindern.
- Schließen Sie in den AGB die Anwendung des UN-Kaufrechts (CISG) ausdrücklich aus.
- Nehmen Sie eine Klausel auf, die die ausschließliche Anwendung des deutschen Rechts vorsieht.

**Zumutbare Möglichkeit der Kenntnisnahme**

§2 $_{Abs.1}$ AGBG erfordert, dass dem Kunden eine zumutbare Möglichkeit gegeben wird, vom Inhalt der AGB Kenntnis zu nehmen.

Im Regelfall geschieht dies über einen Hyperlink, der auf die entsprechende AGB-Seite führt und der in die Startseite mit eingebunden wird. Erforderlich ist somit, dass der vollständige AGB-Text zur Kenntnis gelangen kann. Der bloße Hinweis auf die AGB des Verwenders genügt hierbei nicht. Zumutbar ist dem Anwender, von den technischen Möglichkeiten zur Kenntnisnahme Gebrauch zu machen, wie beispielsweise das Herunterladen der AGB und deren Ausdruck oder das Speichern auf dem lokalen Rechner. Begründen lässt sich diese Sichtweise damit, dass sich der Kunde freiwillig des Mediums Internet zum Vertragsschluss bedient und somit auch die damit verbundenen Informationsmöglichkeiten akzeptieren muss.

Die Darstellung der AGB muss übersichtlich und vollständig sein und die AGB müssen mühelos lesbar sein.

**Tipps**

- Hinsichtlich der Übersichtlichkeit ist eine ausreichend große Schriftgröße zu definieren und die Bildung von Überschriften dringend anzuraten.
- Auch der Umfang muss in einem angemessenen Verhältnis zur Bedeutung des Vertragsschlusses stehen.
- Sprachlich ist die vorrangige Vertragssprache zu empfehlen.

Der Hyperlink, soweit Sie einen solchen bevorzugen, sollte in ausreichend großer Schrift dargestellt werden und nicht als »Kleingedrucktes« auf der Startseite versteckt werden.

Sind die AGB von einem durchschnittlichen Leser der Internetseite leicht zu übersehen, ist das Merkmal der »Ausdrücklichkeit« i.S.d. §2 $_{Abs.1\ Nr.1}$ AGBG nicht erfüllt, die Voraussetzungen für die wirksame Einbeziehung der AGB in den Vertrag liegen dann nicht vor. Ferner ist erforderlich, dass der Hyperlinktext ausdrücklich darauf hinweist, dass sich dahinter die AGB befinden.

**Einverständnis des Anwenders**

Der Nicht-Kaufmann muss dem Verwender der AGB gegenüber sein Einverständnis im Regelfall **ausdrücklich** erklären. Dies ist beispielsweise durch das Anklicken einer von zwei entsprechend gestalteten Schaltflächen **AGB akzeptieren/ablehnen** zu realisieren.

Das Einverständnis kann, soweit der Vertrag keinen besonderen Formvorschriften unterstellt ist, auch **schlüssig** erklärt werden. Hiervon ist im Regelfall auszugehen, wenn es zum Vertragschluss kommt, nachdem auf die AGB ausdrücklich hingewiesen und die Möglichkeit verschafft wurde, in zumutbarer Weise von ihrem Inhalt Kenntnis zu nehmen, wenn also die Anforderungen des §2 $_{\text{Abs.1 Nr.1 und Nr.2}}$ AGBG erfüllt wurden. Der Anbieter darf in einem solchen Fall die kommentarlose Übermittlung einer Bestellung als Akzeptanz des Kunden mit seinen AGB werten.

Die Möglichkeit, die Allgemeinen Geschäftsbedingungen auf den lokalen Rechner des Anwenders zu laden und offline lesen zu können, sollten Sie unbedingt schaffen.

**Tipps**

- Ermöglichen Sie einen Download der AGB in einem gängigen Fomat (z.B. pdf).
- Stellen Sie die Möglichkeit zum problemlosen Ausdruck der AGB bereit.
- Bei internationaler Ausrichtung der Verkaufstätigkeiten über das Internet sollten Sie die AGB in verschiedenen Sprachen anbieten.
- Sorgen Sie für eine übersichtliche Gestaltung und zumutbare Verständlichkeit der AGB.
- Den Umfang der AGB sollten Sie auf ca. zwei DIN A4-Seiten begrenzen. Dieser ist abhängig von der Bedeutung des Rechtsgeschäftes. Bei Bestellsummen im zweistelligen Bereich sind zehnseitige AGB jedenfalls nicht zumutbar.
- AGB können nur in wirksame Verträge einbezogen werden. Mangelt es schon an der Wirksamkeit des Vertrages, kommt es auf die wirksame Einbeziehung der AGB nicht mehr an.

Das tatsächliche Abrufen der AGB durch den Kunden hingegen ist für die wirksame Einbeziehung in den Vertrag nicht erforderlich: Es kommt lediglich auf die Möglichkeit der Kenntnisnahme an, nicht auf das tatsächliche Lesen der AGB durch den Kunden.

**WAP**

Derzeit gibt es zur Einbeziehung von AGB über WAP[66] noch keinerlei Rechtsprechung, doch ist unseres Erachtens die Einbeziehung von AGB durch die derzeit noch sehr eingeschränkten Übertragungs- und Darstellungsmöglichkeiten allein durch die Darstellung und Abrufmöglichkeit der AGB über das Handy nicht »zumutbar« i.S.d. §2 $_{\text{Abs.2 Nr.2}}$ AGBG.

Allerdings kommen auch Verträge über WAP im Regelfall erst mit der Annahme seitens des Verkäufers zustande. Legt der Händler allerdings der Lieferung oder einer bestätigenden E-Mail erstmals seine AGB bei,

66. Wireless Application Protocol

bedeutet dies, dass der Verbraucher erstmalig in der auf seine Bestellung via WAP folgenden Annahmeerklärung einen Hinweis auf die Geschäftsbedingungen erhielte.

Die versuchte Einbeziehung der AGB seitens des Verkäufers ist in diesem Fall als neues Angebot i.S.d. §145 BGB zu werten, welches wiederum vom Käufer angenommen werden muss. Die kommentarlose Entgegennahme der AGB mit der Lieferung oder einer bestätigenden E-Mail ist jedoch nicht als Einverständnis des Kunden mit deren Geltung im Sinne des §2 $_{\text{Abs.1}}$ AGBG zu werten. Ein Vertragschluss liegt mangels zweier korrespondierender Willenserklärungen nicht vor.

Andernfalls würde man dem **Schweigen** des Verbrauchers rechtsgeschäftliche Bedeutung zusprechen, was **außerhalb des kaufmännischen Rechtsverkehrs** nicht möglich ist.

Die wirksame Einbeziehung von AGB in einen über WAP angebahnten Vertrag wäre demnach nur denkbar, wenn der Kunde, nachdem er die AGB erstmalig mit der Ware oder einer E-Mail erhalten hat, diese nochmals ausdrücklich bestätigt und damit das Vertragsangebot annimmt. Dies wird im Regelfall nicht geschehen, sodass bei Verträgen über WAP das Einbeziehen der AGB zu verneinen ist.

**Rechtsfolgen mangelnder Einbeziehung**

Fehlt es an der rechtswirksamen Einbeziehung der AGB, bleibt der Vertrag im Übrigen wirksam. Es ist dann von der Geltung der allgemeinen gesetzlichen Vorschriften auszugehen. Dies gilt insbesondere auch dann, wenn nur einzelne Klauseln nicht mit dem AGBG konform laufen (»Verbot der geltungserhaltenden Reduktion«).

Unwirksame Klauseln werden demzufolge nicht auf ihr gerade noch zulässiges Mindestmaß herabgesetzt, sondern es treten an deren Stelle die allgemeinen gesetzlichen Vorschriften (vgl. §6 $_{\text{Abs.2}}$ AGBG).

Die wirksame Einbeziehung der AGB in das jeweilige Rechtsgeschäft ist von derjenigen Vertragspartei zu beweisen, die sich auf deren Geltung beruft (Beweislastverteilung). Das wird im Regelfall der Verwender, kann aber auch der Kunde selbst sein. Derjenige, der die Beweislast für die Einbeziehung der AGB trägt, muss demnach den ausdrücklichen Hinweis auf die AGB, die zumutbare Möglichkeit der Kenntnisnahme und das Einverständnis der anderen Vertragspartei nachweisen. Auf die inhaltliche Ausgestaltung der AGB kann hier, wegen der großen Anzahl an möglichen Geschäftsszenarien im Internet, nicht näher eingegangen werden.

Bereits vorhandene und rechtlich geprüfte AGB können jedoch in das Internetangebot übernommen werden, soweit sie den obigen Anforderungen entsprechen. Das AGBG ist jedenfalls immer dann anwendbar, wenn der konkrete Vertrag auch deutschem Recht unterliegt. Das Vertragsstatut bestimmt sich nach den Art. 27ff. EGBGB.

Unterliegt der Vertrag ausländischem Recht, bestimmt § 12 $_{\text{Abs.1 Satz 1}}$ AGBG, dass das deutsche AGBG anwendbar bleibt, wenn der Vertrag eine enge Beziehung zum Gebiet der Bundesrepublik Deutschland aufweist. Eine enge Beziehung zum Gebiet der Bundesrepublik Deutschland liegt gemäß § 12 $_{\text{Abs.1 Satz 2}}$ AGBG insbesondere dann vor, wenn der Vertrag auf Grund eines öffentlichen Angebots oder einer Werbung des Unternehmers im Inland zustande kommt und wenn der Vertragspartner des Unternehmers seinen Wohnsitz oder gewöhnlichen Aufenthaltsort in der Bundesrepublik Deutschland hat und seine Willenserklärung in Deutschland abgibt.

**Rechtliche Konsequenz für Geschäftsabschlüsse über das Internet**

Fehlt es an einer Rechtswahl, ist zunächst zu prüfen, ob die Voraussetzungen des Art. 29 $_{\text{Abs.1 Nr.1}}$ EGBGB erfüllt sind. Ist dies zu bejahen, findet gemäß Art. 29 $_{\text{Abs.2}}$ EGBGB insgesamt deutsches Recht und damit auch deutsches AGB-Recht Anwendung.

Sind die Voraussetzungen des Art. 29 $_{\text{Abs.1}}$ EGBGB nicht erfüllt, kommt es gemäß Art. 28 EGBGB regelmäßig zur Anwendung des Rechts am Sitz bzw. gewöhnlichen Aufenthaltsort des Anbieters. Auch wenn der Vertrag ausländischem Recht unterliegt, ist es somit gemäß Art.12 AGBG möglich, deutsches AGB-Recht anzuwenden.

## 4.7 Versprochen ist versprochen: Verbraucherschutz im Internet[67]

In keinem anderen Bereich als den Geschäftsabschlüssen über das Internet ist der Verbraucher so schutzbedürftig: Ad-hoc-Bestellungen, die fehlende Möglichkeit, die Ware zu Besichtigen und zu Erproben, das Abwicklungs- und Rückabwicklungsrisiko des Vertrages, sowie die Gefahr von Datenmissbrauch erfordern einen umfassenden Schutz des Verbrauchers. Das Fernabsatzgesetz stellt im Punkte »Verbraucherschutz« einen Meilenstein dar, dessen Vorschriften es insbesondere aus Anbietersicht gilt einzuhalten. Dauerhafte Vertrauensbeziehungen zu Ihren Kunden erfordern umfassende Verbraucherschutzrechte.

---

67. Die Autoren danken Florian Zwerger, Management Consultant bei SAP Portals Europe GmbH, für diesen Beitrag.

### Haustürwiderrufsgesetz (HWiG)

Das Haustürwiderrufsgesetz ist für den Bereich des Verkaufs über das Internet **nicht anwendbar**. Schutzzweck des Gesetzes ist es, den Kunden vor den Risiken eines übereilten und unüberlegten Vertragsschlusses zu schützen (»Überrumpelungssituation«).

§1 $_{\text{Abs.1}}$ HWiG enthält das Widerrufsrecht des Verbrauchers, der durch mündliche Verhandlungen im Bereich einer Privatwohnung zu einem Vertragsabschluss bestimmt worden ist. Somit scheitert die Anwendbarkeit des HWiG schon am Erfordernis der Mündlichkeit, da die bei Geschäften über das Internet abgegebenen Willenserklärungen üblicherweise per E-Mail oder mittels eines Bestellformular übermittelt werden. Ferner fehlt es an der vom Gesetz vorausgesetzten »Haustürsituation«. Auch der Tatbestand des §1 $_{\text{Abs.1 Nr.3}}$ HWiG ist nicht gegeben, da Internetgeschäfte keine »Freizeitveranstaltung« im Sinne der Vorschrift darstellen. Haustürgeschäfte sind typischerweise dadurch gekennzeichnet, dass der schutzwürdige Verbraucher durch einen persönlich anwesenden Geschäftspartner in seiner Willensentschließung beeinflusst und zum Kauf oder zu einer Bestellung quasi überredet wird.

**Keine Anwendbarkeit des HwiG im Internet**

Hierbei ist jedoch zu beachten, dass sich der Anwender im Regelfall selbst und freiwillig in das Internet einwählt, sich dort frei bewegt. Allein er entscheidet, ob er ein Angebot zum Abschluss eines Vertrages abgibt, ob er offline geht oder auf anderen Seiten weitersurft. Hierbei ist auch die Anonymität des Internets zu beachten. Eine dem Haustürgeschäft vergleichbare Situation besteht daher bei Geschäftsabschlüssen über das Internet gerade nicht, da die Initiative hierbei vom Kunden und nicht vom Anbietenden ausgeht. Deshalb ist die Anwendbarkeit des Haustürwiderrufgesetzes auf Internetgeschäfte abzulehnen.

### Verbraucherkreditgesetz (VerbrKrG)

Zahlreiche der über das Internet abgeschlossenen Verträge unterfallen den Regelungen des VerbrKrG.

**Verbraucherkreditvertrag**

Gemäß §1 $_{\text{Abs.2}}$ VerbrKrG ist ein Kreditvertrag ein Vertrag, durch den ein Kreditgeber einem Verbraucher einen entgeltlichen Kredit in Form eines Darlehens, eines Zahlungsaufschubs oder einer sonstigen Finanzierungshilfe gewährt oder zu gewähren verspricht. Unter das VerbrKrG fallen somit Kreditverträge mit natürlichen Personen (Verbraucher im Sinne des §1 $_{\text{Abs.1}}$ VerbrKrG), es sei denn, der Kredit ist nach dem Inhalt des Vertrages für ihre bereits ausgeübte gewerbliche oder selbstständige berufliche Tätigkeit bestimmt.

Es fällt aber nicht nur der gewöhnliche Darlehensvertrag unter die Vorschriften des VerbrKrG, sondern jeder Vertrag, nach dessen Inhalt es dem Verbraucher erlaubt ist, Waren oder Dienstleistungen in Raten zu bezahlen.

Auch wenn zwischen den Vertragspartnern keine Ratenzahlung vereinbart ist, **reicht allein die Gewährung eines Zahlungsaufschubs, um unter die strengen Verbraucherschutzvorschriften des VerbrKrG zu fallen.** Der Anwendungsbereich des VerbrKrG ist sehr weit gefasst und wird durch §2 VerbrKrG noch erweitert.

**Ausnahmen**

Jedoch ist bei Verträgen mit Teilzahlungsabrede das VerbrKrG nicht anwendbar, wenn entweder gemäß §3 $_{Abs.1\ Nr.1}$ VerbrKrG der Barzahlungspreis von 400 DM nicht überschritten wird oder wenn gemäß §3 $_{Abs.1\ Nr.3}$ VerbrKrG der Zahlungsaufschub an den Verbraucher nicht mehr als 3 Monate gewährt wird. Damit steht fest, dass die **Mehrzahl** der über das Internet geschlossenen Verträge **nicht** in den Schutzbereich des VerbrKrG fällt. Sind hingegen die Voraussetzungen für die Anwendbarkeit des VerbrKrG erfüllt und liegt ein Kauf im Wert von mehr als 400 DM durch einen Verbraucher oder mit einem Zahlungsaufschub von mehr als 3 Monaten vor, dann greifen die Schutzvorschriften des VerbrKrG. Hierunter fallen insbesondere die Formvorschriften nach §4 VerbrKrG und das Widerrufsrecht nach §7 VerbrKrG.

Für den Bereich der Geschäftsabschlüsse über das Internet sind zwei verschiedene Formen denkbar: der Abschluss von Darlehensverträgen und der Abschluss von Ratenzahlungsverträgen. In zahlreichen Internet-Malls wird derzeit schon die Möglichkeit zur Ratenzahlung angeboten.

**Formvorschriften**

Solche Ratenzahlungsverträge können nach derzeitiger Rechtslage nicht über das Internet wirksam abgeschlossen werden, denn diese Geschäfte bedürfen der gesetzlichen Schriftform des §4 VerbrKrG i.V.m. §126 BGB und somit der eigenhändigen Unterschrift beider Vertragsparteien.

**Versandhandelsprivileg**

Gemäß §8 VerbrKrG findet die Formvorschrift des §4 VerbrKrG jedoch keine Anwendung, wenn der Verbraucher sein Angebot auf Grund eines *Verkaufsprospekts* abgibt, der die Angaben des §4 VerbrKrG enthält, und wenn der Verbraucher den Verkaufsprospekt in Abwesenheit der anderen Vertragspartei eingehend zur Kenntnis nehmen konnte.

Somit ist die entscheidende Frage, ob Warenpräsentationen im E-Business – vorausgesetzt, es wurden die Angaben des §4 VerbrKrG eingehalten – einen Verkaufsprospekt i.S.d. §8 $_{Abs.1}$ VerbrKrG darstellen. Die herrschende Meinung sieht das wesentliche Merkmal des Verkaufsprospekts in der Verkörperung der Information, die regelmäßig nur durch ein Druckerzeugnis erreicht wird.

Die Frage danach, ob auch unkörperliche Produktinformationen einen Verkaufsprospekt darstellen können, ist umstritten: Manche Stellungnahmen hierzu bejahen die Frage, sodass demnach auch die unverkörperte Produktinformation bei Internetgeschäften einen Verkaufsprospekt darstellt, da der Verbraucher die Informationen sowohl speichern als auch ausdrucken könne und somit die Verkörperung hergestellt werden könnte. Würde man diesen Ansichten folgen, so wäre davon auszugehen, dass das Internetangebot einen Verkaufsprospekt i.S.d. §8 $_{\text{Abs.1}}$ VerbrKrG darstellt. Das Schriftformerfordernis des §4 VerbrKrG könnte somit durch die Erfüllung der Vorschrift des §8 VerbrKrG – Verkaufsprospekt – unter Beachtung der Informationen des §4 VerbrKrG eingehalten werden. Es wird hierbei ferner damit argumentiert, dass der Verbraucher bewusst das Internet nutzen wolle und damit auch gewisse verbundene Nachteile, die in seinem Verantwortungs- und Risikobereich liegen, trage.

Dies widerspricht jedoch dem Grundgedanken des Verbraucherschutzes. Nicht der Verbraucher trägt die Risiken neuer Vertriebsformen, auch wenn er sich dieser freiwillig bedient, sondern der Verkäufer. Es ist daher nicht zulässig, die mit der Nutzung des Internets verbundenen Besonderheiten einseitig auf den Verbraucher als dessen Risikobereich zuzuweisen.

**Kein Versandhandelsprivileg im Internet**

Die Vorschrift des §8 VerbrKrG ist damit nicht anwendbar, um das Formerfordernis des §4 VerbrKrG auszuschließen bzw. zu erleichtern.

**Formwahrung durch elektronische Signatur**

Der Referentenentwurf des Bundesministeriums der Justiz[68] sieht auch die Änderung des VerbrKrG vor. Nach §4 $_{\text{Abs.1 Satz 2}}$ VerbrKrG soll folgender Satz eingefügt werden: »Der Abschluss des Vertrages in elektronischer Form ist ausgeschlossen.«

**Rechtliche Folgen**

Die Einhaltung der Schriftform des §4 VerbrKrG bei Verbraucherkreditverträgen, die über das Internet geschlossen werden, wäre demnach auch nach der künftigen Rechtslage ausgeschlossen.

Es bestehen nun zwei Möglichkeiten, den Voraussetzungen des VerbrKrG dennoch gerecht zu werden, sollte der jeweilige Vertrag den Regeln des VerbrKrG unterfallen:

68. http://www.bmj.bund.de/inhalt.htm/

- Nach einem Vertragsschluss über das Internet wird der Kunde gebeten, den Vertrag noch einmal schriftlich abzuschließen und die Widerrufsbelehrung zu unterschreiben.
- §7 $_{\text{Abs. 2 Satz 3}}$ VerbrKrG sieht eine Heilung der unterbliebenen Widerrufsbelehrung gemäß §7 $_{\text{Abs. 2 Satz 2}}$ VerbrKrG für den Fall vor, dass eine vollständige beiderseitige Leistungserbringung erfolgte.
- Trotz der bestehenden Möglichkeit der Heilung kann eine fehlende oder fehlerhafte Widerrufsbelehrung auch wettbewerbswidrig i.S.v. §1 UWG sein. Dem Verbraucher stand vor dem 1. Juli 2000 nur ein Widerrufsrecht bei bestimmten Verbraucherkreditgeschäften zu. Diese nicht akzeptable Lücke im Verbraucherschutz wurde nunmehr durch das In-Kraft-Treten des Fernabsatzgesetzes geschlossen.

### Fernabsatzgesetz (FernAbsG)

Das FernAbsG revolutioniert die Möglichkeiten, Vertrauensbeziehungen aufzubauen und zu stärken. Die Rechte der Verbraucher werden an die besonderen Gegebenheiten des Internets und der vorherrschenden Anonymität angepasst. Gewinnen Sie das Vertrauen Ihrer Kunden, indem Sie diese schon vorab auf ihre Rechte hinweisen, bevor es andere tun.

Mit dem In-Kraft-Treten des Fernabsatzgesetzes am 30. Juni 2000 hat der deutsche Gesetzgeber die EU-Richtlinie über den Verbraucherschutz bei Vertragsabschlüssen[69] umgesetzt und hierdurch zugleich auch die bestehenden Lücken im deutschen Verbraucherschutzrecht geschlossen.

Das neue Fernabsatzgesetz stellt unseres Erachtens einen Meilenstein im Verbraucherschutz dar. Es gilt hier insbesondere aufseiten der Dienstanbieter, die erforderlichen Informationspflichten zu beachten, um Ausfälle bei Onlineverträgen auf eine Minimum reduzieren zu können.

Mit Verabschiedung des FernAbsG wurde dem Umstand Rechnung getragen, dass der Einsatz moderner Kommunikationsmittel und neuer Vertriebswege beim grenzüberschreitenden Absatz von Waren und Dienstleistungen einerseits enorme Wachstumschancen für jedes Unternehmen mit sich bringt, andererseits jedoch auch die Gefahren für den Verbraucher drastisch erhöht.

Die besondere Schutzbedürftigkeit des Verbrauchers beim Fernabsatz wird mit der »Unsichtbarkeit des Vertragspartners und des Produkts« und der »Schnelligkeit und Flüchtigkeit der Fernkommunikation« begründet.

69. Richtlinie 97/7/EG des Europäischen Parlaments und des Rates vom 20. Mai 1997 über den Verbraucherschutz bei Vertragsabschlüssen im Fernabsatz

**Anwendbarkeit**

Das FernAbsG findet gemäß §6 $_{Abs.1}$ FernAbsG keine Anwendung auf Verträge, die vor dem 30. Juni 2000 abgeschlossen wurden.

Für Verkaufsprospekte, die vor dem 1. Oktober 2000 hergestellt wurden und die der Informationspflicht des §2 $_{Abs.2}$ FernAbsG nicht genügen, gilt, dass diese gemäß §6 $_{Abs.2}$ FernAbsG bis 31. März 2001 »aufgebraucht« werden dürfen.

**Fernabsatzverträge**

Fernabsatzverträge definiert §1 $_{Abs.1}$ FernAbsG als

> *Verträge über die Lieferung von Waren oder über die Erbringung von Dienstleistungen, die zwischen einem Unternehmer und einem Verbraucher unter ausschließlicher Verwendung von Fernkommunikationsmitteln[70] abgeschlossen werden, es sei denn, dass der Vertragsschluss nicht im Rahmen eines für den Fernabsatz organisierten Vertriebs- oder Dienstleistungssystems erfolgt (Fernabsatzverträge).*

Hierunter fallen auch rein nationale Fernabsatzverträge, traditionelle Distanzgeschäfte im Katalog- und Versandhandel, sowie gezielte Anschreiben mit Bestellkarten.

Folgende Punkte sind für die Qualifizierung eines Vertrags im Fernabsatz bedeutsam:

- Vertrag über Warenlieferung oder Dienstleistung[71]
- Vertrag mit einem Verbraucher[72]
- Vertragsabschluss unter ausschließlicher Verwendung von Fernkommunikationsmitteln[73]
- Keine Ausnahmetatbestände (§1 Abs.3 FernAbsG)

**Ohne gleichzeitige körperliche Anwesenheit**

Erfasst werden also weitestgehend alle Verträge, bei denen die gleichzeitige körperliche Anwesenheit der Vertragspartner nicht erforderlich ist. Der fehlende physische Kontakt zwischen Anbieter und Verbraucher ist

70. Fernkommunikationsmittel sind gemäß §1 $_{Abs.2}$ FernAbsG Kommunikationsmittel, die zur Anbahnung oder zum Abschluss eines Vertrags zwischen einem Verbraucher und einem Unternehmer **ohne gleichzeitige körperliche Anwesenheit der Vertragsparteien** eingesetzt werden können, insbesondere Briefe, Kataloge, Telefonanrufe, Telekopien, **E-Mails** sowie Rundfunk, Tele- und Mediendienste.
71. Hierunter fallen auch Werk- oder Geschäftsbesorgungsverträge jeder Art.
72. Das FernAbsG gilt somit nicht für Verträge zwischen Unternehmen (B2B) oder zwischen Endkunden (C2C), sondern ausschließlich für Verträge zwischen Unternehmern und Verbrauchern (B2C).
73. Es darf bezüglich der vertragsrelevanten Handlungen kein persönlicher Kontakt der Vertragsparteien (einschließlich ihrer Vertreter oder Gehilfen) stattfinden, sonst ist das FernAbsG nicht anwendbar.

wesentlicher Anknüpfungspunkt für das Fernabsatzgesetz und die damit verknüpfte Anonymität bislang eines der wesentlichen Hemmnisse für den weiteren Anstieg der Erfolgsquoten der Internetgeschäfte.

**Ausnahmen vom Anwendungsbereich**

Ausnahmen vom Anwendungsbereich des Fernabsatzgesetzes sieht §1 $_{\text{Abs.3}}$ FernAbsG vor. Zu erwähnen sind insbesondere die Ausnahmen im Bereich der Finanzdienstleistungen und Fernunterrichtsverträge. Ferner sind Teilzeitwohnrechtsverträge, Immobilienverträge, Verträge über Lebensmittel und Gegenstände des täglichen Bedarfs, Verträge im Rahmen der Unterbringung, Beförderung oder Lieferung von Speisen und Getränken sowie Freizeitgestaltung, Automatenverträge und Fernsprecherverträge vom Anwendungsbereich des FernAbsG ausgenommen. Das
FernAbsG verändert jedoch auch den Verbraucherschutz im klassischen Versandhandel, da z. B. auch Telefon, Telefax sowie Katalog- und Briefbestellungen Fernkommunikationsmittel i.S.d. §1 $_{\text{Abs.2}}$ FernAbsG darstellen.

**Ausnahmen**

Nicht organisierte Vertriebsformen, insbesondere Gelegenheitsgeschäfte unter Einsatz von Fernkommunikationsmitteln, sind vom Anwendungsbereich des FernAbsG ausgenommen. Auch traditionelle Vertriebsmethoden, wie beispielsweise der Katalog- und Versandhandel sowie moderne Vertriebsformen wie Internetgeschäftsabschlüsse, Teleshopping und Ähnliches fallen in den Anwendungsbereich des Fernabsatzgesetzes.

**Vorabunterrichtung**

§2 $_{\text{Abs.1 Satz 1}}$ FernAbsG verpflichtet den Unternehmer zur Information des Verbrauchers über den **geschäftlichen Zweck** und seine **Identität**. Für den Verbraucher muss bereits bei der Vertragsanbahnung eindeutig erkennbar sein, wer als »sein« Vertragspartner auftritt.

**Informationspflichten**

Der Unternehmer hat den Verbraucher hierzu **rechtzeitig vor** Abschluss eines »Fernabsatzvertrages« in einer dem eingesetzten Fernkommunikationsmittel entsprechenden Weise klar und verständlich gemäß §2 $_{\text{Abs.2}}$ FernAbsG zu informieren[74] über:

1. seine Identität und die genaue Anschrift (mit Rechtsform[75])
2. wesentliche Merkmale der Ware oder Dienstleistung, (Preis, Versandkosten) sowie (Informationen) darüber, wann der Vertrag zustande kommt

74. Der Kunde soll, bevor er ein Angebot abgibt oder ein solches annimmt, die zur Verfügung gestellten Informationen in Ruhe lesen, gegebenenfalls auch prüfen und mit anderen Angeboten vergleichen können.
75. Bei Telefongesprächen (z. B. Telefonmarketing) sind dem Kunden diese Informationen vorab zu übermitteln (vgl. §2 $_{\text{Abs.1 Satz 2}}$ FernAbsG)

3. die Mindestlaufzeit des Vertrags, wenn dieser eine dauernde oder regelmäßig wiederkehrende Leistung zum Inhalt hat
4. einen Vorbehalt, eine in Qualität und Preis gleichwertige Leistung (Ware oder Dienstleistung) zu erbringen, und einen Vorbehalt, die versprochene Leistung im Falle ihrer Nichtverfügbarkeit nicht zu erbringen
5. den Preis der Ware oder Dienstleistung einschließlich aller Steuern und sonstiger Preisbestandteile
6. gegebenenfalls zusätzlich anfallende Liefer- und Versandkosten
7. Einzelheiten hinsichtlich der Zahlung und der Lieferung oder Erfüllung
8. das Bestehen eines Widerrufs- oder Rückgaberechts nach §3 FernAbsG
9. Kosten, die dem Verbraucher durch die Nutzung der Fernkommunikationsmittel entstehen, sofern sie über die üblichen Grundtarife, mit denen der Verbraucher rechnen muss, hinausgehen
10. die Gültigkeitsdauer befristeter Angebote, insbesondere hinsichtlich des Preises

**Tipps**

- Die Vorab-Informationspflicht über den geschäftlichen Zweck und die Identität des Unternehmer, sowie die Punkte 1.-8. sollten Sie als eindeutig gekennzeichneten separaten Hyperlink in das Angebot einbinden. Der Verbraucher muss mühelos von den Informationen Kenntnis erlangen können. Auf die tatsächliche Kenntnisnahme kommt es auch hier nicht an.
- Informieren Sie darüber, wann der Vertrag zustande kommt.[76]
- Bieten Sie die Informationen bei grenzüberschreitendem Geschäftsverkehr über das Internet in mehreren Sprachen an; die Sprache des Landes, aus dem der Verbraucher Zugriff auf das Angebot nimmt ist hierbei entscheidend.
- Sollen die Verkaufsaktivitäten auf den deutschen Markt beschränkt sein, ist ein Hinweis: »Die angebotenen Leistungen werden nur an Kunden mit Wohnsitz oder gewöhnlichem Aufenthalt in Deutschland erbracht« unbedingt anzuraten.
- Die Belehrung über das Widerrufsrecht sollten Sie optisch von den übrigen AGB trennen und nicht darin verstecken. Eine getrennte Darstellung ist nicht nötig, aber sinnvoll.

---

76. Der Verbraucher soll insbesondere bei Versteigerungen darüber informiert sein, ob der Vertrag nach Ablauf der Bietfrist ohne Weiteres mit dem Meistbietenden zustande kommt oder ob ein Kaufvertrag gegen Höchstgebot vorliegt (vgl. Fn. 32).

Eine Bestätigung vonseiten des Verbrauchers, den Hinweis wahrgenommen zu haben, wäre zwar optimal, aber wohl nicht praktikabel.[77]

**Informationspflichten nach Abschluss des Fernabsatzvertrages**

Nach §2 Abs.3 Satz 1 FernAbsG sind die Punkte 1.-8. (§2 Abs.2 Nummern 1.-8. FernAbsG) dem Verbraucher alsbald, also spätestens bis zur vollständigen Erfüllung des Vertrags, bei Waren spätestens bei Lieferung an den Verbraucher, auf einem **dauerhaften Datenträger**[78] zur Verfügung zu stellen. Da das Gesetz die Informationspflichten des §2 Abs.3 Satz 1 FernAbsG spätestens bis zur Erfüllung des Vertrags verlangt, kann die Information natürlich auch schon vor Vertragsabschluss erfolgen.

**Tipp**

Die Informationspflichten des §2 Abs.2 Nummern 1-10 FernAbsG sollten Sie schon vor Vertragsabschluss auf einem dauerhaften Datenträger übermitteln. Das hat den Vorteil, dass nur einmal informiert werden muss.

Die für die Anbieterkennzeichnung erforderlichen Angaben entsprechen denen des §6 TDG.[79]

**Dauerhafter Datenträger**

Für das Merkmal des »dauerhaften Datenträgers« ist zumindest bei Verträgen im Bereich des Internets davon auszugehen, dass eine Versendung per E-Mail, Diskette, CD-ROM usw. ausreichend ist[80]. Entscheidend ist hier der Umstand, dass die Informationen nachträglich nicht mehr verändert werden können, damit der Verbraucher im Falle der Geltendmachung von Gewährleistungsansprüchen usw. darauf ungehindert zugreifen kann. Die Bereitstellung obiger Informationen auf einem dauerhaften Datenträger ist auch für den Beginn der Widerrufsfrist entscheidend.

**Tipp**

Es ist sinnvoll, die Informationen über die Punkte 1.-8. sowohl zum Download von der Webseite zur Verfügung zu stellen als auch gesondert per E-Mail zuzusenden.

Gemäß §2 Abs.3 Satz 2 FernAbsG muss der Verbraucher ferner auf folgende Informationen in einer **hervorgehobenen und deutlich gestalteten Form** aufmerksam gemacht werden:

1. Informationen über die Bedingungen, Einzelheiten der Ausübung und Rechtsfolgen des Widerrufs- oder Rückgaberechts nach den §§3 und 4 FernAbsG sowie über den Ausschluss des Widerrufsrechts nach §3 Abs.1 Satz 3 Nr. 2 Buchstabe b FernAbsG,

77. Die Beweislast für die Information über die Punkte 1.-8. trifft gemäß §361a Abs.3 Satz 2 BGB den Unternehmer.
78. Zweck ist es, sicherzustellen, dass der Verbraucher auch nach der Erfüllung des Vertrages noch über die wesentlichen Informationen verfügt.
79. Teledienstegesetz (TDG)
80. Die Bereitstellung der Informationen auf dem Server hingegen ist *nicht* ausreichend, die Schriftform des §126 BGB muss jedoch nicht eingehalten werden.

2. Anschrift der Niederlassung des Unternehmers, bei der der Verbraucher Beanstandungen vorbringen kann, sowie eine ladungsfähige Anschrift des Unternehmers und bei juristischen Personen, Personenvereinigungen oder -gruppen auch den Namen eines Vertretungsberechtigten,
3. Informationen über Kundendienst und geltende Gewährleistungs- und Garantiebedingungen,
4. Kündigungsbedingungen bei Verträgen, die ein Dauerschuldverhältnis betreffen und für längere Zeit als ein Jahr oder für unbestimmte Zeit geschlossen werden.

**Tipp**

Die Informationen aus §2 Abs.2 Satz 3 Nr. 1.-4. FernAbsG sollten bei Warenlieferungen in schriftlicher Form beigelegt, bei Dienstleistungen als E-Mail vorab übersandt werden.

Die Regelungen des §2 Abs.3 Satz 1 und 2 FernAbsG gelten nicht für Dienstleistungen, die unmittelbar durch Einsatz von Fernkommunikationsmitteln erbracht werden, sofern diese Leistungen nicht in Raten erfolgen und über den Betreiber der Fernkommunikationsmittel abgerechnet werden. Der Verbraucher muss sich in diesem Fall über die Anschrift der Niederlassung des Unternehmens informieren können, bei der er Beanstandungen vorbringen kann.

**Widerrufsrecht**

Der Verbraucher kann gemäß §3 Abs.1 FernAbsG in Verbindung mit §361a BGB den Fernabsatzvertrag **ohne Begründung** binnen einer Frist von **2 Wochen** (§3 Abs.1 FernAbsG i.V.m. §361a Abs.1 Satz 2 BGB, bei ausreichender Belehrung) oder bei fehlender oder unzureichender Belehrung binnen einer Frist von **4 Monaten** (§3 Abs.1 Satz 3 FernAbsG) widerrufen. Das Widerrufsrecht beginnt abweichend von §361a Abs.1 Satz 3 BGB nicht vor Erfüllung der Informationspflichten gemäß §2 Abs.3, 4 FernAbsG, bei der Lieferung von Waren nicht vor dem Tag ihres Eingangs beim Empfänger, bei der wiederkehrenden Lieferung gleichartiger Waren nicht vor dem Tag des Eingangs der ersten Teillieferung und bei Dienstleistungen nicht vor dem Tag des Vertragsabschlusses.

Wichtig ist hierbei, dass die Widerrufsbelehrung keiner Unterzeichnung durch den Verbraucher bedarf und diesem auch auf einem dauerhaften Datenträger zur Verfügung gestellt werden kann (z.B. per E-Mail).

**Ausnahmen ...**

Ein Widerrufsrecht nach §3 FernAbsG besteht insbesondere nicht bei Werkverträgen[81], Software, Audio- und Videoaufzeichnung bei Entsiege-

81. Waren, die nach Kundenspezifikationen angefertigt werden, eindeutig auf die persönlichen Bedürfnisse zugeschnitten sind, auf Grund ihrer Beschaffenheit nicht für eine Rücksendung geeignet sind, schnell verderben können oder deren Verfallsdatum überschritten würde.

lung (§3 Abs.2 Nr. 2 FernAbsG), Zeitungen, Zeitschriften, Illustrierten (§3 Abs.2 Nr.3 FernAbsG), Wett- und Lotterieleistung (§3 Abs.2 Nr.4 FernAbsG) sowie Versteigerungen[82] (Auktionen) i.S.v. §156 BGB (§3 Abs.2 Nr.5 FernAbsG). All diesen Verträgen ist gemein, dass bei ihnen auf Grund der Eigenschaften der jeweiligen Verkaufsware oder Dienstleistung ein Widerrufsrecht entweder nicht sinnvoll oder unangemessen wäre.

**... und Erlöschen**

Das Widerrufsrecht des Verbrauchers nach §3 Abs.1 FernAbsG erlischt,

- bei Warenlieferungen spätestens 4 Monate nach ihrem Eingang beim Empfänger (§3 Abs.1 Satz 3 Nr.1 FernAbsG),
- bei Dienstleistungen spätestens 4 Monate nach Vertragsschluss oder Beginn der Ausführung der Dienstleistung mit Zustimmung des Verbrauchers (§3 Abs. 1 Satz 3 Nr.2 FernAbsG).

Zusammenfassend ist zum Widerrufsrecht des Verbrauchers Folgendes festzuhalten:

**Dauer und Ausübung des Widerrufrechtes**

Der Verbraucher hat ein **zweiwöchiges Widerrufsrecht**[83], sofern der Anbieter seiner Informationspflicht nachgekommen ist. Andernfalls **verlängert** sich die Widerrufsfrist **auf bis zu 4 Monate**. Der Widerruf muss **keine Begründung** enthalten und ist **nicht an die Schriftform gebunden**. Ein Widerruf per E-Mail ist damit durchaus zulässig. Jedoch trägt der Widerrufende die Beweislast für den rechtzeitigen Widerruf.

Voraussetzung für den Fristbeginn ist grundsätzlich, dass dem Käufer eine ordnungsgemäß gestaltete Belehrung über sein Widerrufsrecht auf einem dauerhaften Datenträger zur Verfügung gestellt wird. Dem Verbraucher müssen dessen Rechte »entsprechend den Erfordernissen des eingesetzten Kommunikationsmittels« verdeutlicht werden.

**Folgen des Widerrufs**

Für den Fall, dass der Verbraucher von seinem Widerrufsrecht nach §3 Abs.1 Satz 1 FernAbsG i.V.m. §361a BGB Gebrauch macht, wird der Vertrag in ein Rückgewährschuldverhältnis umgewandelt, die bereits ausgetauschten Leistungen sind gemäß §361a Abs.1 Satz 1 BGB i.V.m. §346ff. BGB zurückzugewähren.

**Rücksendekosten**

Gemäß §3 Abs.1 Satz 1 FernAbsG i.V.m. §361a Abs.2 Satz 3 BGB ist der Verbraucher vorbehaltlich abweichender Vorschriften zur Rücksendung auf Kosten und Gefahr des Unternehmers verpflichtet. Dem Verbraucher

82. Dies gilt nur für Versteigerungen i.S.d. §156 BGB, nicht jedoch, wenn der Versteigernde sich die Annahme des Gebots trotz des Zuschlags vorbehält, denn dann liegt ein Kaufvertrag gegen Höchstgebot vor, auf den das FernAbsG Anwendung findet.
83. gemäß §3 Abs.1 Satz 1 FernAbsG i.V.m. §361a Abs.1 Satz 2 BGB

**können** bei Bestellungen bis zu einem Betrag von 40 € die regelmäßigen Kosten der Rücksendung **vertraglich auferlegt werden**, es sei denn, die gelieferte Ware entspricht nicht der bestellten, oder wenn dem Verbraucher statt des Widerrufsrechts ein uneingeschränktes Rückgaberecht eingeräumt worden ist (vgl. §361a $_{\text{Abs.2 Satz 2 Halbsatz 2}}$ BGB).

Das Widerrufsrecht wird auch nicht durch Verschlechterung, Untergang oder anderweitige Unmöglichkeit der Herausgabe des empfangenen Gegenstandes ausgeschlossen.[84] Der Verbraucher ist dem Unternehmer nur dann zum Schadensersatz verpflichtet, wenn eine Verschlechterung, der Untergang oder die Unmöglichkeit der Herausgabe der Vertragsgegenstände eingetreten ist und diese Umstände vom Verbraucher zu vertreten waren.

**Ware beschädigt**

Hierbei haftet der Verbraucher gemäß §276 BGB, wenn er die Verschlechterung vorsätzlich oder fahrlässig herbeigeführt hat. Nach §276 $_{\text{Abs.1 Satz 2}}$ BGB liegt fahrlässiges Handeln dann vor, wenn die »im Verkehr erforderliche Sorgfalt« außer Acht gelassen wird. Fehlt es jedoch an der Belehrung über das Widerrufsrecht des §3 FernAbsG, greift §277 BGB als Haftungsmaßstab ein. Der Verbraucher »hat in diesem Fall nur für diejenige Sorgfalt einzustehen, welche er in eigenen Angelegenheiten anzuwenden pflegt«.

**FernAbsG zwingend**

Im Übrigen ist festzuhalten, dass die Vorschriften des FernAbsG zwingend sind und nicht ausgeschlossen oder durch AGB eingeschränkt werden können.

**Zusammenfassung**

Erfolgreiches CRM über das Internet ist nur unter Beachtung der rechtlichen und sicherheitspolitischen Erwägungen zu erzielen. Umfragen belegen, dass die größten Bedenken potenzieller Internetkunden im rechtlichen und sicherheitsrelevanten Bereich liegen. Gerade hier gilt es durch den Einsatz geeigneter Verschlüsselungstechniken, digitaler Signaturen und die Einhaltung der rechtlichen Vorschriften Vertrauen zu schaffen. Insbesondere durch den Einsatz digitaler Signaturen wird der Handel über das Internet noch enorme Geschäftspotenziale realisieren.

Digitale Signaturen stellen eine adäquate Lösung der Problematik der im Internet vorherrschenden Anonymität dar und tragen erheblich zur Rechtssicherheit bei. Die Vorschriften des FernAbsG stärken die Position des Verbrauchers in bedeutendem Ausmaß. Hier gilt es auf Verkäuferseite insbesondere die Informations- und Hinweispflichten zu beachten.

---

84. vgl. auch §3 $_{\text{Abs.1 Satz 2}}$ HWiG

**Kompakt**

Das Kapitel zeigt Ihnen, wie eine intelligente CRM-Strategie die klassischen Ansätze der Kundenbindung und Electronic-Relationship-Management verbindet. Auch die Frage nach der Wichtigkeit der Kundenprozesse wird hier diskutiert. Wir beleuchten den für den Erfolg Ihres Unternehmens sehr wesentlichen Unterschied zwischen Kundenzufriedenheit und Kundentreue und gehen den fundamentalen Elementen einer Segmentierung und Bewertung des Kundenstammes auf den Grund. Auch auf die brisante Thematik des Lernens von positiven und negativen Erfahrungen mit Kunden am Beispiel Kundenbewegungen – an denen sich unmissverständlich ablesegn lässt, ob die Kunden am Unternehmen oder der Dienstleistung eine sich verschlechternde Wertschöpfung wahrnehmen – wird in diesem Abschnitt eingegangen.

Betrachten wir die zahlreichen verlassenen virtuellen Einkaufskörbe im Netz, wird die Bedeutung einer unkomplizierten und seriösen Kundenbetreuung schnell offensichtlich. Bei einer Anfang dieses Jahres durchgeführten Untersuchung[85] kam man zu dem Ergebnis, dass innerhalb von 90 Tagen jeder Besucher durchschnittlich zwei- bis dreimal seinen Einkaufskorb abstellte, ohne die Kasse aufzusuchen: An die 175 € an Umsatz gingen bei jedem Warenkorb verloren.

*Kundenbindung entwickelt sich zu einer Triebfeder, das eigene Geschäftskonzept und die Wertschöpfungskette zu überdenken, die mit dem Online-Auftritt verfolgt werden soll. Nicht die Masse der Kunden wird zum Maß der Dinge, sondern die Klasse – Exzellenz im Service gegenüber dem Individuum. Im Einklang mit den Unternehmenszielen müssen eigene Wege gefunden werden, die die besonderen Stärken des Anbieters, wie beispielsweise seine Kompetenz und langjährige Erfahrung, auch online vermittelt.*[86]

Die für eine erfolgreiche Kundenbindung wirklich wesentlichen Dinge laufen nicht im Datawarehouse oder am Unternehmensportal ab – sie passieren im buchstäblichen wie im übertragenen Sinn unter der Oberfläche. Der Verkauf von Produkten war gestern.

Heute und morgen wird Ihr Unternehmen nur dann erfolgreich sein, wenn es Ihnen gelingt, Ihren Kunden – erwarteten oder unerwarteten – echten Mehrwert zu bieten, denn:

85. Quelle: BizRate
86. Markus Stolpmann: Kundenbindung im E-Business. Galileo Business, 2000

Ihre Kunde sind Könige – zumindest sollten sie dieses Gefühl bekommen, wenn sie online und offline mit Ihnen kommunizieren: Keine Proleme und möglichst wenige unbeantwortete Fragen sollten offen sein, denn begeisterte Kunden, die ihre Zufriedenheit weiterkommunizeren, sind immer noch die beste Werbung für Ihr Produkt oder Ihre Dienstleistung.

Ihre Kunden haben vieles zu sagen: Selten genug haben Sie in der realen Welt die Gelegenheit, die Meinung Ihrer Interessenten und Kunden so direkt zu hören. Die Kunst liegt darin, Kunden zu Partnern zu machen.

# 5 Kundenservice: Sie werden sofort verbunden

*Kaum ist die Rechnung bezahlt, ist der Kunde vergessen. Wenn ihr Kunde hilflos zu Hause sitzt und Ihr Produkt nicht bedienen kann, zeigt sich, was Ihre Service- und Supportabteilung wert ist. Da Produkte und Dienstleistungen immer komplizierter werden, genügt es längst nicht mehr, dem Kunden nur eine Gebrauchsanleitung mit einer Hotline-Nummer in die Hand zu drücken.*

Kundenservice gehört noch immer zu den Stiefkindern vieler Unternehmen und wird meist auf Retourenabwicklung reduziert. Im Rahmen von CRM wird intelligenter Service und Support allerdings zur Visitenkarte eines Unternehmens, vor allem natürlich im Internet. Doch auch in der realen Offline-Welt kann guter Service von den Wettbewerbern abheben. Leider gibt es wesentlich mehr Beispiele für schlechten Service als umgekehrt. Jeder kennt das Gefühl, das sich langsam aufbaut, wenn nach 20 Minuten in der Warteschleife eines Callcenters plötzlich die Verbindung abgebrochen wird.

Im Internet gibt es hunderte kommerzieller Websites, auf denen keinerlei Service- und Supporthinweise für die verkauften Produkte angeboten werden. Manchmal werden noch nicht einmal die Hotline-Nummer oder die Nummer des Callcenters auf der Website angegeben. Wann immer es geht, werden Serviceprozesse automatisiert, doch nicht immer zum Wohl des Kunden.

Wer schon versucht hat, dem Telefoncomputer seiner Bank zehnmal die eigene Kontonummer zu diktieren, nur um den Kontostand zu erfahren, weiß um die Folgen übereilter Automatisierung. Auch beliebte Telefonansagen wie »Wenn Sie Fragen zur Bedienung haben, wählen Sie die 1«, die nach mehrmaligem Zifferndrücken plötzlich ins Englische wechseln (»press star twice«) tragen nicht gerade zur Kundenzufriedenheit bei.

Manchmal wollen Kunden mit echten Menschen reden, manchmal lieber nicht, manchmal wollen sie etwas nachschlagen, etwas eingeben, eine E-Mail schicken, einen Status erfahren, Anregungen geben, ihre Wut ablassen, Informationen erhalten oder einfach nur neugierige Fragen stellen – das alles natürlich so schnell wie möglich, immer freundlich, immer kompetent und möglichst kostenlos. Alles auf einmal geht nicht? Einen

Versuch ist es wert! Kundenservice innerhalb von CRM ist nicht mehr und nicht weniger als der Versuch, jedem Kunden in genau der Weise weiterzuhelfen, die dieser Kunde bevorzugt.

## 5.1 Was Kunden wirklich wollen

Kunden wissen sehr genau, was sie vom Kundenservice eines Unternehmens erwarten. Zunächst einmal unterscheiden Kunden nicht zwischen einer Reklamation, einer Anregung, einer Frage zum Produkt oder einer Auskunft. Von Sericemitarbeitern wird daher verlangt, dass sie sich ein breites Spektrum an notwendigen Informationen beschaffen können. Beispielsweise ruft eine Kundin an, um nach dem Status ihrer Lieferung zu fragen. Da sie aber schon einmal am Telefon ist, fragt sie auch gleich, ob der neue Produktkatalog schon vorliegt und wann die Filiale in der Innenstadt donnerstags geöffnet hat. Kunden wollen nicht unnötig oft weitervermittelt werden.

Solange es darum geht, vom Kundenservice zu einem Experten weitergeleitet zu werden, wartet jeder Kunde gern, denn selbst der beste Kundenservice kann den Experten nicht in allen Fällen ersetzen. Geht es allerdings darum, zu erfahren, wie lange es das Sonderangebot noch gibt, macht jede Weitervermittlung den Kunden ungeduldig, denn Kunden können sehr gut zwischen leicht zu bechaffenden Informationen und Expertenwissen unterscheiden. In der Praxis kommt es aber noch viel zu oft vor, dass beispielsweise die Mitarbeiter im Kundenservice nicht wissen, dass auf der unternehmenseigenen Website eine andere Preisliste zu finden ist.

**Was tut die Serviceabteilung?**

Eine gut organisierte Serviceabteilung kann die folgenden Aufgaben übernehmen:

- Beschwerden entgegennehmen
- Status einer Bestellung, einer Lieferung usw. verfolgen und den Kunden informieren
- Änderungen der Kundendaten (Adresse, Bankverbindung usw.) entgegennehmen und in die Datenbank einpflegen
- Erste Anlaufstelle für jeden Kunden sein
- Hinweise für den Umgang mit dem Produkt geben
- Produktsupport, Reparatur von Defekten anbieten
- Rat bei Problemen mit dem Produkt erteilen

- Ersatzteilabwicklung sicherstellen
- Kunden aktiv kontaktieren und neue Hinweise zum Produkt geben

Welche Aufgaben Ihre Serviceabteilung übernimmt, hängt von der technischen und der personellen Kapazität ab. Ein modernes Callcenter kann über die reinen Service- und Supportaufgaben hinaus auch Direktmarketingkampagnen und Telefonvertrieb (Telesales) unterstützen. In beratungsintensiven Branchen, wie beispielsweise Finanzdienstleitung, kann die Serviceabteilung auch zur Hälfte aus Finanzberatern bestehen, die dem Kunden am Telefon eine komplette Finanzberatung geben. In der IT-Branche sind Serviceabteilungen meist reine Supportabteilungen, und die erste Anlaufstelle des Kunden ist gleichzeitig der unterste Level der Fehlerbehebung, der so genannte First Level. Was Ihre ganz persönliche Serviceabteilung tut, hängt entscheidend von den folgenden Faktoren ab:

- Branche
- Wettbewerb (Differenzierung durch besseren Service)
- Komplexität des Produkts oder der Dienstleistung
- Wissensgrad der Kunden (Endverbraucher oder Händler)
- Technische Ausstattung (Callcenter, Website, integrierte Systemlandschaft)
- Personelle Ausstattung (Teilzeitkräfte, Fachleute, Berater)

**Vielfalt der Kommunikationskanäle**

Kunden wollen ein Unternehmen über verschiedene Kommunikationskanäle erreichen. Manchen Kunden stehen grundsätzlich nur bestimmte Medien zur Verfügung, z.B. den Kunden ohne Internetanschluss. Andere Kunden bevorzugen beispielsweise den direkten Kontakt. Viele Kunden wollen auch die Möglichkeit haben, das Medium zu wechseln, z.B. kontaktieren sie das Unternehmen von zu Hause über E-Mail, im Büro über Telefon und manchmal kommen sie auch direkt in eine Filiale. Mündige Kunden entscheiden selbst, ob ihr Anliegen den direkten Dialog erfordert oder nicht.

Grundsätzlich stehen folgende Kommunikationskanäle zur Verfügung:

- **Direkter Kontakt**
  Dies ist die älteste Form der Kommunikation, beispielsweise in einer Filiale, auf einer Messe oder bei einem Besuch zu Hause. Zum ersten Kennenlernen bzw. zum intensiven Beratungsgespräch ist der direkte Kontakt unbedingt nötig. Auch für ältere Kunden oder Kunden, die den direkten Kontakt allen anderen Formen vorziehen, sollte dies stets auf einfache Weise möglich sein. Von allen Kommunikationsformen ist

der direkte Kontakt allerdings die kostenintensivste. 80% aller Serviceanfragen sind Routineprobleme, die ohne direkten Kontakt erledigt werden können, daher sollte direkter Kontakt im Service nur dann stattfinden, wenn der Kunde es wünscht.

- **Fester Ansprechpartner im Kundenservice**
  Ebenfalls recht kostenintensiv ist die Kommunikation mit einem festen Ansprechpartner, schriftlich oder telefonisch. Zwar kann dadurch eine gute Beziehung entstehen, doch auf der anderen Seite können feste Ansprechpartner überlastet, krank oder im Urlaub sein und müssen Kundenanfragen liegen lassen. Die meisten Serviceabteilungen arbeiten heutzutage noch mit dem Modell der Zuordnung einer Kundengruppe (meist alphabetisch oder nach Kundennummer) zu einem Ansprechpartner.
- **Callcenter**
  Ein Callcenter oder eine Telefon-Hotline ist eine Möglichkeit für den Kunden, von einem anonymen Ansprechpartner über Telefon Informationen zu erhalten. Für ein Callcenter spricht die rasche und kostengünstige Abwicklung von Routineanfragen. Gegen ein Callcenter sprechen die Kosten für das Einrichten und Betreiben der erforderlichen Systeme und Anlagen.
- **Klassisches Anschreiben**
- **E-Mail**
  Anfragen können auch über E-Mail an eine Serviceadresse geschickt werden. Für Anfragen ist E-Mail ein preiswerteres und schnelleres Medium als das klassische Anschreiben. Die Serviceabteilung muss allerdings sicherstellen können, dass Mails genauso schnell beantwortet werden wie telefonische Anfragen! Ein Vorteil dieses Mediums ist die schnelle Rücksendung von Unterlagen in elektronischer Form. Vermisst ein Kunde beispielsweise seine Gebrauchsanleitung, kann sie ihm der Servicemitarbeiter sofort per E-Mail zuschicken.
- **Web-Formular**
  Anschreiben oder Mails enthalten oft nicht alle Angaben, die ein Servicemitarbeiter benötigt, wie z. B. Kundennummer, Seriennummer oder bestimmte Produktangaben. Diese Angaben können als Muss-Felder in einem webbasierten Formular abgefragt werden. Somit wird sichergestellt, dass nur vollständige Angaben den Kundenservice erreichen.

- **Web-Selfhelp**
  Besonders elegant und kostengünstig ist die Lösung, Dokumente, Hilfetexte, Antworten auf häufig gestellte Fragen (FAQs), Handbücher oder Montageanleitungen auf der unternehmenseigenen Website anzubieten. Viele Kunden müssen somit gar nicht erst die Serviceabteilung kontaktieren, sondern erhalten die Antworten auf ihre Fragen im Internet. Dieser Kommunikationskanal setzt auf Kundeseite Web-Know-how voraus und erfordert auf Unternehmensseite eine sinnvolle, einfache und stets aktuelle Präsentation der Inhalte.

**Das Web schläft nie**

Manche Kunden wollen sich selbst helfen. Wer beispielsweise am Samstagnachmittag ein Fahrrad zur Selbstmontage kauft und versucht, es zu Hause fertigzustellen, der möchte nicht bis Montagmorgen warten, um von der Serviceabteilung eine Antwort zu erhalten. Kunden haben heutzutage das Recht, ungeduldig zu sein und Verfügbarkeit außerhalb der Geschäftszeiten zu erwarten. Da es sehr teuer ist, ein Callcenter mit 24-Stunden-Support an sieben Tagen pro Woche aufrechtzuerhalten, macht es Sinn, auf der Website Service und Support zur Selbsthilfe anzubieten.

Nicht nur Verfügbarkeit ist für die Serviceabteilung ein Thema, sondern auch Internationalisierung. Wer Produkte in anderen Ländern verkauft, sollte den Produktsupport in anderen Zeitzonen nicht vergessen. Auch Feiertage sind für den Support ein Problem, denn ein französischer Kunde erwartet auch dann guten Service, wenn die Serviceabteilung in Baden-Württemberg Allerheiligen feiert.

**Kein Wort zu viel**

Die IT macht es heutzutage möglich, fast alles über einen anrufenden Kunden zu wissen. Leider verstecken noch immer zu viele Unternehmen ihre Kundendaten in unterschiedlichen Altsystemen und geben dem Servicemitarbeiter nur ein Telefon. Solange ein Servicemitarbeiter keinen Zugriff auf alle Kundendaten hat, muss er den Kunden alles fragen. Beispielsweise sollte die Kundennummer den Kunden nicht interessieren müssen, da sie nur ein unternehmensinternes Ordnungskriterium darstellt. In einer idealen Servicewelt sollte der Servicemitarbeiter den Namen, die Nummer und alle weiteren Daten des anrufenden Kunden aufgrund seiner Telefonnummer ermitteln können. Machen Sie doch einmal den Realitäts-Check und rufen Sie Ihre Krankenkasse, Ihre Bank, Ihre Versicherungsanstalt, Ihre Autowerkstatt, das Finanzamt und den TÜV an und versuchen Sie, eine Auskunft zu erhalten, ohne irgendeine Nummer angeben zu müssen. Mit Sicherheit erhalten Sie noch nicht einmal im Lohnbüro Ihres Arbeitgebers eine Auskunft ohne die Angabe Ihrer Personalnummer. Oberste Maxime einer Service-Infrastruktur sollte daher sein, den Kunden niemals etwas zu fragen, was auch maschinell ermittelt werden kann!

**KundenEIN-bindung**

Kunden wissen oft mehr über das Produkt und dessen Schwächen als die Produktentwicklung. Grundsätzlich verbessert jede einzelne Beschwerde das Produkt, denn der Fehler kann entweder sofort oder bei einem Nachfolgeprodukt behoben werden. Eine wichtige Voraussetzung hierbei ist aber, dass Kundenservice und Produktentwicklung zusammenarbeiten. Idealerweise gibt die Serviceabteilung der Produktentwicklung Feedback über die gegenwärtige Produktversion sowie Input für die Produktweiterentwicklung (siehe Abbildung 5.1).

In diese Zusammenarbeit kann auch der Kunde eingebunden werden. In der Software-Industrie, wie beispielsweise bei der Walldorfer SAP AG, ist es üblich, dass Kunden der aktuellen Produktversion so genannte Entwicklungsanträge stellen können. Entwicklungsanträge enthalten Anforderungen und Wünsche für zukünftige Produktversionen und gehen direkt bei der Entwicklungsabteilung ein. Sehr oft melden die Kunden der Supportabteilung auch Probleme, die sich in der aktuellen Produktversion nicht beheben lassen. In diesem Fall macht die Supportabteilung aus der Problemmeldung einen Entwicklungsantrag und leitet ihn an die Entwicklungsabteilung weiter. Eine derartige Zusammenarbeit fördert die Kundenbindung sowie die Identifikation mit dem gekauften Produkt und gibt den Kunden das Gefühl, an der Produktentwicklung beteiligt zu sein.

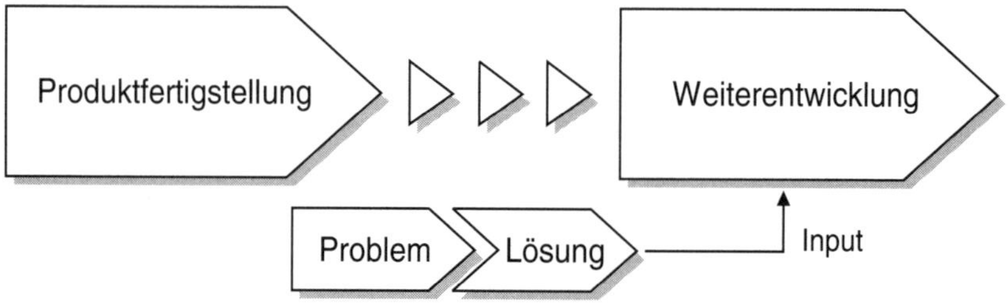


**Abbildung 5.1** Zusammenarbeit zwischen Kundenservice und Produktentwicklung

**Call-Management-Zyklus**

Als Call bezeichnen wir hier den Datensatz, den ein Agent im Callcenter oder ein Servicemitarbeiter anlegt und bearbeitet. Ein Call kann erfasst werden, während ein Kunde im Callcenter anruft, ein Call kann aber auch vom Kunden direkt erfasst und vom Servicemitarbeiter nachbearbeitet werden (z.B. bei webbasierten Formularen). Inhaltlich kann sich ein Call auf eine Reklamation, eine Fehlermeldung, eine Anregung, eine Anfrage oder eine Anforderung eines Kunden beziehen. Beispielsweise wird eine Kundenanfrage, wann denn der neue Katalog zugeschickt werde, an die Marketingabteilung weitergegeben, während eine Fehlermeldung vom Service und Support bearbeitet wird.

Der Call-Management-Zyklus besteht im Wesentlichen aus den folgenden Schritten (siehe Abbildung 5.2):

- Calls aufgeben
- Calls annehmen
- Calls bearbeiten
- Calls auswerten
- Calls wiederfinden

In allen diesen Phasen ist der Servicemitarbeiter unmittelbar beteiligt und dafür verantwortlich, dass die Anfragen des Kunden so schnell wie möglich bearbeitet werden. Hierbei können Knowledge-Management-Systeme, Lösungsdatenbanken oder intelligente Agenten eine wertvolle Hilfe bei der Prozess- und Serviceoptimierung sein. Kunden erwarten zurecht, dass Servicemitarbeiter schnell finden, was sie suchen und ihre Kunden nicht während der Suche in einer Warteschleife vergessen.

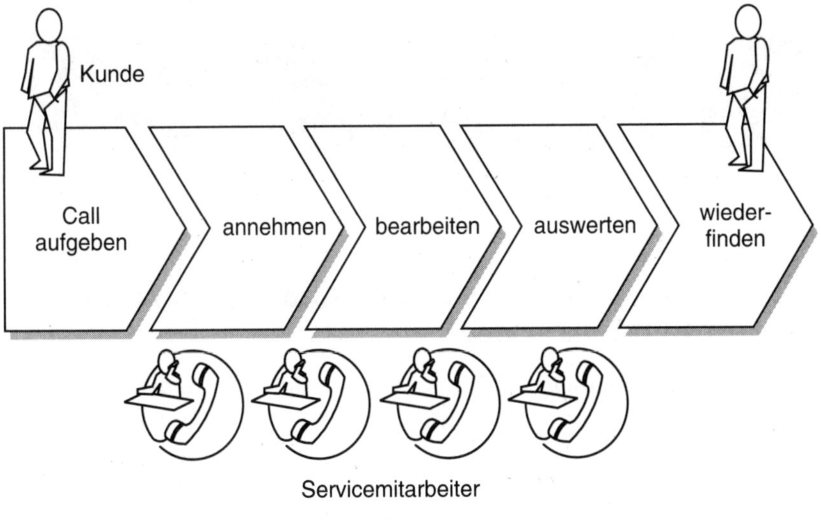


**Abbildung 5.2** Kunde und Servicemitarbeiter im Call-Management-Zyklus

**Shoppen ohne Rechte?**

Zum guten Kundenservice gehören auch Selbstverständlichkeiten wie eine gesicherte Retourenabwicklung für Onlineshops. Beispielsweise sollten Geschäftsbedingungen, Lieferzeiten und Rückgaberecht auf der Website ausgewiesen sein, bevor nach der Kreditkartennummer des Kunden gefragt wird. Zertifikate (wie z.B. Trusted Shops) können dem Kunden diese Sicherheit bieten. Trusted Shops nennt sich selbst »das erste Gütesiegel für Onlineshops mit einer Geld-Zurück-Garantie für den Onlinekäufer – garantiert durch die Gerling Versicherungsgruppe«. Abbildung 5.3 zeigt ein Zertifikat, das einem Onlineshop von Trusted Shops verliehen wurde und in dem alle Bedingungen für den Kunden sichtbar fixiert sind.

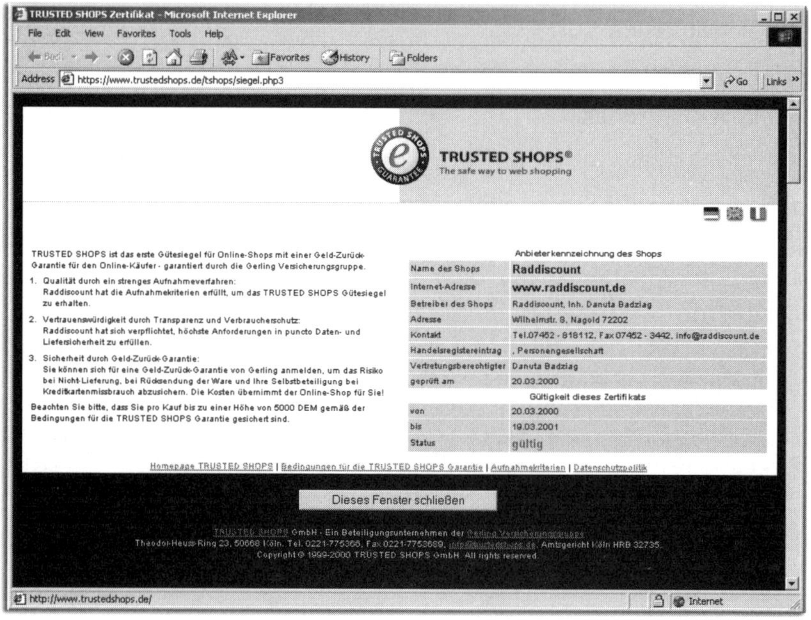


**Abbildung 5.3** Trusted-Shops-Zertifikat bei www.raddiscount.de

## 5.2 Suchen und Finden: Knowledge-Management im Kundenservice

Knowledge-Management im Service bedeutet, Kundenanfragen und Kundenprobleme so schnell wie möglich zu bearbeiten und dabei bereits vorhandene Lösungen einzusetzen. Knowledge-Management schließt eine Suchmaschine oder einen Index ein, damit die vorhandene Datenbasis effektiv durchsucht werden kann. Damit werden die internen Abläufe in der Serviceabteilung optimiert und die Reaktionszeiten den Kunden gegenüber verkürzt. Gut organisierte Lösungsdokumente können in einem weiteren Schritt dann auch im Web als Selfhelp zur Verfügung gestellt werden.

### Vom Problem zur Lösung

Gewöhnlich enthält der Datensatz für den Call neben den Kundendaten und der Problembeschreibung auch die Lösung des Problems. Abbildung 5.4 zeigt als Beispiel für die webbasierte Erfassung eines Calls durch den Kunden ein Erfassungsformular für Softwareprobleme bei **www.marketsoft.de**.

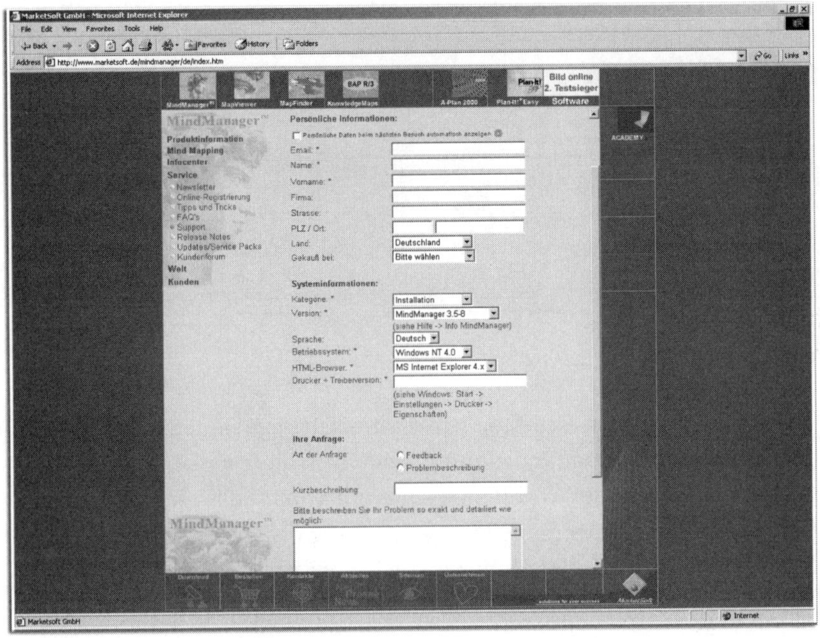


**Abbildung 5.4** Erfassung von Calls im Web bei www.marketsoft.de

Die Kernfrage bei Knowledge-Management im Service ist: Wie kann eine Problemlösung möglichst schnell und effizient wiedergefunden werden? Die einfachste Form besteht darin, die Lösung in den Call zu integrieren. Für den Erfasser bzw. Bearbeiter des Calls ist dies die schnellste Lösung, da kein Datensatzwechsel erforderlich ist. Die Abbildung 5.5 zeigt ein Beispiel für einen solchen Call, der bereits bearbeitet und im Langtext zum Feld **Response** mit einer Lösung versehen wurde.[1]

1. Bei der Abbildung handelt es sich um einen Screenshot des Tools »Request Tracker«. Download der Demoversion unter www.cniche.com/request/. Alle Rechte liegen beim Hersteller.

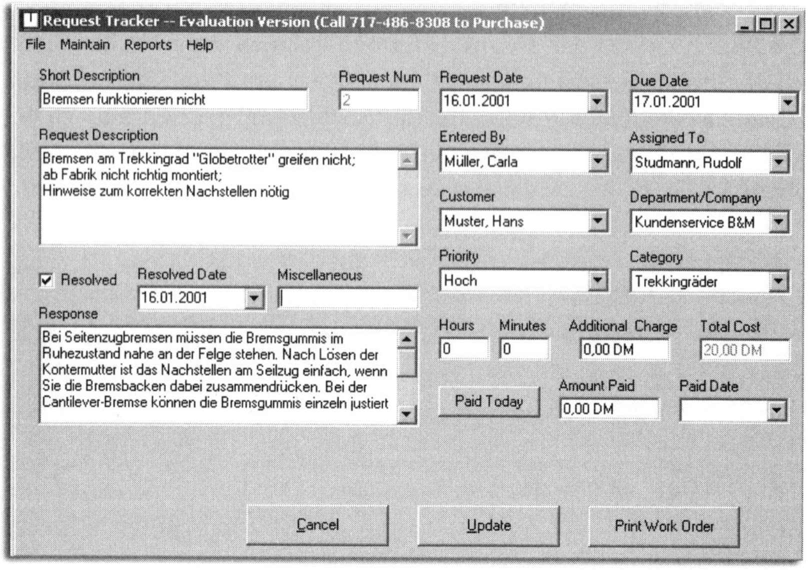


**Abbildung 5.5** Call mit Lösung im Langtext

Allerdings gibt es nur eine Möglichkeit, die Lösung wiederzufinden, nämlich durch Indizierung. Indizierung bedeutet hier, dass wichtige Stichworte im Langtext der Problembeschreibung manuell oder halbautomatisch als Indexwörter gekennzeichnet werden. Aufgrund dieser Kennzeichnungen wird ein Index erstellt, über den gesucht werden kann. Diese Methode hat zahlreiche Nachteile:

- Die Indizierung erfolgt meist nach Gefühl. Manchmal werden dadurch sehr spezifische oder sehr allgemeine Begriffe indiziert (z. B. »Problem« oder »Defekt«). Die allgemeinen Begriffe erzeugen unsaubere Trefferlisten, d. h. sehr viele Treffer, die nicht zur Problemlösung beitragen.
- Selbst wenn über die Suche ein Call gefunden wird, der weiterhilft, muss der Bearbeiter den gesamten Datensatz durchlesen, um die Lösung zu finden und zu verstehen. Manche Datensätze bestehen aus mehreren Bildschirmbildern, die wiederum verschiedene Langtexte enthalten können.
- In der Praxis ist nicht immer klar, wann ein Call indiziert wird und in die Calldatenbank eingeht und wann nicht. Sicherlich müssen nicht alle Calls Bestandteil der Datenbank werden, doch wer soll entscheiden, welcher Call aufbewahrt wird und welcher nicht?

▶ Die Lösungen sind nicht auswertbar, da kein Reporting über die Langtexte laufen kann. Mit dieser Art Calls werden Sie nie herausfinden, welche Produkte besonders fehleranfällig sind oder welche Probleme auftreten.

### Kataloge und Schlüssel

Um die Auswertbarkeit von Calls durch Reporting zu erhöhen, gibt es die Möglichkeit, auf Langtexte zu verzichten oder ergänzend zu den Langtexten Fehlerkataloge zu verwenden. Das bedeutet, dass ein Fehler oder ein Problem nicht in natürlicher Sprache beschrieben wird, sondern dass der Servicemitarbeiter aufgrund der Beschreibung des Kunden aus einem vorhandenen Katalog einen Eintrag auswählt. Dies erhöht das Erfassungstempo und verringert Fehleingaben. Diese Art von Katalogen, die Katalogeinträge (Schlüssel, Codes) enthalten, ist im Idealfall für Objekt, Symptom und Ursache vorhanden (siehe Abbildung 5.6).

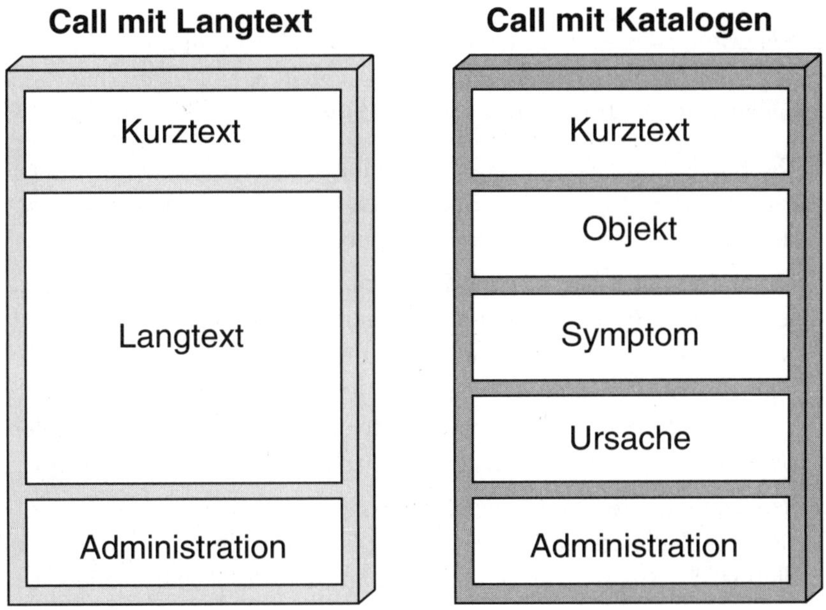


**Abbildung 5.6** Vergleich Call mit Langtext und Call mit Katalogen

Ein Objektkatalog beantwortet die Frage: Was ist defekt? Bei Bikes and More können dies z.B. Rennräder, Mountainbikes, Kinderräder oder Zubehörteile sein. Wenn der Katalog mehrere Ebenen zulässt (mehrstufiger Katalog), lässt sich ein Eintrag wie »Zubehörteile« noch weiter unterteilen in z.B. Beleuchtung, Gepäckträger, Felgen, Lenker, Sättel. Ein Eintrag wie »Kinderfahrräder« lässt sich in die verschiedenen Modelle und Typen gliedern. Ein Symptomkatalog enthält Einträge, wie sie in den meisten Calls vorkommen, wie z.B. »Teile nicht montierbar«, »Kette schleift«, »Teile fehlen«. Ein Ursachenkatalog enthält die Problemursachen in allgemeinen Kategorien, wie z.B. Defekt ab Produktion, Bedienfehler, Montagefehler, Materialermüdung, Lieferfehler.

Die Verwendung von Katalogen hat natürlich nicht nur Vorteile. Zu den Nachteilen gehört, dass sich die Kataloge für Symptome und Ursachen nicht immer sauber trennen lassen. Das Erstellen von Katalogen erfordert die Auswertung der vorhandenen Calls und die Überführung von FAQs in Katalogeinträge, was sehr zeitaufwändig ist und Personal erfordert, das Knowledge-Management-Techniken kennt. Kataloge dürfen nicht zu ausführlich sein, da sonst das Auswählen des passenden Katalogeintrags mehr Zeit kostet als das Erfassen eines Langtexts. Kataloge dürfen aber auch nicht zu knapp sein, da sonst nur ein Bruchteil der Calls kategorisiert werden kann.

Die Erfahrung des Autorenteams in zahlreichen Einführungsprojekten hat gezeigt, dass sich die Mehrheit der Serviceabteilungen weigert, mit Katalogen zu arbeiten. Dafür gibt es zwei Gründe:

1. Die Kataloge werden von Stabsabteilungen erstellt und bilden das gesamte Spektrum möglicher Einträge ab. In der Praxis sind die Kataloge dadurch zu ausführlich, zu komliziert und zu praxisfern.

   Unser Tipp: Beteiligen Sie die Servicemitarbeiter an der Katalogerstellung, indem Sie einen FAQ-Wettbewerb ausschreiben, in dem jeder Mitarbeiter seine persönlichen FAQs einreichen soll. Eine frühe Beteiligung erhäht die spätere Akzeptanz. Die Erstellung der Kataloge sollte nicht von der Serviceabteilung verantwortet werden, sondern idealerweise von Knowledge-Management-Fachleuten, intern oder extern.

2. Servicemitarbeiter sind grundsätzlich der Ansicht, dass es Calls gibt, die sich nicht kategorisieren lassen. Solche Calls erhalten dann den Katalogeintrag »Sonstiges« und werden im Langtext ausführlich beschrieben.

   Unser Tipp: Eine Möglichkeit besteht darin, zugunsten der Kataloge völlig auf Langtexte zu verzichten. Für alle Calls, die nicht kategorisierbar sind, sollte es den Eintrag »Sonstiges« geben sowie einen internen Prozess, um diese Einträge gering zu halten. Ein Monitoring für »Sonstiges« sollte dazu führen, dass bei Bedarf neue Katalogeinträge geschaffen werden.

## Knowledge-Base: die Trennung von Call und Lösung

Wesentliches Kennzeichen der beiden vorgestellten Lösungen ist der Call als alleiniger Träger der Informationen. Effizienter ist es jedoch, Call und Lösung voneinander zu trennen, sodass die Lösung wieder verwendbar ist und als eigener Stammsatz beliebig vielen Calls zugeordnet werden kann. Abbildung 5.7 zeigt eine solche Lösung bei **www.hp.com**. Diese Lösung besteht wiederum aus einer Problembeschreibung und einem eigentlichen Lösungsteil.

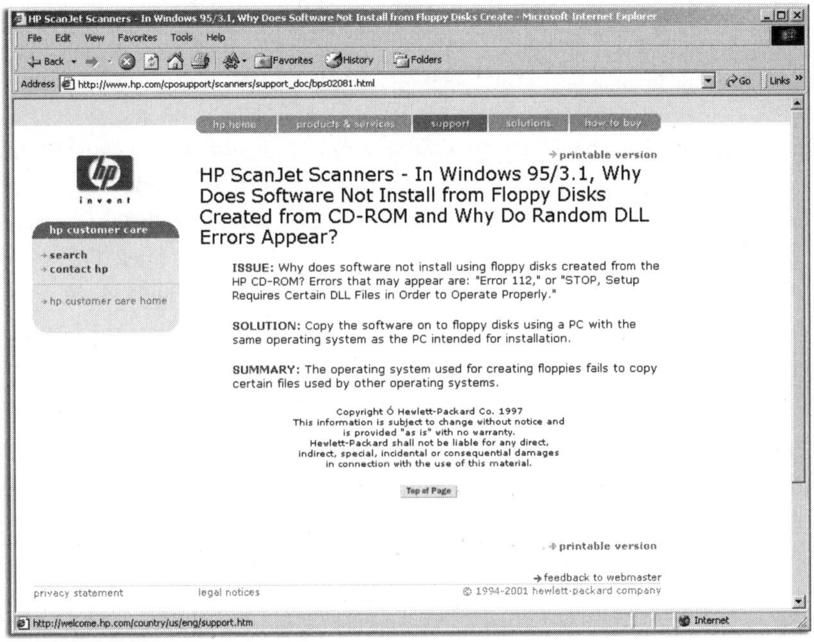


**Abbildung 5.7** Lösungsdokument mit Problembeschreibung bei www.hp.com

Konsequente Weiterentwicklung dieses Ansatzes ist dann auch die Trennung von Problembeschreibung (Symptom) und Lösung. Insgesamt stehen somit drei Datensätze zur Verfügung: der Call, das Symptom und die Lösung. Der Call enthält nur noch die Kunden- und Verwaltungsdaten (Bearbeiter, Erfassungszeit, Weiterleitung, Abschluss) sowie das betroffene Objekt. Vom Call aus wird auf ein Symptom und auf eine Lösung verwiesen (siehe Abbildung 5.8).

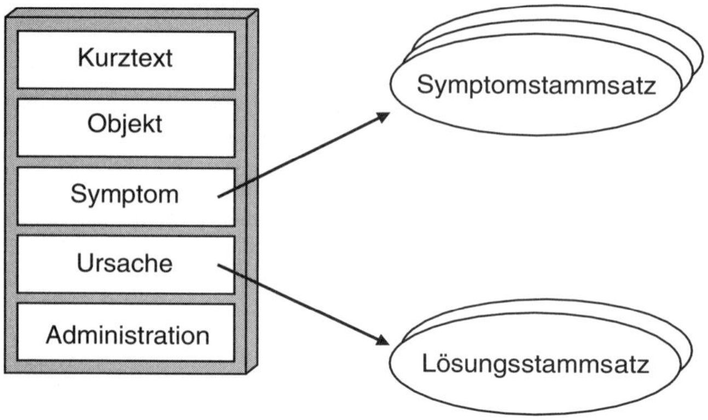


**Abbildung 5.8** Trennung von Call, Symptom und Lösung

Carla aus der Serviceabteilung erfasst einen Call von Hans Muster. Im Stammsatz des Calls hält sie fest, dass es sich um ein Trekkingrad der Marke »Globetrotter« handelt. Symptom (Problembeschreibung) ist hier: »Bremsen funktionieren nicht«. Carla sucht in ihrer Suchmaschine nach solchen Symptomen und findet eines, das mit zwei Lösungen verbunden ist. Eine davon lautet: »Ab Fabrik nicht richtig montiert«. Dieser Lösungsstammsatz enthält eine genaue Beschreibung, wie die Bremsen korrekt nachgestellt werden müssen.

**1:n und n:1**

Grundsätzlich soll die Trennung von Symptom und Lösung dazu beitragen, die Kombinationsmöglichkeiten zu erhöhen. Der Call bleibt somit schlank und enthält keinerlei Lösungsinformationen. Die Knowledge-Base besteht aus allen Symptom- und Lösungsstammsätzen, die im Verhältnis 1:n bzw. n:1 verknüpft werden können (siehe Abbildung 5.9). Beispielsweise kann das Symptom »Drucker druckt nicht« beliebig viele Lösungen haben (1:n-Verhältnis). Umgekehrt kann aber auch eine Vielzahl von Symptomen darauf hinweisen, dass eine Ursache und damit eine Lösung vorliegt (n:1-Verhältnis).

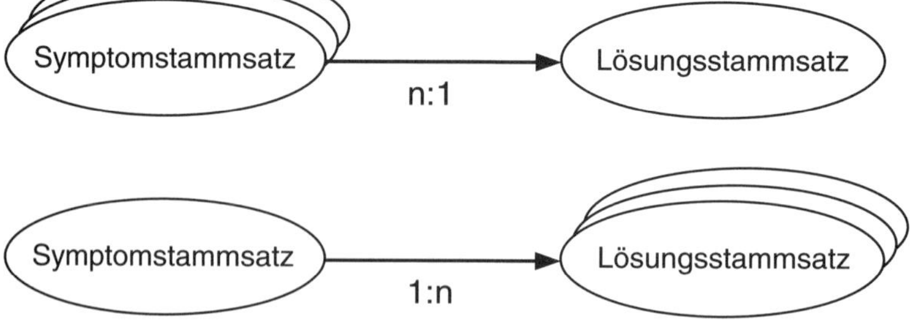


**Abbildung 5.9** Verknüpfungsformen von Symptom und Lösung

Auf der Basis dieser Trennung von Symptom und Lösung kann unternehmensintern ein Servicemitarbeiter oder unternehmensextern ein Kunde über das Web mit der Knowledge-Base arbeiten. Bei **www.microsoft.de** ist dies über einen geführten Dialog möglich. Sie klicken die Antworten auf verschiedene Fragen an und werden somit Schritt für Schritt zur Lösung geführt. Jede Frage dient dabei der Eingrenzung der Symptome. Im Dialog ist es jederzeit möglich, eine Zwischenlösung zu lesen oder durch weitere Antworten die Symptome zu präzisieren (siehe Abbildung 5.10).

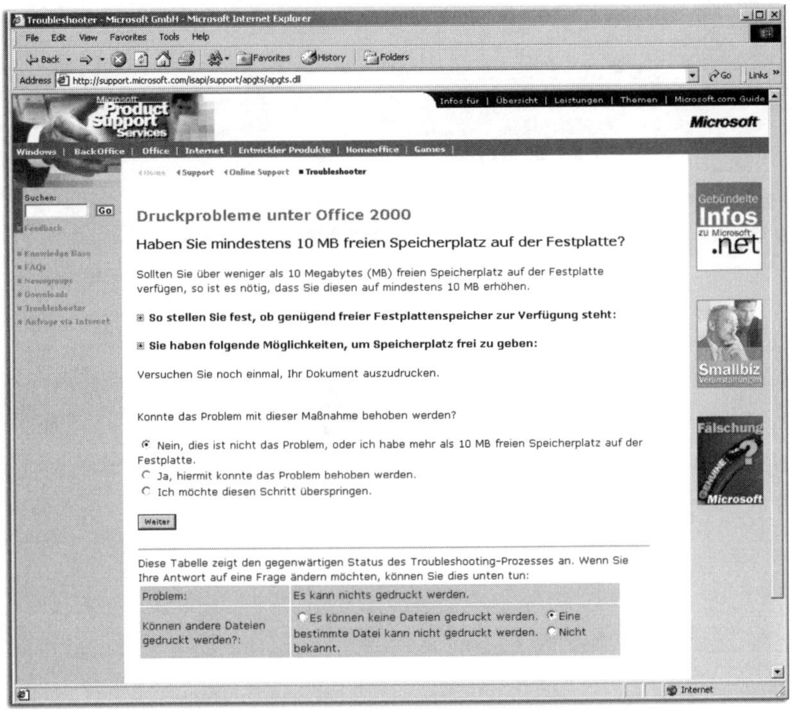


**Abbildung 5.10** Geführter Dialog bei www.microsoft.de

Auch die Suchmaschine »Smart Search« bei **www.hp.com** arbeitet mit der Trennung von Symptom und Lösung, hier wird diese Trennung sogar deutlich sichtbar, da es sich nicht um einen geführten Dialog handelt. Im ersten Schritt erfolgt die Eingabe einer Frage in normalem Wortgebrauch (natürliche Sprache) in eine Suchmaske. Daraufhin werden erste gefundene Lösungen angezeigt, allerdings noch mit relativ niedriger Trefferquote. Nun besteht die Möglichkeit, mehrere Symptome hinzuzufügen, um die Trefferquote zu erhöhen. In diesem Fall sind die Symptome dazu da, die Suchanfrage zu präzisieren. Das erste Symptom resultiert immer aus den Stichworten der natürlichsprachigen Eingabe. Die gefundenen Symptome sind ebenfalls bereits auf das erste Symptom bezogen. Hier können weitere Symptome aus einer Liste aufgerufen werden. Mit einem zweiten Symptom erhöht sich sofort die Trefferquote bei den Lösungen. Die Lösungen werden gerankt, d.h. nach Trefferquote absteigend geordnet. Abbildung 5.11 zeigt deutlich auf der linken Seite die eingegebene Frage sowie die zusätzlichen Symptome und auf der rechten Seite die bereits gefundenen Lösungen.

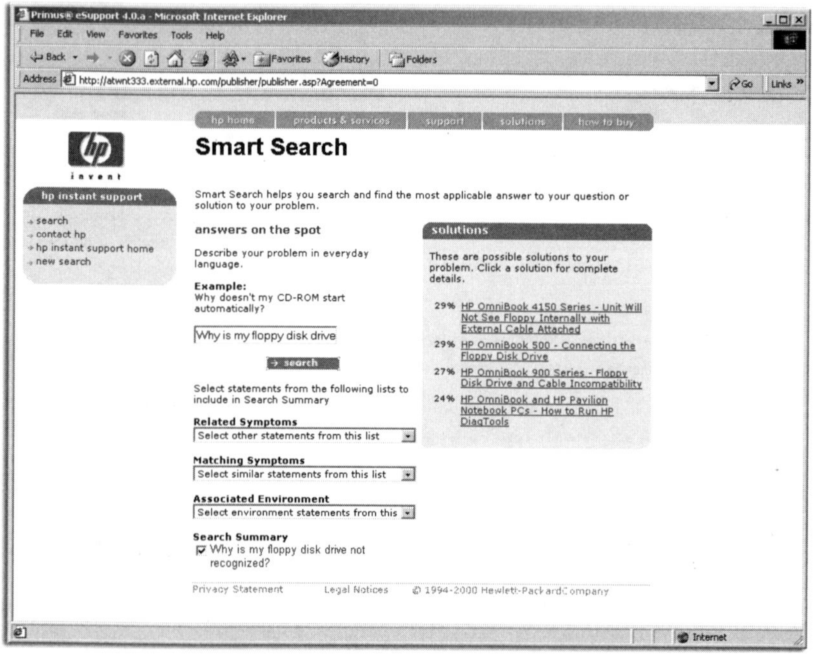


**Abbildung 5.11** Knowledge-Base »Smart Search« bei www.hp.com

Eine solche Lösung besteht hauptsächlich aus einem Teil mit Handlungsanweisungen zur Problembehebung. In der Lösung werden aber auch die Symptome gezeigt (hier mit 1:n-Zuordnung, im Beispiel ist das Verhältnis Lösung zu Symptomen 1:3). Zusätzlich dazu wird in der Lösung auch noch ein Überblick über die Geräte gegeben, bei denen das Problem auftritt (Problem Environment), sowie eine Erklärung, warum es zu diesem Problem kommen kann (Cause). Als Feedback für die Serviceabteilung kann die Lösung beurteilt werden. Direkt von der Lösung aus lässt sich ein Feedbackformular aufrufen, in dem das anfänglich eingegebene Problem bereits eingetragen ist. Mithilfe eines anderen Formulars kann der Kunde direkt einen Supportmitarbeiter ansprechen, der dadurch die

Möglichkeit hat, die Lösungsdatenbank zu erweitern. Die Technologie, die einer Knowledge-Base wie »Smart Search« zugrunde liegt, heißt Case Based Reasoning (CBR), so genanntes fallbasiertes Schließen.

### Wann lohnt sich eine Knowledge-Base?

Der Aufwand, der betrieben werden muss, um eine Knowledge-Base aufzubauen und aktuell zu halten, darf nicht unterschätzt werden. In manchen Projekten geriet das eigentliche Ziel, nämlich die internen Prozesse zugunsten einer schnelleren Bearbeitung von Kundenanfragen zu optimieren, mit der Zeit in Vergessenheit. Knowledge-Management-Projekte aller Art tendieren oft dazu, zu Selbstläufern zu werden. Stellen Sie sich daher die folgenden Fragen, bevor Sie mit dem Aufbau einer Knowledge-Base beginnen:

- Benötigen Sie wirklich eine komplette Knowledge-Base, um die Kundenzufriedenheit im Service zu verbessern oder lassen sich die Serviceprozesse auch ohne Knowledge-Base verbessern?
- Steht in Ihrem Unternehmen geschultes Personal zur Verfügung, um Stammsätze für Symptome und Lösungen zu erstellen und aktuell zu halten?

Eine häufig gestellte Frage aus der Praxis zeigt, dass nicht alle Situationen eine Knowledge-Base erfordern. Ein Kunde fragte per E-Mail, ob sich für sein Unternehmen der Aufbau einer Knowledge-Base lohnt:

> *Es geht um eine Lösungsdatenbank (...) in einem Betrieb mit Kontischicht, in der Hinweise zur Lösung für insbesonders selten auftretende Fehlersituationen hinterlegt sind, um Störzeiten zu minimieren.*

Wenn es um seltene Fehlersituationen geht, ist eine Knowledge-Base nicht unbedingt der richtige Weg. Generell sollte eine solche Technik eingesetzt werden, um bei häufig auftretenden Fehlern qualifiziertes und damit teures Personal einzusparen. Ein gutes Beispiel ist der Einsatz einer Knowledge-Base in einem Callcenter, denn dort müssen weniger Experten eingesetzt werden, weil auch ungeschultes Personal schnellen Zugriff auf Lösungsdokumente hat. Bei seltenen Fällen wäre eher ein Knowledge-Management-System oder ein klassisches Dokumentenverwaltungssystem angebracht. Dem Aufwand für Erstellung und Pflege einer Knowledge-Base steht folgender Nutzen entgegen:

- Die Reaktions- und Bearbeitungszeit pro Call werden verkürzt.
- Der Einsatz von ungeschultem Personal im Callcenter ermöglicht die kostengünstige Bearbeitung von FAQ-Calls.
- Lösungsdokumente stehen in geordneter Form zur Verfügung und können als Web-Selfhelp auch den Kunden zugänglich gemacht werden.

Eine weitere wichtige Frage ist auch, ob bereits Lösungsdokumente vorliegen und wenn ja, in welcher Form. Hat ein Unternehmen bereits mit separaten Lösungsdokumenten gearbeitet, ist zumindest die inhaltliche Migration sichergestellt. Liegen die Lösungen allerdings in Form von Langtexten innerhalb von Calls vor, muss jede einzelne Lösung inhaltlich angepasst werden. In beiden Fällen bleibt die technische Migration, denn Symptom- und Lösungsstammsätze bringen nur in selten Fällen eigene Migrationswerkzeuge mit. Demnach muss für die Datenübernahme aus Word- oder HTML-Dokumenten in die Stammsätze einer Knowledge-Base ein Migrationswerkzeug auf eigene Kosten erstellt werden.

**Woran KM-Projekte scheitern**

Die Einführung einer Knowledge-Base ist ein Knowledge-Management-Projekt (KM-Projekt). KM-Projekte scheitern meist an den folgenden Faktoren, die Sie in Ihrem Projekt auf jeden Fall berücksichtigen sollten:

- Die Experten fürchten, durch eine Knowledge-Base ersetzbar zu werden.
- Callcenter-Mitarbeiter befürchten, durch ungeschultes Personal ersetzt zu werden.
- Experten weigern sich, ihr Wissen in Lösungsstammsätzen festzuhalten, weil die Probleme angeblich nicht kategorisierbar sind (»Jedes Problem ist einzigartig«).
- Durch Sicherheitslücken kann das gesamte Unternehmens-Know-how aus der Knowledge-Base gestohlen werden.
- Die Berechtigungs- und Zugriffsproblematik (wer darf welche Lösung sehen?) lähmt das Projekt.
- Externe Zugriffe auf die Knowledge-Base über das Web führen zu Sicherheitsrisiken. (Darf Kunde A die Probleme von Kunde B sehen?)
- Die Knowledge-Base ist sehr komplex zu bedienen und wird von den Mitarbeitern nicht verwendet.
- Die Inhalte der Knowledge-Base sind nicht aktuell und werden von den Mitarbeitern nicht verwendet.

- Das KM-Projekt macht sich selbstständig und beschäftigt das Unternehmen jahrelang.
- Nicht jeder Call wird von den Servicemitarbeitern erfasst. Wird z. B. ein Call, für den es keine Lösung in der Knowledge-Base gibt, nicht erfasst, kann für diesen Problemfall auch kein neuer Lösungsstammsatz angelegt werden.

## 5.3 Bei Anruf CRM: moderne Callcenter

Vor wenigen Jahren waren Callcenter nicht mehr als Telefonzentralen im eigenen Unternehmen. Doch durch moderne Technologien wie z.B. Computer Telephony Integration (CTI) oder Integrated Voice Response (IVR) wurde der nahtlose Übergang zwischen dem Telefon und dem unternehmensinternen Informationsnetz möglich. Mitarbeiter im Callcenter, so genannte Agents, können in einem modernen Callcenter auf alle Kundeninformationen zugreifen, die im Unternehmen verfügbar sind. Umgekehrt können die Agents auch alle Daten direkt in die Kundendatenbank eingeben.

**Stellenabbau im Callcenter**

Ein großer Teil der klassischen Callcenter-Aufgaben kann inzwischen automatisiert werden. Beispielsweise heißt es in einer Studie von Mummert und Partner, dass durch die Verwendung von Sprachcomputern, die einfache Standardabfragen abwickeln können, bis zu 90000 der 180000 Callcenter-Arbeitsplätze abgebaut werden können.[2] Für die Zukunft besteht für ein Callcenter aber auch die große Chance der Web-Integration.

Im Rahmen eines CRM-Konzepts kann ein Callcenter zwei unterschiedliche Rollen spielen:

1. **Das Callcenter als eine von verschiedenen Schnittstellen zum Kunden.**
   Hier kann der Kunde mit dem Unternehmen auf verschiedene Art und Weise kommunizieren (per Telefon, per E-Mail, über die Website, per Fax). Das Callcenter ist vorwiegend für die Telefonkontakte zuständig und leitet die Kundenanfragen jeweils an die zuständige Fachabteilung weiter. Ein Vorteil ist, dass für die reine Entgegennahme und Weiterleitung von Anfragen auch ungeschultes Personal eingesetzt werden kann. Diese Funktion kann auch ganz oder teilweise fremdvergeben werden (Callcenter-Outsourcing) bzw. durch moderne Callcenter-

2. Newsboard akademie.de vom 18.07.2000; http://www.akademie.de/news/langtext.html?id=6462

Technologie ersetzt. Ein Nachteil ist natürlich die geringe Motivation und die hohe Fluktuation der Agents sowie die erforderliche Nachbearbeitung durch die Fachabteilung und die daraus resultierenden längeren Reaktionszeiten.

Dieses Modell eignet sich daher für Unternehmen, die eine Telefonzentrale der alten Art betreiben und die diese Schnittstelle zum Kunden auch aufrecht erhalten wollen, während sie parallel an neuen Modellen arbeiten (z.B. Outsourcing, Web-Integration, Aufbau einer Kommunikationsplattform).

2. **Das Callcenter als umfassende Kommunikationsplattform eines Unternehmens (Contactcenter).**
   Auch hier kann der Kunde das Kommunikationsmedium wählen, aber alle Kundenanfragen laufen in einer Abteilung und in einem System zusammen, unabhängig davon, ob sie per Telefon oder per Web erfolgen. Das Contactcenter bearbeitet einen hohen Prozentsatz der Anfragen selbstständig, indem die Agents auf die Kundendatenbank und andere wichtige Unternehmensdaten zugreifen. Ein Vorteil hierbei ist die komplette technische Integration aller Schnittstellen zum Kunden, sodass ein Kunde von zu Hause aus per Web eine Anfrage absetzen und von unterwegs per Mobiltelefon eine Statusabfrage durchführen kann. Nachteile sind allerdings die Anschaffungs-, Installations- und Integrationskosten der neuen technologischen Lösungen (Telefonanlage, Hardware, Software) sowie der hohe Traningsaufwand für die Agents, die nicht nur ihr eigenes Callcenter-System, sondern auch die unternehmensinternen Systeme bedienen müssen.

   Dieses Modell eignet sich für Unternehmen mit vielen Kundenkontakten, wie beispielsweise in der Telekommunikations-branche üblich.

**Callcenter-Abkürzungen**

Ein Abkürzungsverzeichnis zu den Fachbegriffen aus der CTI- und Callcenter-Welt finden Sie im Anhang.

### Callcenter heute: Daten und Fakten

Was Callcenter heute leisten sollen, lässt sich am besten anhand aktueller Studien aufzeigen. Die CMP Converging Communication Group und Advantage Business Research haben im September 2000 eine Callcenter-Studie veröffentlicht, an der über 5000 Leser der Fachzeitschriften »Call Center Magazine« und »Computer Telephony Magazine« teilgenommen hatten.[3] Von den untersuchten Unternehmen mit Callcenter gehören

3. Advantage Business Research: 2000 Call Center Industry Study. Survey Findings: Section A (http://www.commweb.com/article/COM20000906S0012). Dieser Studie sind alle folgenden Zahlen entnommen.

49% zu den Unternehmen, die weniger als 1000 Mitarbeiter beschäftigen. Die Ergebnisse der Studie beziehen sich zwar auf den amerikanischen Markt, doch genau dieser Markt gibt die Tendenzen für den europäischen bzw. den deutschen Markt vor.

»2000 Call Center Industry Study«

Betrieben werden Callcenter hauptsächlich von Unternehmen der IT- und Kommunikationsbranche (zu 22,1%) sowie von Banken (9,9%), weniger von Herstellern. Die Mehrheit der befragten Unternehmen betreibt ein einziges Callcenter (44,9%), doch 19,8% betreiben drei bis fünf Callcenter gleichzeitig. Callcenter sind entweder sehr klein oder sehr groß, denn 45,2% der Callcenter beschäftigen weniger als 25 Agents und 31,4% beschäftigen mehr als 100 Agents. Geschult werden diese Agents mehrheitlich in unternehmenseigenen Trainings (85,2%), weniger häufig durch Beratungsunternehmen (19%) oder Anbieter von CTI-Technologie (16,9%).

Welche Art von Anfragen bearbeiten die Callcenter? Der höchste Prozentsatz entfällt auf den so genannten Inbound Customer Service, das heißt, auf die Entgegennahme von Kundenanfragen, Beschwerden oder Statusabfragen (85,8%). Wichtig sind auch die Kundenaufträge, die per Telefon entgegengenommen werden (48,3%) und Anfragen, die sich auf die Rechnungsstellung beziehen (43,6%). Dies sind die drei klassischen Aufgaben eines Callcenters. Modernere Callcenter-Aufgaben wie Outbound Sales, das heißt, aktives Anrufen der Kunden zum Zweck des Verkaufs neuer Produkte und Dienstleistungen, kommen in der Praxis noch selten vor. Auf Outbound Sales entfallen nur 25,1% der Antworten.

Welche Fachabteilung setzt das Callcenter ein? Die meisten Callcenter werden von der Abteilung Kundenservice betrieben (86,5%). Zweithäufigste Nennung ist die Vertriebsabteilung mit 41,8%.

Wie modern sind die Callcenter heute? Mehr als die Hälfte der befragten Unternehmen (54,7%) setzt Integrated Voice Response (IVR) für computergestützte Dialoge ein. Erst 35,7% der Callcenter nutzen die Möglichkeit, den Anrufer über eine Identnummer, eine so genannte Caller ID zu identifizieren, während 60,5% den Anrufer noch mithilfe eines Agents im normalsprachlichen Dialog identifizieren. Längst nicht alle Callcenter sind über eine Website erreichbar. 77,9% der Callcenter haben keine eigene Website.

Bei den klassischen Telefonanrufen haben 22,1% der Callcenter weniger als 100 Kunden pro Tag. 20,2% haben über 1000 Kunden pro Tag und 17,2% sogar über 5000 Kunden pro Tag.

Wie schnell werden Kundenanfragen via E-Mail im Vergleich zu klassischen Telefonanfragen beantwortet? Leider schneidet eine Mailanfrage nicht ganz so gut ab. Die durchschnittliche Reaktionszeit bei Telefonanrufen (Inbound) beträgt 4,1 Stunden, während sie bei Mails 8,2 Stunden beträgt. Das kann daran liegen, dass in fast allen befragten Unternehmen ein Servicevertrag (Service Level Agreement, SLA) für Telefonanfragen existiert, nämlich für 98,3% aller eingehenden Anrufe, aber nur für 39,4% aller eingehenden Mails.

**Callcenter in Deutschland**

Eine europaweite Callcenterstudie von Cap Gemini aus dem Jahr 2000 vergleicht die deutschen Callcenter mit dem europäischem Markt.[4] Dort heißt es:

> *Der deutsche Callcenter-Markt ist im Vergleich zu Europa noch vergleichsweise jung. Während in Deutschland 24% der Callcenter erst bis zu einem Jahr am Markt tätig sind, bestehen über die Hälfte der europäischen Callcenter bereits seit über fünf Jahren.*

Offenbar sind Callcenter auf dem deutschen Markt noch nicht ausreichend akzeptiert, denn laut der Studie von Cap Gemini gehen pro Tag in Deutschland durchschnittlich nur ca. 3000 Anrufe ein, im europäischen Durchschnitt dagegen fast 5000 pro Tag. CTI-Technologie zur Verknüpfung von Telefonsystem und Computer werden in Deutschland erst von 53% der Unternehmen eingesetzt. Personaleinsatzplanungs-Software zur professionellen Kapazitäts- und Schichtplanung, die sicherstellen soll, dass zu jeder Zeit ausreichend Agents verfügbar sind, wird nur von 32% der Callcenter verwendet. Eine Anbindung des Callcenters an die zentrale Kundendatenbank bzw. an das Datawarehouse des Unternehmens ist in Deutschland nur für 39% der Callcenter realisiert.

IVR-Technologie zur Dialogunterstützung wird in Deutschland von 36% der Callcenter genutzt (zum Vergleich: laut der »2000 Call Center Industry Study« wird IVR in den USA bereits von 54,7% der Unternehmen genutzt).

### Computer Telophony Integration (CTI)

CTI gehört zu den noch relativ neuen Technologien, die sich im Rahmen von CRM zur Optimierung von Serviceprozessen einsetzen lassen. Mit CTI ist im Wesentlichen die Anbindung der Telekommunikationswelt mit TK-Anlage, TK-Netzwerk und Telefonen an die DV-Welt mit LAN, Servern und PC-Arbeitsplätzen gemeint. Diese Verbindung zwischen TK-Anlage

4. Management-Summary einer europaweiten Callcenter-Studie. http://www.de.cgey.com/news/studien/callcenter.html

und Computersystem wird als CTI-Link bezeichnet. Grundsätzlich sind mehrere Lösungsmodelle vorstellbar, von der einfachen Anbindung eines Einzelplatz-PCs an ein Telefon bis hin zum Einsatz eines Telefonie-Servers. Der entscheidende Vorteil von CTI liegt in der Zeitersparnis. Wichtige Serviceaufgaben wie das Erfassen einer Störmeldung können wesentlich verkürzt werden, da beispielsweise die Adressdaten des Anrufers nicht mehr erfasst werden müssen. Das folgende Beispiel soll die Möglichkeiten der Serviceoptimierung verdeutlichen.

Carla, eine der Servicemitarbeiterinnen von Bikes and More, ist für die direkte Kommunikation mit den Kunden zuständig. Sie nimmt hauptsächlich Reklamationen entgegen oder beantwortet Fragen zu den neuen Fahrradmodellen. An ihrem Arbeitsplatz steht ihr ein PC mit Headset und Telefonintegration zur Verfügung. Während ihr Telefon noch klingelt, öffnet sich auf ihrem Bildschirm bereits die Eingabemaske ihres Frontoffice-Systems. Aufgrund des CTI-Links sind in der Eingabemaske bereits die Adressdaten des Anrufers eingetragen. Carla kann den Kunden also sofort mit dem richtigen Namen begrüßen. Der Kunde Hans Muster aus München beschwert sich, dass das bestellte Fahrradzubehör noch immer nicht bei ihm eingetroffen ist. Carla erfasst dies sofort als Reklamation. Im Hintergrund ruft sie die Daten im ERP-System auf und findet Hans Musters letzten Auftrag. Aus diesem Auftrag geht hervor, dass Hans Muster das Zubehör nicht direkt bei Bikes and More bestellt hat, sondern bei einem Fahrradhändler in München. Carla verspricht, sich darum zu kümmern und nach der Mittagspause von Hans Muster in dessen Büro zurückzurufen. Nachdem sie in München den Lieferstatus erfragt hat, hinterlässt sie dem Kollegen Rudolf von der Nachmittagsschicht eine Notiz in der Reklamation. Als Rudolf im Frontoffice-System die Reklamation aufruft, klickt er nur auf den Telefon-Button. Es erscheinen die verschiedenen Telefonnummern von Hans Muster, und wie abgesprochen wählt Rudolf die Büronummer. Daraufhin wird sofort die Verbindung hergestellt und Rudolf kann die Lieferinformationen an Hans Muster weitergeben.

**Einzelplatzlösung**

Die einfachste Form von CTI ist die Verbindung zwischen einem Einzelplatz-PC und einem Telefon über ein Kabel. Voraussetzung dafür ist natürlich – wie bei jeder CTI-Architektur – eine CTI-fähige TK-Anlage sowie CTI-fähige Software. Bei der Einzelplatzlösung unterscheidet man zwei Arten der Verbindung:

- **Phone centric**
  Bei der Phone-centric-Verbindung wird das Telefon an die TK-Anlage angebunden und der PC wird an das Telefon angeschlossen.
- **Computer centric**
  Bei der Computer-centric-Verbindung wird der PC an die TK-Anlage angebunden und das Telefon wird an den PC angeschlossen.

Beide Verbindungen gehören zu den so genannten First-Party-CTI-Architekturen. Computer centric ist zu bevorzugen, weil hierbei der PC den Informationsfluss zwischen der TK-Anlage und dem Telefon steuern kann. Die Einzelplatzlösung erlaubt keine Kommunikation zwischen den Rechnern verschiedener Mitarbeiter, daher eignet sie sich nur, um für einen einzelnen Servicemitarbeiter die Mediengrenze zwischen PC und Telefon aufzuheben.

**First Party** Das Kennzeichen einer First-Party-CTI-Architektur ist, dass ein PC mit einem Telefon verbunden wird (im Unterschied zur Third-Party-CTI-Architektur, bei der das nicht der Fall ist). Jeder PC ist mit jeweils einem Telefon verbunden. Alle Telefone sind an die TK-Anlage angebunden und alle PCs über das unternehmensinterne Netz (LAN) an einen Applikationsserver (siehe Abbildung 5.12).

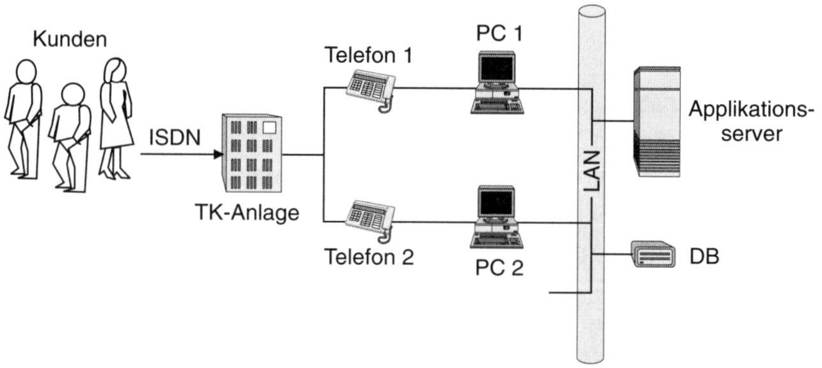


**Abbildung 5.12** First-Party-CTI-Architektur

In Erweiterung der Einzelplatzlösung ist bei First Party somit der Datenaustausch der PCs untereinander möglich. Ein großer Nachteil von First Party ist allerdings die fehlende Möglichkeit, die TK-Anlage zentral zu steuern. Ein großer Vorteil ist die schnelle und im Vergleich zu Third Party relativ preiswerte Möglichkeit, CTI zu nutzen. First Party empfiehlt sich daher besonders für kleinere Callcenter und für Serviceabteilungen, in denen die Mitarbeiter maximal 30% ihrer täglichen Arbeitszeit am Telefon verbringen und bei der es keine Warteschlangen zu managen gilt.

**Third Party**

Kennzeichen der Third-Party-CTI-Architektur ist die Existenz eines Telefonie- oder CTI-Servers. Hier gibt es keine direkte Verbindung zwischen Telefon und PC. Alle PCs sind über LAN an den Applikationsserver und an den CTI-Server angeschlossen. Alle Telefone sind über die TK-Anlage an den CTI-Server angeschlossen, das heißt, der CTI-Server steuert die TK-Anlage mit allen Telefonen (siehe Abbildung 5.13).

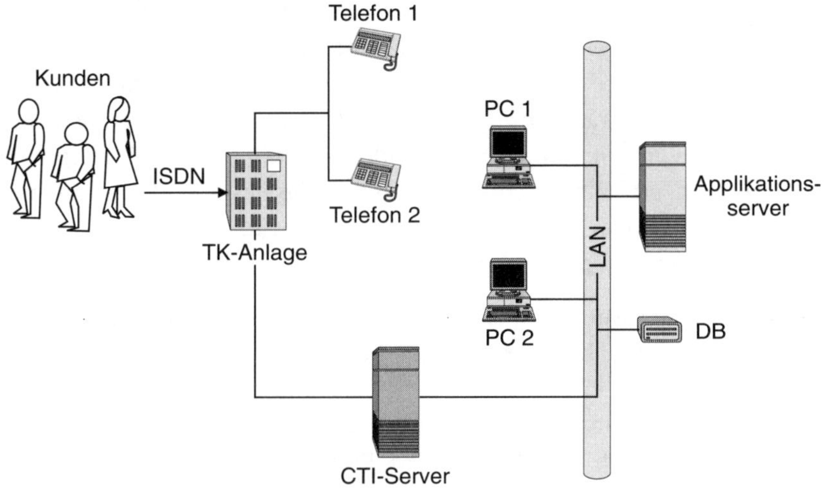


**Abbildung 5.13** Third-Party-CTI-Architektur

Zu den Vorteilen von Third Party gehören neben dem Datenaustausch und der Verknüpfung mit den Datenbanken die zentrale Steuerung der TK-Prozesse. Auch ein direkter Zugriff auf die Funktionen der TK-Anlage, wie z.B. auf Statistikfunktionen, ist möglich. Ein Nachteil sind allerdings die Kosten für Anschaffung und Aufbau eines CTI-Servers sowie für Lizenzen und Schnittstellenanpassung. Third Party lohnt sich bei großen Callcentern und bei Serviceabteilungen mit hohem Callaufkommen. Third Party lohnt sich ebenfalls, wenn die Infrastruktur eines Unternehmens flexibel sein muss.

**Noch immer kein CTI-Standard**

Zwar wurden die ersten CTI-Systeme bereits in den 70er-Jahren entwickelt, doch bis heute existiert kein CTI-Standard. Jeder Hersteller von TK-Anlagen und jeder Hersteller von CTI-Software entwickelt eigene Lösungen. Als Quasi-Standards können gemeinsame Entwicklungen rennomierter Hersteller dienen. Für First Party gibt es TAPI von Microsoft und Intel (Telephony API), Desktop-CSTA (Computer Supported Telecommunications Applications) und USB (Universal Serial Bus). Für Third Party können TSAPI von Novell und AT&T (Telephony Services API), System-CSTA und SCSA von Dialogic (Signal Computing System Architecture) eingesetzt werden.

### IP Telephony

IP Telephony, auch Internet-Telefonie oder Voice over IP genannt, ist eine technologisch völlig andere Möglichkeit, von einer Website aus im Callcenter anzurufen. Während CTI eine unternehmensinterne Möglichkeit zur Optimierung von Serviceprozessen ist, dient IP Telephony vor allem dem Kunden. Für Kunden, die auf der Website des Unternehmens die gewünschten Informationen nicht finden können, bietet IP Telephony eine Möglichkeit, ohne Medienbrüche über die bestehende Leitung mit dem Callcenter oder den Servicemitarbeitern zu telefonieren. Auch hier soll ein Beispiel den praktischen Nutzen zeigen.

Hans Muster aus München hat von Bikes and More Zubehörteile für sein Fahrrad gekauft und bemüht sich nun, diese einzubauen. Leider kommt er mit der mitgelieferten Einbauanleitung nicht zurecht. Über seine analoge Telefonleitung wählt er sich bei seinem Provider ein und sucht im Service- und Supportbereich der Website von Bikes and More nach Tipps und Tricks zum Einbau. Zwar helfen ihm die Dokumente weiter, doch er erfährt beim Lesen, dass in seiner Lieferung anscheinend eine Schraube fehlt, die in allen Einbauanleitungen abgebildet ist. Auf der Website findet er die Telefonnummer der Serviceabteilung, doch seine analoge Telefonleitung ist durch die Verbindung zum Internet bereits belegt. Er müsste sich also vom Internet abmelden und über sein Telefon anrufen. Glücklicherweise bietet Bikes and More einen Button für IP Telephony an. Hans Muster klickt auf den Button und sein Anruf läuft über die vorhandene Internetverbindung zu seinem Provider. Vom Provider zum IP Telephony Gateway wird der Anruf über Internetprotokoll (IP) übermittelt. Der Gateway leitet den Anruf dann über die normale Telefonleitung zur TK-Anlage von Bikes and More weiter. Als bei Carla das Telefon klingelt, kann Hans Muster mit ihr über Soundkarte, Kopfhörer und PC-Mikrofon über sein Einbauproblem sprechen. Der Anruf kostet ihn so viel, wie ihn die Verbindung zu seinem Provider kostet, das heißt üblicherweise den Ortstarif.

Abbildung 5.14 zeigt die Abläufe bei IP Telephony noch einmal im Überblick.

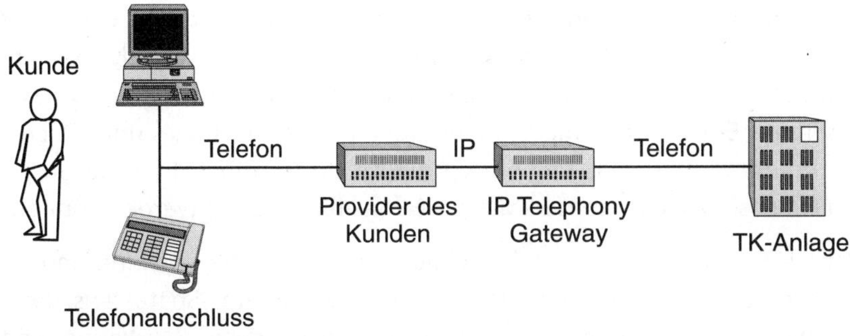


**Abbildung 5.14** IP Telephony

### Überblick über Kommunikationskanäle im Callcenter

Nachdem CTI-Integration und IP Telephony etwas ausführlicher behandelt wurden, folgt nun ein Überblick über alle weiteren derzeit möglichen Kommunikationskanäle, über die ein Kunde das Callcenter erreichen kann:

- **Call-back**
  Auf der Website des Unternehmens befindet sich ein Button, mit dem der Kunde seinen Wunsch anmeldet, mit dem Callcenter zu telefonieren. Idealerweise kann der Kunde den gewünschten Zeitraum für den Rückruf angeben. Die Servicemitarbeiter rufen den Kunden dann wie gewünscht zurück. Call-back ist beispielsweise sinnvoll, wenn es zu Hilfedokumenten auf den Serviceseiten weiterführende Fragen gibt.
- **Browser-Sharing**
  Der Servicemitarbeiter übernimmt die Kontrolle des Kundenbrowsers und hat somit die Möglichkeit, Fehler nachzustellen und zu lokalisieren oder dem Kunden die korrekte Bedienung des Produktes zu demonstrieren. Diese Technologie eignet sich besonders für Beratungsgespräche aller Art.
- **Chat**
  Für kurze, einfache Frage-Antwort-Schemata eignet sich der Chat sehr gut. Wenn der Servicemitarbeiter durch ein ensprechendes E-Mail-System unterstützt wird, kann er mehrere Chatsessions parallel führen. Chat kann auch zur Unterstützung von IP Telephony verwendet werden, falls die Sprachübertragung abbrechen sollte.

- **E-Mail**
  Obwohl E-Mail eine relativ etablierte Technologie ist, sind die Reaktionszeiten bei E-Mail immer noch fast doppelt so lang wie bei herkömmlichen Telefonanrufen. Anfragen über E-Mail sollten daher mit einem professionellen E-Mail-Handling-System abgewickelt werden, das es ermöglicht, 90% aller Mails in weniger als zwei Stunden zu bearbeiten. E-Mail-Handling-Systeme bieten Textbausteine und Rechtschreibprüfungen für die Antworten an und ermöglichen die Suche nach Lösungsdokumenten, die zur E-Mail hinzugefügt werden können.

**Ein Callcenter ist nicht nur für Probleme da**

Wenn sich ein Unternehmen entschließt, ein Callcenter einzuführen und zu unterhalten, sollte das Callcenter ausgelastet sein. Spätestens dann verschwimmen die Grenzen zwischen Kundenservice, Marketing und Vertrieb. Selbstverständlich kann das Callcenter auch für Direktmarketing- oder Direktvertriebsaktionen bzw. Telesales und Telemarketing genutzt werden. Kommunikationsformen wie Browser-Sharing, Chat oder Call-back können ebensogut für Verkaufsgespräche verwendet werden wie für Produktberatung.

### Kunden wollen den Status

Sobald das Problem einmal gemeldet ist, erwartet der Kunde so schnell wie möglich die Lösung. Manche Kunden warten geduldig, bis sie kontaktiert werden, andere fragen stündlich nach. Daher sollte jederzeit eine Statusabfrage möglich sein und zwar auf möglichst vielen Kanälen (Telefon, Website, E-Mail). Voraussetzung dafür ist einerseits eine Referenznummer, wie z.B. die Auftragsnummer oder die Meldungsnummer, anderseits eine überschaubare Zahl an aussagekräftigen Statusmeldungen. Beispielsweise sagt der Status »in Bearbeitung« relativ wenig darüber aus, ob ein reklamiertes Ersatzteil bereits verschickt wurde oder ob der Vorgang noch auf dem Schreibtisch des Servicemitarbeiter liegt.

**Call-Tracking auf Kundenseite**

Eine webbasierte Statusabfrage ist beispielsweise unter **www.hewlett-packard.de/reparatur** möglich. Hier kann der Status eines Serviceauftrags abgefragt werden. Dazu muss der Kunde die Nummer seines Serviceauftrags eingeben sowie zur weiteren Authentifizierung die letzten Stellen der Seriennummer des defekten Gerätes. Abbildung 5.15 zeigt das Ergebnis der Statusabfrage: Dieser Serviceauftrag wurde bereits storniert.

Statusabfrage und Statusverfolgung (Tracking) ist auf vielerlei Weise möglich. Unter **www.ups.com** können Kunden beispielsweise zwischen drei Formen der Statusabfrage wählen (siehe Abbildung 5.16):

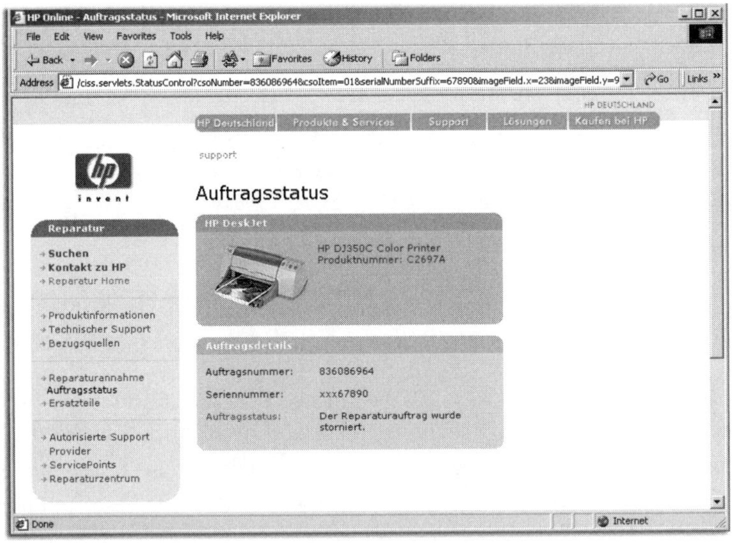


**Abbildung 5.15** Status eines Serviceauftrags bei www.hewlett-packard.de/reparatur

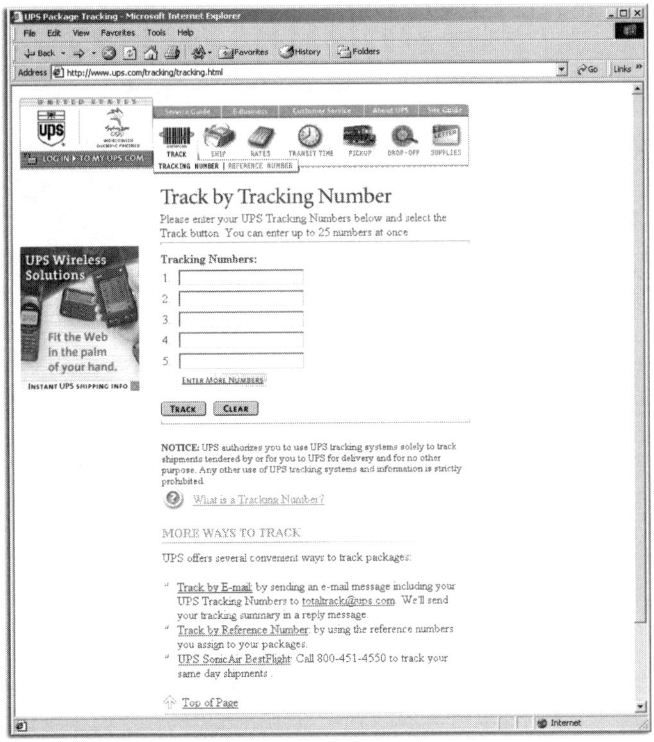


**Abbildung 5.16** Drei Möglichkeiten der Statusabfrage bei www.ups.com

1. Direkt auf der Website (Online-Statusabfrage)
   - über eine Referenznummer
   - über eine Tracking-Nummer
2. Über E-Mail-Anfrage (Publikation der E-Mail-Adresse auf der Website mit automatischem Start des E-Mail-Editors beim Kunden)
3. Über Callcenter (Publikation der Telefonnummer auf der Website oder IP-Telephony-Button)

Grundsätzlich ist es sinnvoll, den Kunden so viele Kommunikationsmöglichkeiten anzubieten, wie es dem Unternehmen technisch möglich ist.

Paul möchte für Bikes and More noch kein eigenes Callcenter unterhalten, da er erst dabei ist, den Direktvertrieb aufzubauen und noch kein so hohes Meldungsaufkommen erwartet. Für das laufende Jahr sollen die Telefonanrufe nach wie vor von den Mitarbeitern der Serviceabteilung beantwortet werden. Um diesen die Arbeit zu erleichtern, die Serviceprozesse zu optimieren und erste Erfahrungen mit CTI zu machen, plant Paul eine CTI-Einführung. Pauls Vorgänger hatte in eine moderne TK-Anlage investiert, die IVR und ACD anbietet. Paul will die Investitionen überschaubar halten und verzichtet deswegen auf einen CTI-Server, d.h., er entscheidet sich für eine First-Party-CTI-Architektur. Da für IP Telephony innerhalb der IT-Infrastruktur von Bikes and More keine Hardwareinvestitionen erforderlich sind, will er für den Serviceteil der Website von Bikes and More einen Call-back-Button anbieten, um herauszufinden, ob diese Art der Kontaktaufnahme für seine Kunden attraktiv ist.

## 5.4 Sofortservice für Eilige: Selfhelp aus dem Web

Selfhelp bedeutet, dass die Dokumente, die bisher nur den Servicemitarbeitern zur Verfügung standen, um Kundenprobleme zu lösen, nun auch den Kunden selbst zugänglich gemacht werden. Das Selfhelp-Konzept entstand aus der Idee, die Produktdokumentation, die früher auf CD oder als gedrucktes Handbuch ausgeliefert wurde, über Internet anzubieten. Selfhelp bezieht sich vorwiegend auf Produkte (darunter auch Software), weniger auf Dienstleistungen.

**Websites vom Hersteller (B2C) oder Kundenforen (C2C)**

Wenn ein Hersteller seine Produktdokumentation im Internet anbietet, spricht man von B2C-Selfhelp. Selfhelp ist aber auch als C2C-Selfhelp möglich, was ein herstellerunterstütztes Kundenforum voraussetzt, in dem sich Kunden gegenseitig Tipps zum Produkt geben.

Unternehmensintern hat das Selfhelp-Konzept viele Vorteile. Dokumentation wird in modernen Unternehmen mithilfe von Dokumentenverwaltungssystemen und einheitlichen Editoren-Tools erstellt und verwaltet. Während die Dokumente in diesen Systemen jeweils den aktuellen Bearbeitungsstand widerspiegeln, repräsentiert die Auslieferung von CD und gedrucktem Handbuch jeweils einen älteren Stand. Einfacher gesagt: Gedruckte Dokumentation ist bereits veraltet, bevor sie den Kunden erreicht hat. Abgesehen von der Aktualität, die nur über Internetzugriff erreicht werden kann, entfällt bei Selfhelp auch die teure und aufwändige Produktions- und Auslieferungsphase.

Für die meisten Unternehmen entsteht allein durch die gesparten Logistikkosten der erforderliche ROI für den Aufbau eines internetbasierten Zugriffs auf die Dokumentation. Auch für die Kunden bringt Selfhelp nur Vorteile. Neben der Aktualität der Information gilt auch die Verfügbarkeit als Kundennutzen, denn über die Website ist die Dokumentation jederzeit und überall abrufbar.

**Selfhelp aus der alten Welt**

Selfhelp ist nicht gleich Selfhelp, denn im Sinne des Kunden genügt es nicht, Handbücher in digitalem Format auf eine Website zu stellen. Die erste Selfhelp-Welle war daher auch von einer Download-Mentalität geprägt, die auch noch heute viele Selfhelp-Websites kennzeichnet. Dazu gehört der Download von Handbüchern (in den Formaten .doc oder .pdf) oder von Produktpräsentationen und Schulungsmaterialien (.ppt). Für Ihre Kunden bedeutet dies allerdings oft, dass zahlreiche Dokumente heruntergeladen werden müssen, die kein Stichwortverzeichnis haben oder die nicht durchsucht werden können. Manche Unternehmen gehen sogar so weit, die Dokumente für den Ausdruck zu sperren, was den Kunden dazu zwingt, 400-seitige pdf-Dokumente am Bildschirm durchzublättern.

Demgegenüber stellen FAQ- und Hilfedokumente auf der Website (.html) bereits eine Verbesserung dar. Unabdingbar ist hierbei eine Suchfunktion auf der Website, denn 20 oder mehr Frequently Asked Questions (FAQ) liest kaum ein Kunde durch. Kritisch zu werten sind auch Onlinetrainings. Wer sich schon einmal online über eine langsame Modem-Verbindung durch ein aufwändig programmiertes, multimediales CBT (Computer Based Training) gequält hat, wird Onlinetrainings nicht als Vorteil empfinden. Bei allen Selfhelp-Konzepten muss immer darauf geachtet werden, dass der Aufwand nicht auf die Kundenseite verlagert wird.

Ebenfalls zu den älteren Selfhelp-Konzepten gehört die Dialogführung mit Knowledge-Trees (auch Troubleshooter oder Troubleshooting-Guide). Knowledge-Trees bestehen aus zahlreichen Bildschirmbildern, durch die der Benutzer geführt wird, indem er Fragen beantwortet. Diese Antworten können einfache Ja- oder Nein-Antworten sein, die sich gegenseitig ausschließen oder Multiple-Choice-Antworten. Abhängig von den Antworten, wird der Benutzer innerhalb einer Baumstruktur abwärts geführt, bis ein Endknoten erreicht ist, an dem entweder das Problem gelöst ist oder an dem auf einen anderen Knowledge-Tree verwiesen wird. In einfacher Form sind Knowledge-Trees aus den Installationsdialogen von Software bekannt. Ein klarer Vorteil von Knowledge-Trees ist, dass sich ungeübte Internetbenutzer durch die einfache Dialogführung sehr leicht zurechtfinden. Zu den Nachteilen gehört allerdings, dass der Kunde einen relativ langen Dialog mit verschiedenen Lösungsvorschlägen durchlaufen muss, den er nicht abkürzen kann. Es ist nicht möglich, gezielt nach einer Information zu suchen und oft enden Knowledge-Trees an einem Knoten, an dem es dann heißt: »Bitte rufen Sie unseren Support an«.

**Praxistest Navigation: 1001 Schritte bis zur Antwort?**

Wie gesagt, gehört zu den Vorteilen von Selfhelp, dass der Kunde selbstständig eine Antwort auf seine Fragen auf der Website findet. Dazu ist es nötig, die Dokumente so aufzubereiten, dass der Kunde sie auch in kurzer Zeit finden kann. Um zu verdeutlichen, wie wichtig es ist, kurze Wege zur Lösung durch einfache Navigation möglich zu machen, hat das Autorenteam einen Praxistext durchgeführt.

Als Beispielszenario haben wir ein alltägliches Problem gewählt, nämlich einen Papierstau im Drucker, bei dem der Drucker auf dem Display meldet »Error Paper Jam«. Bei drei Druckerherstellern haben wir auf der Website im Selfhelp-Bereich gezählt, wie viele Schritte bis zum Aufruf der richtigen Lösung nötig sind.

### Beispiel 1: www.lexmark.de

1. Aufruf **Service & Support**
2. Druckerauswahl (Serie)
3. Aufruf der »interaktiven Online-Fehlersuche«
4. Auswahl des Landes, in dem man sich befindet, und der bevorzugten Sprache
5. Druckerauswahl (Serien- und Modellnummer)
6. Eingabe des Problems in natürlicher Sprache
7. Detailfrage zur Art des Problems

8. Weitere Detailfrage zur Art des Problems
9. Weitere Detailfrage zur Art des Problems
10. Link zur Lösung
11. Aufruf des Lösungsdokuments

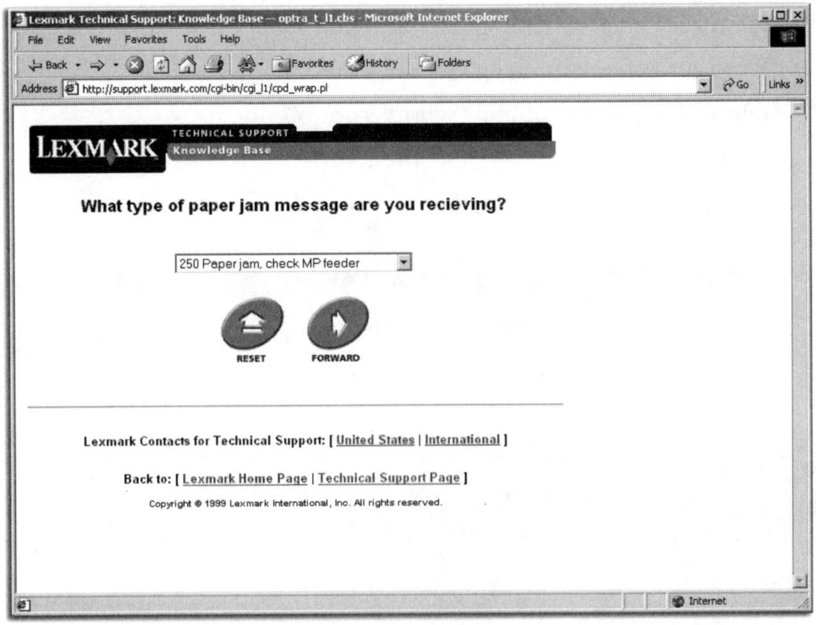


**Abbildung 5.17** Knowledge-Tree bei www.lexmark.com

### Beispiel 2: www.hewlett-packard.de

1. Aufruf **Support**
2. Druckerauswahl (Serie)
3. Druckerauswahl (Serien- und Modellnummer)
4. Druckerauswahl (Untermodell)
5. Supportseite zum Drucker, Aufruf **Problemlösung**
6. Eingabe des Problems in natürlicher Sprache
7. Aufruf des Lösungsdokuments

### Beispiel 3: www.xerox.de

1. Aufruf **Support/Online-Hilfe**
2. Eingabe des Landes, in dem man sich befindet
3. Druckerauswahl (Serien- und Modellnummer)

4. Supportseite zum Drucker, Aufruf **Fehlermeldungen**
5. Aufruf der Fehlermeldungsgruppe **Papierstau**
6. Aufruf der genauen Fehlermeldung
7. Start einer Demo zur Fehlerbehebung (Schritt 1 von 7)
8. Demo zur Fehlerbehebung (Schritt 2 von 7)
9. Demo zur Fehlerbehebung (Schritt 3 von 7)
10. Demo zur Fehlerbehebung (Schritt 4 von 7)
11. Demo zur Fehlerbehebung (Schritt 5 von 7)
12. Demo zur Fehlerbehebung (Schritt 6 von 7)
13. Demo zur Fehlerbehebung (Schritt 7 von 7)

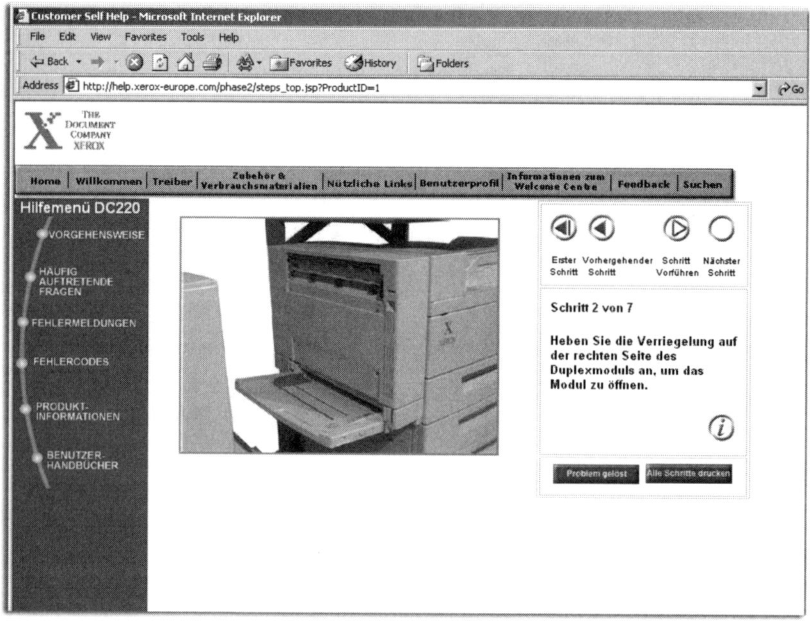


**Abbildung 5.18** Demo zur Fehlerbehebung bei www.xerox.com

In diesem Praxistest zeigen sich ganz klar die Vor- und Nachteile einer starken Benutzerführung. Lexmark arbeitet mit einem Knowledge-Tree, was den Dialog mit dem Benutzer natürlich in die Länge zieht, denn drei der insgesamt 11 Schritte beziehen sich auf Detailfragen innerhalb des Trees. Xerox arbeitet mit einer Demo, was dem Kunden klar und anschaulich zeigt, wo am Gerät der Fehler zu beheben ist. Auch hier beziehen sich 6 von insgesamt 13 Schritten auf diese Demo. Festzuhalten ist, dass starke Benutzerführung immer zu mehr Schritten bei der Problemlösung führt. Was ebenfalls auffällt, ist die zeitaufwändige Eingabe von Serien-, Modell und ggf. Untermodellnummer. Mindestens die Hälfte der Navigationsschritte könnten durch ein Kunden-Login eingespart werden, bei dem der Kunde nach dem Login eine Auflistung seiner Geräte erhält und durch Mausklick das Gerät auswählen kann, zu dem er Fragen hat. Oberstes Prinzip von Selfhelp muss sein, dem Kunden die Arbeit zu erleichtern, nicht etwa, die Dateneingabe und die Rezeption langer Dokumente auf Kundenseite zu verlagern.

**Moderne Selfhelp-Konzepte**

Neue Technologien haben auch die Selfhelp-Konzepte der Unternehmen verbessert. Dazu gehören beispielsweise lernende Menüs. Hierbei sind die Untereinträge in einem Menü nicht statisch, sondern sie passen sich dynamisch den Gewohnheiten des Benutzers an. Wählt ein Benutzer z.B. häufig den drittletzten Eintrag in einem Menü mit 10 Untereinträgen, dann positioniert sich dieser Eintrag an der ersten, obersten Stelle im Menü, um leichter erreichbar zu sein. Ein ganz ähnliches Prinzip ist das Ranking von Inhalten nach Zugriff. So kann z.B. ganz oben auf der Selfhelp-Website das Hilfedokument mit den meisten Zugriffen als »das Dokument der Woche« vorgestellt werden. Viele Call-Managementsysteme erlauben es auch, dass ein Servicemitarbeiter aus einem Call direkt einen FAQ-Text generiert, der automatisch auf der Website veröffentlicht wird.

Für Unternehmen, die intern mit einer Knowledge-Base arbeiten, ist es auch sinnvoll, diese Datenbank für den Lesezugriff über Internet zu öffnen. Generelle Aussagen zur Knowledge-Base mit Case-based-Reasoning-Technologie finden Sie in Kapitel 5.3. Klarer Vorteil davon ist, dass sowohl ungeübte als auch geübte Internetbenutzer damit arbeiten können, vor allem dank natürlicher Spracheingabe in eine Suchmaschine. Für Kunden, die raschen Zugriff auf Expertenwissen benötigen, ist die Eingabe mehrerer Suchkriterien gleichzeitig möglich. Im Unterschied zum Knowledge-Tree wird die Navigation wesentlich verkürzt, und der Kunde spart wertvolle Zeit, die er sonst mit uninteressanten Dialogen verbracht hätte.

In Deutschland ist dies aufgrund von Sicherheitsbedenken noch nicht üblich, doch US-Unternehmen arbeiten bereits erfolgreich damit. Xerox öffnet beispielsweise seine eigene Knowledge-Base für die Kunden über Web. »Infosmart« ist exakt dieselbe Datenbank, die von den internen Supportmitarbeitern genutzt wird, um Probleme über Telefon zu lösen:

*This is the same information our Product Support Specialists use when resolving printer problems over the phone. Includes solutions for error codes, print quality, color matching, media jams, software installation, networking and much more.*[5]

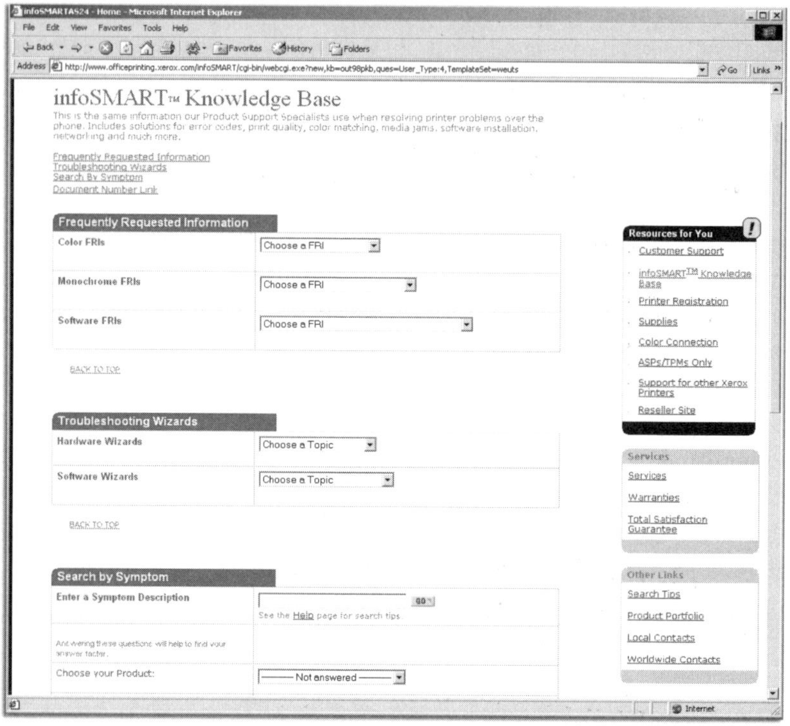


**Abbildung 5.19** Knowledge-Base bei www.xerox.com

Denkt man dies konsequent weiter, so ist es auch möglich, den Kunden mehr als nur Leserechte zu geben. Über ein Bonuskonzept wäre es möglich, dass Kunden ihre eigenen Lösungen einbringen und gegen einen kleinen Bonus mithelfen, die Lösungsdatenbank des Unternehmens zu erweitern. In ähnlicher Form wird dies schon lange in Newsgroups praktiziert. Daraus könnte eine Art Best-Practice-Marktplatz für Kunden entstehen.

Microsoft arbeitet mit dem Konzept des Microsoft Most Valuable Professionals (MVPs), mit einem Kunden, der sich durch besonderes Produktwissen und durch hohe Lösungskompetenz in einer herstellerunterstützten Newsgroup auszeichnet:

5. http://www.officeprinting.xerox.com/infoSMART/

*Die deutschsprachigen Newsgroups rund um Microsoft Produkte sind durch ihre herausragende Forums-Kultur inzwischen zu einem zentralen Anlaufpunkt für viele Anwender geworden. Hier bekommen Sie schnell und unbürokratisch Hilfe bei technischen Fragen oder Bedienungsproblemen. Außerdem haben sich die Newsgroups zu einer Austauschbörse für nützliche Tipps & Tricks entwickelt. Wie jedes Forum leben auch die Microsoft Newsgroups vom persönlichen Engagement ihrer Teilnehmer. Immer wieder gibt es hochqualifizierte Anwender, die es sich zur Aufgabe gemacht haben, anderen zu helfen. An diese Teilnehmer wendet sich unser »Most Valuable Professional« (MVP) Programm: Für außerordentlichen Einsatz, fachliche Kompetenz und ein ungewöhnliches Kommunikationstalent möchten wir von Microsoft uns gerne erkenntlich zeigen. Viermal im Jahr verleihen wir die MVP-Auszeichnung an ausgewählte Newsgroupteilnehmer, die uns bzw. anderen Kunden in den vergangenen Monaten besonders positiv aufgefallen sind. In unserem MVP-Who is who stellen wir Ihnen einige der Profis vor, deren unterschiedliche Beiträge Sie täglich in den diversen Newsgroups lesen.*[6]

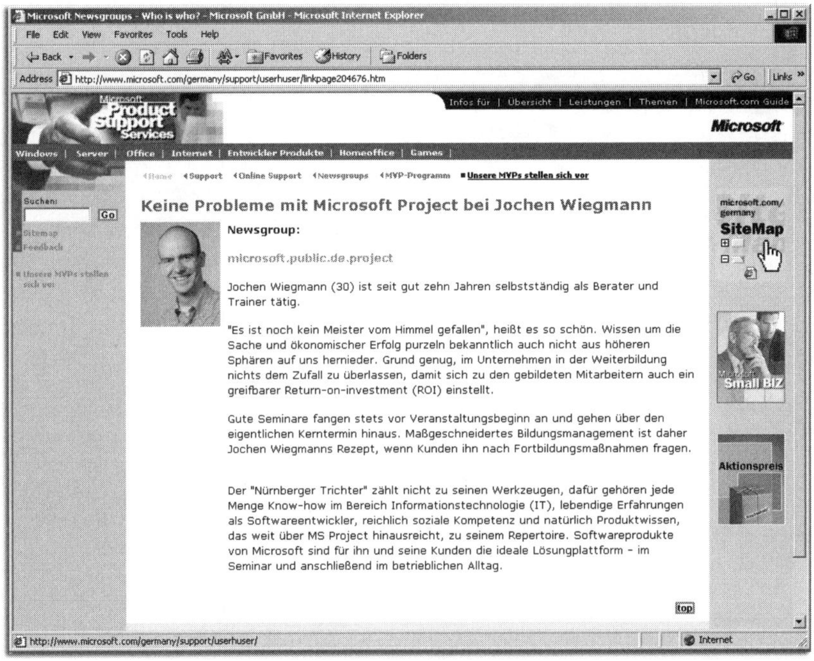


**Abbildung 5.20** MVP-Auszeichnung bei www.microsoft.de

6. http://www.microsoft.com/germany/support/userhuser/mvp.htm

Einige der modernen Selfhelp-Anwendungen sind übrigens echte CRM-Anwendungen, da die Grenze zwischen Service, Vertrieb und Marketing fließend sind. Beispielsweise können auch so genannte Agenten oder andere redegewandte Figuren (wie beispielsweise »Leo« bei **www.schweppes.de**) auf einer Website eingesetzt werden, um Kunden zu den richtigen Hilfedokumenten zu führen. Da die Dialoge mit diesen Agenten dynamisch verlaufen, gibt es keine Trennung mehr zwischen Support, Produktmarketing und Vertrieb.

## 5.5 Intelligente Geräte helfen sich selbst: CRM für Web Devices

Web Devices, auch Internet Appliances oder Web Appliances genannt, sind Geräte, die einen Webserver enthalten, der ihnen die Verbindung zum Internet ermöglicht. Web Devices sind nicht zu verwechseln mit WAP-Handys oder Funk-PDAs (Personal Digital Assistants), denn Handys und PDAs sind drahtlose Kommunikationsgeräte, während Web Devices Endgeräte sind, von denen man keine Internetanbindung erwarten würde, wie z. B. Kühlschrank, Toaster, Auto, Heizung, Getränkeautomat oder Fotoapparat.

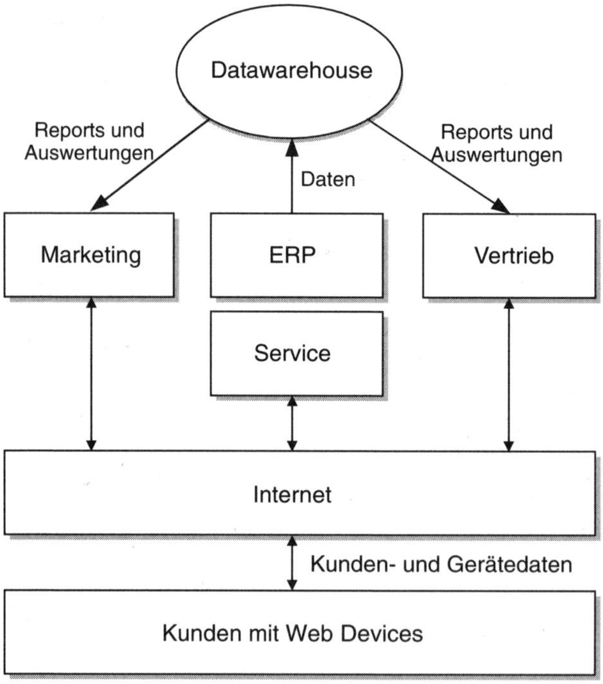


**Abbildung 5.21** Web Device als dritte und letzte Phase im iCRM-Modell

Im Bereich CRM können intelligente Geräte dem Kunden helfen, Defekte rechtzeitig zu erkennen und zu beheben bzw. der Serviceabteilung korrekt zu melden. Im bereits beschriebenen Drei-Phasen-Modell stellen Web Devices die dritte und letzte Phase der Internetanbindung im Rahmen eines iCRM-Konzepts dar (siehe Abbildung 5.21).

### Embedded Webserver (EWS)

Embedded Webserver sind Webserver, die in das betreffende Gerät integriert sind. Geräte mit EWS können im Netzwerk oder über Modem Daten an einen anderen Webserver senden. Diese Daten können dann als Website in einem Webbrowser angezeigt werden. Geräte, die keine oder nur eine sehr kleine grafische Benutzungsoberfläche (GUI) haben, können somit über ihren Status Auskunft geben. Beispielsweise kann somit ein Getränkeautomat, der nur ein kleines Display hat, über einen Webbrowser Daten in ansprechendem und verständlichen Format anzeigen, statt numerische Fehlercodes auszugeben.

Eine wichtige Voraussetzung für EWS ist, dass die Aktivitäten nicht speicherintensiv sein dürfen. Zwar lässt sich in einigen Geräten auch ein großer EWS verstecken, doch soll das Vorhandensein eines EWS die Standardgröße eines Gerätes nicht verändern. Beispielsweise lässt sich in einer Armbanduhr oder in einem Toaster kein Webserver mit Festplatte unterbringen.

**Geräte sind dynamisch**

Normalerweise befindet sich die gewünschte Information in Form statischer Websites auf einem Webserver. Ein EWS kann allerdings aufgrund seiner geringen Kapazität keine solchen Informationen beinhalten. Die Lösung ist, dass der EWS Daten, die vom Gerät generiert werden, als dynamische Websites anzeigt, d.h., es handelt sich hierbei um ein erweitertes Display, das mit jeweils aktuellen Statusdaten gefüllt wird.

Ein EWS kann im Intranet, im Internet oder über Telefonverbindung angeschlossen werden. Hat der EWS einen FTP-Server integriert, kann er automatisch Mails, SMS oder Statusdaten an einen oder mehrere Empfänger schicken, sobald ein definiertes Ereignis eintritt, wie z.B. ein Error. Wie ein richtiger Webserver enthält auch ein EWS Prozessor, RAM, Ethernet, Modem-Schnittstelle und ein Echtzeit-Betriebssystem (gute Erfahrungen gibt es mit LINUX). Die Benutzungsoberfläche des EWS lässt sich meist über HTML verändern.

Verschiedene Kategorien von EWS-Anwendungen sind bereits möglich:

1. Büroautomation (Kopierer, Drucker, Scanner)
2. Großküchenausstattung (Kaffeemaschinen, Kühlgeräte, Getränkeautomaten, Herd, Mikrowelle)
3. Gebäudetechnik (Klimanalagen, Heizanlagen)
4. Fabrikautomation (Produktionsanlagen)
5. Fördertechnik
6. Medizintechnik
7. Hausgeräte (Waschmaschine, Heizung, Küchengeräte)
8. Freizeitbereich (Kameras, Spielwaren, Sportgeräte)

### Anwendungsmöglichkeiten für EWS im Service

Im Kundenservice ergeben sich durch EWS zahlreiche interessante Möglichkeiten. Serviceprozesse können entscheidend verkürzt werden, indem das defekte Gerät von selbst seinen Fehlercode mitteilt. Informationsverluste durch Medienbrüche entfallen, denn wer Serviceprozesse kennt, weiß, wie schwer es ist, dem Kunden eine korrekte Fehlerbeschreibung zu entlocken. Ein Großteil der Arbeit eines Servicemitarbeiters entfällt auf den Diagnose- und Analysedialog mit dem Kunden. Die Übermittlung von Fehlercodes im telefonischen Dialog ist auch sehr fehleranfällig. Einige Geräte mit solchen Lösungen sind bereits seit Ende 2000 auf dem Markt, andere befinden sich in der Entwicklungsphase (z. B. Waschmaschinen, Toaster, Armbanduhren, Drucker).

**CRM mit EWS**

Ein EWS kann grundsätzlich folgende Servicefunktionen ermöglichen:

- **Anzeige von Statusdaten**
  Ein Kaffeeautomat kann beispielsweise über den Webbrowser mitteilen, dass er in wenigen Wochen eine Entkalkung benötigt. Der Kunde kann auf diese Weise sein Gerät besser instand halten und langfristig teure Defekte bzw. teuere Reparaturen vermeiden.
- **Steuerung des Geräts über Internet**
  Komplexe Geräte mit vielen Funktionen, wie z. B. Energiesparfunktionen an Waschmaschinen, können von den Kunden oft nicht richtig bedient werden, weil ihnen die Funktionen nicht klar sind. Ein erweitertes und benutzungsfreundliches Display im Webbrowser, mit dem die Energiesparfunktionen für einzelne Waschgänge bequem eingestellt werden können, hilft den Kunden, interessante Funktionen auch wirklich zu nutzen. Zum Ablauf der Kommunikation siehe Abbildung 5.22.

- **Update über Internet**
  Bei Software ist es üblich, Updates zur Behebung von Fehlern auf einer Website zum Download zur Verfügung zu stellen. Hier muss allerdings der Kunde selbst regelmäßig auf dieser Website nachsehen und den Download durchführen. Intelligente Geräte, deren EWS immer auch Software enthält, können selbstständig auf den entsprechenden Websites nach Updates suchen und diese installieren.
- **Fehlerbehebung über Internet**
  Servicemitarbeiter können sich auf Wunsch des Kunden über Internet den Gerätestatus ansehen und den Defekt beheben (Remote-Service).

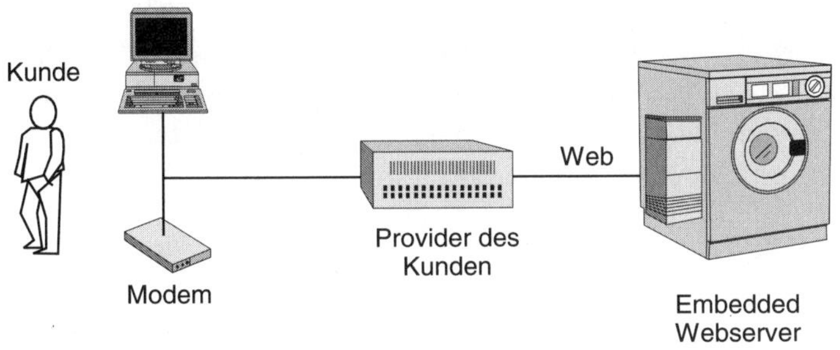


**Abbildung 5.22** Steuerung einer Waschmaschine über Internet

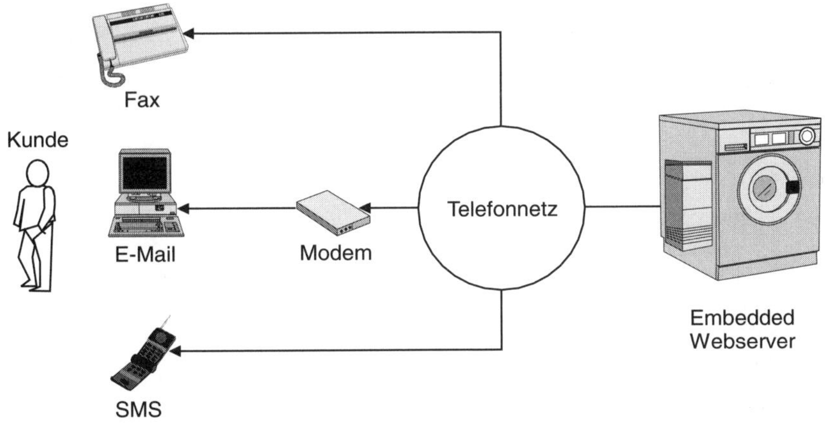


**Abbildung 5.23** Nachricht vom EWS im Gerät an den Kunden

- **Konfiguration und Initialisierung über Internet**
  Manche Geräte müssen vor der Auslieferung erst vom Kunden initialisiert oder entsprechend seiner Wünsche konfiguriert werden. Bisher musste dies der Kunde mithilfe der Gebrauchsanweisung selbst tun.

bei intelligenten Geräten kann ein Servicemitarbeiter dies über die Website des Geräts vornehmen.

- **Benachrichtigung aufgrund eines Ereignisses (Alert)**
  Bestimmte definierte Ereignisse, wie z. B. aufgetretene Fehler, können eine E-Mail an den Kunden oder an die zuständige Serviceabteilung auslösen. Abhängig von der Anbindung des EWS kann die Benachrichtigung nicht nur per E-Mail, sondern auch per Fax oder als SMS per Handy erfolgen (siehe Abbildung 5.23).

Im Rahmen einer Sonderaktion lässt Paul in seinen Bikes-and-More-Läden einen Monat lang Getränkeautomaten mit isotonischen Sportgetränken der Firma Drink-IT aufstellen. Paul möchte jedoch nicht, dass die Mitarbeiter in seinen Läden dafür verantwortlich sind, den Kundenservice bei Drink-IT anzurufen, wenn Getränkedosen nachgefüllt werden müssen. Da die Sonderaktion nur einen Monat lang läuft, erwartet Paul, dass ständig genügend Getränkedosen in den Automaten sind, ohne dass sich sein Personal darum kümmern muss. Drink-IT stellt ihm deswegen Getränkeautomaten mit EWS zur Verfügung und schließt diese an Pauls Intranet an (siehe Abbildung 5.24).

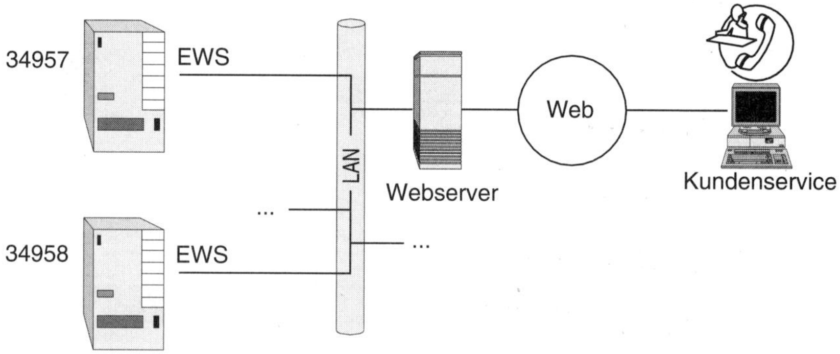


**Abbildung 5.24** Getränkeautomaten bei Bikes and More

Bevor im Getränkeautomaten 34957 nicht mehr genügend Dosen vorhanden sind, löst der Automat eine Nachricht aus: 34957 auffüllen. Diese Nachricht kann entweder aus dem Intranet direkt an Drink-IT gesandt werden oder erst von Pauls Mitarbeitern geprüft und dann weitergeschickt werden. Der Kundenservice bei Drink-IT erhält die Nachricht und kann den Standort von 34957 in die Tour des Getränkewagens mit aufnehmen. Der EWS kann auch Ereignisse erkennen. Wenn 34957 einen mechanischen Defekt hat, kann sich ein Servicetechniker von Drink-IT die Website von 34957 ansehen, den Status überprüfen und entscheiden, ob der Defekt vor Ort repariert werden muss. Elektrische Defekte kann er eventuell sogar über diese Website von 34957 beheben. Ist 34957 allerdings gar nicht mehr am Netz, kann der Servicetechniker auch dies anhand der fehlenden Statusmeldungen erkennen.

**Das vernetzte Heim**

Ein beliebtes Schlagwort im EWS-Bereich ist »Heimvernetzung«. Damit die Verbindung eines intelligenten Geräts zum Internet möglich ist, sollte das Gerät idealerweise im LAN (Local Area Network, lokales Netzwerk) eingebunden sein. Doch gerade Kundenendgeräte befinden sich nicht in einem LAN oder in der Nähe eines Telefonanschlusses. Die Lösung dieses Problems kann ein LAN im eigenen Haus sein, d.h. ein Home-Gateway, an den alle intelligenten Geräte angeschlossen werden, daneben auch der PC und das Telefon. Abbildung 6.25 zeigt ein solches vernetztes Heim. Hier kann die defekte Heizanlage über Home-Gateway eine Nachricht mit Fehlercode an den Kundenservice des Anlagenherstellers schicken und der Hausbesitzer kann vom Büro aus seinen Videorekorder programmieren, um einen Film für den Feierabend aufzuzeichnen.

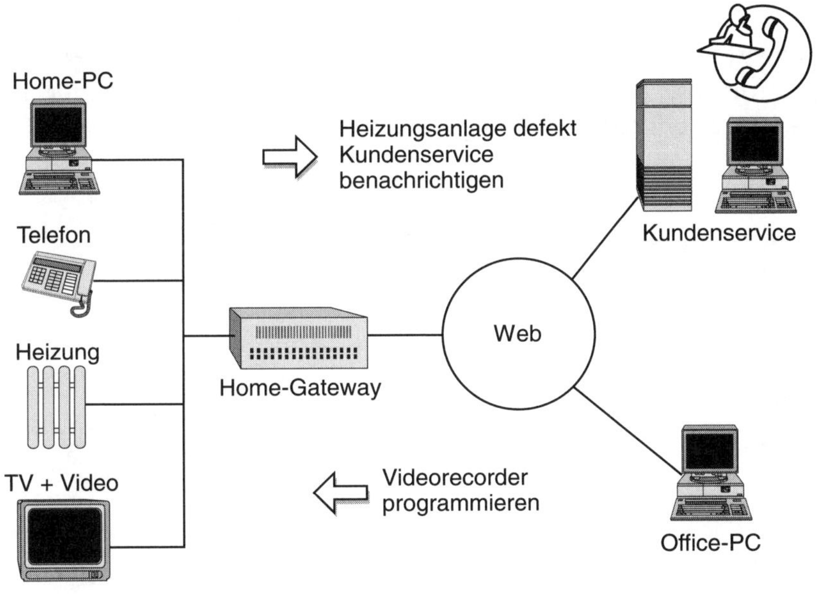


**Abbildung 5.25** Vernetztes Heim mit Home-Gateway

### Tausche Kundendaten gegen Service

Ein weiterer Grund für den Einsatz von EWS ist die Möglichkeit, exakte Daten zu erhalten. Über EWS kann ein Unternehmen nicht nur, kundenspezifische, sondern kunden- und gerätespezifische Daten erhalten.

Immer dann, wenn ein Kunde einen Servicemitarbeiter einschaltet, erhält dieser Einblick in den Gerätestatus. Technisch ist es auch möglich, dass der Kunde von der Website seines Geräts die Statusdaten zur Analyse an das Unternehmen schickt. Die Serviceabteilung erhält somit eine Momentaufnahme des Geräts. Selbstverständlich muss der Kunde darüber informiert werden, dass er dabei ist, diese Daten über Internet zu versenden und dass er einer Auswertung durch das Unternehmen zustimmt. Diese Daten kann der Servicemitarbeiter nach der Analyse an die Vertriebsabteilung weitergeben. Cross-Selling und Up-Selling wird somit auf Basis der Gerätedaten möglich.

**Auf dem Weg zum gläsernen Kunden**

Das bedeutet beispielsweise, dass ein Kunde, der ein relativ altes Gerät besitzt, das häufig durch verschleißbedingte Defekte auffällt, gezielt von einem Vertriebsmitarbeiter auf ein neues Gerät im Sonderangebot angesprochen werden kann. Ist beispielsweise in eine Waschmaschine ein Zähler eingebaut, der die Waschgänge zählt, kann der Vertriebsmitarbeiter einem Kunden, der häufig Energiesparwaschgänge nutzt, ein Gerät anbieten, das noch energieschonender wäscht. Der Kunde gibt dem Unternehmen somit bewusst Zugang zu seinen Daten, um verbilligten Support für sein Gerät zu erhalten. Das Unternehmen kann diese Art Support verbilligt anbieten, um die Kundendaten zur Auswertung für den Vertrieb zu erhalten. Abbildung 5.26 zeigt diesen Zyklus im Überblick.

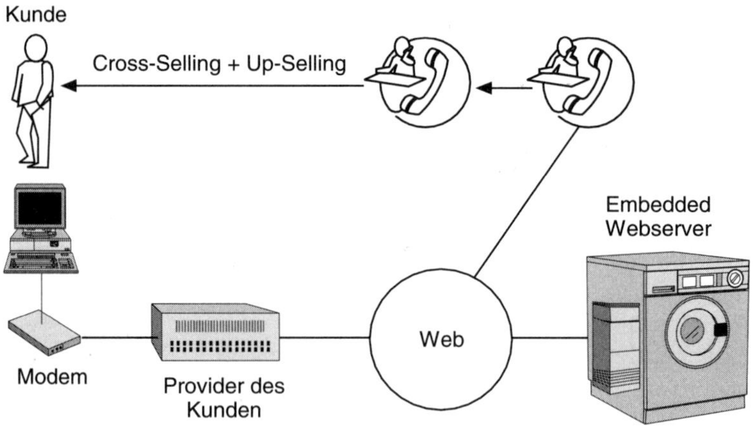


**Abbildung 5.26** Gerätedaten werden im Unternehmen ausgewertet.

Viele Anwendungen mit EWS im Kundenservice klingen noch wie Zukunftsmusik. Im Moment experimentieren die Hersteller von Endgeräten noch mit dieser Technologie, sodass in nächster Zeit keine Standards zu erwarten sind. Besserer, einfacherer und kostengünstigerer Kundenservice liegt allerdings immer im Interesse der Hersteller wie auch der Kunden, sodass ein weiterer Verbreitungsgrad von EWS nicht lange auf sich warten lassen wird.

**Kompakt**

Dieses Kapitel beginnt mit einem kurzen Überblick über die Erwartungen, die Kunden heutzutage an eine Service- und Supportabteilung haben. Um CRM im Service möglich zu machen, sollten zunächst einmal die internen Prozesse optimiert werden. Dazu gehört die Einführung von Knowledge-Management im Kundenservice, beispielsweise durch den Aufbau einer eigenen Call- bzw. einer Lösungsdatenbank. Auch der Einsatz eines Expertensystems oder einer Knowledge-Base kann im Sinne der schnelleren Anfragebearbeitung lohnend sein. Eine direkte Schnittstelle zwischen dem Unternehmen und den Kunden ist das Callcenter, das aufgrund moderner Technologie (CTI, IP Telephony) immer mehr zum Contactcenter, d.h. zur Kommunikationszentrale wird. Durch Nutzung des Internets für Service und Support kann ein Unternehmen seinen Kunden rund um die Uhr Selfhelp über die Website bieten. Wenn Selfhelp nicht mehr ausreicht, machen Call-back-Buttons, Chat oder Shared-Browsing eine Integration von Website und Callcenter möglich. Moderne Selfhelp-Konzepte unterstützen die Kunden bei der Problemlösung. Für Produkte, die einen Embedded Webserver enthalten, ist es sogar möglich, dass das Produkt selbst über die Website des Unternehmens seinen Status meldet und Hinweise zur Problemlösung anfordert.

# 6 Argumente – CRM intelligent kommunizieren

*Progress is impossible without change; and those who cannot change their minds, cannot change anything.*[1]

»Veränderung ist die einzige Konstante«, »Wir können im E-Commerce-Umfeld maximal für die nächsten zwei Monate planen« und ähnlich weise Aussagen jugendlicher Startup-Vorstände und gefeierter Web-Gurus lassen uns beinahe vermuten, dass Dinge wie nachhaltige Unternehmensstrategie, gründliche Produkt- und Absatzplanung und innovative Kundenbindungstrategien Relikte der very Old Economy seien.

**Was bisher geschah**

Zugegeben, in früheren Tagen bestand die Fragestellung primär darin, Produktionsprozesse zu optimieren und zusätzliche brauchbare Serviceleistungen anzubieten. Die individuellen Wünsche und Bedürfnisse der Kunden blieben in dieser Zeit auf der Strecke. Zurückzuführen war dies vorwiegend auf die Produktion, die immer effizienter und reibungsloser wurde, was vor allem durch die Herstellung standardisierter Produkte möglich war. Kunden wurden nicht als Individuen wahrgenommen, sondern als eine schwer überschaubare und konform nachfragende Masse: Im Mittelpunkt der Betrachtungen der Hersteller und Händler stand das Produkt, und nicht etwa der Kunde.

**Im Mittelpunkt: Produkt oder Kunde?**

Wachsender Wettbewerbsdruck, die veränderten Machtverhältnisse von Produzenten, Händlern und Konsumenten und die immer eingeschränktere Wirksamkeit der klassischen Marketinginstrumente tragen nun aber dazu bei, dass die gerne vernachlässigen Begriffe Kundenorientierung und -zufriedenheit in das Vokabular der meisten Unternehmen zurückkehrt: Die Konzentration auf die individuellen Bedürfnisse der Kunden und das systematische Management der Geschäftsbeziehung sind keine neue Erfindungen, sie wurden lediglich durch die Entwicklung der Massenproduktion und -kommunikation zu Beginn des letzten Jahrhunderts in den Hintergrund gedrängt.

Wie wir täglich aufs Neue erfahren, werden Produkte immer ähnlicher, Dienstleistungen und Serviceangebote immer austauschbarer. Der Nutzen für uns Kunden wird ebenfalls immer vergleichbarer – für Hersteller und Händler ist das Krise und Chance zugleich. Der Spielraum für Produzenten wie für Händler ist begrenzt: Intelligentere Pre- und After-Sales-

1. George Bernhard Shaw

Services, verbesserte Garantie- und Kulanzleistungen, konsumentenfreundlichere Öffnungszeiten werden von den immer selbstbewusster auftretenden Konsumenten als selbstverständlich betrachtet.

**Tatsächlicher Mehrwert**

Der von den Kunden erwartete Mehrwert wird in verstärktem Maß von der Fähigkeit eines Unternehmens bestimmt, die höchst individuellen Präferenzen und Wünsche seiner Kunden zu erahnen, zu erforschen und zu erfüllen. Die Erfüllung dieser ausgesprochenen oder unausgesprochenen Wünsche durch Produkte, Dienstleistungen und Ideen wird mittel- und langfristig über die Lebensfähigkeit eines Unternehmens entscheiden. Voraussetzung dafür wird sein, dass ein Unternehmen in der Lage ist, die Bedürfnisse der Kunden individuell zu erfassen, zu identifizieren und daraus maßgeschneiderte Produkt- oder Dienstleistungsangebote abzuleiten. Unternehmen, die über dieses Wissen verfügen und auch in der Lage sind, diesen Schatz in praktische Leistungen umsetzen, generieren wirklichen Kundennutzen und werden durch die Treue und Loyalität ihrer Kunden belohnt.

**Beispiel Harley-Davidson**

Das Beispiel Harley-Davidson zeigt sehr schön, dass durch Elemente wie Erlebnis und Gemeinschaft ein tatsächlicher Wert erzeugt werden kann, der weit über den Besitz eines – zugegebenermaßen sehr kultigen – Produktes hinausgeht.

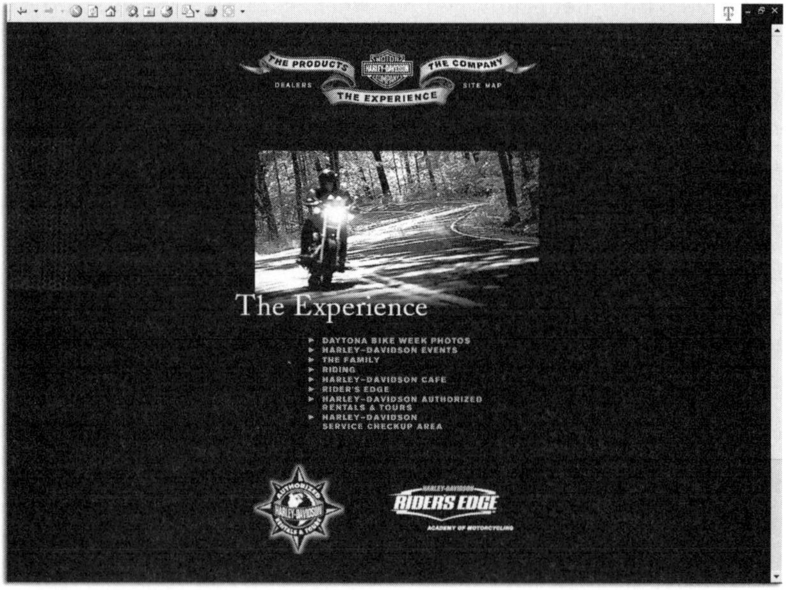


**Abbildung 6.1** Erlebnis Harley-Davidson (http://www.harley-davidson.com)

**Abbildung 6.2** Familienbande: die Marke verbindet

**Abbildung 6.3** Harley Owner's Group: viele Menschen – eine Leidenschaft (http://www.hog.com/)

**Leichter gesagt als getan**

Im Zentrum Ihrer Betrachtungen, egal welches Produkt oder welche Dienstleistung Sie anbieten, sollten sich spätestens jetzt Ihre Kunden befinden. Ebenfalls sollte an dieser Stelle der Mehrwert, den Sie anzubieten haben – und der auch als solcher kommuniziert und wahrgenommen wird – stehen.

Die Erkenntnis, dass der größte Beitrag von Kommunikation, Marketing und Vertrieb in Zukunft noch stärker durch das systematische »Management« der Kunden erzielt werden kann, setzt sich erfreulicherweise immer mehr durch. Leider fehlt es bei diesen gutgemeinten Zielen, Plänen und Vorsätzen sehr oft an den dringend notwendigen und vor allem durchschlagenden Konzepten, den wichtigen Messgrößen und Steuerungsparameter. Auch an den verwendeten Instrumenten und nicht zuletzt an der Konsequenz und dem Durchhaltewillen des Managements scheitert ein effizientes Kundenbeziehungsmanagement sehr häufig.

### Das Konzept von iCRM

Viele Unternehmen werden von einem Hype, der unter anderem von verschiedenen Software-Herstellern und Beratern im CRM-Umfeld generiert wird, mitgerissen. Allzu oft wird der Fokus auf die technologischen Aspekte des Relationship-Managements gelegt: Welches Datamining-Tool soll gekauft werden? Welche Datawarehouse-Engine sollte im Hintergrund arbeiten? Was ist die beste Applikation für Kampagnen-Management?

Wir zweifeln nicht daran, dass noch viele technologische Fragen geklärt werden müssen, um zeitgemäße IT-Infrastruktur sinnvoll einsetzen und ein intelligentes CRM-Konzept ganzheitlich implementieren zu können. Der Schlüssel zum Erfolg liegt jedoch in der Gestaltung der internen und externen Prozesse und dem Engagement der beteiligten Personen.

**Konzeptionelle UND technische Aspekte ...**

Mit unserer Auffassung von iCRM – intelligentem Customer-Relationship-Management – bieten wir Ihnen mit diesem Buch ein umfassendes Konzept und abgestimmte Tools zur Implementierung übergreifender Ansätze wie One-to-One-Marketing, Bonus- und Loyalitätsprogrammen und intelligenten Services. iCRM verbindet dabei den Einsatz von innovativen Werkzeugen wie Datawarehousing und -mining, Selfhelp-Tools und Analysen der Kundenprofitabilität mit organisatorischen Implementierungsinstrumenten wie dem Aufbau kundenorientierter interner und externer Kommunikation und dem notwendigen Technologieeinsatz von Datenbanken und Internet-Applikationen.

iCRM ist keine neue Modeerscheinung als vielmehr die systematische Vorgehensweise zum erfolgreichen Management von Kunden- und Geschäftsbeziehungen. Unser Ansatz besteht aus aufeinander aufbauenden Elementen:

- Kundenanalyse und -segmentierung
- Entwicklung differenzierter Strategien zur Gewinnung, Bindung und Wiedergewinnung von Kunden
- Design der notwendigen Prozesse und Tools
- Implementierung von systematischem Kundenmanagement
- lernende Kommunikation mit treuen und untreuen Kunden

Nur durch den integrierten Ansatz all dieser Elemente lassen sich die Ziele von iCRM verwirklichen: die richtigen Kunden zu finden, diese für die Beziehung zu Ihrem Unternehmen zu begeistern, an ihrer Loyalität weiter zu arbeiten und im Zweifelsfall auch die unzufriedenen und abgewanderten Kunden wiederzugewinnen.

Dazu braucht ein Konzept wie iCRM eine tatsächliche gelebte Unternehmenskultur der Kundenorientierung, um mittel- und langfristig erfolgreich zu sein. Soll es keine weitere Eintagsfliege im schnellen Geschäft im Netz sein, muss die Förderung des Themas durch das Management und alle Mitarbeiter gesichert sein. Eine Unterstützung durch eine Infrastruktur zur Speicherung, Auswertung, Bereitstellung und Nutzung der im Lebenszyklus der Kundenkontakte anfallenden Daten ist ebenfalls ein Muss.

### Meinen Sie's ernst?

Es ist nicht besonders verwunderlich, dass viele Unternehmen kläglich daran scheitern, Kundenbindungsprogramme zu konzeptionieren, einzuführen und mit Erfolg zu pflegen. Menschen und Organisationen »liefern« das, woran sie gemessen werden: Sie implementieren CRM-Tools und messen Absätze statt Kundenloyalität, Ergebnis statt Kundenprofitabilität und Erfolge bei der Produkteinführung statt guter Resultate bei der Kundenzufriedenheit.

> *Until some of the key measures of success are focused on the customer, meaningful change will be difficult.*[2]

2. Lorne Hill, SaskTel

... und ein ganzheitliches Konzept ...

iCRM erfordert eine solide Informationsbasis, langfristig ausgelegtes Lernen von loyalen und abgewanderten Kunden und die kompromisslose Unterstützung des Managements und der gesamten Vertriebs- und Marketingorganisation. Einzelne losgelöste Aktivitäten sind wenig sinnvoll und richten oft genug nur Schaden an, indem sie verwirrte, verunsicherte und verärgerte Kunden hinterlassen. Der Erfolg wird sich nur dann einstellen, wenn Sie iCRM als ein umfassendes Konzept verstehen und umsetzen.

Greifen die Elemente nahtlos ineinander und haben Sie die konzeptionellen und organisatorischen Aspekte weitestgehend gelöst, stellen technologische Fragen die niedrigere Hürde dar. Die Chance, pragmatisch und effektiv zu einem zufriedenstellenden Ergebnis zu kommen, ist deutlich höher als bei Ihrem Mitbewerb, der sich auf seinen klassischen Marketingansatz verlässt.

... ergeben nachhaltigen Nutzen für alle Beteiligten.

Von iCRM profitieren Kunden und Unternehmen gleichermaßen: Kunden erhalten maßgeschneiderte und interessante Angebote und fühlen sich persönlich und unaufdringlich betreut. Hersteller und Händler lernen, die Ansprüche und Wünsche ihrer Kunden besser zu verstehen und sind so in der Lage, interessante und profitable Kunden gezielter und erfolgreicher ansprechen zu können.

iCRM soll Sie dabei unterstützen, einen spannenden und lehrreichen Dialog mit Ihren Kunden zu beginnen, von dem alle Partner der Geschäftsbeziehung nachhaltig profitieren werden.

# A Callcenter-Abkürzungen

*Gerade im Callcenter- und CTI-Umfeld werden viele Abkürzungen verwendet. Dieses Abkürzungsverzeichnis enthält die wichtigsten Abkürzungen von Begriffen, die Ihre eigenen Recherchen (z. B. über Suchmaschinen im Internet) unterstützen können.*

**Agent:** Mitarbeiter im Callcenter

**ACAR:** Average Caller Arrival Rate; durchschnittliche Anrufrate

**ACD:** Automatic Call Distribution; computergestütztes System, das Anrufe entgegennimmt und jeden Kontakt automatisch an den nächsten freiwerdenden Platz weiterleitet (Routing). ACD-Systeme unterstützen auch die Datenauswertung im Callcenter.

**AHT:** Average Handling Time; durchschnittliche Bearbeitungszeit (Gesprächsdauer plus Nachbearbeitungszeit ohne Warteschleife)

**ANI:** Automatic Number Identification; Rufnummernerkennung; die ANI eines Anrufers kann beispielsweise verwendet werden, um den Kundennamen zu ermitteln.

**APM:** Average Positions Manned; durchschnittlicher Personal- bzw. Agenteneinsatz im Callcenter

**ASA:** Average Speed of Answer; durchschnittliche Beantwortungszeit (Summe aller Wartezeiten geteilt durch die Gesamtzahl der eingegangenen Gespräche)

**ATB:** All Trunks Busy; alle Leitungen sind belegt.

**CAD:** Computer-aided-Dialing; softwareunterstützter Wählvorgang, z. B. über ein Telefonverzeichnis in einer Telefonemulation (Softphone)

**CDR:** Call Detail Record; Detailinformationen zu einem Anruf (Uhrzeit, Dauer des Gesprächs, gewählte Rufnummer, Telefonnummer des Anrufers)

**CIC:** Customer Interaction Center; anderer Begriff für Callcenter

**CLI:** Calling Line Identity; Identifikation eines Anrufers

**CMC:** Call-Mail-Call-Aktion; Telefonmarketing-Aktion, die zuerst ein nachfolgendes Mailing ankündigt, dann das Mailing durchführt und im dritten Schritt nach Feedback fragt.

**CPC:** Cost per Call; Kosten, die dem Unternehmen pro Gespräch entstehen (berücksichtigt werden sowohl Fixkosten als auch variable Kosten)

**CPO:** Cost per Order; Kosten, die dem Unternehmen bei einer Bestellung eines Kunden (Callkosten, Logistikkosten) entstehen

**CSTA:** Computer Supported Telecommunications Applications; Leitfaden für die standardisierte Implementierung von CTI-Funktionen in TK-Anlagen und Computern

**CTI:** Computer Telephony Integration; Verbindung von Telekommunikationsanlagen (TK-Anlagen) und Computersystemen (z. B. Datenbanken) über Schnittstellen

**DA:** Delay Announcements; Ansage während der Wartezeit in der Warteschleife, oft zu Werbezwecken genutzt oder damit der Anrufer am Telefon bleibt, bis ein Agent verfügbar ist

**DNIS:** Dialed Number Identification Service; Funktion im Telefonnetz, bei der der Kunde automatisch an das ACD-System vermittelt wird; in der Praxis erhalten gute Kunden oft eine eigene Hotlinenummer (DNIS), unter der sie das Unternehmen rasch erreichen können.

**FP:** Fax-Polling; Faxabruf

**Hold:** Unterbrechung eines Gesprächs

**IC:** Inbound Calls: eingehende Anrufe; auch Incoming Calls genannt

**ICP:** Intelligent Call Processing; ACD-Funktion, um Anrufe auf Basis verschiedener Kriterien an bestimmte Gruppen zu routen

**IVR:** Interactive Voice Response; computergestützter Sprachdialog, mit dem Kunden Telefon-, Fax- oder Internet-Informationen selbstständig abrufen können. Interaktives System zwischen Anrufer und Sprach-Computer, basierend auf einer datenbankgesteuerten Gesprächsführung mit vorprogrammierten Antworten (z. B. »Für Hardwaresupport wählen Sie die 2.«)

**JTAPI:** Java Telephony API; übergeordnete Schnittstelle für CTI-Anwendungen, konzipiert von Sun

**LDT:** Longest Delay Time; längste Wartezeit in der Warteschleife

**MC:** Mail-Call-Aktion; Telefonmarketing-Aktion in zwei Schritten; zuerst Mailing, dann telefonische Nachfrage

**NAA:** Next Available Agent; Funktion eines ACD-Systems, um die Gespräche an den nächsten verfügbaren Agenten weiterzuleiten

**OC:** Outbound Calls; ausgehende Anrufe

**Operator:** anderer Begriff für Agent bzw. Callcenter-Mitarbeiter

**PL:** Peak Load; höchste Zahl der eingehenden Anrufe

**POTS:** Plain Old Telephone System; normale analoge Telefonleitung

**Queue:** Warteschleife

**SBR:** Skill Based Routing; Funktion eines ACD-Systems, um eingehende Anrufe an bestimmte Agenten weiterzuleiten (basierend auf Sprachkenntnissen und Spezialisierung)

**Script:** Gesprächsleitfaden für unerfahrene Agenten

**SL:** Service-Level; Reaktionszeit

**SLA:** Service Level Agreement; Vertrag, in dem die vereinbarten Reaktionszeiten je Service Level fixiert werden

**SR:** Speech Recognition; Spracherkennungssystem

**TK-Server:** Telekommunikationsserver

**Trunk:** Telefonleitung

**TSAPI:** Telephony Systems Application Programming Interface; Schnittstelle von Novell und AT&T zur Steuerung von Telefoniefunktionen

**VoIP:** Voice over IP; Abkürzung für Internet-Protocol-Telefonie mit Übertragung über das Internet Protocol (IP)

# B Glossar – wichtige CRM-Begriffe mit Erklärung

**Backoffice:** Anwendungen für das Tagesgeschäft im Unternehmen, wie z. B. Rechnungswesen, Logistik, Personalwirtschaft. Diese Anwendungen stellen die nötigen Daten für Frontoffice-Anwendungen bereit bzw. nehmen die neuen Daten aus den Frontoffice-Anwendungen auf. Im Backoffice kann sich beispielsweise ein ERP-System wie SAP R/3 befinden, im Frontoffice ein anderes System für den mobilen Außendienst.

**Computer-aided-Selling:** Siehe Sales Force Automation (SFA)

**Call-Management:** System, das die Fachabteilung Service & Support dabei unterstützt, Kundenanfragen und Kundenbeschwerden, so genannte Calls, zu bearbeiten. Call-Managementsysteme werden auch als Call-Logging-, Call-Tracking- oder Helpdesk-Management-Systeme bezeichnet.

**Callcenter:** Anwendung, mit deren Hilfe der telefonische Kundenkontakt abgewickelt wird. Ein Mitarbeiter im Callcenter wird als Callcenter-Agent bezeichnet. Das Callcenter ist meist die erste Anlaufstelle für einen Kunden, der Informationen benötigt oder der sich beschweren will. Vom Callcenter aus werden aber auch Telemarketing-Aktionen durchgeführt.

**Call-back:** Automatischer Rückruf auf Kosten des Unternehmens. Ein Kunde meldet sich mit seiner Logon-ID und seinem Passwort an. Der Computer des Unternehmens unterbricht daraufhin die Verbindung und ruft den Kunden automatisch zurück. Call-back wird z. B. auf einer Website verwendet, um einem Kunden kostenlos Support, Informationen oder Verkaufshinweise geben zu können. Für den Kunden entstehen, abgesehen von den Einwahlgebühren, keine Kosten.

**Cross-Selling:** Verkaufsmethode, die dazu führt, das Kundenportfolio zu erweitern und die Kundenloyalität zu fördern.

**Datamining:** Methode zur Auswertung von Kundendaten. Aufgrund dieser Kundendaten können dem Kunden gezielte Verkaufsangebote gemacht werden. Datamining ist eine der Grundlagen für Cross-Selling und Up-Selling.

**Datawarehouse:** Hauptbestandteil von Datawarehouse ist eine Datenbank, die alle Unternehmensdaten enthält. Darüber hinaus sind aber auch Daten enthalten, wie das Datawarehouse organisiert ist, wo die Informationen gefunden werden können und welche Verbindungen es zwischen den Daten gibt. Ein Datawarehouse bietet sowohl dem Management als auch den Fachabteilungen fundierte Entscheidungsunterstützung durch Berichte und Auswertungen.

**Database-Marketing:** Verfahren, das mittels einer Kundendatenbank dabei hilft, Kundenkontakte herzustellen, zu pflegen und auszuwerten. Jeder Kundenstammsatz enthält hierbei Informationen über die Merkmale des Kunden und alle Transaktionen und Kontakte mit dem eigenen Unternehmen. Database-Marketing dient dazu, im Rahmen einer CRM-Strategie die Kundenbeziehung zu analysieren, auszubauen und die Kundenloyalität zu stärken.

**Direktmarketing:** Alle Aktionen in der direkten Kommunikation mit Kunden und Interessenten.

**E-CRM:** Customer-Relationship-Management mit Unterstützung durch Internettechnologien. Hierbei kann die Kommunikation mit dem Kunden (z. B. über das WWW), die Kommunikation mit Partnern und Lieferanten (z. B. über Extranet) und auch die Kommunikation innerhalb des Unternehmens (z. B. über Intranet) gemeint sein.

**Efficient Consumer Response (ECR):** Strategie zur Optimierung der Beziehungen zu Partnern und Lieferanten zum Zweck der Kostensenkung und der Fokussierung auf den Kunden. Zur Optimierung der Lieferkette werden auch so genannte Supply-Chain-Management-Systeme eingesetzt.

**Enterprise Resource Planning (ERP):** Betriebswirtschaftliche Standardsoftware, wie z. B. SAP R/3, zur Unterstützung aller betriebswirtschaftlich notwendigen Prozesse im Unternehmen in den Bereichen Rechnungswesen, Logistik und Personalwirtschaft. Eine vollständige CRM-Lösung besteht aus einem ERP-System als Backoffice, einem Datawarehouse und verschiedenen Frontoffice-Anwendungen wie z. B. Software zur Unterstützung von Callcenter, Außendienst, Vertrieb und Marketing.

**Field-Sales and -Support, Field-Service and -Support (FSS):** Anbindung der Außendienstmitarbeiter der Abteilungen Vertrieb bzw. Service & Support an die Unternehmenssoftware. Mit einem FSS-System erhalten Außendienstmitarbeiter Zugang zu den aktuellen Daten aus dem Unternehmen und können selbst Daten eingeben. Der unterschiedliche Stand der Daten erfordert eine Synchronisation. FSS-Systeme sind meistens auch auf Handhelds, Palmtops und Laptops lauffähig.

**Frontoffice:** Anwendungen für den direkten Kundenkontakt in den Fachabteilungen Vertrieb, Marketing und Service & Support. Frontoffice-Anwendungen sind z. B. Callcenter-Systeme, Call-Managementsysteme oder SFA-Systeme. Daten aus Frontoffice und Backoffice müssen regelmäßig synchronisiert werden.

**Handheld Computer (HPC):** Auch Palmtop oder Personal Digital Assistant (PDA) genannt. Computer, die klein genug sind, um in einer Hand gehalten zu werden. HPC-Geräte werden im CRM-Umfeld meist von Außendienstmitarbeitern verwendet. Über webfähige HPC-Geräte können Kunden auch die Website des Unternehmens aufrufen, was meist eine besondere Formatierung der Inhalte voraussetzt.

**Helpdesk:** Abteilung, die Kundenbeschwerden und Anfragen entgegennimmt (Call-Logging), bearbeitet und verfolgt (Call-Tracking). Der Helpdesk wird unterstützt durch ein Helpdesk- oder Call-Managementsystem.

**Lifetime Value (LTV):** Geschätzter Wert eines Kunden für ein Unternehmen, wie z. B. der erwartete Profit. Kundenbeziehungen können vier Zustände annehmen: inaktiv, Durchschnittskunde, guter Kunde, sehr guter Kunde. Die Kundenbeziehung wird über die gesamte Lebensdauer hinweg betrachtet, gepflegt und entwickelt. Ziel ist es, möglichst viele sehr gute Kunden zu haben.

**Marketing-Automation:** Anwendungen, die die Marketingabteilung bei Lead-Management und Kampagnenmanagement unterstützen, die Datamining ermöglichen und Intelligent Marketing Assistance.

**Marketing-Information-Database:** Kundendatenbank, auch Customer-Knowledge-Base genannt. In den meisten Fällen extrahierte Daten aus dem Datawarehouse.

**Marketingmix:** Verschiedene Marketingstrategien, basierend auf den vier Ps: Product, Price, Place (physische Distribution; wie das Produkt zum Kunden kommt), Promotion.

**Middleware:** Software, die für die Integration zwischen verschiedenen Systemen sorgt, wie z. B. zwischen Frontoffice- und Backoffice-Systemen oder zwischen Datawarehouse und Außendienstanwendungen. Middleware kann im technischen Sinne Daten »übersetzen«, kann aber auch eigene Logik und eigene Geschäftsprozesse enthalten (intelligente Middleware).

**One-to-One-Marketing, 1:1-Marketing:** Strategie der Autoren Peppers & Rogers, auch Relational Marketing genannt. Kernaussage ist, dass verschiedene Kunden auch verschieden behandelt werden müssen. In der höchsten Stufe erhält jeder Kunde individuell auf ihn zugeschnittene Angebote.

**Plain Old Telephone Service (POTS):** Branchenübliche Abkürzung für eine einfache Telefonverbindung zwischen einem Endgerät und einem öffentlichen Telefonnetz ohne Systemunterstützung.

**Relationship-Marketing:** Prozess, bei dem existierende Kundenbeziehungen über den gesamten Lebenszyklus hin entwickelt und ausgeschöpft werden. Basierend auf den sieben Ps: Product, Price, Place, Promotion, People, Process, Provision. Erwartetes Ergebnis ist die Steigerung der Loyalität.

**Replikation:** In einer verteilten CRM-Infrastruktur müssen Daten unverändert weitergegeben, d.h. repliziert, werden. Beispielsweise repliziert das Datawarehouse Daten für die Systeme und Geräte der Fachabteilungen. Im Unterschied zur Synchronisation werden die Daten hier nur an andere Systeme im Netzwerk übergeben, nicht miteinander abgeglichen.

**Sales Force Automation (SFA):** SFA- bzw. CAS-Systeme unterstützen die Vertriebsmitarbeiter bei der Abwicklung aller vertriebsrelevanten Aufgaben innerhalb des so genannten Sales Cycle. Beispielsweise werden Adressinformationen, Preislisten, Produktinformationen, Produktkonfigurationsinstrumente sowie Verfügbarkeits- und Lieferdaten aus dem ERP-System angeboten.

**Seats:** Branchenübliche Bezeichnung für die Anwender einer CRM-Lösung.

**Synchronisation:** Wichtiges Kriterium einer CRM-Lösung. Da CRM-Anwender meistens in verteilter Systemlandschaft mit unterschiedlichen Systemen arbeiten, entstehen vor allem durch Eingaben im Frontoffice asynchrone Daten, die regelmäßig mit dem Backoffice synchronisiert werden müssen. Im Unterschied zur Replikation ist die Synchronisation ein echter Abgleich verschiedener Versionen mit dem Ziel, eine einheitliche Version zu erhalten.

Geordnete Synchronisationsprozesse sind die Voraussetzung für aktuelle Datenhaltung im Frontoffice.

**Technology Enabled Selling (TES):** Überbegriff für computergestützte Verkaufsprozesse, wie z. B. mithilfe eines SFA-Systems.

**Telesales:** Abwicklung von Vertriebsprozessen mithilfe eines Callcenters.

**Telemarketing:** Marketing mithilfe eines Callcenters.

**Up-Selling:** Methode, den Wert eines vorhandenen Kunden zu steigern. Beispielsweise kann ein Handelsunternehmen einem guten Kunden im Rahmen von Up-Selling eine goldene Einkaufskarte mit Kreditrahmen zur Verfügung stellen.

**Wireless Application Protocol (WAP):** Standardprotokoll zur Übertragung von Daten aus dem Internet an Endgeräte, wie z. B. an Mobiltelefone. WAP kann im Rahmen eines CRM-Konzepts genutzt werden, um personalisierte Informationen an einen Kunden zu senden oder um dem Kunden Zugang zur Website des Unternehmens zu gewähren.

# C Die Autoren

**Dr. Britta Stengl** ist Technical Consultant bei der SAP AG im Bereich Service & Support. Nach ihrer Promotion an der Universität Tübingen 1995 arbeitete sie im Produktmanagement der Entwicklungsabteilung PM/CS bei SAP sowie als Project Managerin E-Commerce bei Hewlett-Packard.

Ihre Arbeitsschwerpunkte sind IT-Lösungen für intelligenten Kundenservice, wie beispielsweise die Integration von Call-Management-Komponenten und ERP-Systemen. Im Bereich E-Commerce war sie Project Managerin für Projekte zur Internetanbindung intelligenter Geräte (Appliances) und zur Optimierung von Serviceprozessen über das Internet. Dr. Britta Stengl ist zertifizierte SAP-Beraterin für Instandhaltung und Kundenservice. Zusammen mit Reinhard Ematinger ist sie Verfasserin des Buches »Instandhaltung mit SAP«.

**Renate Sommer** ist Quality Management Specialist in der Entwicklungsabteilung Business Information Warehouse bei der SAP AG. Nach Abschluss ihres Studiums der Betriebswirtschaft mit Schwerpunkt Wirtschaftsinformatik arbeitete sie als Quality Specialist E-Services in einer Internet-Entwicklungsabteilung bei Hewlett-Packard.

Einer ihrer Schwerpunkte bei SAP ist die Entwicklung intelligenter automatischer Testverfahren für das BW-Frontend, das die unterschiedlichsten betriebswirtschaftlichen Prozesse im Datawarehouse unterstützt. Bereits in ihrer Diplomarbeit hat sie sich intensiv mit dem Thema Datawarehouse beschäftigt. Renate Sommer übernahm die betriebswirtschaftliche Beratung für das Buch »Instandhaltung mit SAP«.

**Reinhard Ematinger** MSc. arbeitet als Berater in den Professional Services der SAP Portals Europe GmbH und ist Co-Autor der bei SAP PRESS erschienenen Bücher »Instandhaltung mit SAP« und »Internet Selling«. Nach Abschluss als Maschinenbau-Ingenieur, Studium an der Montanuniversität Leoben und Aufbaustudium an der TU Wien und Oakland University war er mehrere Jahre im In- und Ausland als zertifizierter SAP-Berater in den Gebieten R/3 Materialwirtschaft und Instandhaltung, in den Global Services der IBM Österreich und der Beratung Prozessindustrie der SAP AG tätig.

Danach hat er sich dem Themenbereich Business Development und der Auseinandersetzung mit kritischen Erfolgsfaktoren der Integration von ERP-Systemen und Internet-Anwendungen sowie der Konzeption intelligenter CRM-Lösungen zugewendet. Er hat hierzu mehrere Kunden als Berater, Moderator und Projektleiter begleitet und ist als Referent tätig. Neben seiner Beratertätigkeit ist er Lehrbeauftragter an deutschen und österreichischen Fachhochschulen und betreut Diplomarbeiten zu E-Commerce-Themen.

## Die Gastautoren

**Dr. Brigitte Bartsch-Spörl** ist Geschäftsführerin der BSR Consulting GmbH in München. Sie verfügt über langjährige Erfahrungen mit der Einführung von innovativen Lösungen im Service, darunter zahlreiche Projekte auf der Basis von SAP R/3 Customer Service und Projekte zur Realisierung von Self-Service-Lösungen im Web, die z.B. rund um die Uhr wissensbasiert ermittelte Gerätediagnosen und Reparaturvorschläge liefern.

**Julia Hachmann** ist Marketing-Leiterin der Kiwilogic.com AG in Hamburg, die weltweiter Marktführer in der Entwicklung von Software für die kreative Schöpfung von natürlichsprachlicher Texterkennung ist. Julia Hachmann arbeitete nach dem Diplom für Wirtschafts-, Sprachen- und Kulturraum-Studien ein Jahr bei Volkswagen in São Paulo und hat sich danach auf B2B-Software-Lösungen spezialisiert. Sie verfügt über langjährige Erfahrungen im Marketing, darunter bei Hewlett-Packard, der Exact-Group und Soft-Research.

**Barbara Kenedi** Mag. ist Marketing-Leiterin bei KTM Sportmotorcycle AG, die erst 1991 in Konkurs ging und sich bis 2001 zur größten europäischen Offroad-Motorradfabrik entwickelt hat. Dem Studium der Handelswissenschaften in Wien folgten Tätigkeiten im internationalen Fremdenverkehr, Auslandsaufenthalte in Lateinamerika, Spanien, Holland und Italien. Frau Kenedi spricht fünf Fremdsprachen und ist selbst begeisterte Motorradfahrerin. Ein Aufgabenschwerpunkt bei KTM Sportmotorcycles ist die Entwicklung einer gesamten Erlebnis- und Abenteuerwelt rund um das Kernprodukt Motorrad mit dem Ziel einer intensiven Kundenbindung.

**Dr. Roland Mangold** ist außerplanmäßiger Professor der Universität Mannheim und vertritt dort gegenwärtig den Lehrstuhl Psychologie III. Nach dem Studium der Elektrotechnik und Psychologie war er an der Universität Mannheim und nach der Habilitation von 1993 bis 2000 als Hochschuldozent an der Universität des Saarlandes im Studienschwerpunkt »Kommunikations-, Medien- und Organisationspsychologie« tätig. Zu seinen Forschungsinteressen gehören die emotionalen Wirkungen von Fernsehprogrammen, die kundenorientierte Gestaltung von Webauftritten und der Einsatz von Internettechnologien für Lehre und Weiterbildung.

**Achim Messerschmidt** ist Corporate Development Consultant bei SAP Portals Europe GmbH und studierte Wirtschaftsingenieurwesen mit Schwerpunkt Marketing/Werbung an der Hochschule für Druck und Medien in Stuttgart. Er verfügt über mehrjährige Projekterfahrung im Medienbereich und ist bei SAP Portals in den Bereichen Unternehmenspartnerschaften und Citizen Portals tätig.

**Nina Purtscher** leitet seit Dezember 2000 die Abteilung Unternehmenskommunikation der Loyalty Partner GmbH. Die ehemalige Agenturjournalistin (Austria Presse Agentur in Wien) war zuvor drei Jahre lang Pressesprecherin der Heidelberger Druckmaschinen AG.

**Werner Schulte** ist Marketing-Leiter der CC Raule GmbH & Co. KG, einem der fünf großen Autovermieter in Deutschland. Nach einem BWL-Studium an der Westfälischen Wilhems-Universität in Münster folgten die Stationen Ferrero und Eckes AG im klassischen Marketing mit Markenverantwortung für Produkte wie Kinder Überraschung, Kinder Pingui, Weinbrand Mariacron und Eckes Edelkirsch. Ein Aufgabenschwerpunkt bei CC Raule ist die systematische Gestaltung von Kundenbeziehungen vor dem Hintergrund kundenwertsteigernder CRM-Ansätze.

**Dr. Ralph Sonntag** verantwortet den Bereich Business Development der active-film.com AG. Er studierte Betriebswirtschaftslehre mit Schwerpunkt Wirtschaftsinformatik an der Universität Würzburg. Danach war er als Projektleiter eines Steinbeis-Transferzentrums sowie als wissenschaftlicher Mitarbeiter in Dresden aktiv. Bei der Diebold Management- und Technologieberatung war Dr. Sonntag im Bereich der strategischen Beratung von Digital Business Projekten tätig. Bei der active-film.com ist er zuständig für die Entwicklung neuer Geschäftsfelder.

**Florian Zwerger** Ass. jur. ist Management Consultant bei der SAP Portals Europe GmbH und Co-Autor des bei SAP PRESS erschienenen Buches »Internet Selling – Integrierte Online-Verkaufslösungen mit SAP«. Seine Tätigkeitsschwerpunkte sind Internet-Recht und Security. Er verfügt über mehrjährige internationale Projekterfahrung im E-Commerce-Umfeld und in der Unternehmensberatung. Er hat hierzu mehrere Beratungsprojekte durchgeführt, Vorträge gehalten und ist als Referent für Kongresse im Bereich E-Business tätig.

# Index


**!**

1822direkt 198
24-Stunden-Support 245
3D-Welten 195

**A**

ABC-Analyse 73, 137
Aberdeen Research Group 23, 32
active-film.com 149
Advance Bank 198
Advantage Business Research 260
Agent 259
Aldi 168
Allgemeine Geschäftsbedingungen (AGB) 222
Allianz 198
Altavista.de 15
Altsysteme 35
Amazon.de 15
Andersen Consulting 143
Anschreiben 244
Ansprechpartner 244
AOL 178
Application-Service-Provider (ASP) 36
Auffindbarkeit 91
Aufmerksamkeit 159
Auktionen 190
Außendienst, mobiler 29
Außendienstanbindung 30
Auswahl 151
Automatisierung 132

**B**

B2B 35
B2C 126, 181, 190, 270
Backoffice-Lösung 29
BASF 92
Bayer 92
Benchmarking 208
Beständigkeit 66
Best-of-Breed-Ansatz 36
Best-Practice-Marktplatz 276
Besucherstatistik 114
Beziehungsmarketing 150
Bikes and More 18, 36, 58, 78, 89, 113, 134, 135, 137, 204, 210, 251, 254, 263, 266, 270, 282
Body Scan 155
Bonusprogramm 127, 172
Bottom-up 40
Brendling, Martin 28
Browser-Sharing 267
Burson-Marsteller 199
Business 2.0 154
Business Process Reengineering (BPR) 23, 40

**C**

C2C 190, 270
Call 246
Call Center Magazine 260
Call-back 267
Callcenter 15, 29, 127, 241, 244, 259
Callcenter-Markt 262
Call-Managementsystem 29
Call-Management-Zyklus 246
Call-Tracking 268
Cap Gemini 23, 39, 262
Case Based Reasoning (CBR) 257
Cashflow 208
Cause 256
CC Raule 126, 131
Cebit 32
CEO 39
Change Agents 41
Changemanagement 40
Chat 192, 267
Checkliste 47
CIO 25
Citroën 56
Clarify 32
CMP Converging Communication Group 260
Co-Branding 179
Comdirect 197
Community 192
Computer Telephony Integration (CTI) 30, 79, 259, 262
Computer Telephony Magazine 260

Computer-aided-Selling (CAS) 30
Computerwoche 29
Consors 178, 197
Contactcenter 260
CRM-Forum.com 50
CRMGuru.com 27
CRM-Suite 30
Cross-Selling 31, 119, 284
Customer-Care 26

## D

Data Instincts 26
Database-Marketing 30, 83
Data-Mart 70
Datamining 15, 70, 86
Datawarehouse 15, 30, 65
Datawarehouse-Projekt 80
Datenanalyse 72
Datenaufbereitung 69
Datenhaltung, operative vs. informative 68
Datenorganisation 69
DEA 177
Definitionen 25
Degussa-Hüls 92
Dell 105
Deutsche Bank 198
Dialogmöglichkeiten 140
Dice 73
Diebold 142
Dienstleistungskompetenz 133
Direkt Anlage Bank 197
Direktbank 196
direkter Kontakt 243
Direktmarketingkampagne 243
Discountbroker 196
Diskussionsforum 192
dm-drogerie markt 177
Dresdner Bank 198
DSL 148

## E

EBIT 208
Ebodity.de 155
E-Business 173
eCl@ss 92
E-Commerce 28, 143, 173, 287
E-CRM 27, 127
Einführung 24
Einführungsphase 51
Einheitlichkeit 91
Electronic-Relationship-Management 126
E-Mail 243, 268
Embedded Webserver (EWS) 60, 279
Enterprise Resource Planning (ERP) 23, 28, 35, 40, 69
Entscheidungsfindung 80
Erfolgsfaktoren 77
Evaluation 80
Expertenwissen 242

## F

Fahrzeug-Konfiguration, webbasierte 128
Fallen 39
Falschannahmen 39
Fehleranalyse 207
Fehlerbehebung 243
Fernabsatzgesetz (FernAbsG) 231
Field-Sales-System (FSS) 30
Financial Times Deutschland 198
Finanzberatung 243
Finanzportal 196
Finanztreff 196
First-Party-CTI-Architektur 264
Forderungsausfälle 132
Forderungsmanagement 132
Frankfurter Sparkasse 198
Frequently Asked Questions (FAQs) 245
Frontoffice-Lösung 29
Führung 27
Full-Service-Provider 36

## G

Galeria Kaufhof 177
Gartner Group 25, 46
Gemeinschaft, virtuelle 192
General Electric (GE) 192
Geografisches Informationssystem (GIS) 75
Gerling Versicherungsgruppe 248
Geschäftsstrategie 25

Giga Information Group 24
gläserner Kunde 284
grenzüberschreitender Rechtsverkehr 218


## H


Harley-Davidson 288
Haustürwiderrufsgesetz (HWiG) 228
Heimvernetzung 283
Helpdesk 29
Henkel 92
Hewlett-Packard (HP) 15, 33, 104, 116, 253, 255, 268, 273
Hewson Group 23
High-Yield Marketing 26
Höchst-InfraServ 92
Home-Gateway 283
Hughes, Arthur 141
Hype 28, 290


## I


IBM 15, 32, 98, 116
iCRM-Definition 25
iCRM-Drei-Phasen-Modell 58, 72
Implementierung 76
Individuelle Massenproduktion 149
Influentials 199
Infrastrukturoptimierung 58
Inmon, William H. 65
Integrated Voice Response (IVR) 259
Integration 66
Interaktivität 116
International Data Corporation (IDC) 23
Internationalisierung 245
Internet 89
Internet Appliances 278
Internet-Service-Provider (ISP) 36
Interview 127, 211
IP Telephony 266
ISO 94
IT Research 24
IT-Abteilung 45
IT-Projekt 41


## J


Jahrtausendwechsel 34
JCPenny 154


## K


Kabel-TV 143
Käufertypen 141
Kataloge 251
Katalogerstellung 252
Kaufverhalten 114
Kiefer & Veittinger 32
Kiwilogic.com 168
Klassifizierung 113
Knowledge-Base 253
Knowledge-Management 247
Knowledge-Management-Projekt 258
Knowledge-Tree 272
Kommunikation 15, 125
Kommunikationskanäle 35, 243, 267
Kommunikationskanäle optimieren 58
Kommunikationsplattform 260
Kommunikationsstrategie 114
Konsolidierungsphase 143
Konzept von iCRM 290
Kosten 76, 91
KTM 160
Kundenabwanderung 202
Kundenbeziehung 126
Kundenbindung 23, 31, 126
Kundenbindungsrate 134
Kundenbindungstrategie 287
Kundenforen 270
Kundeninformationen 173
Kundenlebenszyklus 134
Kundenloyalität 31
Kundennummer 42
Kundenorientierung 15, 44, 83, 132
Kundenprofile 113
Kundenservice 15, 79, 241
Kundentreue 203
Kundenwert 210
Kundenzufriedenheit 85, 133, 203


## L


Lebenszyklus-Analyse 138
Lee, Dick 26
Legacy-System 69
Lexmark 272
Lingubot 169
lion.cc 178
Local Area Network (LAN) 283
Lösung 253

Lösungsdatenbank 257
Logistik 29, 35
Loyalität 134
Loyalitätsprogramm 127, 172
Loyalty Partner GmbH 178

## M

Macht der Kunden 125, 187
Mahnverfahren 132
Mailing 150
Management-Informations-System (MIS) 70
Marke 90
Marketing 15, 78, 125
Marktforschung 51, 209
Marktforschungsdaten 177
Marktgeschehen 28
Marsmännchen 16
Mass-Customization 149
Medienkonvergenz 142
Mehrwert 159, 288
Meinungsführer 198
Meinungsmacher 199
Mercarta.com 191
Merck 92
Message Board 192
Meta Group 23
Methode 28
MicroScan 207
Microsoft 33, 255, 276
Microstrategy 27, 45
Middleware 42
Migration 35
Mission-Statement 44
Mitarbeiterverhalten 44
modele.com 156
Most Valuable Professionals (MVPs) 276
Mummert und Partner 259
Musterfirma 16

## N

Namensgebung 89
Nationalgeographic.de 52
Navigation 272
Nelson, Scott 46
Neukundengewinnung 135, 172
New Economy 143, 198
Newsgroup 276
Nortel 32
Nykamp Consulting Group 26

## O

OLAP-Prozessor 73
Old Economy 287
One-to-One-Marketing 139, 140
Online Analytical Processing (OLAP) 70
Onlineshop 36, 58, 89, 98, 247
Onlinewerbung 142
OnVista 196
Oracle 32
Outsourcing 36, 132, 259

## P

Pagoda Consulting 24
Palmers 177
Payback 177
Peoplesoft 32
Peppers, Don 139
Peregrine 32
Personal Digital Assistant (PDA) 278
Personalwirtschaft 29, 35
Pierre Audoin Conseil (PAC) 23
Piller, Frank 154
Portfolio-Analyse 138
Powershopping 189
Praxisbeispiel 78
Praxisorientierung 67
Preisvergleich 190
Problem Environment 256
Problembeschreibung 253
Procter & Gamble 154
Produkte, individualisierbare 151
Produktgruppierung 108
Produktgruppierung, kundenspezifische 113
Produktkatalog 89
Produktklassifikation 15, 89
Produktlebenszyklus 50
Produktvariation 54
Profitabilität 31
Prognos 142
Prognosen 23, 75
Projekte 23

Projektziele 40
Prozesse 127
Prozesse, verbessern 35

## R

Rabattgesetz 181
Rabattmarken 175
real,- 177
Rechnungswesen 29, 35
rechtliche Grundlagen 213
Reflect.com 154
Reifephase 54
Reklamation 242
Remedy 32
Renault 142
Reporting 251
Research International 181
Retourenabwicklung 241
Return on Investment (ROI) 31, 40
ricardo.de 178
Risiken 76
Rittweger, Alexander 179
Rogers, Martha 139
Rollout 40
Roper Starch Worldwide 199
Rückgangsphase 55

## S

Sales 78
Sales Cycle 30
Sales-Force-Automation (SFA) 26, 29
SAP 15, 32, 92, 246
SAP Branchenlösung 55
SAP R/3 29
Scheitern von Projekten 39
Schweiger, Til 143
Schweppes 278
Selfhelp 60, 245, 270
Sericemitarbeiter 242
Service 30, 241
Serviceabteilung 242
Shopping24 195
Siebel 25, 32
Skalierbarkeit 35
Slice 73
Sony 110
Stamm, David A. 33
Stammsatz 42
Statusabfrage 268
Stolpmann, Markus 173
Strategie 27
Supply-Chain-Management 35
Support 15, 30, 241
Swallow Information Systems 24, 25
Symptom 253
Synchronisation der Daten 42

## T

Task Force 212
Technologie 28
Technology-enabled-Selling (TES) 30
Telefoncomputer 241
Telefonvertrieb 243
Telekommunikationsindustrie 33
Telemarketing 268
Telesales 268
Tendenzen 28
Themenorientierung 65
Third-Party-CTI-Architektur 265
Top-down 40
Transparenz 43
Trends 28
Troubleshooting 272
Trusted Shops 248
Tuck, Larry 27

## U

UBS Warburg 197
Überbegriff CRM 30
UMTS 148
UNSPSC 95
Unternehmenskultur 27
UPS 268
Up-Selling 31, 119, 284

## V

Vantive 32
VEBA 92
Verbraucherkreditgesetz (VerbrKrG) 228
Verbraucherschutz 227
Verbraucherverträge 221
Verfügbarkeit 245
Versandhandelsprivileg 229

Verständlichkeit 91
Vertragsabschlüsse im Internet 213
Vertrieb 15, 125
Vertrieb, mobiler 24
Vertriebssoftware 15
Vorgehensmodell 80

**W**

Wachstumsphase 54
Wallstreet Online 196
WAP 225, 278
Warteschleife 241
Web Appliances 278
Web Devices 278
Web-Anbindung 58
Web-Formular 244
webgrrls.de 193
Web-Gurus 287
Web-Integration 260
Website 15, 52, 241
Wechselbarriere 140
Weinel, Manfred 198
Wertschöpfung 159
Widerrufsrecht 236
Win-Win-Regelkreis 121
Win-Win-Situation 176
Wirtschaftlichkeitsaspekte 86

**X**

Xaaaz.de 151
Xerox 33, 273

**Y**

Yahoo! 192
Yahoo.com 15

**Z**

Zeitorientierung 66
Ziel, unscharfes 44
Ziele definieren 80
Ziele, strategische 35
Zielgruppe 17, 35
Zielgruppenbestimmung 136
Zugabeverordnung 181

# *Dies ist nicht die letzte Seite ...*

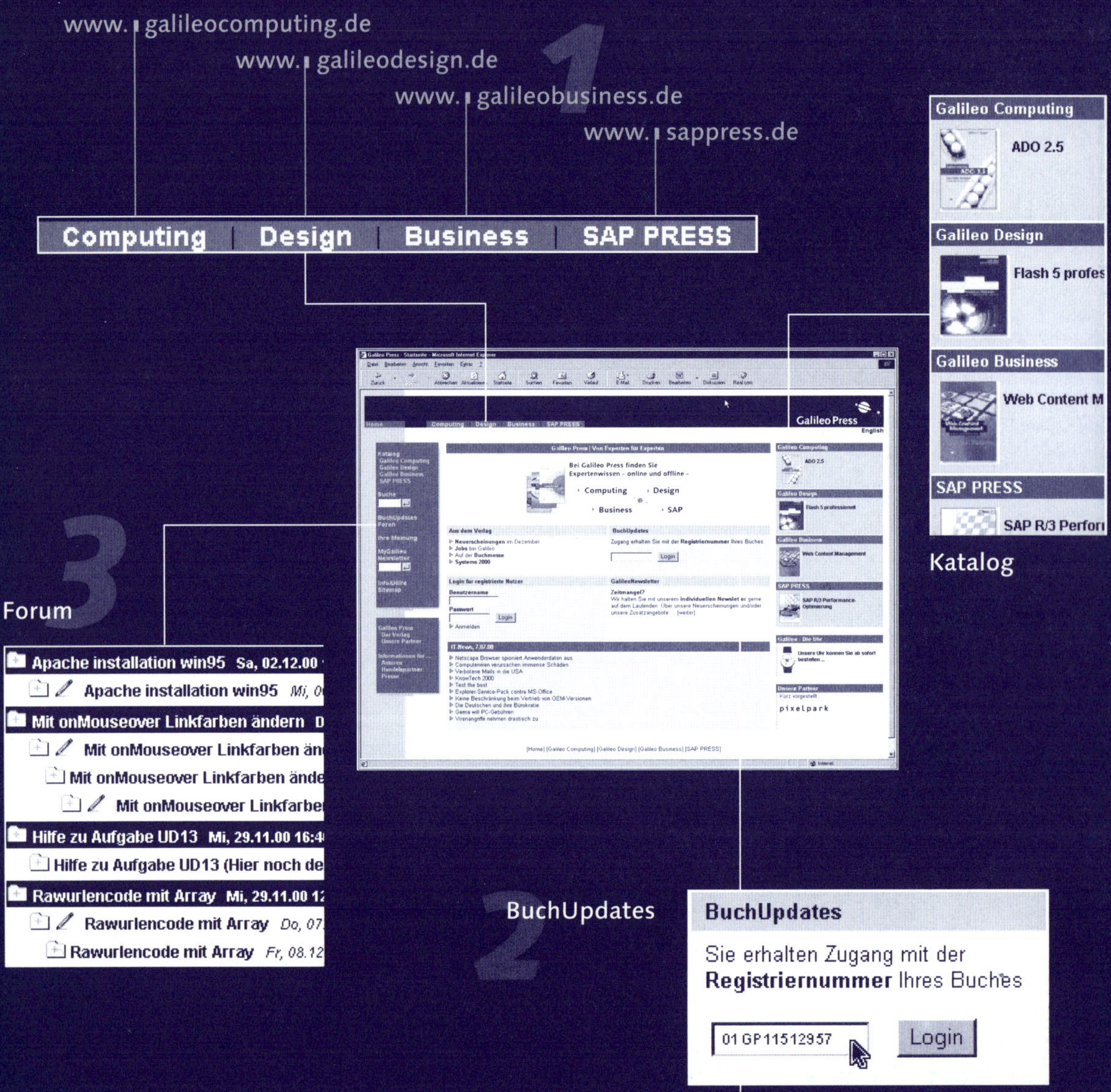


Mit der Online-Registrierung Ihres Buches stehen Ihnen weitere Informationen und Services zur Verfügung.

Ihre persönliche Registriernummer

**01GP11710800**